先住民族の社会学　第1巻

北欧サーミの復権と現状

ノルウェー・スウェーデン・フィンランドを対象にして

小内　透 編著

東信堂

はじめに

『先住民族の社会学』(全2巻)は日本と北欧の先住民族の現状と課題を検討した実証研究の成果をまとめたものである。第1巻が北欧の先住民族・サーミ、第2巻が日本の先住民族・アイヌを対象にしている。

世界の先住民族は、それぞれの国の近代化の過程で、同化と抑圧の対象となった。言語や名前を奪われたり、強制的な移住を経験させられたりした。虐殺の対象になった民族もある。しかし、1970年代以降、国際的に先住民族の復権に向けた取り組みが進められた。1982年には国際連合の経済社会理事会が国際連合先住民作業部会を立ち上げ、翌年には先住民の代表が参加するようになった。さらに、国連は1995年以降20年間に、2次にわたって「世界の先住民の国際の10年」(第1次:1995〜2004年、第2次:2005〜2014年)を設定し、先住民族の復権を推進した。その間に、長い議論の末、2007年9月、国連総会において「先住民族の権利に関する国際連合宣言」が、賛成多数により採択されている。わが国も宣言の採択にあたり賛成票を投じている。宣言採択の翌年、2008年6月には、わが国の衆参両院において「アイヌ民族を先住民族とすることを求める決議」が全会一致で可決された。国連は宣言が成立し第2次「世界の先住民の国際の10年」が終わってからも、世界各国で宣言を実質的なものとするための取り組みを求めてきた。日本を含め、現在でもその状況に変わりはない。

本書の編者が所属する北海道大学でも、2007年にアイヌ・先住民研究センターが開設され、様々な専門分野の研究者が共同で研究・教育にあたるようになった。その目的は、「多文化が共存する社会において、とくにアイヌ・先住民に関する総合的・学際的研究に基づき、それらの互恵的共生に向けた提言を行うとともに、多様な文化の発展と地域社会の振興に寄与して」(センターHPより)いくことにある。アイヌ・先住民研究センターは、開設以来いくつかの研究プロジェクトを立ち上げ、そのひとつとして、社会調査プロジェクトが位置づけられている。編者はアイヌ・先住民研究センター創設時から

兼務教員となり、社会調査プロジェクトに従事している。

この社会調査プロジェクトは、第1期（2008～2011年度）と第2期（2012～2015年度）に分かれており、第1期、第2期とも本書の編者が責任者を兼ねている。第1期の社会調査プロジェクトでは、北海道ウタリ協会（のちに北海道アイヌ協会に改称）の協力のもと、本書執筆のメンバーの多くが関与して、2008年に全道の5,000人を超えるアイヌの人々を対象にした配布留め置き方式による北海道アイヌ民族生活実態調査を行った。その結果の一部は、国連の関係機関でも紹介された。さらに、翌2009年に大都市としての札幌市および農山漁村としてのむかわ町を選定し、そこに住むアイヌの人々へのインタビュー調査を行った。第2期には2014年に札幌市およびむかわ町の地域住民を対象にしてアイヌ文化やアイヌ政策の評価に関する郵送調査を行っている。これらの一連の調査結果は、4冊のアイヌ・先住民研究センター報告書として公表されている。

また、第2期には、アイヌ民族の復権をめぐる議論の基礎資料を得るため、アイヌ民族の現状と課題、比較対象として北欧の先住民族、サーミの現状と課題に関する4年間の社会学的な実証研究のプロジェクトを立ち上げ、日本学術振興会科学研究費補助金（基盤研究A）（研究課題「先住民族の労働・生活・意識の変容と政策課題に関する実証的研究」、研究代表者・小内透、課題番号24243055）をもとに2012～2015年度に先住民族多住地域調査を実施した。そこでは、一方で、アイヌの人々が多く居住する北海道の新ひだか町、伊達市、白糠町における調査研究を実施すると同時に、他方で、ノルウェー、スウェーデン、フィンランドのサーミに関する調査研究を行った。アイヌ調査の結果は、それぞれの地域ごとに北海道大学大学院教育学研究院教育社会学研究室の『調査と社会理論』研究報告書30、31、33、サーミ調査の結果は同報告書29、32、34として公表している。アイヌとサーミを対象にした先住民族多住地域調査は北海道大学アイヌ・先住民研究センターの社会調査プロジェクトとしても位置づけられている。

サーミ調査に関しては、アイヌ・先住民研究センターの社会調査プロジェクトのメンバーでもある野崎剛毅が代表となった2011～2014年度の日本学術振興会科学研究費補助金（基盤研究B）（研究課題「先住民族の教育実態とその

保障に関する実証的研究」、研究代表者・野崎剛毅、課題番号 23330247) に基づく
スウェーデン・サーミの調査研究も有機的に関連した形で進められた。その
成果は、先述の『調査と社会理論』研究報告書の他に、野崎剛毅編著の報告
書（『スウェーデン・サーミの生活と意識』）としても公表されている。

　今回、アイヌとサーミの人々を対象にした一連の調査研究を改めて整理し
た形で、『先住民族の社会学』(全 2 巻) として公刊することにした。多くの報
告書があるものの、全体を見通した著作が必要であると考えたからである。
ノルウェー、スウェーデン、フィンランドのサーミを対象にした『北欧サー
ミの復権と現状』を第 1 巻とし、新ひだか町、伊達市、白糠町と札幌市、む
かわ町のアイヌの人々と地域住民を対象にした『現代アイヌの生活と地域住
民』を第 2 巻とした。第 1 巻では序章で先住民族の全般的動向や理論的な課
題を明らかにしており、その流れを背景とした上で、第 2 巻でアイヌの人々
の現状を捉えようとしている。同じ先住民族でも、サーミとアイヌでは復権
のあり方が大きく異なっていることがわかる。

　本書のもとになった調査研究では、本当に多くの方々にお世話になっ
た。サーミ調査研究に関して、ノルウェー調査では、サーミ議会、基礎学校、
サーミ高校、サーミ・ユニバーシティ・カレッジ、サーミ博物館、サーミ劇
場、フィンマルク土地管理公社、各種サーミ・メディアの皆様に調査の協力
を得た。稲見麻琴さん、ローランド・ポール・ステインさん、マイケルセン・
ポール・マーティンさんには通訳、鵜沢加奈子さんには各機関との連絡をとっ
て頂いた。スウェーデン調査では、サーミ議会事務局、サーミ学校、サーミ
教育センター、サーミ教育事務所、サーミテレビ・ラジオの皆様に調査の協
力を得た。三根子・フォン・オイラーさん、田中ティナさん、石濱実佳さん
には通訳・翻訳をして頂いた。フィンランド調査では、サーミ議会、サヨス
(サーミ関連諸機関の集合施設)、サーミ語教材課、サーミ青年協議会、イナリ
小中学校、サーミ教育専門学校、サーミ博物館、イナリ言語の巣、サーミラ
ジオ・テレビ、都市サーミ協会、スコルトサーミ文化財団、スコルト言語の
巣の皆様に調査の協力を得た。喜納政和さんと匝瑳佐知子さんには通訳、山
川亜古さんには調査票の翻訳、北海道大学ヘルシンキオフィスのテロ・サロ
マさんには各機関との連絡を取って頂いた。

iv

　アイヌ調査研究に関しては、郵送アンケート調査・インタビュー調査で各地のアイヌの人々や地域住民の方々に協力して頂いた。調査の準備および実施にあたっては、北海道アイヌ協会元事務局長・佐藤幸雄氏、北海道アイヌ協会前事務局長・竹内渉氏、同新ひだか支部事務局長・羽沢進氏、事務局員・笹原拓也氏、伊達市アイヌ生活相談員・山崎よし子氏、白糠町生活相談員・大谷明氏にお世話になった。また、調査メンバーとして、本報告書執筆者以外に、財団法人・アイヌ文化振興・研究推進機構職員（当時）の上田しのぶさん、北海道大学アイヌ・先住民研究センター職員の長田直美（当時）さん、日比野美保さん、神子島紀恵さんおよび北海道大学大学院教育学院の院生、同教育学部の学生などの協力を得た。

　本調査研究を支えて頂いた皆様に、この場を借りてお礼を申し上げる。本書がアイヌおよびサーミの人々の復権に貢献できれば、望外の喜びである。

　最後になったが、出版事情の厳しい中、本書の出版を快くお引き受け下さった東信堂・下田勝司社長に心よりお礼を申し上げる。

　　2018 年 1 月

編　者

目　次　先住民族の社会学 ① 北欧サーミの復権と現状

はじめに　　i

第1部　本書の課題と北欧サーミの概況……………………………… 3

序　章　**先住民族の復権をめぐる現状と課題**……小内　透　5

第1節　先住民族の復権の動き　5

第2節　先住民族の復権をめぐる問題　8

第3節　本研究の視点と本書の構成　19

第1章　**北欧サーミの概況と歴史**……… 小内透・野崎剛毅　25

第1節　北欧サーミの概況　25

第2節　ノルウェーにおけるサーミの歴史　30

第3節　スウェーデンにおけるサーミの歴史　33

第4節　フィンランドにおけるサーミの歴史　37

第5節　サーミ集住地の概況　40

第2部　サーミ社会の機構・組織の形成と展開………………………47

第2章　**北欧3国のサーミ議会**……………… 小野寺理佳　49
　　　　──現状と課題

はじめに　49

第1節　サーミ議会の活動　50

第2節　選挙権──サーミとは誰なのか　55

第3節　国を越えた連帯──サーミ議会連盟　57

第4節　サーミ議会が抱える課題　58

第5節　若い世代の動き　63

vi

おわりに　66

第3章　フィンマルクにおける土地管理の現状 … 濱田国佑　70

はじめに　70

第1節　先住民族の土地権利保護をめぐる各国の動き　71

第2節　ノルウェー・フィンマルクにおける先住民族の土地権利保護　73

第3節　フィンマルク土地管理公社の概要　75

第4節　フィンマルクにおけるサーミの土地権利保護制度の
　　　　到達点と直面する課題　81

第4章　サーミ教育の歴史と教育機関 ……… 品川ひろみ　86

はじめに　86

第1節　サーミ教育の歴史　87

第2節　ノルウェーにおけるサーミ教育の制度と現状　96

第3節　スウェーデンにおけるサーミ教育の制度と現状　104

第4節　フィンランドにおけるサーミ教育の制度と現状　109

おわりに──サーミ教育の課題　113

第5章　北欧3国におけるサーミ・メディアの
　　　　展開と現段階 …………………………… 小内純子　116

第1節　先住民族メディアの役割　116

第2節　北欧3国のサーミ・メディアの付置状況　119

第3節　放送メディアの形成と現状　121

第4節　活字メディアの形成と現状　129

第5節　サーミ・メディアの現状と課題　137

第6章　博物館・劇場を通したサーミ文化の
　　　　再生と復興 ………………… 新藤こずえ・佐々木千夏　143

はじめに　143

第1節　北欧で初めてのサーミ博物館──フィンランドのSIIDA　144

第2節　世界的に重要なコレクション──スウェーデンのサーミ博物館 Ájtte　147

第3節　国内に4つのサーミ博物館──ノルウェーの Riddo Duottar Museat　150

第4節　ノルウェーの国立サーミ劇場 Beaivváš　154

第5節　まとめ　157

第3部　サーミの生活・意識と教育　161

第7章　スウェーデン・サーミの生活実態とエスニック・アイデンティティ　新藤　慶　163

はじめに　163

第1節　サーミ集住地域における人々の生活実態　165

第2節　不公平に関する意識と被差別経験　175

第3節　サーミとしてのエスニック・アイデンティティ　178

第4節　サーミ政策の評価とトナカイ・サーミ中心政策の問題　182

おわりに　186

第8章　就学前教育と言語の巣　野崎剛毅　189

はじめに　189

第1節　言語の巣の概要　190

第2節　調査の概要　198

第3節　言語の巣の保育と保育者の意識　201

第4節　言語の巣を利用する保護者の意識　207

第5節　まとめ　213

第9章　義務教育段階のサーミ教育　野崎剛毅　216

はじめに　216

第1節　調査と対象者の概要　217

第2節　サーミについて学ぶということ　225

第3節　サーミ教育と進路　230

第4節　サーミ教育の諸課題　234

第5節　まとめ　236

第10章　後期中等教育段階における
サーミ教育 ‥‥‥‥上山浩次郎・小野寺理佳・佐々木千夏　238
――ノルウェー・カラショークのサーミ高校を中心に

はじめに　238

第1節　ノルウェーの後期中等教育段階におけるサーミ教育の現状　239

第2節　調査の概要と高校の概要　241

第3節　ノルウェー・カラショークのサーミ高校の教員の生活と意識　246

第4節　ノルウェー・カラショークのサーミ高校の高校生の生活と意識　251

おわりに　258

第11章　サーミ職業教育機関における教育 ‥‥ 野崎剛毅　261

はじめに　261

第1節　学校、教員、学生の概要　262

第2節　社会的な機能の違い　269

第3節　進路志向　275

第4節　サーミのアイデンティティ　277

第5節　まとめ　282

第12章　サーミ・メディアの利用者像と
情報発信に対する評価‥‥‥‥‥‥‥‥ 小内純子　285

はじめに　285

第1節　サーミ集住地域におけるメディアの利用状況　286

第2節　国際郵送調査結果から見えてくる利用者像　292

第3節　情報発信に対する評価　301

第4節　まとめ　303

第4部 結 論 ………………………………………………… 307

終 章 北欧サーミの復権の現状と意義 ……… 小内 透 309

第1節 サーミ社会の機構的システム 309

第2節 サーミの労働―生活世界 314

第3節 先住民族の復権をめぐる論点 319

参考文献 327

事項索引 339

人名索引 343

執筆者紹介 344

先住民族の社会学　第 1 巻

北欧サーミの復権と現状
──ノルウェー・スウェーデン・フィンランドを対象にして──

第1部

本書の課題と北欧サーミの概況

序　章

先住民族の復権をめぐる現状と課題

小内　透

第1節　先住民族の復権の動き

　世界の先住民[1]は、近代において当該社会の支配的な民族によって同化を強いられ、抑圧を受けてきた。アメリカ合衆国、カナダのインディアンやイヌイット、オーストラリアのアボリジニ、ニュージーランドのマオリ、北欧のサーミ、中南米のインディオ、台湾の原住民、日本のアイヌなどが、それぞれの国において国民として組み込まれ、同化と抑圧の対象となった。自らの言語や文化を否定され、名前を変えさせられたり、土地を奪われ強制的に移住させられたりした。アメリカ合衆国のインディアンのように、虐殺された人々も数多く存在する。

　先住民のなかには、自らの生活の基盤を確保するために、主体的に同化の道を探る場合もあった。先住民としての立場よりも国民としての権利を享受する選択をせざるをえなかったともいえる。もちろん、自らが属する国の政府に対して同化と抑圧に抵抗する者も存在した。ただし、彼らの営みは一時的に高揚した場合もあるが、基本的には持続的で強固なものとはならなかった。

　しかし、第二次世界大戦以降、民族自決運動が世界的に広がり、第三世界の主体的な運動が高まるなかで、持続的な復権の動きを示す先住民族が現れるようになった。その1つのきっかけとなったのが、アメリカ合衆国で先住民が兵士としての経験をしたことであった。米軍の兵士になった先住民は軍隊のなかで平等に扱われ、権利を等しく享受する体験をした。その体験がもとになって退役先住民の間に先住民の権利を確立させる機運が高まった（スチュアート 2009: 22）。

6　序　章　先住民族の復権をめぐる現状と課題

それ以外の国でも、先住民族が自らの組織を結成・再結成させ、復権を目指すようになった。これに対応し、彼らが属する国の政府がかつての同化と抑圧を清算しようと新たな政策を打ち出し始めた。国民国家内部における先住民族の運動と各国政府の新たな先住民政策の遂行により、先住民族の復権が徐々に進んでいった。

1970年代に入ると、先住民族の運動は次第に国民国家の枠組みを越え、「第四世界」(Manuel and Posluns 1974) の運動といわれるようになった。1973年には、グリーンランド、北カナダの先住民と北欧のサーミによりコペンハーゲンで北方民族会議 (Arctic Peoples' Conference) が開催された。北方民族会議は北方地域における先住民族の国際活動の始まりとされ (Jentoft, Minde and Nilsen eds. 2003: 25)、この場で彼らは先住民族の土地や水に対する権利や生存権を表明し、先住民族の世界的な組織を結成することが決議された (庄司 1991: 877)。これを受け、1975年にはグリーンランドとカナダのイヌイットとサーミなどによって世界先住民族評議会 (World Council of Indigenous Peoples: WCIP) が結成された。この一連の動きが、国際的な先住民族運動の始まりとされている (Jull 2003: 25; Smith 2007: 766)。ニーゼン (R. Niezen) は、このような先住民族による国際的な運動の理念を先住民主義 (indigenism) と名づけた (Niezen 2003)。

国際的な先住民族運動の背後には、国際連合などの国際機関における先住民族の復権に向けた取り組みが存在した。1971年に国際連合人権委員会の下部組織である「少数者の差別防止および保護に関する国連人権小委員会」が、先住民族差別に関する調査の実施を勧告したことがその象徴である。この勧告に基づく調査が特別担当官として任命されたエクアドル出身のホセ・マルチネス・コーボらによって1972年から行われ、同年に予備報告、1981年に第1次進捗報告、続いて1982年に世界の先住民がおかれた状況に関する報告書(『先住民に対する差別問題の研究』)が提出された。同年、コーボ報告に基づいて、国連の経済社会理事会 (Economic and Social Council: ECOSOC) が国際連合先住民作業部会 (Working Group on Indigenous Populations: WGIP) を立ち上げた。同作業部会は先住民族の権利に関する議論を開始し、翌1983年にはこの部会に先住民族の代表が参加することとなった。アイヌ民族も

1987 年から同部会に参加するようになった。

1989 年 6 月には土地と水に関する先住民族の権利の保障を盛り込んだ ILO 第 169 号条約（「独立国における先住民族および種族民に関する条約」）が成立し（1991 年 5 月発効）、1990 年にノルウェーが最初の条約締結国となった。これ以降、先住民族復権の国際的な動きはさらに加速した。

国連は 1993 年を「世界の先住民の国際年」とし、1995 年から「世界の先住民の国際の 10 年」を設定した。さらに、「世界の先住民の国際の 10 年」が 2004 年に終わると、翌 2005 年から第 2 次「世界の先住民の国際の 10 年」を改めて設定した。そして、2007 年 9 月 13 日には国連総会で「先住民族の権利に関する国際連合宣言」が提案され、圧倒的多数の賛成により採択された。この宣言は国際連合先住民作業部会が 20 年以上にわたって議論を積み重ねてきた成果であった。この宣言には日本を含めた 144 か国が賛成し、4 か国が反対、11 か国が棄権した（スチュアート 2009: 29）。反対したのは、多数の先住民を抱えるアメリカ合衆国、カナダ、オーストラリア、ニュージーランドだった。これにより、世界各国は先住民族の権利の回復や保障に向けた政策的な課題を負うようになった。先住民族をめぐる状況は、かつて同化や抑圧、差別、ひいては虐殺の対象となった時代と比べ、大きく改善されてきたといえる。

このような国際的な動きに対応して、各国における先住民族の復権の動きに拍車がかかった。とりわけ、1990 年代以降、その動きはそれまでに見られない新しい様相を示すようになっている（窪田 2009: 91）。

たとえば、カナダでは 1993 年にイヌイットが新たな準州を設置する「ヌナブト条約」を連邦政府と締結し、1999 年にはイヌイット自治州である「ヌナブト準州」が成立した。ニュージーランドでは 1990 年代にマオリに対する新たな補償金が支払われ、オーストラリアでは 1990 年代にマボ判決、先住権原法、ウィック判決など先住権の認定が進んだ。日本でも 1997 年に「北海道旧土人保護法」が廃止され、「アイヌ文化振興法」（正式には「アイヌ文化の振興並びにアイヌの伝統等に関する知識の普及及び啓発に関する法律」）が制定されている。北欧 3 国では 1990 年前後にサーミ議会が成立し（ノルウェー・1989 年、スウェーデン・1993 年、フィンランド・1996 年）[2]、サーミ語を公用語と認

8　序　章　先住民族の復権をめぐる現状と課題

める法律（ノルウェー・1990年、フィンランド・1991年、スウェーデン・1999年）が制定されている。とくに、ノルウェーでは ILO 第169号条約を批准したこともあり、2005年にはサーミが多く住むフィンマルク県の土地と水の管理について、サーミの利用権を大幅に認めるフィンマルク法が制定されている（大西 2007: 129）。

　以上のように、第二次世界大戦後、先住民族の運動、国家の政策、国際機関での議論が絡み合いながら、先住民族の復権の動きが進んできたことがわかる（窪田 2009: 92）。とりわけ、1990年前後から、国際機関での議論が各国の政策に与える影響が強くなってきている。

第2節　先住民族の復権をめぐる問題

第1項　先住民族の研究をめぐる新たな動向

　先住民族をめぐる世界的な復権の動きは、先住民族自身の「エスニック集団としての権利、賠償、政治的または法的承認の要求」を含む文化の再生の動きとしても捉えることができる（Werry 2005=2016: 3116）。先住民族の復権とともに、かつて否定された先住民族の文化が再生されつつあるからである。文化の再生は先住民族だけでなく、様々なマイノリティに共通した問題である。そのなかで、「おそらく最も劇的で効果のある文化的再生は、『第四世界』の人々によるものである」とされる（Werry 2005=2016: 3117）。それだけ、世界的な先住民族をめぐる復権の動きは、劇的で影響力を持っているといえる。

　このような現実の変化は、学問の世界にも影響を与えるようになっている。従来、先住民族を学問の対象にしていたのは、おもに民族学や文化人類学である。それらの学問の中心的な関心は、過去の伝統的な社会や文化におかれていた。これに対し、先住民族の現実の社会、文化、生活や意識の実態を明らかにしようとする研究はきわめて少なかった（Smith 2007: 757）。これらのテーマは、本来であれば、社会学の分野で取り扱うものである。にもかかわらず、先住民族の社会学的研究はほとんど行われてこなかった。わずかに存在したのは先住民族の犯罪、アルコール中毒、麻薬などの「社会問題」を考察する研究にすぎなかった（Brian 1994; Saggers and Gray 1998; French 2000）。

しかし、最近は、先住民族をめぐる世界的な復権の動きを反映して、社会学にも新しい傾向が現れてきた。スミス（K. E. I. Smith）によれば、先住性の定義、先住民族と国家の関係、国連での先住民族の役割といった3つの点のいずれかに照準をあわせる研究が社会学の分野で生み出されるようになっている（Smith 2007: 757）。

また、法学・政治学の分野でも、民族自決権（self-determination）の新しい捉え方、国際法・国内法などの法的多元主義、個人の権利と集団の権利の関係などが議論されるようになった（Anaya 1996, 2007; Hamilton 2013）。これらの新しい研究動向は、民族学も含めて社会科学全体に見られるようになっている（Minde ed. 2008; 窪田・野林編 2009）。

その結果、国際的な先住民族の運動が様々な成果をあげ、学問分野でも先住民族の現在や未来に関わる研究が進むことにより、先住民族の権利の回復や保障をめぐって、様々な論点が浮上するようになっている。

第2項　先住民族の定義の問題

まず、そもそも、先住民族ないし先住民とは何かという点が現実的にも理論的にも問題になっている。

先住民族ないし先住民の定義は、コーボ報告で示されて以降、様々な議論が重ねられてきた。1982年に立ち上げられた国際連合先住民作業部会ではコーボ報告で示されたものを予備的な作業定義として採用した。それは、大まかにいえば、現在の統治国家が侵略および植民地化する以前からその地域で独自な社会を構成していたにもかかわらず、現在社会の主流を占めていない民族という捉え方であった。1986年には、その定義に、先住民族としての自認と当該コミュニティからの承認の要素が加えられた。

一方、1989年に制定されたILO第169号条約では、条約が適用される先住民族を、「独立国における民族であって、征服もしくは植民地化又は現在の国境が画定されたときに、その国又は国の属する地域に居住していた住民の子孫」と定義した上で、先住民族としての「自己認識が、この条約の規定が適用される集団を決定するための根本的な基準と見なされるべきである」とした（Tomei and Swepston 1996=2002: 70-1）。

10　序　章　先住民族の復権をめぐる現状と課題

　国連先住民作業部会および ILO 第 169 号条約のいずれの定義でも、先住民族としての自己認識の重要性が確認されている。しかし、国連先住民作業部会は、1997 年の 15 回目の会合で、先住民族ないし先住民に関する国際的な定義を確定することは現時点では可能ではなく、「宣言」を採択する上で必要なことでもないと結論づけた（Department of Economic and Social Affairs 2009: 5）。

　先住民のなかから、国家による先住民の定義の押しつけを批判する主張が出されたり（高倉 2009: 54）、各国の政府からも先住民族の歴史や種族性が複雑なため、画一的な定義を設定しない方がよいとの考えが表明されたりしたことがその背景にある（大竹 2009: 9）。

　事実、アメリカ大陸やオセアニア州のように、ヨーロッパ人によって植民地化される以前からその土地に住んでいた者たちの先住性が明白だと思われる地域でも、それまで認められていなかった集団が新たに先住民族として認定されることがあり、認定を求める集団が現在でも少なからず存在している。

　たとえば、カナダでは、1867 年の憲法で先住民族としての「インディアン」に対して「保留される土地」に関する規定が盛り込まれ、その後イヌイットも「インディアン」に含まれるとされた。さらに、1982 年の憲法では、「カナダ連邦の先住民とは、カナダのインディアン、イヌイットおよびメティスをいう」とされ、かつて大陸から渡ってきたヨーロッパ人の子孫との混血であるメティスも先住民に加えられた（浅井 2004: 21; 守谷 2012: 597-9）。この点について、スチュアート・ヘンリはメティスの人口が増加するのにともない、政府の援助の「パイの分け方」が厳しくなっているため、「誰が『本当の先住民』なのかについて先住民同士のかけひきが目立ってきている」と指摘している（スチュアート 2009: 34）。

　同様なことは、アメリカ合衆国でも生じている。連邦政府のインディアン局が教育、医療、福祉などの独自の対象となる「インディアン」を規定するため、どの部族が認定されるべき「インディアン部族」かを決めている。しかし、その範囲は歴史的に変化しており[3]、連邦の法律ごとに、対象となる「インディアン」の規定も異なっている（阿部 2005: 97）。連邦では認定されないが、個別の州では「インディアン部族」として認定されている場合も珍しくない

（藤田 2013: 20-2）。先住民族に付与される権利が拡大すれば、先住民族の認定をもとめる動きが活発化することがわかる[4]。

　欧州、アジアやアフリカ大陸では、これらの地域以上に先住民族の定義が困難となる。なぜならば、かなり以前から様々な民族の移動が見られ、民族の交流があったからである。先住民族と見なされていた集団より以前に居住していた民族が、考古学などの研究の深化によって発見されたりすることがあるし、複数の民族間での混血が確実に進んでいたりする。コーボの定義では「捉えられない多様な歴史的・社会的背景を持つアジア・アフリカの少数民族集団に適用が拡大され」たことが、「宣言」を採択するにあたって、統一的な定義の棚上げにつながった面もある（小坂田 2010: 20）。

　学問の領域でも、事情は同様である。先住民族の定義の困難さは研究者の間で共有されている。先住性、先住民族の概念は、先住民族運動を支持している研究者からは疑問視されており、旧来の「部族」に回帰したい者もいれば、「第四世界」という言葉を好む者もいるとの指摘もある（Minde 2008: 51）。他方で、北極圏であってもイヌイットだけでなく様々な民族の移動があり、先住民族とは誰かわからないとし、先住民固有の権利の承認を正義というのは疑わしいとする論者もいる（Kuper 2003: 392）。

　このような理論状況のなかで、スチュアート・ヘンリは国連先住民作業部会の作業定義とほぼ一致する形で、先住民の標識として、①先住性、②被支配性、③歴史の共有、④自認の４つの要素をあげる[5]。その上で、①先住性の捉え方に留意すべきだとする。なぜなら、先住民族はその居住地域における最も古い居住者とは限らないからである。考古学などの研究によれば、現在先住民族として知られている集団より以前に居住していた民族（いわば先先住民）がいる場合もある。しかし、先先住民が先住性を主張しない限りにおいて、先住民族の先住性は成立するとしている（スチュアート 2009: 18-9）。この考え方は、先住民族の概念が本質主義・原初主義ではなく、構築主義・道具主義に傾斜したものになっており、先住民族の権利の回復や保障を後押しする性格を持っている。

　このように、国際的に認められた先住民族ないし先住民の厳密な定義は現実的にも理論的にも存在していないのが現状である。その概念は、必ずしも

自明のものではなく、概念の中心となる先住性の捉え方さえ議論の余地が残されている。事実、アフリカでは、どの集団が先住民族であるかをめぐって、「先住性の政治化」ともいうべき現象が生まれている（栗本 2009; 丸山 2009）。

先住性以外にも、少数民族との差異と関連、植民地支配の捉え方、個人と集団の関係など、議論されてきた論点は多岐にわたる[6]。そのため、ILO 第169 号条約にしても、「国連宣言」にしても、先住民族ないし先住民の厳密な定義に必要以上にこだわることを避けながら、先住民族の復権に資する視点を提示してきたのである。

第3項　先住民族の個人認定の問題

現実の社会では、先住民族の定義に加え、先住民族の個人認定をめぐる難しい問題もある。誰が先住民族に属するのかという問題である。

先住民族が同化と抑圧の対象であった時代には、先住民族であることを自己否定しようとする者も少なくなかった。独自の文化や言語、宗教などを否定してきた先住民族も少なくない。結婚を通じて、「血」を薄めたり薄くなったりした場合も多い。そのため、先住民族の復権を考える場合、何を基準にして特定の個人を当該の先住民族と認めるのかを決める必要がある。この点に関して、国際標準といえるものはない。国家が先住民族に対する過去の同化と抑圧に対する補償を行うことになると、財政的経済的な問題が絡んでくる。それだけに、個人認定の問題は困難がより大きなものとなる[7]。

アメリカ大陸やオセアニア州に属する国では、自認意識とともに血筋を基準にして先住民族の個人認定が行われている。しかし、血筋を基準にしていたとしても、歴史的に混血化が進んでいるため、どの程度の混血割合までを先住民族の基準とするのかは、国によってまちまちである。アメリカ合衆国では連邦政府インディアン局の定義によれば、インディアンとは連邦政府が認定したインディアン部族のメンバーであり、さらに4分の1以上の純血値を有する者となる（阿部 2005: 97）。その一方で、各部族政府が部族のメンバーとして個人認定を行う場合、要件となる血の割合は部族によって異なるし[8]、言語や部族コミュニティでの生活経験などが加味されることが多い。これに対し、ヨーロッパではヒトラーなどによる人種政策の歴史の教訓として民族

第1部　本書の課題と北欧サーミの概況　　13

の血筋を問うことが忌避される傾向がある。そのため、北欧のサーミの場合、いずれの国でも自認意識とともに言語を基準にした個人認定を行っている[9]。しかし、北欧諸国では近代において同化政策が進められたこともあり、サーミ語を日常言語としている者はそれほど多くない。その点をふまえ、本人がサーミ語話者でなくても先祖がサーミ語を日常言語としていれば、サーミとして認められている。北海道アイヌ協会でも血筋を重視しているものの、会員の基準として、アイヌの配偶者や養子など、アイヌの血筋に属していない者も含めている[10]。しかも、客観的に要件を満たしていたとしても、自らが認めなければ、先住民族とはならない。そのため、先住民族に属する先住民の数自体、正確にはつかめない現実が広範に見出せる。

　個人認定の基準は、歴史的に変化するものでもある。すでに述べたように、アメリカ合衆国のインディアン法は歴史的に変遷しており、個人認定の基準も様々に変化している（藤田 2012）。ニュージーランドにおけるマオリの個人認定の基準も、1974 年のマオリ問題法の改正により、「マオリの血を少なくとも半分以上継いでいる者」から「マオリ族に属する者及びその子孫を含む者」へと変更されている（小林 2007: 99）。言語をサーミの個人認定の基準にしているフィンランドでも、サーミの定義や認定基準に関して見直しを含めた議論が行われている[11]。

　また、国の認定基準とは異なり、部族が自らの成員資格を変更したりすることもある。それにともなって、成員資格を剥奪された側が不利益を被ったとして、裁判に訴える場合もある。たとえば、アメリカ・インディアンのチェロキー部族で問題になったケースがそれにあたる。チェロキー部族では、かつては自由民（Freedmen）——祖先が所有していた黒人奴隷が南北戦争後に解放され生み出された人々——の子孫を、部族の正式な構成員としていた。しかし、2003 年の部族政府の選挙の際に、選挙権が剥奪される事態が生じ、これに対して、自由民側がアメリカ合衆国の裁判所に提訴した。コロンビア下級裁判所は自由民側の主張を認め、チェロキー部族の決定は違法だとしたが、チェロキー部族政府は自らの決定を取り下げなかった（Jones 2009: 17-20）。この問題は、紆余曲折を経て 2011 年以降、連邦裁判所で議論されるまでになった（Sturm 2014; Foster 2015）。この一連の事態の背景には、奴隷制や

14　序　章　先住民族の復権をめぐる現状と課題

人種間の婚姻の進展、かつての部族名簿の不備などの歴史的な問題（Jones 2009: 13-6）や、連邦政府から先住民族に許されている、カジノの経営権、各種の補償など様々な経済的メリットの分配をめぐる経済的な問題がある（鎌田 2009: 10）。

　血筋を個人認定の基準にしている国でも、言語を基準にしている国でも、実態は複雑であり、個人認定や部族の成員資格をめぐって政治的問題に発展する場合もあるといえる。

第4項　先住民族の権利と国家の政策

　さらに、先住民族に保障すべき権利の内容に関する論点もある。この点に関して、国際的に大きな影響力を持つものの1つが、ILO 第169号条約である。これは、先住民に関する ILO の最初の条約である、1957年制定の「先住民および部族民（Indigenous and Tribal Populations）条約」（第107号条約）に代わって制定された条約である。第107号条約は、かつてのイギリス植民地での慣行にそって、先住民や部族の生活実態を守るために、植民地主義の新段階を背景にして作られたとされる。しかし、主要な目的は国民国家に先住民や部族民を統合・同化することであった（Minde 2008: 52）。ILO 第169号条約は、それとは対照的に、先住民や部族民の権利回復の視点から作成されており、雇用、教育、保健サービスなどの保障とともに、土地やそれに付随する天然資源の所有権や利用権に関わる条項が入っている。しかし、この条項は新たな国家を生み出す民族自決権につながるおそれもあり、国家として条約の批准に消極的にならざるをえない内容となっている。先住民族運動の担い手や先住民族運動を支持する研究者は、こうした懸念に対し、彼らが主張する民族自決権は新たな国家の樹立を意味するものではなく、土地や天然資源の利用、自らの生活スタイルや文化の選択の自由を示すものにすぎないとしている（Minde ed. 2008; Anaya 2007）。しかし、それでも土地や天然資源に対する所有や利用などの点で、この条項は先住民族と他の国民との利害対立を生じさせる可能性がある。こうした懸念もあり、批准国は中南米を中心に 22 か国にとどまっている。アメリカ合衆国、カナダ、オーストラリア、ニュージーランドなど、多くの先住民・先住民族を抱える国は、この条約を批准し

ていない。

　北欧サーミの居住国のうち、ノルウェー以外の国もこの条約を批准していない。スウェーデンやフィンランドのサーミの人々は、ノルウェーにならってILO第169号条約の批准を望んでいる。スウェーデンでは、政府からILO第169号条約批准の可能性を諮問された委員会が1999年に同条約を5年以内に批准するよう勧告したにもかかわらず（櫻井 2004a: 216-7）、現在でも批准されていない。他方で、ノルウェー、スウェーデン、フィンランドの3か国は、2005年に「北欧サーミ条約」草案を公表し、2011年には2015年までに条約を完成させるとの合意に達した（Bankes and Koivurova 2013: 1）。「北欧サーミ条約」草案は、ILO第169号条約を鑑にしているが、国会を通過した決定のいくつかを拒否する権利をサーミ議会に与えることによってさらに進化している（Semb 2012: 1662）。したがって、北欧3か国、とくにILO第169号条約を批准していないスウェーデンとフィンランドの両国政府は対応に苦慮すると思われる。実際、2011年の合意に反して、「北欧サーミ条約」の内容について、各国代表団の合意が得られたのは2017年1月13日であった。今後、同条約の批准に向けた「長い道のり」が各国で始まることになる（The Independent Barents Observer 2017）。

　2007年に国連総会で採択された「先住民族の権利に関する国際連合宣言」は、ILO第169号条約とならんで、先住民族の権利を検討する上で、国際的に大きな影響力を持っている。この「宣言」には、教育、保健サービス、土地、資源に関わる権利だけでなく、国籍取得の権利（第6条）、固有の言語による報道機関を設立する権利（第16条）、自己の科学、技術及び文化の表現を維持・保護・発展させる権利（第31条）、自己のアイデンティティ及び構成員を決定する権利（第33条）など、ILO第169号条約にはない、より広い範囲の権利を保障する条項が盛り込まれている。

　たしかに、「宣言」は「条約」とは異なり、法的拘束力を持たない。この点もあって、ILO第169号条約の批准国の少なさとは対照的に、多くの国が賛成票を投じたのであろう。「宣言」の採択にあたって反対票を投じた4か国も、オーストラリアが2009年4月、ニュージーランドが2010年4月、カナダが2010年11月、アメリカ合衆国が2010年12月に自らの立場を変え、「先

住民族の権利に関する国際連合宣言」を承認している[12]。これらの国でも国際的な動向をにらみながら「条約」とは異なる性質のゆえに、「宣言」を承認することにしたと考えられる。しかし、少なくとも「宣言」に賛成した国は「宣言」の定める原則を参考にして先住民族の権利の回復や保障に向けた措置を策定する必要があると考えてよい（大竹 2009: 13）。

このように、先住民族に保障すべき権利は簡単に確定できるものではなく、複雑な問題をはらんでいると考えるべきである。

第5項　先住民族と国民との関係

その上、先住民族とそれ以外の国民との関係について議論すべきこともある。いいかえれば、先住民族に対する国家の政策の根拠が国民にどのように示され、それが国民にどのように受けとめられるのかという問題である。

先住民族に対する国家の特別な政策が必要な理由について、国際的な先住民族運動に大きな影響を与えてきたアメリカ合衆国のアナヤ（J. Anaya）は、先住民が同化を強いられ抑圧され搾取されてきた歴史をふまえ、過去の仕打ちに対する救済や補償として先住民の権利を保障すべきであると考えている（Anaya 1996: 80-5; Anaya 2004: 103-10）。これに対し、カナダのキムリッカ（W. Kymlicka）は、アナヤの考えは不十分であると批判する。なぜなら、過去に対する補償を根拠にして先住民族への政策を構想すると、いつかは補償が終わる時がくるからであり、先住民族と他のエスニック・グループや国民との違いが見出せなくなるからである。

そこで、キムリッカはアナヤと異なる形で先住民族に対する国家政策のあり方を主張する。彼によれば、カナダには主流の国民に対し、移民と先住民族という民族性の異なるマイノリティがいる。いずれのマイノリティにも、自らに固有の文化を保障する多文化主義が求められる。同時に、彼らにはカナダ国民としてのメンバーシップも与えられなければならない。それをキムリッカは「多文化主義的シティズンシップ」と呼んでいる。さらに、先住民族に対しては、他国から自らの意志で移住してきた移民とは異なり、もともと固有の言語を持ち当地に住んでいたにもかかわらず、抑圧や差別を被ってきたことをふまえ、文化だけではなく言語の保障とともに固有の民族自決権

を与えるべきであるとする (Kymlicka 1995=1998; Kymlicka 2001=2012)。

　他方で、先住民族以外の国民からすると、過去への補償であっても、先住性に基づく固有の権利であっても、保障する権利の内容や程度によって、過剰な保障だとの批判も現われかねない。それは、黒人などに対するアファーマティブ・アクションに対する反応と同様なものである。研究者のなかからも、先住民族運動はナショナリズムと同一で、外部には排他的、内部には拘束的であるとの批判が生まれており、こうした批判は先住民族に対する特別な施策に対する否定的な見方につながる可能性が高い (Kuper 2005: 203-18)。

　サーミの場合にも、同様な現象がある。国民議会への参政権と同時に、サーミ議会の選挙権も与えられていることに対して疑問を示す国民が現れている。ノルウェーの全国規模のサーミ団体の1つが、サーミの特別な地位を示すサーミ議会の存在に反対するという事態も生じている (Thuen 2002: 286)。近年、研究者のなかにも、ノルウェーのサーミ政策に対する「バックラッシュ」の動きを紹介したり[13]、サーミにのみ認められている二重の政治的メンバーシップの問題性を指摘したりする者が現れている (Semb 2012: 1665)。こうした先住民族以外の国民からの視線が、先住民族に保障すべき権利を確定する上で、影響を与えることにもなりかねない。

第6項　先住民族研究の新たな課題

　このように、かつて同化や抑圧、差別、ひいては虐殺の対象にまでなった先住民族の子孫をめぐる状況は、2007年の「先住民族の権利に関する国際連合宣言」の採択により、大きく改善する可能性が高くなった。にもかかわらず、実際には、現実的にも理論的にも、かなり複雑な状況が存在するようになっている。

　ただし、長期的な視点で見れば、このような複雑な現状は先住民族が復権していく歴史的なプロセスの一コマにすぎないのかもしれない。多少の紆余曲折を経験しながら、復権に向けて確実に事態が進展していると見ることもできる。

　キムリッカのいうように、先住民族の権利の回復や保障に関しては、規範理論を欠いていたのに実践的には成功を収めてきたという見方も成り立つ。

18　序　章　先住民族の復権をめぐる現状と課題

1970 年代以降、分配的正義の規範理論が発展したにもかかわらず、経済的不平等が実質的に拡大したのとは対照的である（Kymlicka 2001=2012: 7）。先住民族の権利の回復や保障に関する現実の動きが、理論より先行しているといいかえてもよい。その現実を支える理論が希薄なことが、「進んだ」現実に対するバックラッシュを生み出す背景の 1 つになっていると考えることもできる[14]。

　このような状況のなかで、一方で、先住民族の権利の回復や保障に関する規範理論を構築することが求められている。しかし、他方で、それ以上に、復権に向けた確実な歩みについて具体的に把握し、成果や課題を明らかにした上で、それをふまえて先住民族の未来のあり方を議論する方が現実的であるという考え方も成り立つ。それだけ、現実が複雑であるからである。

　いうまでもなく、複雑な現実を明らかにし、そこにある課題や展望を探ることは、社会学が挑むべきテーマの 1 つに他ならない。しかし、近年先住民族に関する社会学的研究が盛んになってきたとはいえ、すでに示したように、それらは国際的な先住民族運動に触発されたテーマを取り上げているのが実情である。むしろ、それらの運動が獲得した成果を背景に、実際の先住民をとりまく教育や政治などの諸制度がどのように整備され機能しているのか、それによって彼らの労働や生活がどのように変化しているのかなどを事実に即して明らかにしていくことが求められているのではないだろうか。こうした考え方は、先住民族の権利に関する国連宣言が先住民族集団とそれ以外のアクターや先住民族集団内部の関係をどのように変化させるのかを把握することによって、宣言の役割を検討するのが未来の社会学研究の課題であるとしたスミスの指摘とも重なる（Smith 2007: 772）[15]。

　規範理論を構築する前提として、複雑な現実を明らかにしそこにある課題や展望を探るという考え方は、先住民族の問題だけでなく、一般には「見えにくい」対象や問題を取り扱う場合にもあてはまる。差別されやすいマイノリティや社会的弱者の権利保障の重要性に関する規範理論を精緻化する上で、彼らの生活の現実や課題を明らかにすることは重要な意義を持つ。この点をふまえると、本書で取り上げるテーマは、先住民族だけでなく、広くマイノリティや社会的弱者の問題を考える上で共通の意義を持つといえる。

第3節　本研究の視点と本書の構成

第1項　本研究の視点

　本研究では、こうした問題意識に基づいて、先住民族としてのアイヌの現状と課題を北欧の先住民族であるサーミとの比較を通じて実証的に明らかにしようとした。アイヌとの比較対象としてサーミを取り上げたのは、ともに国内の辺境に居住していた先住民族であるという共通点に注目したからである。インディアン、アボリジニ、マオリなど、アメリカ大陸、オセアニア州などの先住民族は、16世紀以降のヨーロッパ人の植民地化以降、抑圧・同化・略奪の対象になった。それとは対照的に、アイヌやサーミはかなり以前からいくつかの国の辺境に居住しマジョリティの国民と交易や交流を行っていた。にもかかわらず、近代以降、同化や抑圧の対象になったという特徴を持っている。この点を考慮し、アイヌの比較対照としてサーミを選定した。

　しかし、アイヌとサーミを対象にして、先住民族の復権に向けた歩みの現状や課題を把握するといっても、そこで用いる視点や枠組みが問題となる。先住民族の現状と課題を把握する社会学研究は少ないので、研究の視点や枠組みを独自に検討する必要がある。

　この点に関して、本研究では、先住民族が復権に向けた歩みのなかで構築してきた機構や制度と彼ら自身の労働や生活との関わりという視点を重視する。いいかえれば、それは、既存の機構や制度に基づく機構的システムの内部で先住民族のための機構や制度がどのように位置づいているのか、また先住民族の労働や生活はどのような特徴を持ち、マジョリティの人々とどのような関連を持つのかという視点になる。

　このような視点は、社会を機構的システムと労働─生活世界から成り立つものとして捉え、異なるエスニシティの共生を考えるにあたって、機構的システム間のシステム共生と労働─生活世界間の生活共生のあり方を検討しようとする理論的立場に立脚したものである（小内 2005, 1999）。

　その場合、機構的システムとは、機関や組織およびそれらから構成される、経済機構、国家・行政機構、政治・運動機構、社会的再生産機構（教育

20 序 章 先住民族の復権をめぐる現状と課題

機構、情報機構、宗教機構、文化・スポーツ機構など）などの諸機構の連関によっ
て作り出される構造であり、社会の骨格となるものである。それぞれの機構
は、自らの機能を実現するために、独自の機関・組織・機構として経済的な
取引関係、行政的な指導・受益の関係を結んだり、労働組合（政治・運動機構）
が企業（経済機構）の内部に入り込む形をとったり、あるいは、ある機構が他
の機構の機能を代替したりして、互いに関連を持ち、それらを国家権力が統
括しようとする。この機構的システムは、機関・組織・機構の存立を保障す
る法・制度や市場関係のような物的依存関係といった外的な存在論的基礎と
それぞれの機関・組織・機構の存続に不可欠な生産力的基盤をともなう協業
や協働の様式という内的な存在論的基礎を必要とする。

　これに対し、労働―生活世界は、過去・現在・未来という時間の流れと、
直接世界・間接的な同時世界という空間的な広がりの視点から把握される。
前者は過去の労働―生活史、現在の労働―生活、労働―生活の未来の展望と
して設定され、個人のパーソナリティや価値観を形成する役割を果たす。後
者は自らが日々直接体験している日常の労働や生活のあり方（直接世界）とそ
れをとりまく間接的な社会環境（同時世界）として位置づけられ、同時世界は
個人の労働や生活に与える時代の影響を示すことになる。こうした形で把握
される労働―生活世界は、自らの生命と経済的基盤を内的な存在論的基礎と
するとともに、人格的依存関係とそれを支える手段・条件となる言語や文化
を外的な存在論的基礎とする。

　もともと、機構的システムと労働―生活世界は歴史的には国家の枠内で形
成されてきたものであり、それは国民を形成する過程でもあった。しかし、
経済や社会のグローバリゼーションの進展にともなって、機構的システムも
労働―生活世界も、一国の枠内で完結しえなくなっている。グローバルな経
済機構は当たり前の存在になり、政治・運動機構や教育機構・宗教機構など
も国際化している。労働―生活世界の面では、インターネットやメディアの
発達により社会環境としての間接的な同時世界が身近なものになるだけでな
く、職場が国内で完結しなくなる傾向も生み出されている。それにともなっ
て、グローバル化時代の国民のあり方が問われるようになっている。

　国民のあり方が問われるようになるのは、国民として形成されてきた人々

自身の社会経済環境の変化によるものだけではない。いずれの国でも、外国人が数多く居住するようになり、様々なマイノリティが可視化されるようになってきたからでもある。先住民を含めて、多様な文化や背景を持つ人々が自らの独自性を意識的に主張することが、そうした状況をさらに強化するようになっている。その結果、従来の典型的な国民によって形成され利用される機構的システムだけでなく、外国人居住者や先住民が形成し利用する独自の経済機構や教育機構が生まれるようになる。

　この理論的な枠組みのなかでは、キムリッカが指摘しているような、先住民族に対して認められるべき民族自決権に基づく教育や行政などの独自の制度が、先住民が形成する機構的システムにあたる (Kymlicka 1995=1998)。サーミを例にとれば、サーミ議会、サーミ・メディア、サーミ学校などがそれに該当する。外国人が形成するエスニック・ビジネス、エスニック・メディア、エスニック・スクールなども既存の機構とは異なる性格を持つ機構になりうる。

　しかも、外国人居住者や先住民が独自の機構を形成すれば、それにともなって、彼らが固有の言語や文化を維持しながら労働や生活を営むこともある程度可能になる。そのため、自らの母語や文化に基づくコミュニティのなかで展開される外国人や先住民の過去・現在・未来の労働—生活世界は、独特の性質を持つものとして把握されることになる。

　そして、マジョリティの国民が形成した機構的システムやそれをもとに展開されるマジョリティの労働—生活世界と、外国人や先住民などのマイノリティの機構的システムや労働—生活世界がどのように関連しているのかが、システム共生と生活共生の観点から検討されることになる[16]。そこには、個人と集団の相互作用に焦点をあて、共生 (living together) のためのルールを考察する点が社会学者の視点の特徴であるとするスミスの見方との共通性が見出せる (Smith 2007: 757)。

第2項　本書の構成

　私たちは、以上のような問題意識と視点に基づいて、アイヌの人々の調査と並行して、2012 年から 2015 年にかけ、先住民族としての復権が著しいサー

ミの現状と課題を明らかにするために、ノルウェー、スウェーデン、フィンランドのサーミ議会、サーミ学校、サーミ博物館、サーミ・メディア、フィンマルク土地管理公社などの先住民族に関わる機構的システムを構成する諸機関を訪問し、ヒアリング調査を行った。さらに、サーミの子どもたちが通う基礎学校、サーミ学校、サーミ高校を通じて教師・生徒・保護者に対するアンケート調査やインタビュー調査を実施した。また、スウェーデンでは、サーミ議会の有権者を対象にした国際郵送調査も行うことができた。これらの調査の結果については、すでにいくつかの報告書にまとめている（小内編著 2013, 2015, 2016; 野崎編著 2015）。

　本書では、それらの調査や報告書をふまえ、第１部として序章に続いて北欧サーミの概況と歴史を把握した上で、それ以降、北欧３か国のサーミの現状と課題について、機構的システムと労働—生活世界の視点から３部構成の形でまとめた。第２部は北欧３か国におけるサーミ社会の機構・組織の形成と展開について明らかにする。具体的には、サーミ議会、サーミ教育機関、サーミ・メディア、サーミ関連機関・組織について、その歴史と現状および課題を検討している。第３部は、サーミの生活・意識と教育に関して、各種教育機関やサーミ議会を通じて実施した配布調査・郵送調査・インターネット調査やインタビュー調査の結果をもとに、その現状と課題を議論している。最後に、第４部として全体のまとめにあたる終章を配置した。なお、論述に用いるデータや調査方法については、各章で詳述するので参照されたい。

注

1　先住民ないし先住民族は、indigenous peoples の訳語である。しかし、indigenous を「先住」とするのは誤訳に近く、「原住民」の方が原義に近いとする議論がある（内堀 2009: 83）。これは、先住性の捉え方の問題と関連している（本章第２節参照）。また、先住民族と先住民との異同が取り上げられることもある。「特定の集団（民族）を『先住民族』と記し、世界の諸集団全般を『先住民』と記す」との立場もあれば（スチュアート 2009: 18）、people でなく peoples として複数になっていることが「民族」を指すという見方も成り立つ（綾部 2005: 389）。先住民と先住民族の区別をとくに意識しないことも少なくない。しかし、いずれの訳語・用語が妥当かは定説がない。

　ちなみに、本書では原則として indigenous peoples を先住民族とし、民族と

しての集団性を念頭におく場合に使用する。一方、先住民の語は、集団に属する個人や集団性を念頭におかない場合に用いることにする。

2 フィンランドの場合、1974年に大統領令によりサーミ議会が発足していたが、1996年に本格的な自治組織として衣替えした（庄司 2005: 71）。この点については、本書第1章も参照のこと。

3 藤田尚則は様々なアメリカ連邦法の変遷を検討した上で、アメリカ・インディアンの多様な法的定義を、インディアン・ネーション（コミュニティ）の構成員・有資格者であることによるもの、祖先に基づく規定によるもの、公式の部族記録によるもの、厳密に定義せずたんにインディアンとしているものの4つに類型化している（藤田 2011: 60-6）。インディアン法の歴史的変遷については、藤田（2012）も参照のこと。

4 アメリカ合衆国では2011年時点で565のインディアン部族が先住民族として認定され、請願書を出しても未認定のままの部族が350程度あるとされる（水谷 2012: 8）。

5 苑原俊明も、①先住性、②独自の文化・言語、③植民地化、征服、従属、権利剥奪などの歴史、④独自の社会、経済、文化制度、⑤土地（領域）とのつながり、または⑥自己認識の6つを先住民族認定の「一応」の基準として示した。だが、同時に、現実の世界各地における民族集団がおかれた状況の多様性を考慮し、画一的な定義づけそのものが不可能であり、また望ましくないとの議論に同意するとしている（苑原 2000: 38-42）。

6 この点については、とりあえず清水（2008）および窪田・野林編（2009）所収の各論文を参照されたい。

7 アメリカ合衆国では、1950年に約34万人だった先住民人口が50年の間に6倍化し、2000年で約247万人となっている。そこには、「文化的なアイデンティティを得るために部族員になろうとする人たちとは別に、現在（注・先住民に認められている）カジノの経営や経済開発で成功をおさめ、その利益を部族員に分配している一部の部族には、部族員資格の申請が殺到している」という事情もある（鎌田 2009: 10）。

8 父か母のどちらかが同族である必要のあるホピ族（2分の1の血筋）から、16分の1のみでよいとするチェロキー族まで認定基準は幅広い（鎌田 2009: 7）。しかし、インディアン部族がメンバーとして認めるにあたって、血筋をとくに重視していることは間違いない。そのため、近年では、部族員資格の審査に、DNA鑑定を行う部族まで現れている（鎌田 2009: 10）。なお、個人認定およびインディアン部族としての認定の基準については、水谷（2012）の第1章も参照のこと。

9 ここでは、サーミ議会の有権者として登録される基準のことを想定している。

10 北海道アイヌ協会は2014年4月1日から公益社団法人に組織替えされた。これにともない、かつては同協会の支部として位置づけられていた各地域の組織が独立した協会になり、それらの協会が北海道アイヌ協会の正会員となる形に変更されている。そのため、正確には各地域のアイヌ協会が個人会員を持つことになる。

24 序　章　先住民族の復権をめぐる現状と課題

11 詳しくは、本書第2章参照。

12 First Nations and Indigenous Studies, The University of British Columbia の　ホ　ー
ムページを参照のこと。

13 センブ（A. J. Semb）は、ノルウェーにおけるサーミ政策への「バックラッシュ」
として、以下のような例を示している。「（注・1つの例は）サーミ議会が通商産
業省との協議を通じてフィンマルク県で鉱業を営む会社に課税する権利を得よう
として失敗したことである。もう1つの有名な例は、2010年春における北欧サー
ミ条約草案に関連した交渉過程でノルウェー政府が立場を突然変化させたことで
ある。それ以前の立場とは対照的に、ノルウェー政府はサーミ議会によって指名
された代表団のメンバーが交渉に直接参加することや、交渉の議事録を書く際に
政府に対する反対意見を表明する余地を与えることをもはや受け入れなかった」
（Semb 2012: 1669）。

14 先住民族の権利の回復や保障の動きに対するバックラッシュには、近年の多文
化主義に対するバックラッシュも影響を与えていると思われる。多文化主義に対
するバックラッシュについては、Kymlicka（2010）および Kymlicka（2012）を
参照されたい。

15 厳密にいえば、スミスの指摘は国連宣言が採択される以前のものである。ス
ミスは国連宣言の草案を念頭において、このような主張を行っている（Smith
2007: 772）。

16 社会を機構的システムと労働―生活世界の両面から捉え、エスニック・マイノ
リティとマジョリティの住民との共生をシステム共生と生活共生の視点から把握
することについて、詳しくは小内（1999）および小内（2005）を参照されたい。

第1章

北欧サーミの概況と歴史

小内透・野崎剛毅

第1節　北欧サーミの概況

第1項　言語と民族の起源

　サーミはトナカイの放牧で知られる先住民族である。おもに、かつてラップランド、現在サップミ (Sápmi) と呼ばれる、ノルウェー、スウェーデン、フィンランドの北部とロシアに属するコラ半島に居住している (図1－1)。サーミの人口は正確にはつかめないものの、ヨーナ (T. Joona) によれば、ノルウェーに居住するサーミが 75,000 ～ 100,000 人 (2014 年)、スウェーデンのサーミが 27,000 ～ 35,000 人 (2013 年)、フィンランドのサーミが 9,200 人 (2014 年) とされ (Joona 2015: 156-61)、ロシアのサーミは 2,000 人と推計されている (Anaya 2011: 4)。これらを総合すると、サーミの総人口は 114,200 ～ 144,200 人となる[1]。かつては、トナカイ飼育を行うサーミが多かったが、今では少数派になっている[2]。

　サーミは固有の言語・サーミ語を持っている。サーミ語は、ノルウェー、スウェーデン、フィンランドの各国において、いくつかの地域に限定された形ではあるものの、公用語として認められている。しかし、必ずしも多くの者がサーミ語を使用しているわけではない。かつてサーミ語の使用が禁止されたこともあり、サーミ語を使用できないサーミも少なくない。ノルウェーのサーミのうち、サーミ語話者は 25,000 人で 38.5 ～ 50.0 %、スウェーデンが 8,000 人で 20.0 ～ 40.0 %、ロシアが 520 ～ 630 人で 26.0 ～ 31.5 % であり (Rasmussen and Nolan 2011: 37)、フィンランドのサーミの場合、1,949 人がサーミ語話者で約 21.7 % しかいない (Statistics Finland 2016)。

26　第1章　北欧サーミの概況と歴史

図1-1　サーミ居住地域＝サップミ（Sápmi）

　表1−1のように、サーミ語には10の方言があり、北欧では、いずれの国でも北サーミ語が主流である。しかし、南サーミ語とルレ・サーミ語の話者はノルウェーとスウェーデンに比較的多く居住している。一方、フィンランドには、他の国にはほとんどいないイナリ・サーミ語話者とスコルト・サーミ語話者が一定数生活している（Rasmussen and Nolan 2011: 37; Salminen 2015）。
　サーミは、北欧の国家が形成される以前から当地に住んでいた。しかし、その起源は必ずしも明確ではない。ウラル山脈から渡って来た民族がサーミの祖先で、反対にシベリアを東に進んでサハリンや北海道に住むようになったのがアイヌの祖先だとする見方がある（武田 1995: 170-1）。他方で、ノルウェーのアルタ近郊にコムサ文化が栄えており、その担い手がサーミの祖先だとする説もある（Stenersen and Libæk 2003=2005: 2）。最近では、DNAの分

第1部　本書の課題と北欧サーミの概況　　27

表1-1　各国におけるサーミ語話者

単位：人

言語グループ	言語	国	話者数
東部サーミ語群	テル・サーミ語	ロシア	30
	キルデン・サーミ語	ロシア	500 〜 600
	アッカラ・サーミ語	ロシア	0
	スコルト・サーミ語	ロシア	20 〜 30
		フィンランド	400
		ノルウェー	10
	イナリ・サーミ語	フィンランド	300
中央サーミ語群	北サーミ語	フィンランド	1,500 〜 2,000
		スウェーデン	5 〜 7,000
		ノルウェー	20 〜 23,000
	ルレ・サーミ語	スウェーデン	5 〜 600
		ノルウェー	5 〜 600
	ピテ・サーミ語	スウェーデン	20
		ノルウェー	0
南部サーミ語群	ウメ・サーミ語	スウェーデン	20
		ノルウェー	0
	南サーミ語	スウェーデン	2 〜 500
		ノルウェー	2 〜 500

出典：Rasmussen and Nolan（2011: 37）より引用

析をもとに、スペインがあるイベリア半島から移動して来た可能性が高いとの研究結果も現れ、『ノルウェーの歴史事典』（2008 年）ではこの説が採用されている（Sjåvik 2008: 175）。起源がはっきりしないこともあり、かつては先住民族として見なせないとの議論があったが、今では先住民族としての地位に異論をはさむ者はいない。

第2項　同化と復権

　スカンジナビアでは、13 世紀以降、次第に国民国家が形成され始め、サーミもそれに包摂されるようになった。14 世紀には、サーミのトナカイ飼育が始まり、16 世紀にはノルウェー、スウェーデン、ロシアの国々がサーミの居住地であるスカンジナビア半島北東部・フィンマルク地方の直接支配に

28　第1章　北欧サーミの概況と歴史

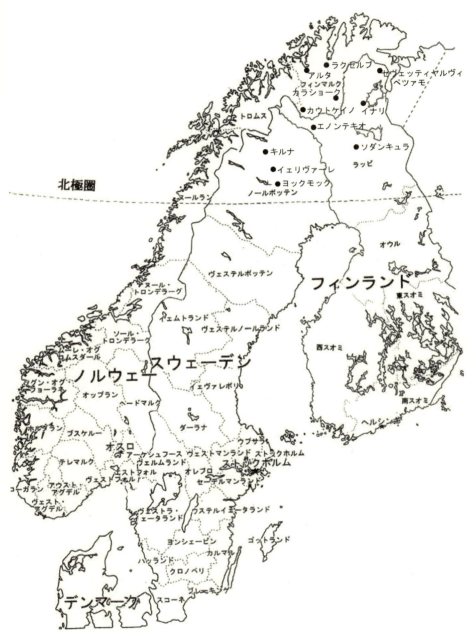

図1-2　ノルウェー・スウェーデン・フィンランドの行政区分

乗り出した。その結果、17世紀初めにはサーミの地は余すところなく3勢力の支配下におかれることになった。フィンマルクでは二重、三重に徴税される地域もあったといわれる。ただし、トナカイ飼育を行うサーミの生活や移動が国境で妨げられることはなかった（庄司 2005: 64-6）。

　その後、近代において、程度の差はあれ、各国のサーミは同化や差別を強いられた。にもかかわらず、北欧のサーミは、1980年代以降大きく復権してきている。北欧では3国とも、1990年前後にサーミ議会が成立し、サーミ語を公用語と認める法律が制定されている。北欧のサーミは、さらなる地位の向上を目指し、現在、北欧サーミ条約の批准に向けて、各国政府を巻き込んだ取り組みを進めている（Bankes and Koivurova eds. 2013）。

　しかし、所属する国によって、先住民族としての扱いには異なる点もある。ノルウェーのサーミは、かつて北欧サーミのなかでも、最も強烈な同化政策の対象となった。にもかかわらず、あるいは、それだからこそ、1980年代以降、最も大きく権利を回復し、先住民族としての地位を向上させつつある。ノルウェーは、北欧3か国で唯一、先住民族の様々な権利の保障を謳ったILO第169号条約を批准し、それに呼応する国内法の1つとしてフィンマルク法を制定している（小内編著 2013, 2015）。

　これに対し、スウェーデンのサーミは、同化政策というより、トナカイ飼育を行うマイノリティとして分離政策の下におかれた。しかし、1980年代以降、ノルウェーのサーミと歩調を合わせる形で権利回復が進んでいる。複合遺産としての世界遺産に指定されているラポニア地域では、サーミの文化が文化遺産として位置づけられている。ただし、スウェーデンではILO第169号条約に関して批准に向けた動きはあったものの、未だに同条約は批准されていない（小内編著 2013; 野崎編著 2015）。

　さらに、フィンランドでは、サーミは同化や分離の対象とならず、中央政府が関心を寄せないマイノリティであった。フィンランド国家はサーミを積極的に同化しようとするのではなく、むしろ無視したとされる（Jernsletten 2002: 148）。しかし、ノルウェーやスウェーデンと同様、1980年代以降、先住民族としての権利の回復や保障が進んでおり、憲法においてサーミが先住民族として規定され、自らの言語や文化を維持・発展させる権利が保障され

30　第1章　北欧サーミの概況と歴史

るようになっている。ただし、ILO 第 169 号条約の批准は、課題として提起
されたものの、スウェーデンとともに、実現していない。

　本章では、以下、北欧 3 か国の実状が国ごとに異なることをふまえ、近代以
降における各国のサーミの歴史と各国のサーミ集住地の状況を概観しておく[3]。

第 2 節　ノルウェーにおけるサーミの歴史

第 1 項　国民への同化

　ノルウェーは、17 世紀以降、フィンマルク地方の西部沿岸部を支配下に
おさめた。その後、1800 年代半ば以降、土地所有を通じたサーミに対する
抑圧が進んだ。1863 年、ノルウェーの未登記の土地は無主地であるとされ、
王領地＝国有地とされた (百瀬・熊野・村井編 1998: 425)。さらに、1902 年、フィ
ンマルクの土地購入の条件としてノルウェー語の読み書き能力が加えられた
(Lehtola 2004: 44; 櫻井 2003: 397)。1894 年には、入植者へのトナカイによる被害
の連帯保証が課せられる地域的範囲を決めるため、トナカイ飼育区が設置さ
れ (櫻井 2004b: 878)、1933 年には、トナカイ飼育区の改正により、非サーミの
定住者に土地を譲るべきだとされるまでになった (Jentoft, Minde and Nilsen eds.
2003: 229)。同時に、学校教育を通じた積極的な同化政策も進んだ (第 4 章参照)。

　一方、同化と抑圧に対するサーミ自身による抵抗も生まれた。最も早い段
階で生じたのが、1852 年のカウトケイノの反逆である。ノルウェー商人の
搾取と地方自治体の課税強化が原因とされ、サーミによってノルウェー商人
と行政官が命を落とした事件である。事件は首謀者が処刑され、幕を閉じた。

　サーミの組織化も進んだ。1903 年には、ノルウェーにおける最初のサーミ
の地域組織がアンデルス・ラルセン (Anders Larsen) らにより設立され、1906
年以降各地にサーミ組織が生まれた (Solbakk ed. 2006: 75)。1906 年には、現在サー
ミの民族歌とされる「サーミ族の歌」の作詞者イサク・サバ (Isak Saba) が国会
議員になっている (庄司 1995: 241)。1917 年、ノルウェーで初めてのサーミの全
国大会がスウェーデンからの代表も迎えて開催され、サーミの運動は最高潮
を迎えた。この大会の開会の辞で、エルサ・ラウラ (Elsa Laula) は「サーミは
1 つの民族」であると高らかに宣言した (Solbakk ed. 2006: 75)。

第1部　本書の課題と北欧サーミの概況　31

　しかし、1920年代半ばには、サーミ民族運動はめぼしい成果を得られないまま急速に勢いが衰えた。

第2項　先住民族運動の展開

　第二次世界大戦が終わると、サーミ自身の組織化が再び始まった。1947年にノルウェー・トナカイ飼育サーミ全国協会、1948年にオスロ・サーミ協会、サーミトナカイ飼育者協会などが設立された（Solbakk ed. 2006: 57-8, 180）。1968年には、オスロ・サーミ協会とフィンマルク地方の4つのサーミ協会が合併し、ノルウェー・サーミ協会が誕生した（Lehtola 2004: 70）。

　同時に、ノルウェー政府自らが戦前のサーミに対する同化と抑圧の政策を見直すようになった。1947年に、王の勅令により「学校および教育に関する調停委員会」が設置され、サーミの教育の検討が始まった。それだけでなく、1964年にはノルウェー政府が、従来の政策を転換させる方向で、サーミ問題の諮問機関としてノルウェー・サーミ評議会を発足させた（Solbakk ed. 2006: 160-1）。ノルウェー・サーミ評議会は、その後、サーミに関わる各種補助金を分配する役割も担うようになった（この権限は、のちにサーミ議会に移行することになる）（Solbakk ed. 2006: 161）。

　さらに、この時期、サーミ自身の組織化が国境を越える形で進展した。1953年、フィンランドのサーミ文化協会、スウェーデンのサーミ・エトナンの呼びかけにより[4]、ノルウェー・スウェーデン・フィンランドのサーミの代表がスウェーデンのヨックモックで第1回北欧サーミ会議を開催した。レトラ（V.-P. Lehtola）は、この会議の重要性を「1953年がサーミの現代史の画期」という表現で説明している（Lehtola 2004: 60）。1956年には、北欧サーミ評議会が、北欧サーミ会議で選出された評議員から構成される形で設立され、1986年には、民族旗、民族歌、のちに民族記念日（2月6日）などが制定されている（庄司 2005: 70-1）。1992年からはロシアのサーミの代表も加わり、組織名がサーミ評議会に改称されている（村井 2008: 72）。国境を越えるサーミの統一的な運動は、言語の統一の必要性をもたらし、1979年には北サーミ語統一正書法が決定されている（吉田 2002: 5）。

　サーミの運動は、1970年代に入ると、他の先住民運動との連携を志向す

32　第1章　北欧サーミの概況と歴史

るようになった。それを象徴するのが、1973年にコペンハーゲンで開催された北方民族会議（Arctic Peoples' Conference）である。この会議は、グリーンランド、北カナダの先住民（イヌイット）とともにサーミが開催したもので、先住少数民族の土地や水に対する権利や生存権を表明するとともに、世界先住民族評議会の結成を決定した。ジェントフト（S. Jentoft）、ミンデ（H. Minde）、ニルセン（R. Nilsen）は、この会議を北方先住民族による国際活動の始まりとしている（Jentoft, Minde and Nilsen eds. 2003: 25）。1975年には、北方民族会議を構成するイヌイットとサーミなどが世界先住民族評議会（WCIP）を組織し、翌1976年に北欧サーミ評議会が正式に加盟している。世界先住民族評議会は、後に国連の先住民作業部会への諮問資格を持つようになった（ただし、1993年の会議を最後に現在は活動していない）（Jentoft, Minde and Nilsen eds. 2003: 25; 葛野 2007: 214）。

第3項　先住民族の復権

　サーミの復権の動きは、1979年から本格化したサーミ地域のアルタダム建設反対運動によってさらに大きく進展することになった。

　ノルウェー政府は、ダム建設反対運動への対応として、サーミの土地や水、文化に関する権利について議論し必要な結論を出すために、1980年にサーミ権利調査委員会とサーミ文化委員会を設置せざるをえなかった（Solbakk ed. 2006: 164-6）。

　アルタダムの建設は阻止できず、1987年に操業が開始されたが、同じ年、サーミ権利調査委員会の提言に基づいて、「サーミ議会およびサーミの諸権利に関する法律」（サーミ法）が成立し、サーミが先住民族として事実上認められた。同時に、「サーミ語法」が成立し、サーミ語とノルウェー語が同等な地位にあることが確認された（村井 2008: 62）。そして、翌年、最終的にノルウェー王国基本法（憲法）に「サーミの民族集団がその言語、文化、生活様式を維持・発展させることができるよう諸権利に関する条件を整えることを国家機関の責務とする」という条文（第110条の a）が追加された。

　1987年のサーミ法に基づいて、1989年にはノルウェーのサーミ議会が発足した。1991年にはサーミ語の公用語化に関する法律が制定され、翌1992

年にサーミ語の行政地域（カラショーク、カウトケイノ、ネッセビー、ポルサンデル、ターナ、コーフィヨルドが含まれる）に適用される形で発効した。マッガ（O. H. Magga）は、この年を「サーミ語の公的な使用に関する飛躍の年」と表現した（Magga 1997=2001: 205）。

　国内におけるサーミ復権の動きは、1990 年、ノルウェーが ILO 第 169 号条約の最初の批准国になることにつながった。これを受け 2005 年にはフィンマルク法が成立し、フィンマルク県のサーミその他の住民に土地と水の使用の権利が与えられた（大西 2007: 131）。同法のもと、デンマークよりも広い地域の所有権が国からフィンマルク県の住民へと移譲され、土地や資源の管理機関として、2006 年にフィンマルク土地管理公社（Finnmarkseiendommen - Finnmarkkuopmodat: FeFo）が設立された。

　ILO 第 169 号条約の批准以降、サーミ議会の権限も増大した。1999 年にサーミ教育評議会が宗教および教育省からサーミ議会へ移管され（Solbakk ed. 2006: 88-9）、2000 年にはサーミ教育の権限がサーミ議会へ移管された（Todal 2003: 185）。学校教育の領域でもサーミの復権は確実に進み、1997 年にはノルウェー人とサーミ用の 2 つのナショナル・カリキュラムが初めて導入された。これにより、サーミの教育は新たな段階に入ったといえる（Todal 2003: 185）。

　以上のように、ノルウェーではサーミの復権が急速かつ確実に進み、国際的な先住民族の運動に大きな影響を与えるに至っている。

第 3 節　スウェーデンにおけるサーミの歴史

第 1 項　トナカイ飼育サーミの形成

　スウェーデンでは、1523 年にグスタフ・バーサが国王になると、「国民的」統合と宗教改革が進められた。これがスウェーデンの近代国家の始まりとなった（百瀬・熊野・村井編 1998: 130-3）。バーサは 1550 年頃から、サーミが集住するスカンジナビア半島北東部・フィンマルク地方の直接支配に乗り出し、1551 年には、「すべての使用されていない土地は神、われらそしてスウェーデン国王に属す」と宣言した（櫻井 2004a: 198）。

　1673 年になると、スウェーデン国王がサーミでない人々をラップランド

に移住させようとして、「ラップランド宣言」(Lapland Placard) を行い、兵役と 15 年の納税を免除してラップランドへの入植を奨励した (Pennanen and Näkkäläjärvi eds. 2003: 117)。一方で、サーミの土地が次々と失われ農耕地となっていくなかでサーミの土地を守るため、17 世紀の半ばには、スウェーデンはラップランドにラップ境界を設けることで入植者を制限するという自治政策をとった。同時に、サーミはスウェーデン王室に対しラップ税を納めれば伝統的な生活を行うことを認められた (庄司 2005: 64-5)。

このように、同化政策を強行したノルウェーなどと比べると、スウェーデンは全体的には比較的寛容なサーミ政策をとっていたといえる。その一方で、1886 年にはトナカイ飼育法が成立し、トナカイ飼育をする者のみがサーミであるとした。スウェーデンは 1975 年まで原則としてトナカイ・サーミしかサーミとして認めず (Kulonen, Seurujärvi-Kari and Pulkkinen eds. 2005: 234)、数々のサーミ政策もトナカイの飼育を辞めたサーミには適用させなかった (庄司 2005: 68)。また、1913 年には遊牧を行うトナカイ・サーミの子弟向けにノマド学校が設立され、1938 年からはトナカイ・サーミの子弟は全寮制のノマド学校で学ばなければならなくなった (庄司 1991: 863)。これらの政策はサーミたちの内部で深刻な対立を生じさせ、トナカイの飼育を辞めたサーミたちのスウェーデン社会への同化を促進していくことになった。

第2項　サーミの復権

20 世紀に入ると、サーミの組織化の動きが出てきた。その嚆矢となったのが 1904 年の「ラップ中央協会」の結成である。この協会は、サーミの女性活動家エルサ・ラウラが主導して結成されたもので、遊牧地への入植者の侵入を阻止することを目的としていた。

1918 年にはスウェーデンのエステルスンドでサーミの全国大会が開催され、1920 年には 9 つの地方組織を含めたサーミの全国組織が結成された。この組織は、入植者とのいさかい、国境による移動の制限などトナカイ飼育に関わる問題、国家のサーミ政策への不満、サーミ語学校の要求などをおもな関心事としていた。しかし、1920 年代半ばには、サーミの民族運動はめぼしい成果を得られないまま勢いが衰えた (庄司 1995: 241)。

第1部　本書の課題と北欧サーミの概況　35

　第二次世界大戦後、再びサーミの組織化の動きが生じた。その背景には、サーミの人々の民族意識の高揚があった。1950年にスウェーデン・サーミ協会が結成され (Lehtola 2004: 58)、1953年にヨックモックにおける第1回北欧サーミ会議の開催、1956年に北欧サーミ評議会の結成があった。さらに、1970年代にノルウェーで起こったアルタ川のダム建設反対運動が世界的に注目され、サーミの人々の意識を高めていった。1977年には、スウェーデン議会はサーミが先住民族であることを認めた (RezaeeAhan 2013)。サーミや先住民族の権利を求める運動が高まるなかで、1981年の「税山地」(Taxed mountains regions) に関する最高裁判決において「超記憶的時効」に基づいてサーミの土地所有権を取得する可能性が認められ[5]、1981年に国立のサーミ学校、1993年にサーミ議会の設置、1999年にはサーミ語を公用語の1つとする制度がスウェーデン議会により認められた。

　1990年代以降、スウェーデンではサーミ政策にも影響を与えることになる大きな出来事が2つあった。

　1つは、スウェーデンのヨーロッパ連合 (EU) 加盟である。スウェーデンにはナポレオン戦争以来の中立政策の伝統があり、両大戦にも参加していない。そのため、第二次世界大戦後にヨーロッパ石炭鉄鋼共同体 (ECSC) やヨーロッパ経済共同体 (EEC) などが設立され、ヨーロッパ統合の動きが生じても、これらを東西冷戦の西側諸国に連なるものとして参加を拒否し、一定の距離を取り続けていた。しかし、1980年代に東西冷戦が終結し、さらに1980年代終盤から1990年代初めにかけて共産主義陣営が次々に崩壊していくとヨーロッパ共同体 (EC) への接近を始めることになる。1994年にはEUへの加盟をめぐる国民投票が行われ、加盟賛成52.3%、反対46.8%という僅差でのEU加盟が決定した。1995年にスウェーデンはフィンランド、オーストリアとともにEU加盟を果たした。

　かつてナチス・ドイツがゲルマン民族とドイツ語によるヨーロッパ統合をめざし第二次世界大戦の悲劇を生んだことへの反省から、ヨーロッパは戦後まもなくから民族・言語の多様性をひとつのテーマとしてきた。その結実として、少数民族や少数言語の保護を目的に、ヨーロッパ評議会が中心となり地域言語または少数言語のための欧州憲章 (1992年発効) や民族的少数者保護

枠組条約（1994年）などが策定されている。このような流れは、言語・民族の多様性を基本理念のひとつとするEUへも受け継がれ、2000年には言語の多様性の保障を盛り込んだEU基本権憲章が公布された。また、ヨーロッパ評議会と合同で翌2001年を「欧州諸言語年」として、EUの公用語だけではなく、「地域語、少数言語、移民言語、手話にも力を入れること」（原2004: 7）が宣言されたのである。

EUへの加盟により、スウェーデンは必然的にこのような少数民族、少数言語保護の流れにのっていくことになった。サーミ語に対する様々な方策もEU加盟により促進された[6]。2000年2月には地域言語または少数言語のための欧州憲章と民族的少数者保護枠組条約を批准した。とくに民族的少数者保護枠組条約の批准の際には、条約の規定に則り「スウェーデンの民族的少数者はサーミ、スウェーデン系フィン人、トーネダーレン人、ロマ人およびユダヤ人である」（訳文は渋谷編（2005: 53）による）との宣言をしている。ここに、サーミはスウェーデンの少数民族であるということを国際的に認められることになった。これを受けて、2009年にはスウェーデン議会で「言語法」が成立し、「国はサーミ語、フィンランド語、メアンキエリ語（トルネダール・フィンランド語）、ロマニ・チブ語、イディッシュ語の5言語を国の少数言語とし、加えてスウェーデン手話についても、これらを保護し促進する責任を負う」（井樋2010: 17）とした。これら一連の動きにより、サーミ語のスウェーデン国内における地位は保護されていくことになった。

2つ目は、サーミ地域の世界遺産登録である。スウェーデン政府は、スウェーデン最北端であるノールボッテン県のうち、キルナ、イェリヴァーレ、ヨックモック、アルイエプローグの4市をサーミ地域として認定している。スウェーデン政府はこれらサーミ地域の13.1%にあたる9,400 km²におよぶ範囲をラポニア地域とし、文化遺産と自然遺産の複合遺産としてユネスコへの申請を行い、1996年に認定された。これもまた、サーミ地域への注目を高め、民族運動の盛り上がりを促すことになった。

このように、サーミの権利に関して様々な動きを見せているスウェーデンであるが、課題も抱えている。そのひとつが、先住民族の権利に関わるILO第169号条約の批准問題である。スウェーデンと同じくサーミを先住民族

に持つノルウェーは、1990年にいち早くこの条約を批准した。しかし、スウェーデンは現在まで批准をしておらず、また今後も批准に向けた行動をする予定はないという[7]。

第4節　フィンランドにおけるサーミの歴史

第1項　フィンランド独立以前

　スウェーデンは、現在のフィンランドの地を最初に自らの領土にした国であった。スウェーデン王国は、キリスト教の宣教師がこの地を訪れたのを機に、1155年、自らの領土に組み入れた。フィンランドのキリスト教化の過程は、スウェーデンによる「十字軍」の名による植民地化の過程でもあった（百瀬・熊野・村井編 1998: 56）。これ以降、約7世紀にわたって、フィンランドの地はスウェーデンの支配下におかれることになった。

　スウェーデンは17世紀後半以降、北方の開拓に力を入れるようになった。すでに見たように、1673年にはスウェーデン国王による「ラップランド宣言」が出され、フィンランド側からはスウェーデン領のフィンランド人による入植が開始された。1695年にはスウェーデンの2度目の「ラップランド宣言」が発せられ、サーミ地域へのフィンランド人入植者が確実に増加し、サーミのフィンランド人化も進んだ（Pennanen and Näkkäläjärvi eds. 2003: 117-8）。

　その後、スウェーデンがロシアとの領土をめぐる争いに敗れ、1809年ロシア皇帝を君主とするフィンランド大公国が設立された。1901年にはフィンランド軍が廃止され、兵役義務法によりロシア帝国の徴兵制が導入された（百瀬・熊野・村井編 1998: 271-2）。これに基づき、第一次世界大戦時には、多くのスコルト・サーミが皇帝軍に徴兵された（Linkola and Linkola 2003: 131）。

第2項　フィンランドの独立とスコルト・サーミの受難

　1917年のロシア革命は事態を一変させた。革命の混乱のなかで、同年12月には、保守派の政権がフィンランドの独立を宣言した。1920年にはソヴィエト・ロシアとの講和条約にも調印し、歴史上初めて、フィンランドに独立した国家が出現した。

38　第1章　北欧サーミの概況と歴史

　フィンランド共和国が独立した際、それまでソヴィエト・ロシアの支配下にあったペツァモ (Petsamo) 地域がフィンランド領とされた。そのため、そこにソヴィエト・ロシア国民として住んでいたスコルト・サーミはフィンランド国民として組み込まれることになった。しかし、彼らは、学校でロシア語を学び、軍隊でロシア語を話していたため、ほとんどフィンランド人と接触しなかった (Linkola and Linkola 2003: 131-3)。

　フィンランド共和国の独立後も、ソヴィエト・ロシアとフィンランドの間に領土をめぐる争いが続き、1939〜1944 年には「冬戦争」と「継続戦争」が勃発した。「冬戦争」「継続戦争」は、サーミとりわけスコルト・サーミに多くの苦難をもたらした。「冬戦争」が勃発した後、ペツァモ地域も戦場となったため、この地域の多くの住民は避難させられた。「冬戦争」が終わると、1940 年 4 月にはペツァモの住民に帰還が許されたが、「継続戦争」が始まると、ペツァモ地域のスコルト・サーミは全員が避難を命じられ、再び故郷を離れることになった。1941 年秋にイナリに近いイヴァロに移動させられ、1944 年にはラップランドの他の住民たちとともに、中央ボスニアのカラヨキやオウルに移動させられた (Linkola and Linkola 2003: 134-5; SIIDA 2003)。

　1944 年秋になると、「継続戦争」終結にともない、フィンランドはペツァモ地域をソ連に割譲することになった。その時、スコルト・サーミは一時的にイナリのネリムからイヴァロの間の土地に移動させられた。1945 年夏には、ソ連領となった地元に帰ることを許され、地元に帰る希望を持った者もいた。しかし、戦時中フィンランド側で戦い、フィンランド国民として成長した若者たちは、ソヴィエト国民になろうとは思わなかった。故郷に帰ろうとした老人たちも家族とともに暮らすことを願い、フィンランドに残ることにした。

　1946〜1948 年には、国が最終的な定住地としてイナリのケヴァヤルヴィ、ネリム、セヴェッティヤルヴィに「スコルト・サーミ地区」を設定し、スコルト・サーミはここに移動した。国は 1948 年から 1950 年にかけ、そこにスコルト・サーミのための住宅を建て、トナカイと漁具を与えた。1955 年には土地や水、農家の権利などを規定したスコルト・サーミ法が制定された。スコルト・サーミの生活はペツァモでのようなものにはならなかったが、ラップランドの他のサーミやフィンランド人に同化することもなかった[8]。

第3項　第二次世界大戦後のサーミの運動とサーミ政策

　スコルト・サーミの受難の歴史があったにもかかわらず、フィンランドには、サーミ問題は長い間存在しなかったといわれる (Solbakk ed. 2006: 207)。フィンランドでは、サーミは興味を持たれず無視されていた。

　そのなかで、サーミに関心が寄せられる先駆的な動きとして、サーミに興味を持ったフィンランド人言語学者らによるサーミ文化協会の設立（1932年）がある。しかし、サーミ自身が自らの地位向上のために組織を作るのは、「継続戦争」終了後、1945年春に中央ボスニアでサーミ同盟が結成されたのが初めてであった。サーミ同盟は、サーミの先住民文化の普及とサーミの人々の福祉の増進を目的にして結成された。

　サーミ文化協会とサーミ同盟の先駆的な取り組みの結果、フィンランド政府は1949年にサーミに関する委員会を設置した。1960年、この委員会の提案に基づいて、政令によりサーミ問題諮問委員会が立ち上げられることになった。この委員会は、内務省、教育省、土地・森林省、労働省、環境省から選ばれた者と5人のサーミから構成されていた (Karppi and Eriksson eds. 2002: 92)。その後、1971年のサーミ問題諮問委員会において、サーミによってサーミのために選出された代表からなる組織が設立されるべきだとの提案がなされ、1973年に大統領令により、いわゆるサーミ議会の設立が決まった。

　この頃までは、フィンランドのサーミは「積極的な活動をしていなかった」(Nyyssönen 2008: 90) とされる。しかし、1970年代後半以降、フィンランドでもサーミの活動は次第に活発になった。さらに、国内外にわたるサーミの活動の活発化にともない、フィンランドのサーミ政策も次第に変化した。

　国の政策の変化は、まず教育や言語の分野で進んだ。その動きは、1991年のサーミ語法（「公的機関におけるサーミ語の使用に関する法律」）の制定（1992年1月1日施行）につながった。サーミ語法の制定は、サーミ地域（ソダンキュラ自治体内のラップランド・トナカイ家畜法地域、エノンテキオ、イナリ、ウツヨキの各自治体から構成される）に限定した形ではあるものの、サーミ語を公用語として認めたものである。1996年には、3つのサーミ語（北、スコルト、イナリ）に同等な価値があることも確認された (Solbakk ed. 2006: 212)。

40　第1章　北欧サーミの概況と歴史

　さらに、1995年、フィンランド議会は、サーミをフィンランドの先住民族として憲法に規定することを決定し、サーミに彼らの言語と文化を維持する権利を与えた。この内容は、フィンランド憲法に14条として新たに加えられた。さらに、新たな51条aは言語と文化に関するサーミの自己決定権を保障し、サーミ議会に関する新たな法律はサーミ議会の制度的基盤を作り出した(Solbakk ed. 2006: 214)。これに基づいて、同年、サーミ議会はサーミ集団の自治の中心的組織として衣替えすることになった(櫻井 2004a: 222)[9]。2012年には、サーミ議会、サーミ教育専門学校、サーミ文書館、国のラップランド地方事務所などが入居し、大きなイベント会場やレストランを備えるサーミの文化センターであり、サーミの活動の拠点でもある、サヨス(Sajos)がイナリに建設されている(Olthuis, Kivelä and Skutnabb-Kangas 2013: 27)。

　こうして、1970年代後半以降、国内外のサーミの取り組みにより、フィンランドにおけるサーミの地位は大きく向上した。ただし、フィンランドではスウェーデンと同様、ILO第169号条約は批准されていない。さらに、近年、サーミとしての個人認定をめぐり、最高行政裁判所とサーミ議会の間で見解が異なる事例が現れ、サーミの定義の見直しが議論されるようになっている。しかも、サーミ議会の構成メンバーのなかでも、サーミの定義をめぐる議論は必ずしも一致していない。その背景に、サーミの復権のあり方に対する考え方の違いや非サーミからのバックラッシュの動きがあり(Joona 2015: 167-9)、これらの点がフィンランドのサーミにとって、重要な課題になっている[10]。

第5節　サーミ集住地の概況

第1項　ノルウェー

　現在、北欧3国のサーミは、おもに北極圏内の地域に集住している。そのうち、最も多く居住するのはノルウェー王国である。ノルウェーは、面積が385,186.3km²で日本(377,950km²)よりやや広く、人口が4,985,870人で日本(約1億2773万人)の4%に満たない。1969年に北海油田が発見されて以降、油田・ガス田の開発が進み、世界第2位の天然ガスの純輸出国、第5位の石油輸出国となり、石油・ガス産業が国庫収入の23%を占めている(2012年現在)[11]。そ

第1部　本書の課題と北欧サーミの概況　41

の結果、2014年現在、1人当たりGDPは、世界第2位の高さ（日本は27位）を実現している（International Monetary Fund 2015）。

ノルウェーには、「事業開発のためのサーミ議会補助金スキーム地域」（STN: Sametingets tilskuddsordninger til naringsutvikling）（以下、サーミ支援地域と略す）が設定されており、これがサーミ集住地といってよい。同地域に指定されているのは、ノルウェー北部のフィンマルク県、トロムス県、ヌールラン県北部のみである。STNの範域は、制度発足以来拡大し、1976年にフィンマルク県の5自治体のみであったが、2015年現在、フィンマルク県13自治体（うち5自治体が部分指定。以下同様）、トロムス県14自治体（2）、ヌールラン県4自治体（3）、あわせて31自治体となっている。各県とSTNの人口（2015年1月1日現在）は、フィンマルク県が75,605人（うちSTN20,042人）、トロムス県が163,453人（同32,769人）、ヌールラン県北部が163,190人（2,763人）である。そのうち、ノルウェー最北のフィンマルク県がサーミ集住地の中心であり、同県内のカラショーク（2015年人口2,708人）にサーミ議会、サーミ高校、カウトケイノ（2,914人）にサーミ・ユニバーシティ・カレッジ、サーミ高校、ポルサンデル（3,925人）のラクセルブにフィンマルク土地管理公社がある（Statistics Norway 2010, 2015）[12]。

サーミ支援地域以外も含めたノルウェー北部地域は、ノルウェーの24.7％の面積を占める一方、人口は7.8％しかない。ノルウェー北部地域は、いわば人口希薄地（過疎地）としての性格を持っている。人口密度はノルウェー全体が1km²当たり13.4人であるのに対し、4.2人である。そのうち、フィンマルク県はノルウェー北部地域の51.2％の面積ながら、人口シェアは18.8％、人口密度が1km²当たり1.6人で、人口希薄地としての性格がより強くなっている（Statistics Norway 2015）。

しかし、サーミはノルウェー北部地域だけに住んでいるわけではない。その実態を正確につかむことはできないが、サーミ議会の選挙区がノルウェー全土にあることからも明らかである（第2章および小内透（2013: 23-4）参照）。2013年の選挙区別有権者数を見ると、北部の選挙区に有権者が偏っているものの、オスロを含む南部地域にもサーミ議会有権者がいる。南部に属する2選挙の有権者は3,220人で、有権者総数15,005人の21.5％にあたる。

42　第1章　北欧サーミの概況と歴史

　一方、サーミ議会選挙の有権者をノルウェー議会選挙のそれと比較してみると、フィンマルク県・トロムス県・ヌールラン県といったサーミ集住県の有権者であっても、ノルウェー議会選挙の方が圧倒的に多い。ノルウェー議会選挙の有権者が 351,734 人に対し、サーミ議会有権者は 11,785 人である。明らかに、サーミ以外のノルウェー人がサーミ集住県にも数多く居住していることがうかがえる (Statistics Norway 2013, 2015)。

　サーミ支援地域の産業を就業者ベースで見ると、2000 年には農林水産業が 10％を超えていた。しかし、2014 年になると、農林水産業が 9.3％となり、健康・福祉 (23.5％) と卸小売業・宿泊・運輸業 (18.9％) が産業の中心になっている (Statistics Norway 2015)。ちなみに、トナカイ飼育に関係している者の数を見ると、全国で 2011 年 3 月 31 日現在、3,018 人しかいない。そのうち、73.1％がフィンマルク県に集中し、なかでも同県のサーミ支援地域に全国の66.8％が集中している (Statistics Norway 2014)。

第2項　スウェーデン

　スウェーデン王国は、日本のおよそ 1.2 倍 (約 45 万k㎡) の国土に日本の8％に満たない約 950 万人が住む、カール 16 世グスタフ国王を戴く王国である。わが国では福祉大国としてよく知られているように、非常に高い税金と高い社会保障で有名である。主要産業はボルボ社に代表されるような機械工業と化学工業、林業、IT 産業であり、IMF が発表した 2014 年の1人当たりのGDP は世界第 7 位となっている (International Monetary Fund 2015)。EU には1995 年に加盟しているがユーロの導入は見送り、現在でも独自通貨であるスウェーデン・クローネ (SKE) を使用している。国民の8割はキリスト教プロテスタントの一派である福音ルーテル協会に所属しているが、1970 年代後半ころより中東やバルカン半島、あるいはアフリカからの難民、移民を多く受け入れるようになった。その結果、現在はイスラム教徒の存在感が増しており、社会問題の1つにもなっている。

　スウェーデンのサーミ地域では、2012 年 6 月 30 日現在、キルナに 22,974 人、イェリヴァーレに 18,484 人、ヨックモックに 5,194 人、アルィエプローグに 3,136人と、合わせて 49,788 人が居住している (Statistics Sweden 2012)。

第1部　本書の課題と北欧サーミの概況　43

これらの市では、1999 年に公布された「行政当局および裁判所にかかわる場合にサーミ語を使用する権利に関する法律」により、「当該の行政地域における行政に関連する用件について行政当局と関わる個人は、文書および口頭のやり取りにおいてサーミ語を使用する権利」(橋本 2001: 161) が認められているなど、サーミの人々のための施策が数多く取られている。サーミ地域はスウェーデン国土の 16% にも達する広大な地域であり、そこに 5 万人弱しか住んでいない。もちろん、5 万人すべてがサーミであるというわけではなく、最もサーミ人口比率の高い町として知られるヨックモックでさえも、サーミの人口比率は 10% 程度にすぎないという (山川 2009: 63)。なお、先述のとおり、これらサーミ地域のうちの 13.1% にあたる地域が、1996 年に世界遺産としての登録を受けている。

サーミ地域には、4 つのサーミ学校やヨックモックのサーミ教育局など、サーミに関する様々な施設が集まっているが、なかでも重要なのがサーミ議会であろう。サーミ議会は 1993 年に設置され、キルナに本部を置き、ヨックモック、ターナビー、エステルスンドにも事務所をおいている。現時点で専用の会議場を持っておらず、年に 3 回実施する総会は各地の持ち回りで開いている。定員は 31 人で、任期は 4 年である。

第3項　フィンランド

フィンランド共和国の面積は 338,430km² で日本 (377,950km²) よりやや狭く、人口は 5,471,753 人で日本 (約 1 億 2708 万人) の 5 % に満たない (2014 年現在)[13]。フィンランド共和国は、かつては農林業を基幹産業としていたが、1980 年代以降、携帯電話のノキアに代表されるように、ハイテク産業を基幹とする工業先進国に変貌をとげている。2014 年段階で製造業が国民経済の 28.5% を産出し、産業部門別でトップの位置を占めている。ちなみに、製造業に次ぐのは不動産業の 8.3% で、製造業の地位の高さが理解できる。かつて主産業であった農林業は漁業を加えても、2.5% しかない (Statistics Finland 2016)。その結果、2014 年現在、1 人当たり GDP は、世界第 16 位になっている (International Monetary Fund 2015)。

フィンランドのサーミのおもな居住地は、行政的にはフィンランドの最北

部で北極圏に位置するラッピ県北部、つまり、イナリ、ウツヨキ、エノンテキオの自治体およびソダンキュラ北部から構成されている。これらの地域はサーミのホームランドの意味をもつサップミと呼ばれることもある。フィンランドのサップミには、イナリ湖周辺に住むイナリ・サーミ、イナリ北東部のスコルト・サーミ、タナ渓谷の川サーミ、トナカイ飼育サーミという4つのサーミのグループがある。川サーミとトナカイ飼育サーミは北サーミ語を話し、スコルト・サーミとイナリ・サーミはそれぞれの言語を持っている (Solbakk ed. 2006: 206)。しかし、現在ではサップミ以外の都市に居住する者も多く、サーミ議会のホームページによれば、約 9,000 人のサーミのうち 60％程度（約 5,400 人）が非サーミ地域で暮らしているとされる (Saami Parliament in Finland 2016)。

　全国およびヘルシンキでは 1980 年以降ほぼ一貫して人口が増加し、2014 年現在、最も人口が多くなっている。これと対照的に、サップミの 4 自治体はすべてが 1991 ～ 1995 年をピークに人口を減少させ、2014 年現在、1980 年の人口を下回るようになっている。イナリが 6,900 人（1980 年）から 6,814 人（2014 年）、ウツヨキが 1,479 人から 1,260 人、エノンテキオが 2,286 人から 1,890 人、ソダンキュラが 10,117 人から 8,820 人に減少している。サップミの人口減少と都市部への人口集中をともなってフィンランド全体の人口増加が進んできたことが浮き彫りになる。

　これに対し、サーミ語話者数の場合、人口とは異なる傾向が見られる。全国およびヘルシンキでは、サーミ語話者数は少なく、人口に占める比率もごくわずかであるものの、1999 年以降確実に増加している。その結果、2014 年現在、全国で 1,949 人（0.04％）、ヘルシンキが 64 人（0.01％）と 1980 年以降で最大になっている。しかし、サップミの 4 自治体の場合、人口に占めるサーミ語話者の比率やサーミ語話者数の推移がそれぞれの自治体によって異なっている。ウツヨキのように、2014 年現在、人口の 45.7％（576 人）がサーミ語話者の自治体もあれば、ソダンキュラのように、1.6％（140 人）しかいない自治体もある。エノンテキオは 10.7％（203 人）、イナリは 6.4％（433 人）となっている。しかも、ウツヨキとソダンキュラは 1984 年をピークにサーミ語話者がほぼ一貫して減少している。その一方、エノンテキオとイナリでは、少

第1部　本書の課題と北欧サーミの概況　45

しずつではあるもののサーミ語話者の増加傾向が見られる。ちなみに、1980
年以降、エノンテキオが2012・2013年、イナリが2014年にサーミ語話者数
が最大になっている。エノンテキオとイナリにおけるサーミ語話者の増加は、
サーミの数自体の変化を示すものではなく、むしろサーミの復権やサーミ語
の言語保育＝言語の巣や学校での学習を背景に、サーミ語が使えるサーミの
人々が生み出されていることを示唆している（Statistics Finland 2016）。

　以上のように、北欧3か国のサーミの歴史やサーミ集住地の状況には共通
する面と各国に独自な特徴がある。以下、この点をふまえ、各章で国による違
いや共通性を考慮しながら、サーミの現状と課題について、明らかにしていく。

注

1　サーミ人口については様々な推計値がある。たとえば、ソルバック（J. T.
　Solbakk）によると、ノルウェー40,000人、スウェーデン20,000人、フィンラ
　ンド7,500人、ロシア2,000人、計50,000～70,000人（Solbakk ed. 2006: 15-
　6）、アナヤ（J. Anaya）のレポートでは、ノルウェー40,000～60,000人、スウェー
　デン15,000～20,000人、フィンランド9,000人、ロシア2,000人、計70,000
　～100,000人となる（Anaya 2011: 4）。本文中のヨーナの推計値は、総人口、各
　国人口ともこれらのいずれよりも多い。それは、推計の仕方の違いと同時に、サー
　ミ議会の有権者の増加（第2章）に見られるように、サーミであることを表明し
　たり、サーミ語を話したりする者が増加している（小内透 2016: 3-5）ことによ
　るものと考えられる。
2　スウェーデンでは、長い間トナカイ飼育がサーミとしての要件であった。一方、
　ノルウェーではトナカイ飼育はサーミだけに認められているものの、サーミの生
　業に制限はない。さらに、フィンランドでは、ノルウェーやスウェーデンとは
　異なり、非サーミがトナカイ飼育をすることが許されている（Jernsletten 2002:
　160; 中田 2008: 51）。
3　近代以前を含めた各国のサーミのより詳細な歴史については、小内透（2013,
　2016）および野崎（2013a）を参照されたい。なお、小内透（2013）の末尾に
　は歴史年表も掲載してある。また、各国のサーミの教育について詳しくは、本書
　第4章参照。
4　フィンランドのサーミ文化協会とスウェーデンのサーミ・エトナンの代表は、
　いずれもサーミではなかった（Karppi and Eriksson eds. 2002: 150-1）。
5　「税山地」とは、ノルウェー国境に近いスウェーデン・イェムトランドに位置
　する山岳地帯のことである。同地のサーミ村スカッテフィエルの150～200人
　のサーミが土地権原および共同所有権の確認を求めて、1966年に国を相手どっ

46 第1章 北欧サーミの概況と歴史

て提訴した裁判の最高裁判決が1981年に出された。その判決でサーミの土地所有権は否定されたものの、最高裁は「超記憶的時効」に基づいて土地所有権を取得する可能性を認めた。「超記憶的時効」とは、1734年のスウェーデン土地法に規定された、「祖先または当人がどのようにだれからその権利を取得したのかだれも記憶がない」ほど長期間占有していた時に発生する「超記憶的権利」の考え方を引き継いだものである（櫻井 2004a: 204-14）。

6 2011年におこなったスウェーデン教育省サーミ教育局担当官への聞き取り調査による。

7 2012年におこなったスウェーデン・サーミ議会議長への聞き取り調査による。

8 イナリ中心部から「スコルト・サーミ地区」の1つ、セヴェッティヤルヴィまでの道路は1960年まで建設されず、1970年代まで電気もなかった。また、この地区では、スコルト・サーミ固有のロシア正教に基づく宗教的行事や独自の自治組織が強固に残った。他方で、スコルト・サーミは他のサーミとは異なり、フィンランド人から差別を被り偏見の目で見られていた（ヘルシンキ大学の Irja Seurujärvi-Kari 氏へのインタビュー（2015年8月22日）より）。そのため、スコルト・サーミの母親は、貧困と差別から逃れるため、娘たちをフィンランド人と結婚させようとしたといわれる（Linkola 2003: 205）。なお、アイヌの人々の場合にも、同様に、祖母や母親が孫娘や娘たちにアイヌ同士での結婚よりも和人との結婚を勧める事例が少なからず見られた（小内編著 2012）。

9 ヘルシンキ大学の Irja Seurujärvi-Kari 氏によると、1973年に設立されたサーミ議会と1996年に再組織化されたサーミ議会は、「議会」の語や意味が異なっている。2つの言葉は英語（日本語）に翻訳するとどちらも parliament（議会）とされることが多いが、前者は自主的な団体ないし委員会の意味に近いとのことである（ヘルシンキでのインタビュー（2015年8月22日）より）。ちなみに、フィンランドのサーミ議会のホームページを見ると、前者はフィンランド語でSaamelaiskäräjien、北サーミ語で Sámedikki、イナリ・サーミ語で Sämitige、スコルト・サーミ語で Sää´mtee´ggi、後者はフィンランド語で Saamelaiskäräjät、北サーミ語で Sámediggi、イナリ・サーミ語で Sämitigge、スコルト・サーミ語で Sää´mte´gg であり、フィンランド語でもいずれのサーミ語でも異なっている。また、英語の表記も、前者が Sámi Delegation（Sámi Parlamenta）、後者がSámi Parliament（Sámediggi）と使い分けられている。

10 これらの点については、第2章も参照のこと。

11 駐日ノルウェー王国大使館の HP より。

12 ノルウェーのサーミ議会はカラショークに本部の建物（2005年完成）があり、カウトケイノ、ネッセビー、コーフィヨルド、スノーサにも事務所を設置している。また、フィンマルク土地管理公社もヴァドソーおよびアルタに支所を持っている。

13 Statistics Finland（2016）および在日フィンランド大使館の HP より。

（はじめに・第1・2・4節・第5節第1・3項：小内透、第3節・第5節第2項：野崎剛毅）

第2部

サーミ社会の機構・組織の形成と展開

第2部　サーミ社会の機構・組織の形成と展開　49

第2章

北欧3国のサーミ議会
──現状と課題

小野寺理佳

はじめに

　北欧3国は先住民族の権利に関して先進的な取り組みをしてきたことで知られる。そのひとつがサーミ議会である。サーミ議会とはサーミから選出された議員による議会であり、サーミが政治的な要求をするための基盤となる機関である。歴史を振り返るに、サーミは、先住民族としての存在を十分に尊重されることなく、民主主義の多数決原理においては主張を通すことが困難な立場に置かれてきた。サーミ議会は、何よりもまずこうした状況を改善し、サーミの生の声を届けるために設置される必要があったのである。

　議会設立の時期を確認すると、3国のうち、最初にサーミ議会が置かれたのはフィンランドである。1973年の大統領令によって設立された当初のサーミ議会(Sami Delegation)は「法的な力を有さない諮問機関」(Kulonen, Seurujärvi- Kari and Pulkkinen eds. 2005: 350)であった。しかし、1995年のサーミ議会法成立により新たに発足したサーミ議会(Sami Parliament)はサーミ集団の自治の中心的組織となる。議会はイナリに置かれた。次いで、ノルウェーでは、1987年のノルウェー議会におけるサーミ法の採択によりサーミが先住民族として事実上認められたことを受けて、1989年にサーミ議会が発足する。第1回サーミ議会はカラショークで開会した。最後に、スウェーデンでは、1992年にサーミ議会法が成立し、翌1993年に議会が発足、キルナに事務局が置かれた。

　3国のサーミ議会が取り組むのは、土地所有権(すなわち、土地・水・天然

50　第2章　北欧3国のサーミ議会

資源へのサーミの権利)、サーミ語、サーミ文化、様々なサーミの組織、サーミの教育・保健福祉、サーミエリアの貿易や産業、サーミコミュニティの生活、サーミ議会の役割、国境を越えた連帯、国際的な活動などに関わる問題である。サーミ議会設立の経緯および社会的背景については第1章に譲り、以下においては、フィンランド、ノルウェー、スウェーデンのサーミ議会関係者への聞き取り調査[1]から得られた情報などをもとに、3国のサーミ議会の現状を整理し、議会が抱える課題の把握を試みる[2]。

第1節　サーミ議会の活動

第1項　議会の位置づけ・役割

　まず、3国におけるサーミ議会の位置づけと役割を確認しよう(表2-1)。フィンランドのサーミ議会法の第1条では、「この法律およびその他の法律に定められるところに基づいて、先住民族としてのサーミは、サーミ居住地域において、自らの言語と文化に関わる文化的自治権を持つ。この自治に関する務めのために、サーミは自分たちのなかからサーミ議会を選出する。サーミ議会は法務省の管轄下に置かれる」と定められている。これを受けて、この国におけるサーミ議会の主要な目的は、先住民族としてのサーミに保証された文化的な自治を計画・実行することとされている。もちろん、サーミ議会は国の出先機関としてのラッピ県とのつながりが深く、ラッピ県の将来計画を策定する場における発言権を有しているものの、その影響力は小さい。それらの活動は、中央政府からの資金を得て行われる。予算はもっぱら文化活動や教育のために使われ、2001年の予算総額は38万7000ユーロ(約4180万円)(新藤 2016: 24)、2003年の予算総額は確認できないが、文化委員会へ17万ユーロ(約2210万円)、教育・教育関連委員会へ28万5000ユーロ(約3705万円)割り当てられている(Kulonen, Seurujärvi- Kari and Pulkkinen eds. 2005: 351)[3]。

　ここで注目すべきは、文化的な自治がとりわけ強調されている点である。たしかに、若い世代のサーミ語とサーミ文化の忘失が深刻な問題であることは事実であるとしても、サーミの自治は言語と文化に限定されるものではな

い。にもかかわらず、文化的な自治に限定されている理由のひとつとして、ILO 第 169 号条約（独立国における先住民族および種族民に関する条約第 169 号、以下 ILO 第 169 号条約と記載）の批准問題がある。フィンランドと下記スウェーデンにおいて批准への動きが遅い（あるいは止まっている）ことの一番の理由は、批准したことにより国のサーミ政策が拘束され、諸資源へのサーミの権利を認めなければならなくなることへの躊躇である。

これに対して、ノルウェーは、フィンランド、スウェーデンとは異なり、国内法に加え、国際条約を批准することを通してサーミに義務を負う体制を整備してきた。ノルウェーは 1990 年に ILO 第 169 号条約をいち早く批准しており、サーミ教育の権限の移管はそのひとつの成果といえる。予算規模は

表 2-1　サーミ議会の活動

	フィンランド	ノルウェー	スウェーデン
議会の位置づけ	自律的機関。国のオフィシャルな機関でもなく、国の管理下にある機関でもない。独自の行政機関と会計監査機関を有する「公法で認められた独立法人」	サーミによって選ばれた政治組織であり、サーミ議会に委任された管理業務を遂行する機関。	国の一機関であるが、独自の手続き枠組みを開発する裁量を認められている存在。
財源	独自の財源持たない。国家予算。	独自の財源持たない。国家予算。	独自の財源持たない。国家予算。
活動内容	サーミエリアのサーミ文化問題に取り組み、基金の分配を行う。サーミの代表者たちのために聴聞会の場を設定することが議事規則で定められている（ノルウェーとスウェーデンでは議事規則とはなっていない）。議会はこれらサーミの声を国に伝え、国と交渉する。	国内のサーミ問題に取り組み、基金や補助金の分配を行う。1999 年にサーミ教育評議会が宗教および教育省からサーミ議会へ移管（Solbakk ed. 2006: 88-9）、2000 年にはサーミ教育の権限がサーミ議会へ移管（Todal 2003: 185）。	国内のサーミ文化問題に取り組み、基金の分配を行う。サーミ学校の理事会の指名やサーミ語推進の政策の指揮をとる。
役割	サーミ文化（文化、サーミ語）の自治、自己決定の実現。	サーミ文化（文化、サーミ語）およびサーミ社会の保護と発展。	サーミ文化（文化、サーミ語）の保護と発展。
中央政府との関係	国の諸機関が議会と交渉し、議会からサーミの声を聴取する。	ノルウェー社会における政治アクターとしての立場を獲得。	独立性は他 2 国に比して低い。

資料：表中 Solbakk および Todal からの引用以外は、Kulonen, Seurujärvi-Kari and Pulkkinen eds.（2005）より抜粋、整理した。

52 第2章 北欧3国のサーミ議会

3国のなかで最も大きく、2008年は3億600万NOK（約55億800万円）、このうち2億1400万NOK（約38億5200万円）がサーミ語の推進、サーミ産業の基金、サーミの音楽・文学・スポーツ・メディア・教育・健康の支援のために充てられている (Josefsen 2011: 34)。額は年々増大しており、2012年は3億6900万NOK（約47億9700万円）(Josefsen, Morkenstam and Saglie 2013: 13)、2016年はサーミ関連予算9億NOK（約117億円）のうち、議会予算として4億3400万NOK（約56億4200万円）が計上された (Norway Sami Parliament 2015: 12)。

　こうした環境の下、ノルウェーのサーミ議会は、今ある文化・伝統・生活を守っていくことと、サーミの人々の声を吸い上げ国政の場に届けると同時にノルウェー議会が拠りどころとすべきガイドラインを提示すること、このふたつをとりわけ重要な役割としている。サーミ議会は、法律を制定する権限を持たず、税金を定める権限も持たないが、サーミ議会議長が政府のサーミ問題担当の大臣と事前協議としての定期的な会議を行うことでパートナーシップを維持してきた。この時、サーミの権利保護のための根拠となるのがノルウェー憲法「第110条のa」である。「第110条のa」は1988年に制定され、サーミが彼らの言語・文化・社会を保護し発展させるための条件を整えることを国に義務づける。また、この前年1987年には、彼らの言語・文化・生活手段を守り発展させていくことを目的としたサーミ法が定められている。

　スウェーデンの場合も、サーミ議会はスウェーデン議会への代表権を持たず、オブザーバーとしての地位しか与えられていない[4]。立法権も課税権も持たない。サーミ議会法において「スウェーデン内におけるサーミ文化に関する問題を扱うこと」がサーミ議会の第1の目的とされており、スウェーデン議会はサーミ議会の決定を最大限尊重しなければならないとされているが、あくまでもそれはサーミ語やサーミ文化の地位の保護であり、先住民族の権利保護という点においては具体的な施策が十分に行われているとはいえない。フィンランドと同じく、言語と文化に関する自治の促進が先行するのはILO第169号条約の批准が先延ばしされているためである。フィンランドやノルウェーとは異なり、2013年時点では専用の会議場を持たず、総会はサーミ地域4か所の持ち回りで開催される形をとっている。予算規模は、2011

年は 2,100 万ユーロ（約 23 億 3100 万円）で、このうち 1,710 万ユーロ（約 18 億 9810 万円）は使途が決められている。議会予算がない代わりに政府機関としての業務に明確に割り当てられた基金が拠出される（Josefsen, Morkenstam and Saglie 2013: 13）。

第2項　議会の組織・運営

　さて、これら議会としての役割を果たす基盤としての議会の組織体制を見るならば、国によってその規模や関連部署の配置に違いはあるとはいえ、共通点は多い。3国とも、議会は、本会議、議長、評議会を中心として組織され、その下に専門委員会が置かれている。フィンランドのサーミ議会は 21 名の議員と 30 名ほどの事務職員から構成され、ノルウェーのサーミ議会は 39 名の議員と 100 名以上の事務組織をもち、スウェーデンのサーミ議会には 31 名の議員と 50 名ほどの事務職員が所属する。3国のサーミ人口に照らして、議会組織の規模は、サーミ人口に応じて順当に大きくなっているといえる。

　議員は全員が専業というわけではなく、フルタイムの政治家は議長職のみである。議長を除いては、原則的には兼業議員として別に職業をもち、議会活動に従事した分について給与を受け取る[5]。こうした組織体制の下、議会運営は、上部機関である理事会あるいは執行評議会といった部署が中央政府と連絡調整しながら取り仕切り、また、各種専門委員会（文化、社会、教育、保育、言語、産業、開発、青少年、健康、社会福祉、財政、環境、選挙など）がサーミに関わる問題を分担して審議する。本会議は1年に3～5回開催され、そこでは、サーミのための事業計画とガイドラインを策定し、事業に優先順位をつけて予算配分を審議し、各事業が所定のガイドラインや予算内で実施されるように指導し、年次報告を行うなどの活動が行われている。選挙は4年ごとである。表2−2は3国のサーミ議会選挙についてまとめたものである。

　その際、サーミ議会の組織・運営を理解する上で留意しなければならないことが2点ある。1点目は、議会が独自の財源を持たず、中央政府からの資金に頼っていることである。このことは、サーミ議会がつねに中央政府の影響下にあることを意味する。この「影響」とは、「支援」であり、また、時に「支配」

表 2-2　サーミ議会選挙

	フィンランド	ノルウェー	スウェーデン
選挙方法	3人が候補者リストに署名すれば候補者を選挙に出すことができる。得票数により選出されるが、そのうち、サーミエリアを構成する4自治体から得票数の順に3人選出。得票数4番目を副議員として選出。4自治体からの計12人のほか、9人を得票順に選出する。	比例代表制。政党に投票する。各選挙区より3〜9人選出。議会議長は最大政党より選ばれる。	比例代表制。政党あるいは個人に投票する。1997年副議員60人が追加され、合計91人となる。10の政党に所属。政党自体の数は全部で14（1997時点）。
選挙区	選挙区は1つだが、サーミエリアの4自治体については定数が決まっている。	7つの選挙区。投票者は政党にのみ投票し、その政党が提供した立候補者の順序を変えることは事実上できない。	1つの選挙区。政党が提示する候補者リストから選ぶか、候補者個人を選んで投票する。
政党	無。	有。中央の国政政党の流れをくむ政党とサーミの政党が対峙する構造。	有。サーミの政党同士が対峙する構造。
最初の選挙	1972年（Sami Delegation）大統領令前年1996年（Sami Parliament）	1989年	1993年
任期	4年	4年	4年
議員数	議員　21人　副議員4人	議員39人	議員　31人　副議員60人
サーミ人口	9,200人（2014）10,000人（2015）	75,000〜100,000人（2014）	27,000〜35,000人（2014）
選挙人名簿登録数	5,483人（2014）	5,505人（1989）13,890人（2009）15,005人（2013）	5,320人（1993）7,812人（2009）8,322人（2013）
サーミの条件	必須条件 ① 18歳以上の者が選挙人名簿に登録できる。 ② 主観的なアイデンティティを持っている。自身がサーミであると自己宣言できなければならない。 加えて、フィンランドでは③〜⑤のいずれか1つを満たすこと。ノルウェー、スウェーデンでは③④のいずれかを満たすこと。 ③ 客観的な言語的基盤を持っている。自身あるいは、親・祖父母（ノルウェーの場合は曾祖父母でも可）のうち少なくともひとりがサーミ語を母語として使用している（使用していた）。 ④ 両親のうち少なくともひとりが選挙人名簿に登録されていた（される資格を有していた）。 ⑤ 土地、課税あるいは住民台帳に、山のサーミ、森のサーミ、海辺のサーミとして登録されていた人の子孫である。		

資料：Kulonen, Seurujärvi-Kari and Pulkkinen eds.（2005）, Josefsen, Morkenstam and Saglie（2013）, Joona（2015）, Finland Sami Parliament（2015）より抜粋、整理した。

でもある。3国のなかでは、ILO第169号条約を批准していないフィンランドとスウェーデンのサーミ議会において、中央政府の意向のより強い影響を受けざるをえない状況がある。

ただし、ノルウェーのサーミ議会は、表2-2にあるとおり、国政政党の流れをくむ政党とサーミの政党が対峙する構造にあるため、中央の政局の影響を受けやすい一方、スウェーデンのサーミ議会の政党はすべてサーミの政党であるため、ノルウェーのような形で中央からの影響を受けることは少ないという側面もある。中央政府と密な関係をもち発言権を強めることは、逆に、中央の意志や政治事情の影響を受けやすいということでもある。その意味でノルウェーのサーミ議会の方が国の政治体制により深く組み込まれているともいえる[6]。

2点目は、サーミは、その言語、出身地、出身の家系、生業、文化の保持状況において多様であり、一枚岩ではないために、政治活動において団結することが容易ではないことである。とりわけ、スウェーデンは国がサーミについて分断政策（トナカイサーミを分離して、それ以外は同化の途へ）をとっていたことから、トナカイ飼育業者の権利をめぐってサーミ内部に対立を抱えているなかでの議会活動という点で特殊な状況といえるだろう。スウェーデンのサーミ議会には2012年の時点で10の政党があったが、これを政党乱立であるとして、サーミ内部の対立の深刻さと結びつけて問題視する意見もある。さらに、中央政府との関係に関わって、政党の存在を中央政府からの「支配」のひとつとして受けとめる考え方もある[7]。たしかに、サーミ同士の対立のきっかけは、国境を持たないサーミの土地に国境線を引いたり、入植者が強引に開拓を進めたりといった外在的な要因によるものである。とはいえ、重要なことは、その対立をサーミ自身がどう乗り越えていくかであり、サーミ議会の活動は国内のサーミの連帯の実現を探りながら進められている側面をも持つのである。

第2節　選挙権──サーミとは誰なのか

ところで、サーミ議会選挙で投票するためには、いうまでもなく選挙権が

56　第2章　北欧3国のサーミ議会

必要である。選挙権の条件は被選挙権の条件ともなる。選挙権を行使できる
条件が重要であるのは、すなわち、それが「サーミとは誰なのか」を定義す
ることだからである。表2－2にあるように、サーミ議会の選挙権を得るに
は①〜⑤の条件があり、うち①〜④は3国に共通する。フィンランドについ
て注目すべきは⑤の条件である。これは、サーミ議会法第3条の第2項、サー
ミ語能力あるいはサーミ語環境要件の次におかれている条項であるが、議会
はサーミ文化を重視するところから、この条件が単独で採用され、言語能力
や言語環境を問わないことには反対の立場を表明している[8]。

　フィンランドのサーミ議会の選挙では、サーミエリアを構成するソダン
キュラ（ラップランド・トナカイ家畜法地域に限定）、エノンテキオ、イナリ、ウ
ツヨキの計4自治体に関しては定数が決まっており、必ず、そのエリアから
議員が選出されるようになっている。これを見ると、フィンランドではトナ
カイ飼育が事実上サーミを判断する材料のひとつとなっていることがわかる。
しかしながら、実際のところ、フィンランドではトナカイ飼育権をサーミに
限定していない。そのため、南部のトナカイ飼育者の組合ではすでに過半
数がサーミではないといわれる[9]。そこには、トナカイ飼育をサーミ以外に
も開放することとトナカイ飼育をサーミの条件とすることの矛盾がある。結
果として、フィンランドの場合、選挙人名簿の登録条件を満たすことがサー
ミであることを証明する唯一のものとなっている。逆にいえば、選挙人名
簿に登録されない者は公的にサーミとして処遇されない（サーミが受け取れる
メリットに与れない）という意味で、ノルウェーやスウェーデンに比較すると、
選挙人名簿への登録の重みが異なっている。サーミ人口に占める登録率が、
ノルウェーとスウェーデンに比較すると非常に高いことがそのことを示して
いる（表2－2）。

　これに対して、ノルウェーとスウェーデンは、原則として、客観的基準と
してはサーミ語に関わる条件のみを掲げ、サーミ認定を行っている。名簿登
録の申請が拒否されることはほとんどなく、さらに、登録せずとも、トナカ
イ飼育などサーミと認められる要件は他にもあるため、登録しないことが生
活上のデメリットとはなりにくい。たとえば、スウェーデンでは、名簿に登
録していなくても、サーミファミリーの一員であれば土地と水を使うことが

許される (Joona 2015: 161)。

　このように、３国とも、サーミ議会が定める選挙権付与の条件としては、一定の年齢以上であることに加えて、主観的条件である「自認意識」、および客観的条件である「サーミ語を基準とする区分け」が採用されているが、フィンランドについては、言語に関わらない条件がさらに設けられており、このことが、後述するように、サーミの定義をめぐる中央政府と議会の対立を生み出している。

第３節　国を越えた連帯──サーミ議会連盟

　これら北欧３国のサーミ議会の活動は国内にとどまるわけではない。この時、３国のサーミ議会をつなぐ組織が「サーミ議会連盟」(Sami Parliamentary Council) である。

　サーミ議会連盟は 2000 年に設立された。これは、サーミの利益を維持し国境を越えたサーミの連帯を強化することを目的とし、そのコーディネートを担う。フィンランド、ノルウェー、スウェーデン各国のサーミ議会の合同会議として設置されており、サーミ評議会とロシア・サーミがオブザーバーとして加わる。当初はスウェーデン・サーミもオブザーバーの立場であったが、2002 年以降、正式メンバーとして参加することとなった (Solbakk ed. 2006: 243)。各サーミ議会が２年交代で議長を務める。設立当時はフィンランド、スウェーデンのサーミ議会からの財政支援が充分ではなく、ノルウェーのサーミ議会からの支援に頼る形での運営が続いていたが、その後、３国のサーミ議会から定期的に運営資金が提供されるようになった。

　議会連盟の会議は３年ごとの開催が定められ、そこでは、北欧先住民の言語の問題、各議会に共通する問題が話し合われる。使用言語はサーミ語であるが、フィンランド語、ノルウェー語、スウェーデン語にも訳され、つねに複数言語体制で行われる。言語の保護と継承はサーミにとっては重要な課題であるが、それに関わるプロジェクトでは、サーミ語能力の維持と伸長のための教材づくり、あるいは、地域ごとの特色あるサーミ語表現をもとに単語の意味を確定していく作業などが行われている。また、先住民族の文化と社

58 第2章 北欧3国のサーミ議会

会を強化できるような方法で北部地域の開発を進めることも連盟の重要な取り組みのひとつである。このため、メディア戦略も積極的に行っている。しかし、サーミ議会連盟がとりわけ重要な使命とするのは、国際的な先住民族政策に対する各国のサーミの声をコーディネートすることである。2005年の第1回会議では、サーミの自決権を主張するヨックモック宣言が採択された。この宣言は、地域・国家・国際的なレベルにおいて、サーミの権利が保障され、受益者となる資格があることを謳ったものである。連盟の働きは、サーミ議会がサーミの要求とニーズに関して中央政府との間で確固たる契約を実現することに貢献している[10]。

第4節　サーミ議会が抱える課題

　ここで、聞き取りにおいて議会関係者から指摘された諸問題を含めて、3国のサーミ議会が共通して抱える課題を中心に整理しよう。それらの課題は大きく2つの種類に分けられる。1つ目は、議会活動をめぐる課題であり、2つ目は、サーミ議会選挙の根幹に関わる「サーミ」というカテゴリーをめぐる課題である。

第1項　議会活動をめぐる課題

　まず、サーミ議会の活動に関する問題として3点掲げる。

　1つ目は財源の問題である。北欧3国のサーミ議会はいずれも独自の財源を持たず、議会の予算は国家予算から拠出されている。したがって、サーミ議会の中央政府に対する発言権は弱く、サーミの権利保護のために独自の活動を展開したくとも、中央政府の意向を考慮せざるをえない立場にある。

　ノルウェーの例をあげる。ノルウェーは現在3国のなかで最も大きな予算を確保できているが、サーミのなかには、財政的な自立を視野にいれる考え方と、中央政府からさらに多くのものを受け取る権利があるという考え方、この両方が併存している。独自の財源を獲得するために、過去には、国に対して先住民族税が提案されたこともあったが実現していない。たしかに、サーミ議会の予算は国家予算の増加に伴って増えているとはいっても、国家予算

の規模からすればわずかなものであり、国に対して予算配分の増額を求める意見は根強い[11]。サーミの政治的自立のためにはどちらの道を選ぶべきなのか、あるいは他の方法があるのか。議会の財源確保の問題は、「サーミの政治的自立とは何なのか」という問いを改めて投げかけている。

2つ目は、国政へのアクセスの問題である。サーミの言語・文化・生活の保護と推進がさらに実現されるためには、サーミ議員を直接国政の場に参加させることが必要との考え方がある。

ノルウェーを例にあげるなら、中央政府には、教育省、環境省、厚生省などを担当する12人の大臣の1人としてサーミ問題担当大臣が置かれている。フィンランドやスウェーデンに担当大臣は置かれていないことを考えると、こうしたポストが用意されているだけで十分に恵まれた環境であるといえるだろう。しかし、サーミ問題について各省の連携が進まない場合への懸念があり、また、中央の国政政党とその流れをくむサーミ議会内の政党の意見が実態としては一致しないことの方が多いことから[12]、サーミ議会とノルウェー議会の橋渡し役の必要が指摘されている。ノルウェーの国政選挙におけるフィンマルクの議席が5議席しかないため、フィンマルクからサーミの政党を推しても国政に対する影響力はあまり期待できないという現状もある[13]。しかし、中央政府にサーミ政治家を置き、サーミ議会と連携させていくことになれば、サーミ議会と中央政府の関係の内実は、中央に対抗（抵抗）する関係[14]から、対等な協力関係へとさらに近づくことが期待される。今のところ、サーミ議会がノルウェー議会にサーミの議員を送り出した経験は過去1回しかない。これまでサーミの側にとっては国会の議席におけるサーミ特別枠の設置は優先度の高い検討課題ではなかったといわれるが（Josefsen 2010: 11）、今後は、サーミと中央政府を直接つなぐチャンネルの可能性を積極的に検討することも必要となるのではなかろうか。

もっとも、サーミ議会の存在意義や役割についての考え方は多様であり、聞き取りの対象者であるサーミ議会関係者は議会の存続を前提としているものの、後述するように、サーミの当事者団体がサーミ議会の存在を否定したり、また、一般のサーミ住民のなかにもサーミ議会に厳しい目を向ける者がいたりすることも事実である。たとえば、スウェーデンのサーミ住民（キル

ナ在住）は、われわれの聞き取りのなかで、「サーミ議会もスウェーデンの国に仕切られている部分があるので、もうそれを全部なしにして、一からサーミの政治組織を作り上げたい」と語っている。サーミ議会をめぐってのこうした温度差のなかで、サーミ議会がサーミのために十分な働きができるかどうかが問われている。

そして、3つ目は、ILO 第 169 号条約の批准である。この条約は、先に述べた通り、土地や水に関する先住民族の権利保護を謳っている。フィンランドのサーミ議会が 2005 年頃から中央政府に批准を働きかけているものの、その手続きは遅々として進んでいない[15]。スウェーデンでも批准への歩みは止まっている[16]。このことについて、スウェーデンの若者組織メンバーは、サーミと中央政府の間では土地と水への権利の観念に大きな隔たりがあることを指摘している。彼の言葉を紹介しよう。

　　「スウェーデン人の考えでは、それはやはりこれに調印すると、この土地をサーミに取られると思うんですよね。サーミにやってしまうということになると、そういう観念があるんです。でも、サーミたちの基礎的な土地に対する観念というのは全然別のもので、私たちサーミはこの土地というのは、私たちが次の世代の人たちから今、借りているものだと。だから、私たちの土地は、次の世代が生きていけるように使っていかなければいけないと思っている。だから、そこで根本的な違いがあるんですね」

このように、土地や水をめぐる彼らの価値観、歴史認識、メンタリティを見ると、サーミが目指す道と現在の状況との間にズレがあることがわかる。本来、伝統文化や固有の言語を尊重するということは、そこで築かれてきたものの見方や感じ方をも含めて尊重することであるが、それは容易なことではない。一方で、1993 年の「世界先住民の国際年」、1995 年から 2004 年の第 1 次「世界の先住民の国際の 10 年」、2005 年から 2014 年の第 2 次「世界の先住民の国際の 10 年」、2007 年の国際連合総会における「先住民族の権利に関する国際連合宣言」など、先住民族の権利を認めようとする波は、こ

の 10 年、20 年の間に急激な広がりをみせている。国政がこうした状況にお
いてサーミのために具体的にどのような施策を繰り出していけるのか。これ
は、とりわけ、本条約を批准していないフィンランドとスウェーデンの政府
にとっての大きな課題といえるだろう。

第2項　サーミというカテゴリーをめぐる課題

　次いで、サーミの定義に関わる問題として2点あげる。サーミはその言語、
出身地、出身の家系、生業、文化の保持状況において多様であり、一枚岩で
はないが、このことに関わって、1つ目は、サーミとしての自認意識とは何
なのか、という問題である。サーミは、血筋、言語、本人の自認意識など様々
な点から分類されうる。しかし、選挙のためのサーミの定義では自認意識が
とくに重視されるところに特徴がある。では、サーミであることを選択した
者は、政治的にサーミとしての立場を積極的に採る覚悟を持っている人々と
いえるのだろうか。

　たとえば、ノルウェーについていえば、1989 年の最初の議会選挙におい
て登録者が少なかったのは、極端なノルウェー人化政策のためといわれる。
何世代にもわたるこの政策によって、サーミのアイデンティティについて知
ることは多くの者にとって重荷となり、この選挙では2〜3の主要なサーミ
団体が投票をボイコットしている（Solbakk ed. 2006: 176）。ノルウェーのサー
ミ議会関係者の話では、これまでの歴史的経験を理由として、自分をサーミ
と認めない者やサーミであることを公言しない者もいるため、議会では、サー
ミの定義に関して、客観と主観両方の要素を入れた独自の基準を設けてい
る。その際、「主体的に自分自身がサーミであるという自覚がまず必要。教
会で洗礼を受けるように誰かが〈あなたがサーミです〉と決めることではな
く、両親がサーミであっても本人が自分はサーミであるという自主的な意識
がなければならない」として、本人の自認意識が何よりも尊重されている。

　しかしながら、自認意識に委ねるということは、本人に選択の自由とその
責任を負わせることである。選挙人名簿に登録されることは、自分が政治的
にサーミとして積極的であることの証であるとすれば、登録は人々にとって
重い決断を迫るものとなる。サーミのなかには、家系的、遺伝的にはサーミ

ではあるが、サーミとしての自認意識はなく、ノルウェー人だと自己認識し、サーミ語もサーミのライフスタイルも失っている人々が多く存在する。したがって、「サーミの人々には個人的なジレンマがあって、自分がサーミであるか、自分がサーミの政治について積極的であるかということを考えなければならない」のである[17]。実際、カラショークでは人口の90%がサーミであるにもかかわらず、登録者はそれほど多くはないのが現実である。自認意識の尊重が登録者の掘り起こしを進める上での壁となっている可能性が考えられる。

もっとも、登録者数は増加傾向にあり（表2－2）、また、第2節で述べたように、フィンランドとは異なり、登録しないことがサーミとして生活する上でのデメリットとはなりにくい状況があるとすれば、サーミとしてのエスニック・アイデンティティを持つことと登録行動がたんに結びついていないという可能性も考えられる。サーミ議会にとっては、自認意識を含めたサーミの人々のメンタリティをどれだけ正確に把握できるかが引き続き重要な課題となるだろう。

2つ目は、1つ目の問題を考える上での根本的な問題、すなわち、サーミのメンバーシップの問題である。

サーミとして認定されるためには、個人の自認意識に加えていかなる条件が必要なのか。自認意識以外の条件を満たしていないにもかかわらず、サーミとして認められることを望む者をどのように扱えばよいのか。そして、サーミ認定する主体は誰なのか。この議論は3国のサーミ議会すべてに深く関わるものであるが、近年のフィンランドの動向が注目される。先に述べたように、フィンランドでは、サーミ議会がサーミの文化的自治を重視しているにもかかわらず、選挙人名簿への登録の条件には、言語能力や言語環境を考慮しない条項が含まれている。そして、サーミ議会が求める言語の条件を満たさないにもかかわらず、「サーミとしての認定を望む者」が出現している実態がある。ILO第169号条約を批准した場合にサーミに与えられる権利に与るために、サーミ認定、すなわち選挙人名簿への登録を求める者がいるのである[18]。対策として、サーミ議会側では、選挙権をめぐる法律の改定作業が進行中である。これまでは、サーミの居住地域に暮らし、トナカイを飼育し、

「自分はサーミである」と表明すれば選挙権が概ね認められてきたが、その審査を厳正化し、サーミとしての納税を証明する書類を求める方向での改正も計画されてきた[19]。

　しかしながら、サーミ認定をめぐってサーミ議会と中央政府の意向がつねに一致するとは限らない。サーミ議会は利益を求めてのサーミ認定の要求を認めずにきたが、2011年、フィンランドの最高行政裁判所は、サーミ議会が掲げる要件を満たしていない4人について「サーミである」と認定し、さらに、サーミ議会の反対を無視して93人を選挙人名簿に登録している。この件をめぐっては、サーミ議会にサーミ認定をする権限があると主張する側とサーミ議会にその権限はないと主張する側との対立が激化し、国会の一部からはサーミ議会への予算拠出を見直すべきとの意見すら出され、サーミに対するヘイトスピーチも深刻化している。そして、この最高行政裁判所の判決がサーミの強制的同化への新しい第一歩となったとサーミ議会関係者は非難している（Finland Sami Parliament 2015: 3）。サーミ議会は中央政府と交渉を重ね、サーミ議会法の改正とILO第169号条約批准の政府案を国会に提出するよう求めてきたが、2014年の政府案は国会で否決されている。議会の要求は、中央政府を動かすには至っていない[20]。

　上記のフィンランドの例のように、先住民族に対する特別な施策に対しては「バックラッシュ」の動きが報告されている。たとえば、ノルウェーでは、国会の選挙権とサーミ議会の選挙権の両方を与えられていること（サーミにのみ認められている二重のメンバーシップ）への疑問を表明する者が現れ、ノルウェーの全国規模のサーミ団体自体が、サーミの特別な地位を示すサーミ議会の存在に反対するという事態が生じた（Thuen 2002: 286; 小内透 2016: 5）[21]。メンバーシップの認定方法や二重のメンバーシップ付与をめぐるバックラッシュへの対応はサーミ議会が抱える重要な課題となっている。

第5節　若い世代の動き

　このように、サーミ議会は様々な課題を抱えている。それらの課題に取り組み、サーミ議会の活動を今後さらに充実したものにしていく原動力となる

のは次世代の若者である。若い世代の動きについて見ると、フィンランド
の「サーミ青年協議会」(Nuorisoneuvosto)、ノルウェーの「サーミ若者協会」
(Davvi Nuorra)、スウェーデンの「サーミ若者協会」(Sáminuorra) が代表的なも
のである。このたびの調査では、このうち、フィンランドのサーミ青年協議
会、スウェーデンのサーミ若者協会への聞き取りを行うことができた。

　まず、フィンランドのサーミ青年協議会は、サーミの若者の意見や活動を
サーミ議会に反映するために、2011 年、議会の下部組織として設立された
ものである。常勤スタッフにより運営され、13 〜 30 歳のサーミが参加する
ことができる。財政的な基盤は国からの補助金である。2014 年には、教育
文化省の青少年委員会から 12 万ユーロ、ラッピ県から 15,000 ユーロの補
助金が拠出されている。メンバーは全部で 15 人おり、言語（北サーミ語とイ
ナリ・サーミ語）と居住地域という 2 つの観点からバランスをとるように構成
されている。会合は、2 か月に 1 回開かれている。会合では、青少年向けの
活動を計画したり、サーミ議会で審議されている青少年関連の事項について
話し合ったりする。また、サーミに関する立法に関して、意見を求められる
こともある。他の先住民族との交流も行っており、アイヌ民族とは、2014
年までに 3 回の行き来があるとのことであった。協会の機関誌のようなもの
はなく、ウェブ・ページ、ブログ、フェイスブック、インスタグラムなど、
インターネットを活用して広報活動を展開している。ウェブ・ページは、フィ
ンランド語と、北サーミ語、イナリ・サーミ語、スコルト・サーミ語で作成
されている。

　さて、サーミ青年協議会が、今、強い関心を寄せているのが、サーミ居住
地域からの人口流出という問題である。サーミの居住地域には高等教育機
関がほとんどないため、高校卒業後は進学のために他地域（近くても、オウル
やロヴァニエミ）に転出し、卒業後もそこにとどまりつづける者も多い。その
結果、サーミ地域の若者が少なくなる。協議会は構成メンバーの条件として
13 〜 30 歳という年齢制限を設けているため、地域における若者の減少は協
議会への参加者の減少を招くことになり、危機感を強めているのである。そ
のため、都会の学校を卒業した後に、再びサーミ居住地域に戻って生活でき
るようにすることも、サーミ青年協議会が取り組むべき問題として認識され

ている。こうした課題に取り組むために、サーミ青年協議会では、進学のために他出したサーミの若者を対象にアンケートを実施し、サーミ居住地域に戻る条件を明らかにし、国会議員に働きかけることを計画している。このような人口流出の問題は、ラッピ県全体の課題でもあり、世界全体の過疎的な地域が抱える問題とも共通している。ただし、このサーミ居住地域からの人口流出は政策的な対応におけるサーミに対する不十分な取扱いが招いた部分も否定できない。今後も、サーミ議会を中心としつつ、サーミの視点からエスニシティや地域の問題を訴える声を強めていくことが重要となるだろう。

　次に、スウェーデンのサーミ若者協会は、1950年に設立されたスウェーデンサーミ全国協議会 (SSR) の下部組織として1963年に誕生し、スウェーデン若者団体 (LSU) にも加盟している。サーミ若者協会に所属できるのは14、15~30歳のサーミである[22]。キルナ在住のサーミ住民の話では、サーミ若者協会にはこの年齢帯のサーミの40%が参加しているという。毎年の総会で議長と理事会メンバーが選出され、理事会の指揮のもとで、様々なプロジェクトに取り組んでいる。財源は、サーミ議会の文化評議会や若者委員会 (サーミ議会に置かれている14～30歳の若者からなる組織)、さらに、イェムトランド県やヴェステルボッテン県からの助成金である。サーミ議会の下部組織ではないものの、議会から助成金を受けているという点でサーミ議会とつながりの深い組織といえる。この他、特定のプロジェクトに対してはまた別の様々な機関から助成金が提供される。その活動内容は、サーミの若者への交流の場の提供が主たるところであるが、注目すべきは、これらの活動を通して若者の政治的な関心を育てることに成功してきたことである。ここを経てサーミ議会議員になる者も現れるなど、その「政治学校」としての成果はますます大きなものとなりつつある。

　サーミ若者協会には、その様々な活動を通して、サーミを取り巻く状況、サーミの目指す方向性、サーミ社会が抱える問題までを的確に把握し、その克服を目指そうとする若者も少なくない。メンバーでもある住民 (10代) は、サーミ社会内部の対立について次のように語っている。「サーミ議会は争いが多すぎる。議員が長い人が多い。主張というよりもパーソナルな関係で葛藤、対立もある。国から見れば内輪もめさせておけばいい。少しお金を

66　第2章　北欧3国のサーミ議会

与えて、内輪もめさせておくというのが、政府の戦法。自分たち若い世代が
それを乗り越える役割を担っている。…サーミ議会は権力を持っていないの
で、権力を持つ必要がある。サーミ議会で争っていないで、国会議員になる
とか、EU議会の議員になるとかした方がいい。これまで本気になってやろ
うという人はいなかった」。この言葉には、サーミ社会内部の対立はもとも
と外部から強いられた対立であったとしても、その状況を甘受するだけでは
なく、解決していこうという意欲が見出される。若者たちのこうした動きが
サーミ議会の今後を変えていく力となることは疑いない。

　また、これら若者による活動は国際的に連帯して展開されている。フィン
ランド、ノルウェー、スウェーデンの3か国で、若手のサーミが集まって交
流を行っている。これは2年に1回開かれ、各国持ち回りで開催されている。
母体となるのは、それぞれの国のサーミ青少年協会のような組織である。た
だし、フィンランドのサーミ青年協議会のようにサーミ議会の下部組織とい
う位置づけのところと、サーミ議会とは独立した組織のふた通りがある。議
会の下部組織でない方が、活動の自由度は高いように見受けられる[23]。

おわりに

　冒頭で述べたように、サーミ議会とは、サーミによるサーミのための政治
機関である。その理想、理念は否定されるべくもない。フィンランド、ノル
ウェー、スウェーデン3国のサーミ議会に共通することは、「サーミの権利」
をめぐって中央政府と綱引きをするなかで継続的な交渉を行い、サーミの要
求の実現をはかってきたことである。しかしながら、サーミ議会は財源を持
たず、その基盤の独自性、独立性という点では脆弱であり、中央政府の体制
や政治的方針に左右されるところが大きい。この点もまた共通するところで
ある。ただし、国ごとに議会の体制や活動内容を比較するならば、それぞれ
の国におけるサーミ政策の違いにより、議会の位置づけと役割、予算規模、
権限の範囲は大いに異なっている。この時、サーミ政策は、サーミ人口の多
寡、サーミをめぐる歴史的経験や政治的経験の違いといった多くの条件の積
み重ねの上に成立するものであるが、なかでも、ILO第169号条約の批准の

有無の影響は大きいといえるだろう。唯一の批准国であるノルウェーにおいて、サーミ議会の権限が他の2国に比して拡大していることは上で見たとおりである。しかし、そのノルウェーのサーミ議会も、中央での政治アクターとしての立場を獲得することにより、「サーミとしての自律性を高めること」と「中央からの影響を受けること」の容易ならざる調整のなかにある。

　一方、サーミの世界に改めて目を向けるなら、サーミは一枚岩ではなく、人々のサーミとしての自認意識、立ち位置、メンタリティは多様であるとの実態がある。たしかに、議会が、本人のサーミとしての自認意識や言語生活を何より重視することで、マイノリティとして処遇されてきたサーミの人々に対して、サーミの自覚を持つことを促し、彼らの政治意識を育ててきたことは間違いない。しかしながら、ホームランドを遠く離れて暮らし、サーミ語やサーミ文化と親しむ機会もない人々も増えているなかで、サーミ個々人の自認意識の温度差に対応しきれていないことも指摘されている。

　サーミ議会には、中央政府との調整・連携のなかで存在感を強めながら、多様な背景を持つサーミの人々、他国のサーミ議会、諸外国の先住民族、そして国際社会と協働していくことが今後さらに求められる。その際、次世代のサーミをこの動きのなかに引き込んでいくことが重要となろう。これら多角的な活動の蓄積により、サーミとしての自立や自己決定、サーミに関することの意思決定プロセスへの参加が、より高度な水準で実現されていくものと思われる。

注

1　フィンランド調査は2014年8月、調査対象者は議会関係者2名である。併せて、議会の下部組織であるサーミ青年協議会の関係者3名にも聞き取りを行った。ノルウェー調査は2012年9月、調査対象者は、議会関係者2名である。スウェーデン調査は2011年8月、調査対象者は、議会関係者1名である。翌2012年9月には、上記スウェーデンのサーミ議会関係者およびサーミ若者協会メンバー1名を含む5名のサーミ住民（キルナ在住）を対象に、政治参加を含むサーミの生活や意識についての聞き取りをした。

2　本章は、新藤慶（2013a, 2016）、野崎（2013a, 2015a）、小野寺（2013）を再構成し、加筆したものである。再構成・加筆にあたっては、小内編著（2013, 2015, 2016）を適宜参照した。

68 第2章 北欧3国のサーミ議会

3 ユーロ／円の年間平均レートを、2001年108円、2003年130円として換算
した（小数点以下切り捨て。NOKについても同じ）。なお、2014年の聞き取り
では、サーミ支援の総額が500万ユーロ、そのうち議会運営費が150万ユーロ
ということであった。また、下記ノルウェーについては、NOK／円の年間平均レー
トを、2008年18円、2012年13円、2016年13円として換算、スウェーデン
については、ユーロ／円の年間平均レートを、2011年111円として換算した。

4 サーミ議会のウェブ・ページでは、「サーミ議会は、人々によって選ばれ
た議会であり、国家の一行政機関である」と紹介されている（Sweden Sami
Parliament 2016）。

5 たとえば、フィンランド調査での聞き取り対象者であった議会関係者のうち、
ひとりはスコルト・サーミ語とスコルト・サーミ文化を教える教員であり、もう
ひとりはトナカイ飼育業従事者であった（新藤 2016: 19）。

6 これをある種の統合（integration）と捉える見方もある（Josefsen,
Morkenstam and Saglie 2013: 15）。

7 スウェーデンのサーミ議会関係者の解釈によれば、サーミは互いに格付けをし
ながら、自分の家系、自分の一族の利益を優先させようとするところがあり、そ
うした状況がサーミとしての団結を阻んでいる。そして、中央政府が政策を通じ
てその対立を助長させ、サーミが団結しないようにさせているということである
（新藤慶 2013a: 98）。

8 サーミ議会での聞き取りにおいてこの条件への言及がなかったことから、議会
の多数派においては言語が重視されていると推察することができよう。ただし、
サーミ議会内部においてサーミの定義をめぐる意見が必ずしも一致しているわけ
ではない点に留意が必要である（Joona 2015: 167-8）。

9 フィンランドのサーミ議会関係者への聞き取りによる（新藤 2016: 23）。

10 たとえば、フィンランドにおいて、2011年、サーミ議会の反対を押し切って
最高行政裁判所が93人の選挙人名簿登録を強行した件に関して、サーミ議会連
盟は、中央政府の態度がICCPR（市民的および政治的権利に関する国際規約）お
よびUNDRIP（先住民族の権利に関する国連宣言）に違反するとして、各国の中
央政府がサーミ議会と協力して登録の基準を定めるべきとの声明を発表している
（Sami Parliamentary Council 2015）。また、2014年北欧サーミ条約に関する会
議において、議会連盟は、当該条約締結を強く求める旨の発言をしている（Sami
Parliamentary Council 2014）。

11 ノルウェーのサーミ議会関係者のなかには、「かつてサーミ排斥のために費や
された額が国家予算の1％であったことを考慮するならば、現在の予算は少な
すぎる」という意見もある（小野寺 2013: 50）。

12 ノルウェーのサーミ議会関係者からは、「ノルウェーの労働党はノルウェー人
の公共サービスをよくしていこうとするし、サーミの労働党はサーミのためによ
くしていこうとするから方向性は一緒だけれど、目指している小さいゴールは異
なってくる」との発言があった（小野寺 2013: 50）。

13 こうした現状がある一方で、ノルウェーのサーミ議会選挙（2013年）につ

いて選挙区別投票率を見ると、全体の投票率が 66.9% であるなかで、Ávjovári valkrins と Østre valkrins が 7 割を超える数値を示している。この 2 選挙区を含め、フィンマルクの選挙区の投票率が南部に比べて相対的に高いことは、フィンマルクに生活基盤を置くサーミの、政治に対する期待や関心の高さの表れとして解釈されうるだろう（Statistics Norway 2013）。

14 ノルウェーのサーミ議会関係者への聞き取りでは、サーミ議会と中央政府の関係について、「サーミ議会の仕事は文句を言うこと」「文句を言わないと何も得られない。すべて国との間で同意があるなら、ノルウェー議会が正しく決定をしていくならば、サーミ議会の役割はなくなる。合意にいたらないところがあるからこそ、サーミ議会の役割がある」という意見が聞かれた（小野寺 2013: 50）。

15 フィンランドの議会関係者への聞き取りによる（新藤 2016: 23）。

16 スウェーデンのサーミ議会関係者が見るところ、今後も批准の見込みはないという（新藤慶 2013a: 100）。

17 ノルウェーのサーミ議会関係者への聞き取りによる（小野寺 2013: 51）。

18 フィンランドのサーミ議会関係者への聞き取りでは、「ILO の 169 号で、土地と水に関する権利のようなことが謳われているので、そういう権利が得られるなら、ということもあるかもしれない」との発言があった（新藤 2016: 21）。

19 フィンランドのサーミ議会関係者への聞き取りによる（新藤 2016: 20）。

20 フィンランドのサーミ議会議長（当時）がこの件（93 人認定）に抗議して選挙人名簿から自ら脱退した。Yle Uutiset（フィンランド国営放送ニュースサイト）2015.9.30. 掲載記事による（Yle Uutiset 2015）。

21 バックラッシュについては序章を参照。

22 スウェーデンのキルナ在住住民への聞き取りによる（新藤慶 2013a: 99）。ちなみに、サーミ若者協会（Sáminuorra）の HP によれば、年齢構成は 6 〜 30 歳となっている（Sáminuorra 2017）。中心となる年齢帯が 14、15 〜 30 歳という意味での発言であろうと推察される。

23 ノルウェーの若者組織の代表的なものは「サーミ若者協会」（Davvi Nuorra）である。これは政党の下部組織でもなく、宗教の影響下にある組織でもない。1995 年に設立され、2002 年には 200 人を超すメンバーを抱えるまでになっている。フィンランド、スウェーデン、ロシアに住むサーミの若者とも協力関係を結んでいる（Solbakk ed. 2006: 186-7, 239-40）。

第3章

フィンマルクにおける土地管理の現状

濱田　国佑

はじめに

　フィンマルク土地管理公社 (Finnmarkseiendommen - Finnmarkkuopmodat: FeFo) は、ノルウェーのフィンマルク県における土地の約95%、および天然資源を所有・管理している公的企業である。

　2005年に制定されたフィンマルク法は、フィンマルク県の約46,000km²にも及ぶ土地の所有権をフィンマルク県の住民に移すことを定めており、住民の代表として、広大な土地の管理を行うための公社（フィンマルク土地管理公社）が設立されることになった。

　フィンマルク法は、その目的として「バランスがとれた」かつ「持続可能」な方法による資源の管理を掲げており、とくにサーミの文化やトナカイ牧畜業に配慮して持続可能な形で土地および資源の管理をするよう求めている。また、独立国における先住民の権利を定めた ILO 第169号条約による制限が適用されると明記されており、その制定過程において、先住民の文化や権利の保護が強く意識された法律だと言える。

　本章では、先住民の土地権利保護をめぐる各国の動きを概観するとともに、フィンマルク県ラクセルブにあるフィンマルク土地管理公社の本所において2013年12月に実施した聞き取り調査の結果をもとに、フィンマルク土地管理公社 (FeFo) の組織の概要や運営方針、組織を運営する上で抱えている課題などについてまとめることにしたい。

第2部　サーミ社会の機構・組織の形成と展開　71

第1節　先住民族の土地権利保護をめぐる各国の動き

　1970年代以降、先住民族の権利の保障を求める動きが世界的な盛り上がりを見せ、それぞれの国・地域において活発な運動が展開されてきた。たとえば、オーストラリアのアボリジニ、カナダのイヌイットによる運動などが代表的なものとしてあげられる。その際、大きな争点となったのは、先住民族が利用してきた土地や資源の保護・回復という問題であった。

　オーストラリアでは、1960年代後半から、アボリジニよる土地の返還や開発の差し止めを求める運動が行われてきた。1970年代に入ると、北部準州におけるアボリジニの土地利用権を調査するための委員会(アボリジニ土地権利委員会)が設置され、1974年にはアボリジニの土地権利に関する法律の制定を求める最終報告書が提出された。これを受け、1976年にアボリジニ土地権利法が成立している(鎌田 2005; 友永 2013)。この法律によって、アボリジニの伝統的な慣習や職業に基づいて土地に関する権利の請求が認められることになり、権利関係を審査する土地審議会が設置されることになった。

　その後、1993年のマボ判決により、イギリスによってオーストラリアの領有宣言が行われた1770年の時点において、オーストラリアの土地は無主地(Terra Nullius)だったのではなく、オーストラリアの先住民族が、近代的な土地所有とは異なる先住権原を持っていたことが認定された。また、この判決を受け、同年に先住権原法(Native Title Act)が制定されている。

　カナダでは、1969年、先住民族の1つであるニスガ族(Nisga'a)の長老 Calder により、部族による先住権原は条約などによって消滅していないことの確認を求めて、ブリティッシュコロンビア州を相手取り提訴が行われた。その後、1973年に下された最高裁判所の判決では、大陸の植民地化が行われた当時、先住権原がたしかに存在していたことが認定されている(守谷 2013)。また、1982年憲法の第35条では、カナダにおける先住民がインディアン、イヌイット、メティスを含むものと定義され、先住民は土地の請求権などを含んだ先住民としての権利・条約上の権利を有すると明記されることになった。

　こうした流れを受けて、先住民による土地の権利の申し立てや返還を求

める運動がカナダ各地で発生し、個々のケースに関して裁判所による司法判断が示され、政府と先住民族団体との間に土地の譲渡に関する合意文書が交わされるようになっている。たとえば1993年には、鉱物資源を含む約35万km²の土地をイヌイットに譲渡し、自治政府としてヌナブト準州を設立するために19億ドルの資金移転を行うことを定めたヌナブト土地請求協定（Nunavut Land Claims Agreement）が締結され、1999年にノースウェスト準州から分割される形でヌナブト準州が誕生している。また、1997年のDelgamuukw判決では、ブリティッシュコロンビア州において、先住民は単に狩猟・漁業・採集といった権利ではなく、土地そのものに対する権利（先住権原）を有していることが最高裁判所の判断として示されることになった。

　このように、オーストラリアやカナダのような多文化主義的な政策をいち早く導入してきた国においては、先住民の権利回復や土地の返還を目指す取り組みが、1970年代以降、時に地権者や経済界、多数派住民などから反発を受けながらも着実に進められてきたといえるだろう。

　1980年代以降、こうした先住民の権利回復の取り組みは、多文化主義の先進国だけではなく国際的にも広がりを見せていくことになる。ILO（国際労働機関）は、1989年の総会において、先住民の生活と労働に関する権利を定めた第169号条約を採択した。第169号条約の第2部（第13条〜第19条）は土地に関する条項となっており、第13条において、政府は「当該民族は占有もしくはその他の形で利用する土地又は領域が、これらの民族に対して、文化的及び精神的な価値の上で、特別な重要性を持つことを尊重」しなければならないと述べている。その上で、第14条において先住民が伝統的に占有してきた土地の所有権を認めること、また占有はしていなくても伝統的に立ち入ってきた土地を利用する権利の保障を求めている。また、第15条では、当該民族の土地に属する天然資源に対する権利は特別に保障されるべきだと明記している。このように、ILOにおいて包括的な権利の保護を定めた第169号条約が採択されたことは、先住民による土地および資源の権利の保障を求める一連の動きにおいて、メルクマールとなる出来事であったといえる。ILO第169号条約は、2016年現在22か国によって批准されているが、1990年6月、他国に先駆けて最初の批准国となったのがノルウェー王国で

あった。ノルウェーはこの条約の批准を契機として、サーミ議会の権限をより強化し、フィンマルク法などの法整備を進めていくことになった。

第2節　ノルウェー・フィンマルクにおける先住民族の土地権利保護

第1項　フィンマルク県の概要

　フィンマルク土地管理公社は、フィンマルク県全体の約95%の土地、および天然資源を管理する会社である。以下ではまず、ノルウェー・フィンマルク県の概要を示しておくことにする。

　フィンマルク県は、ノルウェー王国の最北部に位置しており、西はトロムス県、南はスウェーデン、東はフィンランドと接している。また、北は北極海に面しており、フィヨルドによって形成された複雑な海外線が広がっている。面積は48,637km²で、ノルウェーのすべての県のなかで最も広大な面積（ノルウェー全体の面積のおよそ13%にあたる）を有しており、これはデンマーク一国の面積とほぼ等しい広さである。

　その一方、人口はきわめて少ない状態にあり、2015年1月1日現在、75,605人が居住しているにすぎない。これは、ノルウェーのすべての県のなかで最も少ない値であり、ノルウェー全体の人口に占める割合はわずか1.5%である。フィンマルク県には全部で19の基礎自治体が存在するものの、そのうち15の基礎自治体では人口が5,000人を下回っている。フィンマルク県の人口は1980年代までは増加していたものの、近年は頭打ちとなっており、わずかずつ減少するという傾向が続いている。また、フィンマルク県全体の人口密度は1km²あたりおよそ1.6人であり、ノルウェー全体の人口密度（13.4人／km²）に比べてかなり低くなっており、人口希薄地としての性格が強い地域だといえる（第1章）。

　フィンマルク地方は、比較的起伏が少なく、内陸部には高原地帯が広がっている。また、氷河によって形成された多数の湖沼が点在しているため、古くからサーミによる遊牧飼育が行われてきた。しかしながら、1800年代以降、国民国家の成立とともに国境線が確定され、国民としての同化・統合圧力が強まることになる。その結果、もともとフィンマルク地方一帯を自由に移動

74　第3章　フィンマルクにおける土地管理の現状

しながら遊牧生活を行ってきた、サーミによる抵抗運動が行われることになった。フィンマルク県のカウトケイノは、1852年に勃発したサーミによる大規模な反乱（カウトケイノの叛逆）の舞台となった村である。現在でも、フィンマルク県はノルウェーにおけるサーミの文化的、政治的な中心地となっており、カラショークにサーミ議会、カウトケイノにサーミ・ユニバーシティ・カレッジがおかれるなど、各種のサーミ関連機関が集中している。

　また、フィンマルク県では全体の約8割にあたる地域が、サーミ議会の補助金による支援対象地域（サーミ支援地域）に指定されており、ノルウェーのなかで最も広大な支援地域を抱えている[1]。支援地域に居住する人口規模の面でも、フィンマルク県が占める割合は高く、最大の人口を有する県となっている。

　このように、フィンマルク県は、ノルウェーにおけるサーミの政治的・文化的な中心地であり、サーミに対する支援が最も大規模な形で行われている地域だといえるだろう。

第2項　フィンマルク法の制定とフィンマルク土地管理公社（FeFo）の設立

　フィンマルク土地管理公社が設立される直接の契機となったのは、2005年に制定されたフィンマルク法である。フィンマルク法の第2章では、フィンマルク土地管理公社の性格や業務の内容、理事会の構成および選出方法などが細かく定められており、フィンマルク土地管理公社は、この法律に則って設立されている。

　フィンマルク法は、先住民族としてのサーミが、土地あるいは水などの天然資源に関する権利の保障を求める運動を長年にわたって続けた結果、2005年にようやく成立した。サーミの権利保障を求める運動は古くから行われており、1970年代後半には、フィンマルク県におけるアルタダムの建設反対運動など、サーミの復権を求める取り組みが活発に行われた。こうしたサーミの権利保障を求める運動の盛り上がりを受けて、1980年、ノルウェー政府によって「サーミの権利調査委員会」が設立された。その後、1984年にサーミの権利調査委員会は、サーミの文化や社会の存続を保障するための立法措置を求める勧告を、その最初の報告としてノルウェー政府に

第2部　サーミ社会の機構・組織の形成と展開　75

提出することになる（小内透 2013）。このサーミの権利調査委員会による勧告によって、2005年のフィンマルク法制定に至る道筋が開かれたといえるだろう。

　また、1990年のノルウェーによる ILO 第169号条約の批准も、フィンマルク法の成立を後押しした。ILO 第169号条約は、土地や天然資源の所有や利用に関する先住民族の権利の保障を批准国に求めている。条約の批准を受け、1993年にサーミの権利調査委員会は、サーミおよび地域住民による土地の利用権を保障するために、フィンマルク県における未売却の土地の管理を新たに設立する法人による管理へ移行するという提案を再度行った。

　この提案に基づき、その後 2004年から 2005年にかけて行われた、ノルウェー議会の法務常任委員会、サーミ議会、フィンマルク県議会の三者による協議を経た上で、2005年 6月 17日、ノルウェー議会において、フィンマルク県の約 95% の土地および天然資源の権利をフィンマルク県の住民に移管することを定めたフィンマルク法が成立した。これらの土地および天然資源はもともとノルウェーの国営企業（Statskog）によって管理されていたが、法律の成立によって、フィンマルク県の住民にその権利を移転することになった。そのため、翌 2006年の 7月 1日に、移管された土地や資源の管理を行うための会社として、フィンマルク土地管理公社（FeFo）が設立されることになったのである。

第3節　フィンマルク土地管理公社の概要

第1項　組織の概要

　先述したように、フィンマルク土地管理公社はフィンマルク法に基づいて設立された企業であり、フィンマルク法によって完全な独立性を有すると定められている。2013年 12月の聞き取り調査実施時点における、フィンマルク土地管理公社の従業員数は 34人であり、本所はラクセルブにおかれている。また、ヴァドソーおよびアルタに支所を設置している（図3－1）。

　フィンマルク土地管理公社の組織図を以下の**図3－2**に示した。最高意思決定機関は、理事会（Board）であり、6人のメンバーによって構成される。

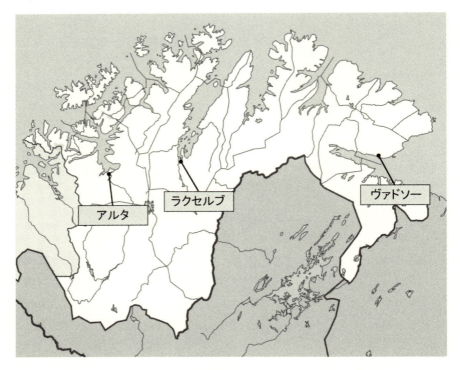

図3-1　フィンマルク土地管理公社の本所および支所の所在地

　6人の理事会メンバーのうち、3人はカラショークにあるサーミ議会によって選任され、残りの3人は、フィンマルク県の県議会によって選任されることになっている。なお、サーミ議会によって選任される3人のうち、少なくとも1人はトナカイ牧畜業を代表するメンバーでなければならないとされている。
　こうした理事選任の制度を設けることによって、フィンマルク土地管理公社は、独立した企業ではあるものの、政治的なコントロール下におかれている。また、理事会には、フィンマルク土地管理公社の職員の代表（事務局長）がオブザーバーとして参加することになっている。ただし、理事会における投票権はなく、意思決定は6人の理事のみによって行われる。投票の結果、票数が3対3で分かれたときは、6人の理事のなかから選出された理事長による判断が優先されることになる。理事長および副理事長は、理事のメンバー

第2部　サーミ社会の機構・組織の形成と展開　77

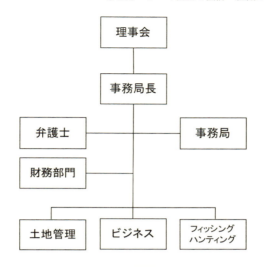

図 3-2　フィンマルク土地管理公社の組織図（聞き取り調査時の配布資料より作成）

による互選によって決定され、選挙の結果、どの候補も過半数を得られない場合は、西暦の下1桁が奇数の場合はフィンマルク県議会によって、西暦の下1桁が偶数の場合はサーミ議会によって決定されることになる。

　また、理事会のほかに監査委員会（Control Committee）が設置されており、フィンマルク土地管理公社が法律に則って運営されているか、チェックする機能を果たしている。監査委員会のメンバーは3人である。フィンマルク土地管理公社の事務局長[2]によると、メンバーは、政府から派遣される法律の専門家のほか、サーミ議会およびフィンマルク県議会によって選任された委員で構成される。監査委員会のメンバーは、フィンマルク土地管理公社の事業内容に対して指示や助言を与えることはできず、あくまでもその活動がフィンマルク法に則ったものかどうかをチェックするためだけに存在している。監査委員会は、フィンマルク土地管理公社の活動や報告書に対する評価をまとめ、国、サーミ議会およびフィンマルク県議会に対して年次報告書を提出することになっている。

　理事および監査委員会の任期は4年であり、最長でも10年しか務めることができない。事務局長によると、理事を務めた後、引き続き監査委員会のメンバーに就任するというケースも珍しくないということであったが、そ

78 第3章 フィンマルクにおける土地管理の現状

の場合でも在職期間は通算して10年を超えることはできない。このように、フィンマルク土地管理公社は、基本的に政府などの干渉を受けない独立した機関ではあるものの、組織やフィンマルク土地管理公社が持つ広大な土地などの権利が私物化されないよう、様々な形で予防措置が講じられているといえる。

なお、フィンマルク土地管理公社が管理する土地に関して、その権利関係が不明瞭であったり、未確定である場合については、2008年に設置されたフィンマルク委員会(Finnmark Commission)[3]が調査を行い、確定する作業を行うことになっている。すでに述べたように、フィンマルク法によって、フィンマルク県における土地や資源の権利が、ノルウェーの国営企業(Statskog)からフィンマルク土地管理公社に一括して移行されることになった。この措置を行うにあたって、所有権や使用権が未確定となっている土地が存在する場合、その土地の使用状況や権利関係について、フィンマルク委員会が調査を行い、権利を確定させることをフィンマルク法は定めている[4]。

フィンマルク委員会のメンバーはノルウェー国王によって任命され、委員長と他の4人の委員によって構成される。委員長は最高裁判所判事の要件を満たす人物でなければならず、委員のうちの2人は地方裁判所判事の要件を満たす必要がある。また、少なくとも2人のメンバーがフィンマルク県に居住しているか、強い関連を持つ人物でなければならないと定めている。

フィンマルク委員会は調査を行い、レポートを提出する。レポートの結論は、委員全員の同意によるものかどうかを示す必要があり、全会一致でない場合は、反対した委員の名前を記さなければならない。レポートの結論は官報において発表されるほか、トナカイ牧畜協会などの利害関係者、サーミ議会、フィンマルク県議会、影響を受ける自治体、フィンマルク土地管理公社などに送付される。

フィンマルク土地管理公社は、委員会による結論が出るまでの過程のなかで、意見を述べたり、助言を与えたりすることは一切できない。フィンマルク土地管理公社は、委員会による結論を評価し、他の当事者が権利を有していることに同意する場合は、速やかに権利の譲渡に関する手続きを行う。一方、同意が行われない場合は、特別法廷(The Uncultivated Land Tribunal for

第2部　サーミ社会の機構・組織の形成と展開　79

Finnmark）が設置され、法的に争われることになる。

第2項　財政の概要

　フィンマルク土地管理公社は、財政的にも独立した機関として存在してお
り、政府などからの補助金は一切受けとっていない。運営に関わるすべての
費用は、フィンマルク土地管理公社の事業活動で得られる収益によって賄わ
れる。フィンマルク土地管理公社が設置される際に、国から受けた 500 万
NOK の融資については、すでにその全額を返済している。

　フィンマルク土地管理公社にとって収益を得ることは主要な目的ではない
が、収入と支出のバランスを取り、健全な財務状況を維持することが求めら
れている。また、業務の遂行に必要な額以上の資産が形成された場合、フィ
ンマルク県およびサーミ議会に対して支払いを行うか、フィンマルク県の住
民の共通利益になるような方法で使用するよう定められている。

　フィンマルク土地管理公社の主な収入源としては、以下の5つのものがあ
げられる。

　第1は、域内における狩猟および釣りの認可、および権利のリースによっ
て得られる収益である。2012 年における狩猟・釣りによる収入額はおよそ 9.6
万 NOK となっており、全体の約4分の1を占めている（**表3－1**）。

　第2は、土地の賃貸による収入である。フィンマルク土地管理公社では、
現在、約 12,000 件の土地賃貸契約を結んでおり、2012 年には 16.6 万 NOK
の賃貸収入を得ている。これは全収入額の約 42％に相当する値であり、フィ

表3-1　フィンマルク土地管理公社の収入の内訳（2012 年）

	金額 （単位：1 万 NOK）	比率
狩猟、釣り	9.6	24.3％
土地の賃貸	16.6	42.0％
発電所による補償金	3.0	7.6％
砂利、鉱物など	8.5	21.5％
その他	1.8	4.6％
合計	39.5	100.0％

注）フィンマルク土地管理公社資料より作成

ンマルク土地管理公社における最大の収入源となっている。具体的な土地の用途としては、民家や山小屋などの住宅用の土地賃貸のほか、工業地域における土地の賃貸も手掛けている。

第3は、発電所によって支払われる補償金による収入である。フィンマルク県には水力発電所や風力発電所が存在しており、こういった発電所と契約を結び、補償金を受け取っている。

第4は、砂利や鉱物などの採取・採掘に関する契約によって得られる収入である。鉱石の密度が一定以上の場合、総産出額の0.75％がフィンマルク土地管理公社に支払われる。

第5は、林業による収入である。ただし、林業による収入は、割合としてはそれほど大きいものではない。フィンマルク県には、12,500km²にも及ぶ森林地帯が存在しているが、森林を管理するためには多額のコストがかかるため、林業による収入はそれほど増えていないのが現状である。

第3項　運営の状況

フィンマルク土地管理公社は、フィンマルク法に則って運営を行うことが求められている。フィンマルク法の目的は「フィンマルク県における土地および天然資源の管理を、バランスの取れた、そして環境的に持続可能な形で促進すること」だと定められている。そのため、土地や天然資源の利用を図る際は、長期間にわたって継続的に収益を上げ続けるという観点から、売却はせず、すべてリース契約によって事業を進めるという方針を採っている。

また、事業を行うにあたっては「フィンマルク県の住民の利益、具体的にはサーミの文化、トナカイ牧畜業、未開拓地域、各種の商業活動、社会生活の利益になるような形で進められなければならない」とされている。つまり、サーミの文化、トナカイ牧畜業の利益になるような形で土地や天然資源を管理し、フィンマルク土地管理公社を運営していくことをフィンマルク法は定めているのである。

フィンマルク土地管理公社は、サーミ文化の維持・発展という目的を果たすために、具体的にはどのような点に配慮しながら運営を行っているのだろうか。フィンマルク土地管理公社の事務局長は、筆者らの聞き取り調査に対

して、サーミ文化は他の文化と同様ダイナミックに変化しており、何がサーミの人々にとって良いことなのかを判断することは非常に難しいと語っている。

フィンマルク土地管理公社の本所がおかれているラクセルブのような地域では、トナカイの牧畜などに代表される、サーミ特有の職業というものはほとんど存在せず、サーミの多くは都市的な生活を送っている。フィンマルク土地管理公社の事務局長自身も、自らを「現代的な」サーミの一人だと評していた。

こうした状況を念頭におくと、たとえば鉱山の会社が来ることは、必ずしもサーミにとってマイナスにはならない。フィンマルク県に仕事が増え、収入が増えることによって、若いサーミの人々がこの地に留まる可能性が高まるからである。また、地域の財政基盤が強化されることによって、地域の学校やサーミの人たちが通う学校に、より潤沢な予算がつくことになる。鉱山ができることは、トナカイの牧畜を営む人々にとってはマイナスかもしれないが、その一方で地域が経済的に潤い、若い人がフィンマルク県にとどまることにより、長期的にはサーミ文化の維持につながるという可能性を事務局長は指摘する。

このように、フィンマルク土地管理公社は、サーミの文化の維持・発展を運営方針の1つとして掲げる一方で、民族的に中立であることも求められており、組織の運営方針として明示している。法律によってフィンマルク県の約95％の土地の所有者としての地位を与えられており、フィンマルク県におけるすべての住民の利益を代表するという性格を併せ持っているからである。したがって、フィンマルク県におけるすべての住民の利益を最大化するような形で運営を行っていく必要がある。フィンマルク県内の各団体や利害関係者との調整を行い、妥協点を見つけながら、運営を進めることがフィンマルク土地管理公社にとって重要な課題であるといえる。

第4節　フィンマルクにおけるサーミの土地権利保護制度の到達点と直面する課題

第3節で述べたように、フィンマルク土地管理公社は「民族的に中立」であることを標榜する一方で、「サーミの文化、トナカイ牧畜業」の利益に配

慮することを定めた、フィンマルク法に則って運営が行われている。フィンマルク土地管理公社という法人が、一方でサーミの文化やトナカイ牧畜業への配慮を求められ、他方でフィンマルク県の住民全体の利益を追求しなければならないという互いに矛盾した使命を課せられていることは否定できない。

こうした問題を抱えていることから、フィンマルク法およびフィンマルク土地管理公社は何度も批判の対象となってきた。事務局長の話によれば、フィンマルク法やフィンマルク土地管理公社に反対する個人や組織・団体は決して少なくない。たとえば 2012 年にフィンマルク県において実施された調査[5]によると、フィンマルク土地管理公社の活動に「満足している」と答えた人の割合が 20％なのに対して、「どちらともいえない」は 34％、「不満」という回答は 28％ に達している。また、フィンマルク土地管理公社は解散すべきだと考える人は 44％ も存在しており、存続すべきとする回答 (27％) を大きく上回っている (Josefsen, Søreng and Selle 2016)。

フィンマルク県の住民は、具体的にどのような点に不満を感じているのであろうか。事務局長の話によると、たとえばフィンマルク県に存在する土地は、基本的にすべてトナカイの遊牧に適した土地であるため、非開拓地域で何か新しい事業を行うときは、どこの地域であっても必ずトナカイ飼育への影響という問題が生じる。そのため、フィンマルク県において工場などを新たに設置する際は、トナカイ飼育に対して何らかの金銭的な補償が行われることになる。トナカイの牧畜を営むサーミの人々は、歴史的に土地を使用してきたという経緯があって、土地の使用権が認められているのだが、非サーミ住民、あるいはサーミの住民であっても、トナカイ牧畜を営まない者にとっては、どうしてもトナカイを飼育しているサーミだけが優遇されているとの印象を持たれやすいとのことであった。

フィンマルク法が成立した当初、フィンマルク県におけるすべての土地が、フィンマルク県の住民である自分たちのものになり、無料で家を建てたり、釣りをしたりすることが可能になるといったような誤った見解を持たれたことも、フィンマルク土地管理公社に対する失望を生んだ理由の 1 つではないかとフィンマルク土地管理公社の事務局長は語っている。

フィンマルク県だけでなく、全国的に見ても、フィンマルク法およびフィ

ンマルク土地管理公社に対して否定的な見方をする人は少なくない。たとえ
ば、サーミ議会の設置やサーミによる土地・資源の利用権を認めることに反
対する進歩党（Fremskrittspartiet）が 2013 年の総選挙で 16％程度の票を得る
など、サーミの復権や文化の維持に対して必ずしも全面的な同意が得られて
いるわけではない。

　先住民の権利回復、とりわけ土地・資源に関する権利を先住民に返還し、
これを保障するという動きが世界的に広がりを見せるなかで、フィンマル
ク土地管理公社のように土地・資源を管理するための法人がノルウェーの
フィンマルクだけでなく、オーストラリアやカナダでも誕生している。オー
ストラリアでは、マボ判決を受けて先住民土地管理公社（Indigenous Land
Corporation）が発足し、連邦政府から資金提供を受けながら、先住民の生活
や伝統にとって重要な土地の買収および管理を進めている。また、カナダの
ヌナブト準州では、「Nunavut Tunngavik Incorporated」という会社が政府と
イヌイットとの間の合意によって譲渡された土地・資源の管理を行っている。
フィンマルク土地管理公社とこれらの会社との大きな違いは、より先住民の
利益に特化しているという点にある。先述したようにフィンマルク土地管理
公社は、サーミの文化やトナカイ牧畜業に配慮しながらも、あくまでも「民
族的に中立である」ことを標榜している。一方で、たとえばカナダの「Nunavut
Tunngavik Incorporated」は、その目的が「ヌナブト土地請求協定の履行によ
るイヌイットの経済的、社会的、文化的な幸福の追求」であると公式の文書
において明記している（Nunavut Tunngavik Incorporated 2008）。また、オース
トラリアの先住民土地管理公社に関しても、7人の理事のうち最低4人は先
住民であること、また理事長は先住民であることを定めており、必ず先住民
が理事会の過半数を占め、その意見が反映されるような組織の構成が取られ
ている。これに比べると、フィンマルク土地管理公社は6人の理事のうち
サーミ議会による選任枠は3人であり、より中立性に配慮した組織のあり方
になっているといえるだろう。

　こうした中立性への配慮は、フィンマルク県あるいはノルウェーにおいて、
サーミがおかれてきた歴史や環境を反映したものと考えられる。フィンマル
クでは、歴史的に、漁業などの仕事を求めて他の地域から多くの人々が流入

した結果、サーミとマジョリティとの混住が進行し、サーミの土地として明確な線引きをすることが難しいという事情が存在する (Josefsen, Søreng and Selle 2016)。また、サーミは、北米やオーストラリアにおける先住民のように、政府と土地利用に関する条約を結ぶのではなく、もっぱら伝統に基づいた土地利用を長らく続けてきたという歴史がある (Ravna 2016)。さらに、フィンマルク県におけるサーミの人口は少数派にとどまっており、多数派である非サーミに一定の配慮をせざるをえないという事情も存在する[6]。

　フィンマルク土地管理公社は、こうした厳しい状況のなかで活動することを余儀なくされており、事務局長の言葉によると、組織を運営していく上で「自由な裁量の範囲」が縮小している状況にある。フィンマルクおよびサーミ文化の発展に貢献するため、土地所有者としてアクティブな活動をすることが難しくなっているのである。

　このように、フィンマルク土地管理公社は、フィンマルク県の地域住民によって、未だ十分に受け入れられてはいないという状況が存在するものの、地域に密着した活動や基礎自治体との協働によって、地域への浸透を図ろうとしている。基礎自治体における民主的なプロセスを尊重し、基礎自治体の計画に基づいて土地の利用方法を決定することを運営方針として掲げており、県内各地におけるパブリック・ミーティングの開催、地域におけるコンサルタント活動などを戦略プランの一環としてあげている。

　フィンマルク法は、サーミという先住民族の復権、文化の維持という面において非常に大きな前進であり、フィンマルク土地管理公社を通じて、持続可能な形で土地・天然資源に関する使用権の管理を行い、そこから収益を得る仕組みが整備された意義は大きいと考えられる。サーミか否か、トナカイ牧畜業を営んでいるか否かといった立場の違いを超えて、幅広い住民のサポートのもとで運営を行っていくことが重要な課題になっているといえるだろう。

注

1　サーミ議会は、2006 年以降「サーミ開発基金の対象地域」、2009 年以降は「事業開発のためのサーミ議会補助金スキーム地域（サーミ支援地域）」を指定し、

補助金によるサーミの支援対象地域を決定している（小内透 2013）。

2　フィンマルク土地管理公社の事務局長はヤン・オリ（Jan Olli）氏が務めており、実務面の責任者となっている。2013 年 12 月にラクセルブにあるフィンマルク土地管理公社の本所オフィスにおいて、ヤン・オリ氏に対する聞き取り調査を実施した。

3　ノルウェーの法務警察省および地方自治・地域開発省によって 2005 年 8 月に発行されたフィンマルク法の解説文書（THE FINNMARK ACT – A GUIDE）によると、フィンマルク委員会のメンバーの選定に際しては、要件を満たす人物を探すために十分な時間をかけ、2007 年 1 月 1 日付けで発足させるべきだと書かれている（Ministry of Justice and the Police and the Ministry of Local Government and Regional Development of Norway 2005）。一方、Ravna（2013）によれば、初めての委員は 2008 年 3 月に任命されたとされている。これらから考えると、2007 年 1 月の発足を目指していたものの、何らかの事情で国王による委員の任命が 2008 年 3 月までずれ込んだと思われる。

4　Ravna（2016）によると、2016 年現在、フィンマルク委員会によってこれまでに 4 件の調査が行われている。しかしながら、これらの調査における結論は、いずれもサーミの集団的な土地利用権について踏み込んだ判断はせず、権利に関する具体的な認定は行われなかった。このことは、フィンマルク委員会に課せられた役割、すなわち土地の権利をめぐる争いの調停という役割の難しさを示しているといえるだろう。

5　調査は、フィンマルク県アルタにある Northern Research Institute（Norut）によって、2012 年の秋に実施されている。フィンマルク県の居住者から無作為に抽出した 18 歳以上の男女 3,000 名を対象に調査を行い、953 名から回答を得た（回収率 33％）。回答者のなかにはサーミ議会の有権者 162 名も含まれており、全回答者に占めるサーミ議会有権者の割合は 18％となっている。一方、2011 年時点におけるフィンマルク県の 18 歳以上の全人口（58,038 人）に占めるサーミ議会の有権者数（7,388 人）の割合は約 13％である（Josefsen 2016）。

6　Ravna（2016）によると、2011 年時点におけるフィンマルク県に居住するサーミ議会の有権者数は 7,388 人であり、全有権者に占める割合は 13％程度である。サーミ議会の登録有権者数は近年増加する傾向にあり、2013 年の総選挙時点において、フィンマルク県に相当する 3 選挙区（Ávjovári valkrins, Nordre valkrins, Østre valkrins）の登録有権者数は 8,027 人まで増加しているものの、フィンマルクの全有権者数（53,351 人）に占める割合は 15％程度にとどまっている。

第4章

サーミ教育の歴史と教育機関

品川ひろみ

はじめに

　スウェーデン、ノルウェー、フィンランドに住むサーミの人々は、先住民としてこれらの国が形成される以前から独自の文化を持ち生活していた。しかし、19世紀半ばから20世紀半ばまでのサーミの人々は、これらの国が形成される過程で言語を始め生活の多くの面が、居住する国の主たる文化に変わることを余儀なくされてきた。

　1980年以降、先住民族の復権という世界的な流れのなかで、危機的状況であったサーミの文化や言語は、守られるべき方向に転換された。現在はこれらの国すべてにサーミ議会が設置され、サーミ自身によってサーミの権利を守り復権するための取り組みが行われている。教育においても、国や地域によって違いはあるが、サーミ語で教育を受けることを始めとして、教育を通してサーミの文化を学ぶこともできるようになった。

　だが、ここに至るまでの道筋は平たんではなく、国によっても異なっている。本章ではスウェーデン、ノルウェー、フィンランドにおいて、サーミの教育がどのように行われてきたのか、教育の歴史の変遷を明らかにした上で、現在それぞれの国でサーミの教育はどのような現状にあるのかについて、スウェーデン、ノルウェー、フィンランドのサーミ教育機関への聞き取り調査から得られた情報などをもとに、3国のサーミ教育の現状を整理し、課題について提示することを試みる[1]。

第2部　サーミ社会の機構・組織の形成と展開　87

第1節　サーミ教育の歴史

第1項　サーミ教育の生成

　スウェーデンは、ノルウェー、フィンランドの北欧3か国のなかで、最も初めにサーミへの教育が行われた国である。1619年に聖職者であったニコラス・アンドレー（Nicolaus Andrae）が「ABC − book」をサーミ語に翻訳して使用した。また、1632年には同じく聖職者であったオラウス・ヌレニウス（Olaus Nurenius）と、議員であったヨハン・スクデ（Johan Skytte）が、サーミのキリスト教司祭を養成するための学校をターナビーに作った。この学校は「スクデンスカ」（Skytteanska）と呼ばれ、1600年代の終わり頃にはラテン語やギリシア語まで教えるようになっていた。1723年にはスウェーデン王室の勅令として、おもな教会には学校を併設しなければならなくなり、それにともない、1732年にオーセーレとヨックモックに、次いで1743年にアルィエプローグ、1744年にユッカスィェルヴィ、1748年にフリンゲ、1756年にイェリヴァーレと次々に学校が作られていった。これらの学校ではサーミと移住者の子弟を対象に、おもにサーミ語を使って聖書などの授業が行われるなど、宗教的意味合いが強いものであった（野崎 2013b: 106-7）。

　また1835年にはサーミの子どもを教育し、サーミ社会にキリスト教の学習を広める目的でスウェーデン・ミッション・ソサエティ（Sweden Mission Society：SMS）が創設され、1839年に民間の寄付と教会の募金によってスウェーデン北部の農村部に私立の学校が設立された（Hansson 2015: 881）。

　これに対し、ノルウェーにおけるサーミの教育は、1716年にキリスト教の布教活動の一環として始められた礼拝説教と教育がその始まりといわれている。布教活動をよりスムーズにするために、説教にサーミ語が使われたことや、1767年には、サーミ語に翻訳した教理問答のテキストが出版された。当時、礼拝説教は、伝道師の責任で行われ、その教育はサーミの若い男性が教育係として行い、サーミの人々と伝道隊との媒介者としての役割を担っていた[2]（長谷川 2009: 4-12）。

　このように、サーミ教育の始まりは、スウェーデン、ノルウェーともにサーミに対するキリスト教の布教活動としての色合いが濃いことが特徴の1つと

88 第4章 サーミ教育の歴史と教育機関

いえるだろう。

　一方、フィンランドは 1155 年にキリスト教宣教師がスウェーデンからフィンランドに訪れたことを契機として、スウェーデンの領土とされた。それ以降、長きにわたりスウェーデンやロシアの支配下に置かれ、フィンランドが独立した国家となったのは 1920 年のことである。その上、独立後もフィンランドではサーミの問題は長い間存在しなかったといわれており（Solbakk ed. 2006: 207）、フィンランド独自のサーミ教育に対する政策が確認されるのは 1970 年以降である（小内透 2016: 6-16）。

第2項　サーミ教育への圧力

（1）ノルウェーにおける同化教育

　スウェーデンやノルウェーでの布教活動を目的としたサーミ教育は、1800年代の初頭には下火になっていった。それまで教会で行われていたサーミの教育が、地域の学校の責任の下でなされるようになったからである。

　ノルウェーでは 1822 年に、教員の確保をねらいとして、サーミのための教員養成セミナーを議会で決議し、1824 年にトロンデネス（Trondenes）にセミナーを開設した（長谷川 2009: 5）。しかし、トロンデネスはサーミが多く居住する地域とは離れていたため、サーミの生徒を入学させることは難しく、サーミ居住地に近いターナやアルタに施設を移し、さらに 1848 年にはトロムソに移設するなど（Hætta 2008: 26）、サーミの教員養成に取り組んでいた。

　学校で使用する言語についてのガイドラインは、最終的に言語指導法で定められるようになっていった（長谷川 2009: 5）。この法律は 1862 年に施行されたが、その時点ではサーミ語は学校で使用されるべき言語として定められている（Hætta 2008: 26）。しかし、1870 年の法律改訂後には、ノルウェー語とサーミ語のバイリンガルの教育が可能であるとされ、1880 年にはノルウェー語が学校で使用されるべき言語となった。

　その後、1889 年には学校の授業はマジョリティの言語であるノルウェー語で行われることが定められた（Hætta 2008: 26; 長谷川 2009: 5）。さらに、1898 年には学校法により、学校でのサーミ語の使用を禁止し（Lehtola 2004: 44）、サーミ語は補助言語として扱うこととされた（長谷川 2009: 5）。また、

1905 年には、トロンデネスセミナーにおいてもサーミ語の使用が禁止され（Lehtola 2004: 44）、サーミ語が教育の場から完全に姿を消したのである（庄司 1995: 240）。

19 世紀から 20 世紀前半は、学校でノルウェー語での教育しか行われず、サーミの子どもたちはサーミ語で話すことすら許されなかった。このように、1870 年から第二次世界大戦までのサーミに対する学校教育は、少数派であるサーミをノルウェー社会へ統合するという目的を持って行われていたといえる。

（2）スウェーデンにおけるサーミ分離政策

スウェーデンでは、1842 年にすべての子どもたちが初等教育を無償で利用できるようになったが、農村部の子どもたちまでは行きわたっていなかった（Hansson 2015: 881）。一方、サーミの教育は 1896 年にはサーミ民衆学校（Sami folk school）、聖書学校（Bible school）、民衆学校（folk school）のいずれかで行われるようになった。いずれの場合においても、授業はスウェーデン語で行われていた。20 世紀の初めには、サーミは先の 3 種類に「ウインター・コース」[3] と「スウェーデン聖約キリスト教団学校」（the Swedish Mission Covenant Church School）を加えた 5 種類の学校から通う学校を選べるようになった。

しかし、1913 年になると、サーミの文化を保護しスウェーデンの文化と混じり合うのを防ぐという目的でノマド学校が設置された。遊牧をしていたサーミはノマド学校への入学が義務づけられ、他の学校へは行けなくなった。その一方で、遊牧をしていないサーミは、ノマド学校に入学できなかったため、結果として遊牧をするサーミ以外は、スウェーデン社会への同化が進むことになった。

ノマド学校はサーミの子どもを対象としたものであるにもかかわらず、学校で使用する言語はスウェーデン語であった。また校舎はコタ（kåta）と呼ばれるサーミの伝統的なテントを模したものを村の学校に隣接して作ることがつねとされた。この校舎は学校教育に向かなかったため、1940 年には廃止されることになる。

また、1942 年にスウェーデン・ミッション・ソサエティと 2 人のサーミ

90　第4章　サーミ教育の歴史と教育機関

運動家によってノマド学校を卒業したサーミに、後期中等教育の機会を与える目的で、サーミ民衆高校が設立された。この学校の目的は、サーミの学生に一般市民の教育を与え、またトナカイの飼育とサーミの文化についての知識を高めるものであった (Hansson 2015: 881)。

　このように、スウェーデンにおけるサーミの教育は、遊牧をするサーミを分離するという方法がとられた。また、それ以外のサーミはサーミとして認められることはなく、スウェーデンに同化することを求められていたといえる。

第3項　サーミ教育の転換と権利の回復

（1）ノルウェー

　ノルウェーにおいて、サーミへの教育が重視されるようになったのは、第二次世界大戦終了後であった。1948年に学校および教育に関する調停委員会が「サーミの学校および教育問題」のレポートをまとめた。そこには、1880年代から続いてきた教育施策の転換と、サーミ史の概論を含めた歴史的経緯や、寄宿学校、サーミの教科書の状況、サーミ語の教師に対するトレーニング、そしてサーミの中学と高校について書かれていた (Solbakk ed. 2006: 82)。また、同年にはオスロ大学にサーミ研究のコースがおかれ (Solbakk ed. 2006: 91)、トロムソ教育大学でもサーミ語教師の養成が再開された (庄司 1991: 864)。トロムソ教育大学では、その後の1953年にサーミ語教師の養成に加え、サーミ語での教育課程をスタートさせた。さらに、北サーミ語の教科書が作成され、徐々に出版されるようになっていった。

　サーミ語の教育プログラムは、後にアルタ、ボーダ、カウトケイノ、レバンジャーとネスナの大学、さらにオスロとトロムソにおいても、その後すぐに採用された (Solbakk ed. 2006: 86)。

　1956年には教会・教育省がサーミ問題を調査するための委員会を設置した。委員会は調査検討を進め、1959年には同化政策を完全に廃止する提言を盛り込んだ報告書を提出した (Solbakk ed. 2006: 84)。それとほぼ同時期の1958年には、カウトケイノに職業学校ができ、それは後にサーミ・アッパー・セカンダリースクール (Sami upper secondary school and reindeer husbandry school) となった (Solbakk ed. 2006: 87)。また、同年には基礎学校に関する教育法においてサーミ語が学校での教授言語として認められるようになった (Lehtola 2004: 60; Solbakk ed. 2006: 85)。学校においてサーミ語が禁止されてから半世紀後のことである。

このように、1950 年代後半は学校教育にサーミの文化が急速に取り入れられ始めた時期といえる。その動きはその後さらに加速する。1967 年にはサーミ語の基礎教育への導入がなされ (庄司 2005: 72)、基礎学校でサーミ語を第一言語として選択することが可能になる (村井 2008: 63)。1969 年にはカラショークにサーミ語で学べる高校が設立され、その後それはサーミ高校となった (Solbakk ed. 2006: 87)。1974 年にはアルタに教員養成カレッジが設立されるが、1989 年にはカウトケイノのサーミ大学に移管され、現在のサーミ・ユニバーシティ・カレッジとなった (Solbakk ed. 2006: 93; 村井 2008: 80)。

また、ノルウェーは 1990 年に ILO 第 169 号条約を批准しており、条約批准後には法制度的な側面からも進展が見られる。1995 年には「デイ・ケア・センター法」が策定され、保育所でサーミの子どもに対してサーミ語とサーミ文化を提供する規定が作られた (村井 2008: 62)。1997 年には義務教育段階でノルウェーとサーミの 2 つのナショナル・カリキュラムが初めて導入された (Todal 2003: 185)。しかし、その時点で後期中等教育ではサーミカリキュラムはまだ導入されていなかった (Lund 2000: 10-1)。後期中等教育にサーミカリキュラムが導入されたのは、翌年の 1998 年の教育法改正以降である。教育法が改正されたことで後期中等教育においても、サーミ語の教育を受ける権利と、サーミ語を通してサーミについての教育を受ける権利とが与えられることになったのである。

1999 年には、サーミ教育評議会が宗教および教育省からサーミ議会へ移管 (Solbakk ed. 2006: 88-9)、翌年の 2000 年には、サーミ教育の権限がサーミ議会へ移管され、サーミに対する教育を、サーミ自身によって行えるよう体制が整えられた。

さらに、2006 年、後期中等教育に「ナレッジ・プロモーション」(Knowledge Promotion) というカリキュラムが導入された際には、それと「並行で同等な」「ナレッジ・プロモーション —— サーミ」(Knowledge Promotion—Sami) も作成

92　第4章　サーミ教育の歴史と教育機関

されたのである。

（2）スウェーデン

　スウェーデンにおいても、サーミ教育が重視されるようになったのは、第
二次世界大戦終了後であった。1953年のヨックモックにおける第1回北欧
サーミ会議の開催や、1956年の北欧サーミ評議会結成ののち、1957年にノ
マド学校令が改正された。それまでノマド学校に通うことを余儀なくされて
いたサーミの子どもたちが、ノマド学校と基礎学校のどちらに通うかを選択
できるようにすべきとされた。

　さらに、スウェーデン議会は1962年にサーミ教育を再編し、ノマド学校
をすべてのサーミの子どもたちが入学できるようにした。それと同時に、ノ
マド学校は、他のスウェーデンの学校と同等と見なされるようになった。教
育の内容もサーミ語が必須科目になり、週に最大で2時間ほど教えることが
できた（Svonni 2001: 9-10）。

　1964年には、スウェーデンの義務教育が9年間へと拡大した。また、
1969年にはサーミ教育において、極力サーミ語を用いるべきとする教育計
画が策定された。翌年の1970年にはサーミの後期中等教育として創設され
たサーミ民衆高校が総合的なサーミ教育を目指した教育施設として、サーミ
教育センター（Sami Utbildnings Centrum）に再編された。前身のサーミ民衆
高校はノマド学校卒業後のサーミを対象としていたが、サーミ教育センター
は高校を卒業した18歳以上を対象としており、2年間の寄宿制学校となっ
ている（長谷川 2015: 65）。

　1976年にはスウェーデン全体の教育政策のなかで、移民や言語マイノリ
ティの母語教育を保障するため、基礎学校や高等学校においてもサーミ語教
育が受けられるようになった（野崎 2013b: 107）。その結果、サーミ語学習の
時間は大幅に増加した。それまでは週に1〜2時間が普通とされていた基礎
学校のサーミ語学習は、1〜3年生までは週に6〜8時間、4〜6年生は
週に4時間行われることになった（Svonni 2001: 7-12）。一方で、1977年には、
それまでのノマド学校がサーミ学校へと名称変更された（Lantto 2012）。

　1980年には、サーミ学校を管轄するサーミ教育局が設立され、サーミ学

校の制度がスタートした (Solbakk 2006: 198)。教材開発の責任はサーミ教育局に移管され、教科書や教材が作られた。他方で、サーミの授業を行う学校が多くなり、使用できるサーミ語の教科書の不足という問題も生じていた。そのため、授業の際にはノルウェーやフィンランドで製作されたサーミ語の教科書も使用するなどして対応した (Svonni 2001: 7-12)。

その後、1993年にサーミ議会が設置されると、その翌年にはサーミ教育の権限がサーミ議会に移管され (野崎 2013b: 107)、ノルウェーと同様に、サーミ学校の運営がサーミの手で行えるよう体制が整えられていった。

（3）フィンランド

フィンランドにおけるサーミの教育は、ノルウェーやスウェーデンから遅れておよそ1970年代から開始されたといってよい (庄司 1990, 1991: 864)。1960年代以降、サーミの言語・文化運動が起こり、1970年代から国際的に活発化し始めた少数民族の言語・文化擁護運動の政治的・文化的理論が整備され、民族集団にとって母語や母文化の重要性が、一般にも認識され始めた。それが1970年代に世界の先住民運動と連動することで、その主張が国家レベルにおいても関心を持たれ、国民の間では少なくとも彼らの要求についての知識が普及することになった (庄司 2009: 283)。

その当時、サーミの教育に関する問題に取り組むためのいくつかの専門委員会が設置され、多くの報告書が提出された。それらのなかでは、当面の提案として、初等教育においてサーミ語による授業と予備段階としてのサーミ語の授業の実現と、そのための教師の養成、教科書の作成の必要性が記されていた (庄司 1991: 896)。このような動向を受けて、1972年頃には教科書の試作が開始され、1973年にはセヴェッティヤルヴィの学校で、母語としてのスコルト・サーミ語の授業が試験的になされた。また、1975年には、ウツヨキとイナリの6つの基礎学校の下級学年で、サーミ語の授業が試験的に行われた。さらに、1976年には、ラッピ県にサーミ語教材開発や、教育企画を行うサーミ教育企画課が設置され (庄司 1991: 896)、1978年には、現在のサーミ教育専門学校 (Sami Education Institute) の前身となる職業訓練センターがイナリに開設された (中田 2008: 56)。

94　第4章　サーミ教育の歴史と教育機関

　1980 年代になると、サーミの教育は大きく進展した。まず、1980 年には大学入学資格試験の第二外国語として北サーミ語が選択可能になった (Kulonen, Seurujarvi-Kari and Pulkkinen eds. 2005: 92)。さらに、1981 年の「子どもの保育に関する法律」、1983 年の「基礎学校法」「高等学校法」の改正により、就学前教育から高校まで、サーミ語で教えることができるようになった (Aikio-Puoskari 1998: 52; 吉田 2001: 74)。具体的には、サーミエリアの基礎学校で、サーミ語を教授言語として用いることができ、母語の一部としてサーミ語が選択可能となり、高校においてもサーミ語を教授言語として用いることが可能になったのである。

　このように、1970 年代に開始された試験的な取り組みは、1980 年代になると法的なレベルで裏付けられるようになった。その結果、1980 年代の終わりには、サーミエリアのすべての学校で、北サーミ語を教授言語とする授業がなされるようになった (Kulonen, Seurujarvi-Kari and Pulkkinen eds. 2005: 92)。ただし、サーミ語のなかでも少数言語であるスコルト・サーミ語とイナリ・サーミ語は、教師と教材の確保が難しいこともあり、順調にはいかなかった[4]。

　1990 年代に入ると、サーミエリアの高校において、母語としてサーミ語を学習することが可能になった。さらに、1995 年になると、基礎学校でも北サーミ語を独立した母語科目として学べることになった (Aikio-Puoskari 1998: 52)。また、高校でサーミ語を母語として学べるようになったことに関連して、1994 年から大学入学資格試験において母語科目として北サーミ語が選択できるようになった。

　一方で、イナリ・サーミ語とスコルト・サーミ語は北サーミ語と比べ遅れていた。1997 年に高校でイナリ・サーミ語を学んだ学生が、大学受験資格認定試験の「母語」の科目でイナリ・サーミ語を希望したが、その申し出を拒否されるという問題が当時事件として報道されている (水本 2004: 112)。そしてその翌年、イナリ・サーミ語が母語科目および外国語科目として、スコルト・サーミ語が 2005 年に外国語科目として、2012 年には母語科目として選択可能になった (山川 2005: 213; Keskitalo, Määttä and Uusiautti 2012: 329-43)。フィンランドでは 1996 年に、3 つのサーミ語 (北、スコルト、イナリ) には同

等な価値があることが確認されているが（Solbakk ed. 2006: 212）、実際にはイナリ・サーミ語やスコルト・サーミ語が北サーミ語と比べ、不利な状況だったことがわかる。

　だが、サーミの教育は全体として見れば、20年足らずで大きな進展を見せている。その中心的な活動を担っているのはサーミ議会である。サーミ議会が設立されたことを契機に、1996年以降、ラッピ県のサーミ教育企画課で行われていたサーミ語教材開発などの業務の責任がサーミ議会に移された（Aikio-Puoskari 1998: 54）。

　1998年には基礎教育法・高等学校法・職業教育法が改正された。この一連の法改正のなかで注目すべきは、基礎教育法において、初めて基礎自治体のサーミ語教育に関する義務を明確に規定した点である。とくに基礎教育法第4章第15条「学習指導要領」ではサーミエリアの基礎自治体は、サーミ語による教育のための学習指導要領も、別途承認する義務を述べている（山川 2005: 214）。

第4項　小　括

　スウェーデン、ノルウェー、フィンランドにおけるサーミ教育は、取り組みを始めた時期も、その実態も異なっている。スウェーデンとノルウェーではキリスト教を布教させるために、サーミへの教育が行われるようになった。その後のサーミに対する教育は、次第にサーミの言語や文化を、主たる国の文化に統合させる方向へと転換されていった。

　スウェーデンでは、トナカイを飼育するサーミのみを隔離して教育し、それ以外はサーミとして認められず、スウェーデンの言語や文化への統合を促された。一方で、ノルウェーはすべてのサーミに対して、ノルウェーの文化に統合することを求めた。

　しかし、第二次世界大戦後には、いずれの国においても、サーミの権利が徐々に復権されていったと見ることができる。なかでも、ノルウェーでは、サーミ独自のカリキュラムを持ち、就学前教育から高校までサーミのカリキュラムで学習できるようになっている。さらに高等教育機関としてサーミのための大学もあり、北欧3か国のなかでもサーミの教育が最も手厚い状態

である。

　スウェーデンのサーミ教育は、遊牧をするサーミだけを隔離する政策から、すべてのサーミを対象としたものとなり、サーミ語の学習時間も増加していった。フィンランドでは70年代になり、初めてサーミ独自の教育について取り組まれるようになった。通常の教育法のなかではあるが、サーミエリアにおいては、フィンランドで使用されている北サーミ語、スコルト・サーミ語、イナリ・サーミ語で学ぶことができ、サーミ語による教育の義務が明確にされている。

　このように北欧3か国においてサーミの教育は異なる道筋をたどりながら現在に至っている。次節ではそれぞれの国のサーミ教育が制度としてどのように位置づけられ、実際にはどのような現状にあるのかを見ていく。

第2節　ノルウェーにおけるサーミ教育の制度と現状

第1項　学校教育制度

　ノルウェーの学校教育制度は、小・中学校10年間の義務教育、高校は3年間、大学が最小年限で3年となっている。義務教育である小学校の就学年齢は6歳である。就学前の保育施設は、ケアと教育が一体化したバルネハーゲ（Barnehager）が主たる保育施設である。バルネハーゲは子ども家庭省が所管し市町村が実施主体となっている。バルネハーゲ段階のサーミの子どもへの教育については、幼稚園法第1条において「幼稚園は、子どもの年齢、機能レベル、性別、社会的、民族的および文化的背景（サーミの子どもの言語および文化を含む）を考慮に入れなければならない」と規定されている。さらに、第8条（自治体の責任）では、「自治体は、サーミエリアのサーミのためのバルネハーゲがサーミの言語と文化に基づいていることを確認する責任がある」としている[5]。他方で、サーミエリア外の他の地方自治体では、「サーミの子どもたちが言語と文化を確保し発展させるよう講じなければならない」とされている。この法律は、先住民および部族の人々に関するILO第169号条約に関連している。保育内容については「保育施設法」にある、ナショナルカリキュラムに基づいて行われている（Norwegian Ministry of Education and

Research 2014）。

基礎教育レベルにおいて、サーミ教育は、「基礎学校及び後期中等教育に関する法」に基づき行われている。1998 年に改訂されたこの法律には、第 6 条にサーミの教育に関する章が含まれており、義務教育段階のサーミの生徒に対する権利として、サーミ語を学ぶこととサーミ語で学習することを明確に定義している（Aikio-Puoskari 2005: 7）。

ノルウェーのナショナルカリキュラムでは、サーミ語はすべての義務教育において教授されることになっており、サーミ文化の内容も定義されている。この原則によれば、サーミ文化は、ノルウェーのすべての子どもがよく知っておくべき国の歴史の 1 つであり、サーミ文化の基本的な側面は、義務教育のなかで取り上げるべき教育内容の一部であることが示されている（Aikio-Puoskari 2005: 12）。

さらに、ノルウェーでは、1998 年の教育法改正以降、小学校レベルから高校まですべての教育段階で、サーミ独自のカリキュラムがあり[6]、それはノルウェーにおける通常のカリキュラムと同等の価値を持っている。いいかえれば、ノルウェーの教育政策においてサーミの文化は、ノルウェー文化の一部として扱われているといえる（Aikio-Puoskari 2005: 12）。サーミカリキュラムは、ノルウェー各地にあるサーミ文化について、数学を除くすべての科目に反映させたものが、すべての学年用に作られている。またノルウェーのサーミカリキュラムでは、バイリンガル[7]がすべての生徒の教育の目的として定義されている（Aikio-Puoskari 2005: 18）。

義務教育段階を修了した後は、後期中等教育レベルの公立学校として、サーミ・アッパー・セカンダリースクールがカラショークとカウトケイノの 2 か所にある。カウトケイノの高校にはトナカイ飼育のための学校も併設されている。

後期中等教育修了後の高等教育は、大きく分類すると、大学と職業大学に分けられる。大学には学士課程の上に修士課程、博士課程を持つユニバーシティと、2 年から 2 年半の短期課程、もしくは、3 年から 4 年の中期課程の上に修士課程を持つユニバーシティ・カレッジがある。

それらのなかでサーミについて学ぶことができる大学はいくつか存在する

98　第4章　サーミ教育の歴史と教育機関

が、そのなかでもサーミを対象とした大学として設立されたのが、サーミ・ユニバーシティ・カレッジである。つまり、ノルウェーでは、幼稚園段階から大学まで、サーミ語を使いサーミについて学ぶことができる。さらにそれ以外の大学でも入学生についてサーミ枠を取り入れ、サーミの高等教育進学者を増やす取り組みも見られる(Ministry of Foreign Affairs in Norway 2004)[8]。

　このように、ノルウェーの教育法で定義されているカリキュラムの目的や教授内容は、サーミの子どもばかりでなく、すべての子どもを対象としてサーミ文化を学ぶ機会を定義していること、基礎教育段階から高校段階までサーミ独自のカリキュラムを持っていること、さらに高等教育においてもサーミの進学を促す制度を取り入れていることなど、周辺諸国と比べても進んでいると見ることができる。

第2項　ノルウェーの教育機関の現状

　本項ではわれわれが2012年9月3日〜6日に行ったフィンマルク県のカウトケイノの保育機関、基礎学校、サーミ大学、カラショークのサーミ高校へのヒアリング調査をもとに、教育機関の現状について見ていく。

(1) カウトケイノのバルネハーゲ

　カウトケイノは、ノルウェー北部の人口およそ3,000人程度の村である。ここはサーミの人々が多く居住する地域、つまりサーミエリアである。この地域には公立のバルネハーゲが5か所ある。そのうち、50名規模の園が2園、10数名の小規模園が3園となっている。訪問したのは小規模の施設であり、1歳から6歳の子どもが14名在籍していた。

　保育内容はノルウェーのナショナルカリキュラムに沿って行われているが、サーミエリアであるこの地域の特徴として、サーミの文化をできるだけ取り入れた保育を行っている。具体的には、使用する言語はすべてサーミ語であり、子どもへの言葉がけを始めとして、絵本の読み聞かせもサーミ語で行っている。

　自治体からもサーミ語を使うよう要請、指導されており、在籍している子どものなかでサーミ語ができない子どもがいる場合には、ノルウェー語を使

うものの、それ以外の子どもたちにはサーミ語で話をするという。対応して
くれた保育者は、「言語的な目標はサーミ語とノルウェー語のバイリンガル」
であることを明言しており、就学前においてもバイリンガルを意識して保育
を行っていることがわかる。

　次の特徴としてあげられるのは、遊びのなかにサーミの工芸などを取り入
れていることである。たとえば、外遊びのときに散歩をしながら草を集めて
紐を作るなど、昔からの人々の知恵を遊びのなかに取り入れている。また、
草を干して暖かい敷物を作り、それを散歩のときに靴のなかに入れるなど、
子どもたち自身が自分で経験できるようなことをしている。

　トナカイを取り入れた保育も特徴である。サーミにとってトナカイは生活
に欠かすことのできない家畜である。サーミが暮らす地域では、以前はトナ
カイの放牧のため移動しながら生活する人々が多かった。現在はそれほど多
くはないため、子どもたちが日常のなかでトナカイに触れることも少なく、
サーミが持つ文化が、家庭で伝わりにくくなっている。そこでバルネハーゲ
では、年に数回、園の保育者が所有しているトナカイの乳しぼりや、トナカ
イに乗るなど、かつてこの地域で行われていた生活を経験できるような工夫
をしている（品川 2014: 106-9）。

　このようにサーミエリアのバルネハーゲでは、保育を通してサーミとして
のアイデンティティを育むよう、多様な工夫がされている。

（2）カウトケイノの基礎学校

　この学校は、小学校と中学校が同じ敷地内に併設されている公立の基礎学
校である。この地域の子どもたちのほとんどがこの学校に入学する。訪問時
の 2012 年、中学校の在籍数は 3 学年合わせて 96 名、14 歳から 16 歳まで
の生徒が学んでいる。

　この学校は地域の公立学校であるが、在籍する生徒のうち 95％はサーミ
である。そのため、公立の基礎学校でありながら、サーミ語を使った教育を
行っていることが大きな特徴である。実際 90％を超える生徒は第一言語が
サーミ語である。

　基礎学校の授業は基本的にサーミ語で行われている。しかし、現状では教

科書の多くはノルウェー語で書かれており、サーミ語で出版されたものはほとんどない。そこで、ノルウェー語で書かれた教科書をサーミ語に翻訳して使用している。つまり、サーミ語の教科書がある場合は教員の説明も生徒が使う教科書もサーミ語であるが、それがない場合には、説明はサーミ語で行っても、生徒が読む教科書はノルウェー語ということである。現在、サーミ語の教科書や教材が少ない現状にあり、すべてをサーミ語で教えることができないことが課題だという。サーミの教育についてはサーミ議会で行うという取り決めがあるため、教科書の翻訳をする場合もサーミ議会の予算で行っている。

　しかし、教科のすべてにサーミ語を使用することについては、学校によって、あるいは人によって異なる考えを持っているようだ。サーミの文化を維持するという意味では、意識してサーミ語を使わなければサーミ語が失われるとの危惧は当然である。しかし一方で、ノルウェー社会、あるいは国際的な観点から見た場合、専門的な知識を学ぶためには、むしろノルウェー語のほうが適当であり、ノルウェー語で書かれたものをあえてサーミ語に翻訳する意味を感じないという声もある。たとえば、数学の用語はサーミ語に直すことができないことや、数学の場面でしか使用することがないため、あえて新しいサーミ語を作る必要もない。これについては物理や化学も同様である。

　サーミ中学校の校長も、「個人的には理系の科目はサーミ語よりもノルウェー語がよい」との考えを持っている。そのような考えは、教育関係者はもちろん保護者のなかにもあるという。だがサーミ議会やサーミ大学では、サーミのステイタスを向上させるという政治的な意味でも、今以上にサーミ語を使ってほしいという考えを持っているとのことであった（品川 2013: 56-7）。

（3）カラショークのサーミ高校

　この学校が設立されたのは 1969 年、高等教育の進学準備教育課程、いわゆるシックススフォームとして設立されたのが始まりである。ノルウェーでは通常高校は自治体が所管するが、この高校は国が所管している国立の高校となっている。ノルウェー全土で国立のサーミ高校は、ここカラショークと

カウトケイノの2か所だけである。生徒数は3学年でおよそ150名と小規模の高校であるが、学生たちは地元のカラショークだけでなく、他の地域から下宿して通学している者もいるなど、地元以外の人々にも支持されている。その理由はいうまでもなく、この高校がサーミの教育を主眼としているからである。入学に際してサーミが優先的に入学できることにはなっているが、サーミであることやサーミ語ができることが入学の条件にはなっていない。だが実際には生徒の80〜90%はサーミであり、ノルウェー人の生徒はわずかである。

　サーミ高校に入るためには、義務教育が修了する時点で志願することになっている。入学希望者は、希望する高校を第1希望から第3希望まで出し、定員に達した場合には成績で振り分けることになっている。入学にはサーミの生徒を優先することになっているが、その方法は単純である。応募書類にサーミであるかどうかのチェック欄に記入することと、中学校のときにサーミ語を選択しているかどうかが判断基準となる。しかし、現状ではサーミが希望した場合、ほとんどすべてが入学できる状況であるようだ。

　高校のコースは全部で4コースある。進学コースと、3つの就職コースで、就職コースには、健康などの保健系のコース、建築コース、技術系のコースがある。またそれ以外にも、サーミの学生のためのノルウェー語のクラスや、サーミ宗教のクラス、サーミの歴史などのクラスもある。これらのコースの教育期間は2年間で、その後2年間研修があり、資格試験を取得し就職するという道筋である。

　授業は基本的にサーミ語で行われる。とくに、サーミの学生しかいないクラス、たとえばサーミの学生のためのノルウェー語のクラスや、宗教のクラスでは完全にサーミ語で行われる。なかにはサーミ語とノルウェー語の両方を使い、教えている教員もいる。すべての生徒がサーミ語を得意とするわけではないので、両方の言語で補い合って教科を学びつつ、サーミ語も学ぶというようにしている。学生の語学の現状として、サーミ語ができない生徒はいるが、ノルウェー語ができない生徒が入学してくることはない。

　教員はサーミである必要はないが、サーミ語が出来なければならない。しかし、現実にはすべての教科でサーミ語が出来る教員を配置することは難し

い。また、サーミの高校でありながら、すべての教師がサーミ語ができる現状ではないという問題もある。

サーミの教員の不足問題はノルウェー全体でも課題となっている。カウトケイノのサーミ・ユニバーシィティ・カレッジには教員になるための教員養成コースがある。しかし、このコースは、基礎教育段階までの教員養成コースが中心である。高校以上の教員になる場合は、大学で専門分野を持つ必要があり、専門科目は基本的にはノルウェー語で学ぶため、大学で学んだ後に教職のコースを取り、教員になることはあっても、初めから教員になることを決めている人は少ない。

高校卒業後の進学先として多いのは、トロムソ大学である。オスロの大学を希望する学生もいるが、そこにしかない教科や専攻の場合だけである。学生たちにとってトロムソが地域的にも一番手近な進学先である。他にはアルタのユニバーシティ・カレッジに進学する生徒が多い[9]。

サーミ高校の課題として、今以上にサーミの文化・言語をカリキュラムに入れたいが、まだ十分にできていないこと、サーミ語の教科書が少ないことの２点をあげていた。インタビューに答えてくれた教員は、「サーミとしての積極的なアイデンティティを啓発する上で教育は必要である。言語を維持したり、文化を維持したりしていく面で重要な役割を果たしている。カラショークから他の場所に移り住んだ時に自分がサーミとしてのアイデンティティに疑問を感じることがあるが、ここに住み、今の環境にいれば自然にサーミとしての認識がある」とサーミエリアであるこの場所に住み学ぶことの意義を述べていた（品川 2013: 57-9）。

（4）サーミ・ユニバーシティ・カレッジ（SUC）

サーミ・ユニバーシティ・カレッジは、サーミの人々が多く居住するカウトケイノにある。「デートシーダ（DIEHTOSIIDA）」と呼ばれるこの建物には、大学のほかにサーミ議会の教育部門、歴史の保存と人権団体、トナカイの放牧センターが入った、いわば総合センターとなっており、サーミ民族とそのほかの先住民族とのつながりを結ぶため、国際的な会議やイベントを行うことも機能の１つである[10]。

SUC は 1973 年にカウトケイノで発足したノルディックサーミ研究所と、1989 年秋に開学したサーミカレッジが 2005 年に統合され、Sami Allaskuvla となってスタートした。これら研究所と大学の融合には 2 つの意義がある。まず 1 つには、サーミエリアにある単科大学としてサーミの言語・文化・研究を行うということ、もう 1 つは一般の教員養成大学と同様に一連の課程と授業を、サーミ施設としてさらに発展させ、単なる教員養成大学を超えるものとすることである。なかでもノルディックサーミ研究所は、サーミの文化的・政治的な努力があり設立された経緯があり、この 2 つが統合されたことの意義は大きい[11]。

SUC には学士課程と修士課程がある。ノルウェーのユニバーシティ・カレッジには、2 年から 2 年半の短期課程と、3 年から 4 年の中期課程があり、中期課程修了者には学士号が付与される。ユニバーシティと異なるのは、カリキュラムが特定の職業に特化した構成となっていることと、大学院レベルにおいて修士課程までしか設置することができないことがある。SUC の学士課程には、社会科学、サーミ言語、自然科学の 3 学部があり、ジャーナリズムを含む基礎的な教育を受けることができ、どの学部もサーミの伝統と関連している。

社会科学部にはさらに 3 つの部門があり、その 1 つとして教職コースがある。教職コースでは、4 年間の一般的な教員養成プログラムと、3 年間のプリスクールの教員資格を取ることができる。他にも法律、歴史、哲学などを学ぶことができる。法律のコースはいくつかあり、国際法についてのコースもある。自然科学部にはサーミの伝統工芸 (duodji) について学ぶ部門や、トナカイの放牧についての学士課程があるが、とくにトナカイの放牧は、人気があるようだ。言語学ではサーミ語ができなくても学士号がとれるようになっており、生成言語学については修士課程までである。

入学の条件にサーミであることの有無は関係しないが、入学生のほとんどはサーミの言語と文化を有している。調査時点で在学生の数はおよそ 200 名前後であり、学生の大部分はノルウェーのサーミであるが、フィンランドやスウェーデンからも学生が入学しており、とくにフィンランドの学生は少なくないという (品川 2013: 59-63)。このように、サーミ・ユニバーシティ・

104　第4章　サーミ教育の歴史と教育機関

カレッジは国内だけでなく周辺諸国の学生を受け入れ、北欧諸国のサーミ社会にとって意味を持つ高等教育機関であるといえよう。

第3節　スウェーデンにおけるサーミ教育の制度と現状

第1項　学校教育制度におけるサーミ教育

　スウェーデンの学校教育制度は、小・中学校9年間の義務教育、高校の3年間、大学が最小年限で3年となっており、小学校の就学開始年齢は7歳である。

　就学前の保育はケアと教育が一体的に行われており、日本でいう保育所・幼稚園にあたるのはフォスコーラ（Förskola）と呼ばれ、就学前教育施設として位置づけられて教育省が所管している。保育内容はナショナルカリキュラムによって、スウェーデンにおける幼児教育の基本理念や保育方針などが明示されている。基礎学校入学前年の6歳になると就学前準備教育を無償で受けることができ90%以上の子どもが受けている。

　スウェーデンでは、2011年にノルウェーに次いでサーミカリキュラムを策定し、サーミの教育について、すべてのサーミの子どもはサーミの教育を受ける権利があることが法律で定められている。具体的にはサーミの子どもは特別なサーミの学校で義務教育を受ける権利があるとされる。これは、サーミ語を学ぶ権利と、サーミ語とサーミの文化について学ぶ権利を意味している。しかし、この権利を得るためには、生徒はサーミ語の基本的なスキルを身につけていなければならない。つまり、すでに伝統的な言語を失ったサーミの生徒は、学校でサーミ語を学ぶことができないといえる（Aikio-Puoskari 2005: 16）。

　基礎教育段階においてサーミの子どもたちは、①サーミ学校、②サーミ統合小学校、③サーミ語の母語授業を受けられる基礎学校の3つのなかから選び学ぶことができる。またこれらのサーミの教育は、サーミ教育局[12]が教材開発等の責任を負っている。

　サーミ学校はスウェーデンの公立教育の一部であるため、通常のナショナルカリキュラムに基づいているが、サーミの授業のための特別なシラバスも

設けている (Hammine 2016: 9-10)。サーミ教育局では、教育内容にどのように
にサーミの文化をとり入れるかについて特別なガイドラインを用意している。
また、サーミ語のシラバスは生徒にとって社会的にメリットと見なされており、バイリンガルの能力を高め、サーミ社会とマジョリティ社会のどちらにも影響を及ぼす可能性を与えられるとされている (Aikio-Puoskari 2005: 13)。

　現在、スウェーデンにはイェリヴァーレ、ヨックモック、カレスアンド、キルナ、ターナビーの5か所にサーミ学校 (国立) があり、遠隔地の生徒も学ぶことができるよう寄宿舎も併設している。サーミ学校はメインプログラムとしてサーミ語での教育を行っている。しかしスウェーデンのサーミエリアのいくつかの市町村にはサーミ学校がないところもある。それらの地域では、サーミ語の教育を小学校に統合している。

　これらのサーミ統合小学校においてもサーミ語、サーミ文化、そしてサーミの生活様式を学ぶことができる。だが、サーミ教育を統合した学校では、週に2〜4時間サーミ語の学習をするだけであり、教育課程においては、スウェーデン語の通常のシラバスで他の科目を勉強することになっている (野崎 2013b: 108)。

　さらに、統合された学校に通うことができない生徒の場合、通常の基礎学校でオプションとしてサーミ語の授業を受けることになる。その場合、授業時間外に毎週30分から1時間の学習時間である (Hammine 2016: 9-10)。またサーミ語を母語として授業を受けるには、生徒は基本的な言語の知識を持っていなければならない。また母語の授業を教えることができる教師も必要である。市町村は母語の授業を提供する義務があるが、現在はスウェーデンのサーミ語教師が不足していることがサーミの母語教育の障害になっている。スウェーデン教育庁の統計によると、2006〜2007年度には、サーミで母語教育を受けられる義務教育期間の生徒の総数は637人と推定されており、うち63％は実際にサーミの教育を受けている (Hammine 2016: 9-10)。

　また、スウェーデンには、ヨックモックにサーミ・アッパー・セカンダリースクールがある。ここでは、サーミ市民プログラムとサーミ産業プログラムという2つのプログラムが提供されている。この学校は、スウェーデン国内のすべての生徒が受験可能である。サーミ市民プログラムは、高等教育の準

備教育として発展してきており、サーミ産業プログラムは職業教育を提供している。

スウェーデンにおいて高等教育を受ける場合、大学レベルで提供されるコースの例として「サーミの言語習得」「サーミの文化研究」「ルレ・サーミと南サーミ」などがある (Hammine 2016: 13)。進学先としてはウメオ大学やウプサラ大学、ルーレオ工科大学がある (野崎 2013b: 109)。しかし、スウェーデンの高等教育の入学試験である適性試験 (Högskoleprovet) は、スウェーデン語以外の言語では受けられないことがあり (Hammine 2016: 13)、サーミ語で学習する生徒にとっては有利とはいえない状況がある。

また、スウェーデン国内において、サーミに特化した大学は存在しない。ただし、後期中等教育修了後に教育を受ける機関として、サーミ教育センターがあり、トナカイ飼育やサーミの工芸について学ぶことができる (新藤こずえ 2013: 133)。

第2項　スウェーデンにおけるサーミ教育機関

本項ではわれわれが 2011 年と 2012 年に行ったヨックモックのサーミ学校とキルナのサーミ学校、ヨックモックのサーミ教育センターでの調査をもとに、教育機関の現状について見ていく。

（1）サーミ学校

サーミ学校は国立の学校として教育省が管轄し、サーミ議会によって指名された委員が属するサーミ教育局 (Sameskolstyrelscen：SamS) が運営している。教育目的は学校教育法第 8 条第 1 章において、「サーミ民族の児童にサーミ民族のための教育を基礎学校の第 6 学年まで提供すること」とされている。また、「義務教育学校、6 歳児学級ならびに学童保育のための教育課程」では、「サーミの文化遺産に親しんでいること」と「サーミ語で話し、読み・書くことができる」ことが卒業までの到達目標として設定されている。

前述したようにサーミ学校は現在、イェリヴァーレ、ヨックモック、カレスアンド、キルナ、ターナビーの 5 か所に設置されている。かつてはスウェーデン北西部のイェムトランド県にもサーミの学校があったが、児童の減少により閉鎖

された。現在ある5つのサーミ学校はすべてスウェーデンの北部に集中しており、ヴェステルボッテン県のターナビ以外はノールボッテン県である。

　義務教育でサーミ学校を選ぶかどうかは、個人が決めることであるため、サーミ学校には、すべてのサーミ子弟が通っているわけではない。2003〜2004年の統計によると、学齢期のサーミ子弟のうち、サーミ学校に通っているのは5〜10%ほどである（山川 2009: 66）。

　サーミ学校は基礎学校の1〜6年生にあたるため、7年生以降は基礎学校に通うことになる。だが、現時点で「サーミ高校」は存在しない。ただし、スウェーデンには移民子弟の母語や少数言語を保護するため、1つの学校に同じ母語を持つ者が5名以上いる場合は、その言語の教育を行うクラスを開講しなければならないというルールがある。これを利用し、多くのサーミ学校卒業生（基礎学校の7〜9年生）は7年生以降も、サーミ語教育を受け続けている。また、ヨックモックの高校ではサーミ語やサーミ文化を学べる授業が開講されているため、各地からサーミの生徒が集まっている。

（2）サーミ教育センター

　サーミ教育センター[13]は、1942年にノマド学校を卒業したサーミに、後期中等教育の機会を与える目的で設立されたサーミ・フォーク・ハイスクールがその前身である。当時は高校段階の生徒を対象としていたが、1970年に現在のサーミ教育センターとなってからは高校を卒業した18歳以上の生徒を対象とした職業教育を目的としている。正式な高等教育機関として位置づけられてはいないものの、スウェーデンのサーミの人々にとって国内唯一の高校卒業後の教育機関としての意味を持っている（新藤こずえ 2013: 133）。もともとは、国立の学校であったが、現在は、スウェーデンサーミ協会、サーミの組織であるサーミ・エトナンと、ヨックモック・コミューンを基盤としたサーミ教育財団が教育センターを運営している（長谷川 2015: 65）。

　サーミの子どもに対する初等教育が、サーミの文化や生活様式の基礎を学ぶとするならば、サーミ教育センターはそれらを専門的に学び、サーミ文化を次の世代に受け継ぐ役割の担い手を養成する教育を行う機関である。校長は「私たちが重要だと思っているのは、家庭におけるサーミの民族知が断ち

108　第4章　サーミ教育の歴史と教育機関

切られてしまったので、サーミ文化を再発見する場所としてこの学校が機能すること」と述べている。

　学科は、工芸学科、トナカイ業学科、サーミ語学科、サーミ語通訳学科、食物学科がある。また、サーミ教育センターには常設の学科のほかにプロジェクトコースがあり、サーミに関する様々な分野について国やサーミ議会、その他の関係機関から資金提供を受けプロジェクトを実施している。これまで行われてきたプロジェクトのなかには、サーミ食文化、サーミクラフト、デジタルテキスト、南サーミ語教材開発、ルレ・サーミ語辞書開発、トナカイ放牧に関するプロジェクトなどがある。これらのプロジェクトのなかにはノルウェーやフィンランドと交流して行うものもある。

　常設の学科を見ると、工芸学科ではトナカイの皮や角、木工加工などのサーミの伝統工芸を学ぶが、地域による特徴に対応するため、レザークラフトでは北サーミ、南サーミ、ルレ・サーミのテキスタイルを学ぶことができる。トナカイ業学科は、すでにトナカイを所有している人たちがターゲットであるが、それらの人々は遊牧をしているので、通学可能な時期やインターネットを使って勉強している。工芸学科、トナカイ業学科はサーミでなければ入学できない。サーミ語学科は、北サーミ語、ルレ・サーミ語、南サーミ語などのウェブを用いて学習している。食物学科ではサーミの料理法を学び、家庭料理としてだけでなく、フードビジネスにつなげることもできるような学習を行っている。

　サーミ教育センターは全学生の90％がサーミである。また、教職員などのスタッフも全員サーミである。入学生の多くは国内からであるが毎年5～10人はノルウェーやフィンランドから入学している。そのため寄宿舎を完備しているところもサーミ教育センターの特徴であろう。2010年には定員が25人の工芸学科に55人の応募があったが、地域と年齢を考慮して受け入れており入学は順番待ちになっている状態である。

　これらのことから、この学校の学生は、入学を希望する時点で、サーミとしての意識や、卒業後にサーミの文化を受け継ぐという意味でのポテンシャルを有していると考えられる。いわば「伝統を受け継ぐ主体となる若者たちの集団」であるといえるだろう（新藤こずえ 2013: 133-44）。

第4節　フィンランドにおけるサーミ教育の制度と現状

第1項　フィンランドの教育制度

　フィンランドの教育制度は、小・中学校9年間（自発的な追加学年としての10年目）の義務教育、高等学校の3年間、大学が最小年限で3年となっている。就学開始年齢は7歳であるが6歳の就学前教育は2015年から義務教育となった[14]。基礎学校は入学前の1年と、小中学校レベルの教育を行い、後期中等教育は高校と職業学校の2つのコースに分かれている。高等教育は大学とポリテクニック（専門大学）の2つから構成されている。

　6歳未満の幼児の就学前教育は「児童デイ・ケアに関する法律」および「家庭及び私立保育における児童ケアに関する法律」によって規定されている。そこでは、サーミの教育について「サーミの子どもへ母語で保育を提供できるようにしなければならない」とあり、実際に40ほどの自治体でサーミ教育を行うための州の補助金を受けている（Hammine 2016: 9）。とくに、1997年秋から始まったイナリ・サーミ語の言語保育（言語の巣：Language nest）の取り組みは、他国からも注目されている（言語の巣については第8章参照のこと）。しかし、サーミの就学前教育を受けられるのは、サーミ語を母語と見なしている人に限られ、バイリンガルに育っている子どもが言語の巣で学ぶことは難しいという指摘もある（Hammine 2016: 9）。

　小中学校レベルである基礎学校は「基礎教育法」によって規定されている（Hammine 2016: 8）。フィンランドは「民族的少数者保護枠組条約」に署名し1997年に批准した。その後、2003年にサーミ語法（Sami Language Act）が制定され、サーミ語はこの法律によって保護されている。フィンランドにはサーミに対する独自のカリキュラムはない。ただし、サーミエリアの自治体は、サーミ語法においてサーミ語における教育を行わなければならないとされている（Hammine 2016: 6-10）。ちなみに、フィンランドの公用語はフィンランド語とスウェーデン語であり、教育の場における教授言語はそのいずれかが一般的であるが、準公用語であるサーミ語、ロマ語、手話、さらに英語などの外国語も教授言語として認められている（上山 2016a: 65; Aikio-Puoskari 2005:

9）。また、サーミエリアの高校ではサーミ語は母語科目か選択科目として学習してもよいことになっており、教授言語としてサーミ語を用いることも義務ではないが行うことができる。

　フィンランドの義務教育のカリキュラムの原則として、サーミ語を話す生徒の教育は生徒がバイリンガルになることを目的としている（Aikio-Puoskari 2005: 18）。そのため、学校はサーミや移民の子どものための公用語を用いた授業や母語を用いた授業のための追加的な補助金に申請することができる（FNBE 2015: 8）。

　フィンランドの高等教育におけるサーミ関係の教育は言語教育が中心である。北サーミ語、イナリ・サーミ語、スコルト・サーミ語については、ヘルシンキ大学、オウル大学、ラップランド大学で学ぶことができる。この3つの言語については、サーミ語で母語検定を受ける機会を提供している。しかし、現実には科目の多くがフィンランド語で試験を行うため、サーミ語で基礎教育を受けた多くの生徒は、フィンランド語の授業に切り替える必要があるという（Hammine 2016: 13-4）。

第2項　フィンランドにおけるサーミ教育機関

　本項ではわれわれが 2015 年 8 月 17 日〜 22 日に行ったイナリの基礎学校、サーミ教育専門学校での調査をもとに、教育機関の現状について見ていく。

（1）イナリの基礎学校

　フィンランドにおいてサーミの人々が多く居住しているイナリの基礎学校は、調査時点（2015 年 8 月現在）で、就学前クラスから 9 年生まで 138 人が在籍していた。入学時に保護者が子どもの母語を選択することになっており、フィンランドでは唯一、フィンランド語、北サーミ語、イナリ・サーミ語、スコルト・サーミ語の 4 つの言語から母語を選択できる学校である。校舎には学習できる 4 つの言語で学校名が示されている。ただし、2014 年の時点では、北サーミ語、イナリ・サーミ語を母語として選択している児童・生徒はいるものの、スコルト・サーミ語については外国語として履修している者が 1 人いるだけであった。

第2部　サーミ社会の機構・組織の形成と展開　111

表4-1　イナリ基礎学校学年別在籍者、サーミ語方言履修者

学　年	人　数	イナリ・サーミ語	北サーミ語
就学前	21人	4人	9人
1年生	11人	4人	1人
2年生	19人	3人	2人
3年生	13人	3人	2人
4年生	11人	2人	1人
5年生	10人	2人	2人
6年生	15人	2人	4人
7年生	14人	1人	1人
8年生	14人	4人	4人
9年生	10人	0人	4人
計（就学前含）	117人（138人）	21人（25人）	21人（30人）

　各学年別にサーミ語を母語として履修している数を見ると、就学前の児童は半数以上が母語としてサーミ語を選んでいるが、基礎学校に入学後はどの学年も半数以下であり、多くの児童がフィンランド語を母語としていることがわかる。

　通学圏はおおむね学校の周辺10kmほどである。フィンランドでは学校までの距離が3kmを超える場合は自治体がバスやタクシーを用意しなければならないという規定がある。この制度を使い、片道63kmの道のりをタクシーで通う児童もいるという。またスカイプを使っての学習も取り入れており、130km離れた町に住む教師とスカイプを使って授業をしている例もある。

　教師は全部で23人おり、うち8人がサーミ語担当教員である。5人が北サーミ語、3人がイナリ・サーミ語である。また、非常勤のサーミ語教師が1人いる。なお、サーミ語担当教員については、他の教員とは別の職員室が用意されており、また給与も自治体ではなく国から支給されている。

　サーミ語に関する教材はサーミ議会が無償で貸し出している。ただし、イナリ・サーミ語については8年生、9年生の教材がないなど、教師の自助努力によって成り立っている部分も少なくない。

（2）サーミ教育専門学校

サーミ教育専門学校は、1977年のサーミ地域伝統職業教育センターに

関する法律をうけて、前身であるサーミ地域伝統職業教育センター（Sami Vocational Education Center）、イヴァロのホームケア学習センター、イナリのクリスチャン民衆高等学校が合併し設立された職業教育訓練機関である（Lund 2000; 吉村 1993; Stevenson 2001）。通常、職業教育訓練機関は自治体や自治体連合などによって設置・運営されることが多いが、サーミ教育専門学校は国の政府によって運営されている。現在、サーミ教育専門学校は、イナリにメインオフィスと2つのキャンパスがあり、イヴァロ、カーマネンのトイヴァニエミ、エノンテキオのヘッタにもキャンパスや関連施設がある。

　サーミ教育専門学校の目的は、サーミエリアに必要な教育を提供すること、サーミ文化や自然に基づいた職業を維持発展させること、サーミ語による教材の作成を促進させることである。こうした目的のために、サーミ教育専門学校は、多様な職業訓練を提供する後期中等教育レベルの機関としての性格を持つ。それは他の職業教育訓練機関と同様、若者だけでなく成人も対象としている。教授言語はフィンランド語かサーミ語である。ただし、必要に応じて他の言語も教授言語として使用可能である。

　サーミ教育専門学校は、前述したように職業教育訓練機関であり、職業資格を取得することができる。基礎職業資格に関しては、「クラフトデザイン」「自然環境サービス」「ホテル、レストラン、ケータリングサービス」「ビジネス」「ソーシャルケア、ヘルスケア」「ツーリズム」がある。これらは、基本的にはスクールベース、徒弟訓練制、コンピテンシーベースという3つの形態で学習することができる。

　「自然環境サービス」のなかには「トナカイ飼育」という学習プログラムが存在している。そこでは、現代的なトナカイ飼育として必要な飼育方法、食品加工、販売などの多元的な自営業者としてのスキルの形成が目指されている。

　上級資格と専門職業資格に関しては、「トナカイ飼育」と「サーミハンドクラフト」に関する資格を取得することができる。

　サーミ教育専門学校では、こうした職業資格だけではなく、おもに成人を対象としたサーミ語とサーミ文化に関する学習プログラムも提供している。具体的には、「イナリ・サーミ」「スコルト・サーミ」「北サーミ」の3つの学習プログラムの提供が可能である。学習は初心者コースから始まり、それゆ

え事前の学習は求められていない。初めの教授言語はフィンランド語であり、授業が進展するとそれぞれのサーミ語が教授言語となる。これらのうち「イナリ・サーミ」と「北サーミ」はオウル大学のギエラガス機関が提供する学習と対応している。具体的には「イナリ・サーミ」はイナリ・サーミ基礎学習に、「北サーミ語」は外国語としてのサーミ語の基礎学習に対応している[15]。

　また、サーミ教育専門学校は、国内国際両方のレベルにおいてサーミ文化・サーミ語・サーミの生活様式の促進を図る活動にも関与している。たとえば、サーミ語やサーミ文化に関する学習プログラムの提供やサーミ教育の教材の作成などを行っている。その際には、ラップランド大学やオウル大学、さらに北極圏の高等教育機関との連携も行っている。

　さらに、サーミ教育専門学校での教育を支援するような、もしくは教育と密接に関連するような研究活動・サービス活動、たとえば、サーミ語の学習プログラム等を提供するヴァーチャルスクールの発展や推進がプロジェクト活動を通して行われてきた。

おわりに──サーミ教育の課題

　本章ではノルウェー、スウェーデン、フィンランドのサーミの教育について歴史的な経緯とともにその現状を確認した。これらの3つの国においては、程度の差はあるが、いずれもサーミ語で学習することができる教育機関があった。また、サーミ教育については3国ともサーミ議会がその権限を持ち、サーミ自身がサーミの教育についてのイニシアチブを取っていることは共通であった。他方で異なる点としては、サーミ教育の位置づけが国によって異なり、それゆえ保障される教育の現状が異なっていた。以下では上記の状況をふまえて、サーミ教育の課題について提示してみたい。

　1つ目にサーミ教育を受けられる地域差の問題がある。サーミが多く居住しているサーミエリアにおいては、国による違いはあるものの、サーミを対象とした教育機関があり、通常の公立学校でもサーミ独自のカリキュラムを用いて、サーミ語で授業を受けることができる。だが、サーミエリアの外においてサーミの教育が保障されるのは、教育法でサーミ教育が位置づけられ

114　第4章　サーミ教育の歴史と教育機関

ているノルウェーだけである。サーミの半数はサーミ地域外で生活している
といわれているなかで、エリア外に生活するサーミの教育は課題である。

　2つ目にサーミ語の格差の問題がある。サーミ語のなかでも比較的使用さ
れることの多い北サーミ語に対しては、どの国においても学習する機会に恵
まれているが、とくにイナリ・サーミ語、スコルト・サーミ語については学
習する機会に加え、高等教育を受験する際にも不利な現状がある。それは次
の3つ目の課題ともつながる。つまり、サーミ教育全般において教員や教材
が不足しているという問題がある。なかでも少数言語であるスコルト・サー
ミ語は、教材も少なく、それを教える教員も足りないという現状がある。

　4つ目として、サーミ教育の内容の問題がある。サーミ教育のなかで、言
語にとどまらず、サーミの文化をどの程度、どのように取り入れていくのか。
現状ではサーミエリアの学校でさえも十分ではない。最後に、5つ目として
サーミ語のバイリンガルへの課題がある。大学入学試験の例に見られたよう
に、母語科目としてのサーミ語は認められても、他の専門科目を受ける際に
は、どの国もマジョリティの言語で試験を受けることになり、その意味でも
学生はバイリンガルの能力を高めることが求められている。サーミ語を第一
言語として育っても、学歴が高くなるほどマジョリティの言語に変更する必
要が生じる。そうであれば、なおさら、サーミ語を学ぶことにメリットを感
じない人もいるのではないか。

　サーミの教育は、サーミとしてのアイデンティティを育み、サーミ文化の
継承にとって重要な意味を持つ。しかし、現状ではサーミ教育を受けられる
環境がすべてのサーミにあるとはいえず、サーミ教育に恵まれている地域で
あっても人材や教材など問題は少なくない。今後それらをどのように克服し
ていくのか。超えなければいけない課題である。

注

1　本章は品川（2013）、野崎（2013b, 2016）、上山（2016a, 2016b）、新藤こず
　え（2013）を加筆し、再構成したものである。
2　長谷川は「サーメ人」という表現をしているが、本章では他の表記に合わせサー
　ミとしている。
3　ウインター・コースとは冬期間に開催されるものであり、1990年代までサー

第2部 サーミ社会の機構・組織の形成と展開 115

ミ民衆学校において開講されていた。

4　80年代初頭にはスコルト・サーミ語の教科書は2冊、イナリ・サーミ語の教科書は皆無であった。95年〜97年には絵本を含め30冊程度に増加したが、多くは北サーミ語に手を加えたものか翻訳版だった（水本2004）。

5　サーミ議会は学校教育だけではなく、就学前の教育においても責任を持っている。ノルウェーサーミ議会のホームページによれば、2015年現在、サーミ議会は就学前の子どものサーミ語の獲得を目的とした6つのプロジェクトに資金を提供している。

6　サーミのカリキュラムには、キリスト教、宗教、生活習慣、食と健康、音楽、自然、社会、サーミ工芸、第一言語としてのサーミ語、第二言語としてのサーミ語、宗教と倫理、サーミを母語とする生徒のために、地理学、歴史、トナカイ飼育、ノルウェー語がある。ただし、ここで対象となっているサーミ語は、北サーミ語、ルレ・サーミ語、南サーミ語である。

7　文中ではバイリンガルと表現したが、カリキュラムでは「機能的バイリンガリズム（functional bilingualism）」という用語が使用されている。

8　サーミ学生枠には、トロムソ大学（医学、心理学、法学、薬学、水産科学、農業科学、工学）、ベルゲン大学（医学部）、フィンマルク・カレッジ、リレハンメル・カレッジ（メディア・テクノロジー）、スタバンガー・カレッジ（メディア・テクノロジー）、オスロ・カレッジ（整形外科工学、歯科技工学）などがある。

9　インタビューによれば、サーミ高校卒業後の進学先は、必ずしもサーミ関係の大学ではない。アルタのユニバーシティ・カレッジへの進学者もサーミ関係ではないという。

10　デートシーダのシーダは小さい村という意味でありデートは知識を意味する。施設内にある様々な機能を合わせ1つの社会のように構成しているのがその由来である。

11　ノルディックサーミ研究所は北欧閣僚会議の下に、ノルウェー、スウェーデン、フィンランドの資金提供を受け、サーミの言語、文化、社会の発展と、国際的な先住民族の研究開発を目的として1973年に設立された研究機関である。

12　サーミ教育局は、スウェーデン国内にある5つのサーミ学校を運営しているほか、通常の学校制度におけるサーミ教育のための教材の開発と作成をサポートしている。

13　本項は、新藤こずえ（2013）をベースにして加筆修正している。ただし、新藤はサーミ教育センターについて、サーミ工芸学校と表現しているが、本節ではサーミ教育センターと表現した。

14　フィンランドでは就学前教育は2015年から義務教育になった。6歳前後の子どもたちは1年間にわたり就学前教育を受ける。就学前教育は自治体の管轄で授業料は無料である。

15　ギエラガス研究所（Giellagas-instituutissa）はオウル大学の研究機関であり、サーミ語やサーミ文化についての研究と教育を行うことを目的として2001年に設立された。国内外の教育機関や研究機関と連携しプロジェクトを行っている。

第5章

北欧3国におけるサーミ・メディアの展開と現段階

小内　純子

第1節　先住民族メディアの役割

第1項　オルタナティブ・メディアとしての先住民族メディア

　主流メディアに対するオルタナティブ・メディアの重要性が言われて久しい。「もう1つのメディア」「代わりのメディア」を意味するオルタナティブ・メディアとは、「主流メディアが取り上げない情報を取り上げ、自分たちの表現・伝達手段として利用するメディア」のことである (小玉 1993)。こうした役割を担うメディアには、コミュニティ・メディア、市民メディア、エスニック・メディア、そして先住民族メディアなどがあり、それぞれは重なり合う部分をも持ちながら、オルタナティブ・メディアの一翼を担っている。

　2008年9月25日、EUの欧州議会は「欧州におけるコミュニティ・メディアに関する欧州議会決議」を採択し、その社会的重要性を認め、法的に位置づけて公的支援制度を確立することの必要性を明記した。そこでは、コミュニティ・メディアとは、「非商業的で政府から独立し、社会への貢献を目的とし、市民が主体的に運営しているメディア」と定義されている (松浦・川島編著 2010)。また、市民メディアは、全国市民メディア協議会の定義によると、「マスメディアに対して、一般市民や住民が自発的に取材や記事執筆を行い、手作りする参加型のメディアの総称」[1]とされる。したがって、コミュニティ・メディアと市民メディアの担い手には、主流メディアに容易にアクセスできないすべての人が想定されていることがわかる。

　これに対して、エスニック・メディアとは、「当該国家内に居住するエスニック・マイノリティの人々によってそのエスニシティゆえに用いられる、出

版・放送・インターネット等の情報媒体である」（白水 2004: 23）と定義される
ように、主要な担い手は、エスニック・マイノリティの人に限定される。先
住民族メディアは、このエスニック・メディアに含めて考えられることが一
般的であったが、近年、両者の違いを意識する必要性が主張されてきている。
たとえば、八幡（2005）は、歴史的背景やその帰結として今日的諸課題の性
質が大きく異なる先住民族は、移民とは明確に区分して論じるべきであると
し、「先住民族により、先住民族を主たる視聴者として運営されるマス・メ
ディア」（伊藤・八幡 2004: 3）として、先住民族メディアを積極的に位置づけ
た[2]。たしかに、近代国家成立の過程において、同化・統合され、その過程
で文化、言語、土地などを失ってきた先住民族が自らのメディアを所有する
ことは、移民の人々がホスト国内でエスニック・メディアを所有することと
は異なる意味を有していると考えるべきである。したがって、本稿でも、サー
ミ・メディアを先住民族メディアとして位置づけて考察していく。

第2項　先住民族メディアを所有することの意義

　国連総会第 61 会期の 2007 年 9 月 13 日に採択された「先住民族の権利に
関する国際連合宣言」では、その第 16 条において「メディアに関する権利」
が掲げられている。そこでは、「1. 先住民族は自身の言語で独自のメディア
を設立し、差別されることなくあらゆる形態の非先住民族メディアへアクセ
スする権利を有する。2. 国家は、国家が所有するメディアが先住民族の文
化的多様性を正当に反映することを確保するために有効な措置を講ずる。国
家は、完全な表現の自由の確保を損なうことなく、民間のメディアが先住民
族の文化的多様性を十分に反映することを奨励すべきである」と述べている
[3]。

　このように国連においても明確に奨励されるようになってきた先住民族が
メディアを自ら運営することの意義はどのような点にあるのであろうか。エ
スニック・メディア研究において白水編著（1996）は、エスニック・メディ
アの社会的機能として、①集団内的機能、②集団間的機能、③社会的安定機
能の 3 つをあげている。伊藤・八幡（2004）は、これを批判的に検討し、先
住民族メディアの社会的機能を、①対内的機能、②対外的機能、③エンパワ

メント機能の3つにまとめている。対内的機能とは、先住民族個人の意識・行動変化ならびにその帰結としてのコミュニティレベルでの行動変化への作用の機能、対外的機能とは、コミュニティ活性化の帰結としての対外的情報発信の機能、エンパワメント機能とは、対内的機能と対外的機能の十分な充足を前提とし、最終的に主流社会における社会構造変化をもたらす機能を指している。

　先住民族自身が運営するメディアを持つことは、先住民族内部においても、先住民族と外部社会との関係においても大きな意味を持つ。内部的には、民族としてのアイデンティティを確立し、民族としての誇りと自覚を芽生えさせ、民族としての共同行動を促すような力を持ちうる。また、外部的には、主流社会からは「見えない存在」であった先住民族の存在を可視化するという効果がある。たとえ主流メディアが先住民族について取り上げていたとしても、それはつねに主流社会の視点で語られることを意味しており、先住民族に対するステレオタイプのイメージが流され、「ゆがめられた像」を定着させる方向に作用してきた。したがって、自らが担うメディアを所有することで先住民族の視点から情報発信をすることは大きな意味を有していることがわかる。

第3項　問題意識と課題

　さて、本章が対象とするのは、北欧の先住民族であるサーミのメディアについてである。サーミは、「世界の先住民族の復権運動を牽引する立場にある」とされる（葛野 2007：214）。先住民族メディアに関しても、同様な点が指摘でき、放送・通信メディア、活字メディアのいずれにおいても、後に見るように生活に根付いたメディアを育ててきている。本研究チームは、2012年度から4か年の計画で、北欧のサーミと日本のアイヌ民族がおかれている状況に関する比較研究を実施してきた。本章では、比較研究に先立ちまずサーミ・メディアの現状と課題を明らかにすることを目指す[4]。

　サーミの居住地は、ノルウェー、スウェーデン、フィンランドの北部からロシアのコラ（Kola）半島にかけて広く分布しており、そこに1つのサーミ共同体を構築しようとする動きも見られる。「ベネディクト・アンダーソンが

1983 年に用いた“想像の共同体”の概念を借りると、サーミ共同体は、サーミ国家とサーミの国民としてのアイデンティティが社会的に構築されたという意味で“想像”されており、この過程でメディアは中心的な役割を果たしてきた」(Pietikäinen 2008a: 199) と評価されている。しかし、現実には、サーミの居住地は、それぞれ国境で分断されており、サーミ・メディアはそれぞれが属する国のメディア政策や制度の枠内で活動せざるをえない状況にある。後述するように、そのことがサーミ・メディアのあり方に大きな影響を及ぼしていることもまた事実である。各国のサーミ・メディアは、国境を越えたサーミの動きと密接に連動しながら、相対的に独立して活動を展開している、あるいは展開せざるをえない状況にある。したがって、本章では、3つの国の「連携」と「分断」の実態に留意しつつ北欧におけるサーミ・メディアの形成過程と現状について見ていくことにする。

第2節　北欧3国のサーミ・メディアの付置状況

　まず各国のサーミ・メディアの付置状況を見ておく。**表5－1**に見るように、サーミ・メディアの付置状況は、メディアの種類によって国ごとに大きく異なっている。放送メディアについては3国ともサーミラジオとサーミテレビを有しているのに対して、活字メディアに関しては国ごとの違いが顕著である。新聞はノルウェーに2紙あるのみで他の2国にはない。定期的に発行されている主な雑誌はノルウェーとスウェーデンにそれぞれ2誌あるが、フィンランドにはない。フィンランドの活字メディアとしては各サーミ語協会の機関誌的なものがある程度である。

　こうした各国間の違いをもたらす主な要因としては、各国のサーミ人口と政府の経済的支援の違いが考えられる。サーミの人口規模は、ノルウェーが75,000 〜 100,000 人、スウェーデンが 27,000 〜 35,000 人、フィンランドが 9,200 人とされる。サーミ人口が少なければ、当然サーミ・メディアの読者やオーディエンスが少なく、サーミ・メディアの存立基盤は脆弱なものになってしまう。また、当然政府の経済的支援が大きければサーミ・メディアの経営は安定する。後に見るように、サーミ人口が多く、国の経済力も豊か

120　第5章　北欧3国におけるサーミ・メディアの展開と現段階

表5-1　北欧3国のサーミメディアの付置状況

メディアの種類		ノルウェー	スウェーデン	フィンランド
放送メディア		サーミラジオ	サーミラジオ	サーミラジオ
		サーミテレビ	サーミテレビ	サーミテレビ
活字メディア	新聞	Ságat Ávvir	なし	なし
	雑誌	Nuorttanaste Š	Samefolket Nuorat	なし
	協会誌	*	*	Anarâš The Tuõddri Pee´rel

注）＊は、「なし」ではなく、他に活字メディアがあるため調査しなかったことを意味する。
資料：実態調査より作成

表5-2　北欧3国のサーミ語方言別話者の数とサーミ人口数

単位：人

言語グループ	言語	ノルウェー	スウェーデン	フィンランド
中央	北サーミ語	20,000 〜 23,000	5,000 〜 7,000	1,500 〜 2,000
	ルレ・サーミ語	500 〜 600	500 〜 600	－
	ビテ・サーミ語	0	20	－
南部	ウメ・サーミ語	0	20	－
	南サーミ語	200 〜 500	200 〜 500	－
東部	スコルト・サーミ語	10	－	400
	イナリ・サーミ語	－	－	300
サーミ人口		75,000 〜 100,000	27,000 〜 35,000	9,200

注）「－」は話者がゼロという意味、「0」は話者は存在するが限りなく「0」に近いということ
を意味する。
資料：表1－1より作成

なノルウェーは[5]、政府の助成金が大きく、結果としてサーミ・メディアが
豊かに存在する結果となっている。

　さらにもう1つ、分析に先立ち、各国のサーミ語方言の違いを確認してお
きたい。メディアにとって言語は大きな意味を持つだけに、方言の違いが各
国のサーミ・メディアのあり様に影響を与える面が大きいからである。サー
ミ語には10の方言が存在している。**表5－2**は、各国のサーミ語方言別の
人口数を示したものである。最も多いのが北サーミ語である点は3国で共通

しているが、北サーミ語の次に多いのが、ノルウェーとスウェーデンでは南サーミ語とルレ・サーミ語であるのに対して、フィンランドではイナリ・サーミ語とスコルト・サーミ語となっている。また、各国で方言全体のうち北サーミ語が占める比率の違いにも留意する必要がある。北サーミ語が占める割合は、ノルウェーで約95％、スウェーデンで約85％、フィンランドで約70％となっている。こうした違いは、後述するように各国の協力関係や少数言語に対する配慮という点に影響を及ぼすことになる。

以上の点に留意して、以下ではまず放送メディアについて、次いで活字メディアについて見ていくことにする[6]。

第3節　放送メディアの形成と現状

第1項　ラジオ放送の歴史と現段階

まず、表5-3の全体の概要を参照しつつ放送メディアについて検討していく。

放送メディアの発展はラジオから始まる。1939年にノルウェーでサーミ語によるラジオ放送が流れたのが最初である。クリスマスイブに教会からミサを流したもので、当初は宗教の布教と深く結びついていた。その後、1946年にノルウェーで、1947年にフィンランドで定期放送が始まり、やや遅れて1952年にスウェーデンでもサーミラジオの放送がスタートする。そ

写真1　NRK Sápmi のニュース専用スタジオ　　写真2　Yle Sápmi の放送局の建物

122 第5章 北欧3国におけるサーミ・メディアの展開と現段階

の頃になると、放送内容の宗教色は薄れ、次第にニュース番組や音楽などの娯楽番組が主流になっていく。1960年代後半には北欧3国の共同放送が開始されたという記録もあり[7]、その後今日までの50年余りの間にラジオが「サーミ共同体」という「想像の共同体」の形成に果たしてきた役割はきわめて大きいものであった。ラジオは、サーミとして情報を共有するだけではなく、トナカイ・サーミが移動する際の、天候などの情報を得る媒体としても重要な位置を占めてきた。

各国のラジオ局は、何回かの移動を経て、現在はノルウェーがカラショーク市(**写真1**)、スウェーデンがキルナ市、フィンランドはイナリ市(**写真2**)に放送局を構え、周辺の地域にいくつかの支局を配している。機構的な特徴は、1970年代以降、各国のサーミラジオ放送局が、自国の公共放送の一部門として位置づけられるようになった点である。すなわち、ノルウェーが

表5-3 各国のサーミ放送の概要

国 名		ノルウェー	スウェーデン	フィンランド
本部所在地		カラショーク	キルナ	イナリ
サーミラジオ	開始年	1939年サーミ語のラジオ放送開始、1946年定期放送開始	1952年スウェーデン語の放送開始、1965年サーミ語の放送開始	1946年サーミ語の放送開始、1947年定期放送開始
	放送時間	週約34時間	週13時間	週35時間
	使用言語	北サーミ語、ルレ・サーミ語、南サーミ語、ノルウェー語	北サーミ語、ルレ・サーミ語、南サーミ語、スウェーデン語	北サーミ語中心に、イナリ・サーミ語、スコルト・サーミ語、フィンランド語
サーミテレビ	開始年	1990年テレビ放送開始 2001年SVTと共同放送開始 2002年Yleと共同放送開始	2001年NRKと共同放送開始 2002年Yleと共同放送開始	2002年NRKとSVTと共同放送開始
	放送時間	週260分	週90分	週130分
	使用言語	北サーミ語が中心。ノルウェー語の字幕を挿入	北サーミ語が中心。スウェーデン語の字幕を挿入	北サーミ語中心に、イナリ・サーミ語、スコルト・サーミ語。フィンランド語の字幕を挿入
スタッフ数		NRKSápmi全体で107～110人	ラジオ部門:常勤14人、プロデューサー2人 テレビ部門:常勤8人	Yle Sápmi全体で22人(うち15人が常勤)

注)NRKとはノルウェー放送協会、SVTとはスウェーデンテレビ協会、Yleはフィンランド放送会社をそれぞれ表す。
資料:実態調査より作成

NRK（ノルウェー放送会社）、スウェーデンが SR（スウェーデンラジオ協会）、フィンランドが Yle（フィンランド放送会社）の一部門を構成している。日本でいえば、NHK の一部門になったということである。後述するサーミテレビについても同様で、この点に最大の特徴がある。なお、Web でのラジオ放送はそれぞれ 3 国で近年導入されている。

　サーミラジオの放送時間枠は、次第に増加してきており、たとえば、ノルウェーでは 1985 年の年間 329 時間から 2011 年の 1,785 時間へと増えている（Hætta 2013：2）。その結果、現在ノルウェーとフィンランドで週 34、35 時間、スウェーデンで週 13 時間の放送枠を確保している。ノルウェー、フィンランドとスウェーデンで放送時間に差が見られるが、前 2 国ではサーミのためのラジオの専用チャンネルが割り当てられており、平日 5 日間、1 日 7 時間程度の放送を実現しているのに対して、スウェーデンは、SR の 4 つの全国放送チャンネル（P 1 〜 P 4）のうち「クラシック音楽、移民・少数者向け」の放送を行う P 2 チャンネルのなかに放送枠を持っているため放送時間が限定されていることによる。

　ラジオの放送内容は後述するテレビに比べて幅が広く、ニュース、音楽、子どもの番組、若者向け番組、時事問題など多岐にわたっている。各国のサーミラジオ局が制作したニュース番組をお互いの放送局で流しており協力関係にあるが、なかでも 3 つのサーミ方言が共通するノルウェーとスウェーデンの協力関係は強い。この 2 国間で朝 7 時から 9 時の 2 時間は共同放送を行っている。キルナとカラショークのスタジオに 1 人ずつ担当者がマイクの前に座って放送が行われる。子ども向け番組に関してはかつて 3 国が協力して制作していたが、ノルウェーがテレビの子ども番組重視に移行したため、現在はスウェーデンとフィンランドの間でゆるやかな協力関係を維持している。

　放送の際に用いる言語は、各国の上位 3 つのサーミ語方言と各国の多数派が使う公用語である。もともとは、話者が最も多い北サーミ語のみで放送されていたが、たとえば、ノルウェーでは、1973 年に南サーミ語、1975 年にルレ・サーミ語の放送が開始されており、1970 年代に少数言語への配慮が行われるようになったことがわかる。もちろん他にもサーミ語方言はあるが、話者が少ないためコンテンツを作成したり、アナウンサーを担当したりでき

る人材の確保が難しい。現在でも北サーミ語による放送が多いが、たとえば、フィンランドの場合であれば、12時10分〜13時00分に放送される"やあ！(Dearvva!)"という情報・文化の帯番組で、火曜日がイナリ・サーミ語、水曜日がスコルト・サーミ語、月曜日と木曜日と金曜日が北サーミ語で放送を行なうことでバランスをとっている。同様の配慮は他の2国でも行われている。

第2項　テレビ放送の歴史と現段階

　一方、最初のサーミ語のテレビ放送がスタートしたのは1990年、ノルウェーで、その後、他の2国で共同放送としてテレビ放送が実現していく。2001年にはノルウェーとスウェーデンで10分間のサーミ語のニュース番組(Oððasat)が始まり、翌2002年にはこれにフィンランドが加わって3国の共同放送がスタートする。いずれも各国の公共放送の時間枠を使っての放送である。テレビでサーミ語の共同放送をすることは長い間のサーミの悲願であり、ようやく実現したものである。2003年には放送時間が15分に延長され、ノルウェーとスウェーデンでは平日の17時から17時15分、フィンランドでは20時45分から21時に番組が流れている。

　3国の放送局の責任者は、毎朝9時までスカイプを使ってディスカッションをし、番組の中身などを決めている。最終的な編集権はノルウェーが持っており、ノルウェーが中心になってスウェーデンやフィンランドの意向を調整しつつ番組づくりを進めている。たとえば、事故で亡くなった人の名前を公表するかどうかの判断は国によって違うためニュースで流す場合は調整が必要になる。

　各国のテレビの放送時間は、スウェーデンが週90分、フィンランドでは週130分に対して、ノルウェーが週260分と長い。まずスウェーデンでは、平日に行われる15分のニュース番組のほかに、2007年9月から毎週土曜日の16時45分から17時に15分間の子ども番組(Unna Junná)が始まっており、これと合わせると放送時間は週90分となる。フィンランドでは、15分間の3国共同のニュース番組(チャンネルYle Femで放送)とは別に、2013年12月からチャンネルYle TV 1で15時10分から5分間のニュースがスター

トしている。これはフィンランドだけの放送である。さらに2014年9月7日から1週間に1回15分の子ども番組が始まったので、1週間の放送時間は115分である。子ども番組は再放送があるのでそれを入れると週130分となる。ノルウェーでは北欧3国共通の15分のニュース番組のほかに、夜の時間帯に5分間ノルウェーだけのニュース番組枠を持っている。この他に1週間に4回15分のサーミ語の子ども向けテレビ番組があり、その他の単発的なドキュメント番組を加えると週約260分となる。ノルウェーがニュースと並んでテレビの子ども番組に非常に力を入れていることがわかる。子どもはラジオを聴かないという判断からテレビに力を入れるようになってきている。

　ノルウェーの放送時間が長いのは、サーミ人口が多く政府のサポートが手厚いことの表れと思われるが、フィンランドが独自の放送枠を新たに設けた背景には、編集権やサーミ語方言の違いが存在していた。かつて、ピエティカイネン (S. Pietikäinen) は、「ニュース制作の方法、ジャーナリズムの実践、資金力の違いは、3つの国の編集局が一緒に仕事をすることをかなり難しくしている。サーミ・メディアが属している各国公共放送会社は、ニュースのイデオロギーが異なっており、これらの違いはサーミのジャーナリズム実践に徐々に行き渡っている」というフィンランドのサーミ・メディア関係者の声を紹介したことがある[8]。加えて、1996年に、フィンランドのサーミ議会が「3つのサーミ語すべてが等しく機能すべきである」と決定しており、この点からも自分たちが編集権を持つ番組づくりへの要求が大きかった。それゆえフィンランド独自の番組枠を設け、より視聴率が高いチャンネル Yle TV 1 で放送を開始したのである[9]。

　さて、使用言語については、おもに北サーミ語で、それに各国の2つのサーミ語方言が加わる。これに各国の公用語の字幕を付けることが一般的である。たとえば、スウェーデンの場合、北サーミ語で放送が行われることが多いが、サーミ語以外で行われているインタビューはサーミ語への吹き替えが行われ、これにスウェーデン語の字幕をつけるという方法がとられている。あくまでもサーミ語による放送を目指していることがわかる。ラジオとは異なり、テレビは公用語で字幕をつけることでより多くの人に情報を伝えることができ

るというメリットがある。

　放送番組で各国が重視するのはやはりニュース番組と子ども番組である。ニュースを重視するのは、サーミの視点でニュースをつくることを重視しているからである。他のチャンネルでもサーミのニュースを放送するが、サーミの視点からの放送はしていない。同じ出来事に対する解釈が異なる場合もあるからサーミの視点で番組を作ることは重要である。サーミの視点で情報発信することで、サーミ内部で情報を共有するとともに、サーミ以外の人へ向けてサーミの考えを発信することを重視しているのである。ニュースと並んで子ども番組にも力を入れているのは、子どもの時からサーミの言葉や文化に親しんでほしいと考えているからである。子どもの番組は、サーミ語の歌や詩、サーミの住む地域の動物や自然に関する話などから構成されており、放送番組を通じて自然にサーミの生活や文化を理解できるように配慮されている。

　これらのテレビ番組は、放送の後に HP で見ることができ、HP では文字情報が付け加えられさらにわかりやすくなっている。サーミに関する古い番組を閲覧することもでき、とても役立っているという。このようにインターネットの普及によりテレビ番組の視聴環境が非常に充実してきていることがわかる。

第3項　サーミ放送局の運営体制の特徴

　ところで、ノルウェーとフィンランドは、テレビ部門とラジオ部門が分かれておらず、NRK Sápmi、Yle Sápmi としてサーミ放送全体を運営しているのに対して、スウェーデンはラジオ部門とテレビ部門は分離して、それぞれSR と SVT（スウェーデンテレビ協会）に位置づけられている。ただし、スウェーデンでは、2009 年には、もともとキルナの中心部の別々の建物内にあったサーミラジオ局とサーミテレビ局が、ともにキルナ郊外に移転し同じ建物内の同じフロアで仕事をするようになり、両者の協力関係が強化されている。

　そこで、スタッフ構成と財源については、放送局全体で見ていく。まず、スタッフについてである。NRK Sápmi のカラショーク事務所には 107 ～110 人のスタッフがいる。スウェーデンのキルナにはラジオ（14 人）とテレ

ビ（8人）のスタッフが合わせて22人、フィンランドのYle Sápmiのスタッフ数は22人（うち15人が常勤）である。NRK Sápmiのスタッフの多さが飛び抜けている。NRK Sápmiでは、2003年に事務所を2倍に増築し、スタッフを増やすとともに、番組制作・編集機能を整備している。筆者らは3つの国の放送局を訪問しているが、スウェーデンとフィンランドの放送局も日本の現状から考えれば、非常に充実した機材や設備があり、十分な広さが確保された素晴らしいものであったが、やはりノルウェーの放送局は人員や設備の点で格段に充実したものであった。

　スタッフの性別構成は、ノルウェーとスウェーデンは男女半々、フィンランドは22人中15人が女性という構成で、日本に比べると女性の比率が高い。教育程度は高く、ほとんどが高等教育機関でジャーナリストとしての専門教育を受けている。スタッフに占めるサーミの比率は、ノルウェーが約70％、スウェーデンとフィンランドが約85％と高い。平均年齢は35〜40歳で若いスタッフが中心である。サーミの採用には方言への配慮も行われており、たとえばフィンランドでは、4人がスコルト・サーミ語、2人がイナリ・サーミ語、残りが北サーミ語の話者である。

　次いで財源であるが、3国ともサーミ放送は公共放送の一部門に位置づけられているため、財源は公共放送から配分されている。ノルウェーとスウェーデンの公共放送の財源は受信料収入、フィンランドは2013年に受信料から公共放送税（Yle税）に切り替わり、現在は国民が納めた税金で運営されている（NHK放送文化研究所編2016：184）。いずれにせよ北欧3国のサーミ放送局は、公共放送として運営費の配分を受け取り、自らが営業を行って財源を確保するという状況にはない。したがって、公共放送内部において予算の配分をめぐるせめぎ合いはあるが、オルタナティブ・メディアの多くが直面する安定した財源の確保という問題とは無縁ということになる。

第4項　他の組織・集団との関係

（1）コラ半島のサーミとの関係

　最後に他の組織・集団との関係について見ておこう。サーミは北欧3国の他にロシアのコラ半島にも居住している。このコラ半島のサーミがラジ

オ局を開局することをサポートする活動が 2000 年から 2005 年に行われている。ノルウェーのサーミ放送局の最高責任者ハエッタ氏（Nils Johan Hætta）が 1998 年に依頼を受けて、2000 年からプロジェクトに着手した。2000 ～ 2005 年は北欧の国家からそのための補助金が出ており、フィンランドと協力してプロジェクトを進めた。その結果、コラ半島で 2003 年 12 月 31 日にラジオ局がスタートしている（Hætta 2013: 4）。ただし 2005 年にプロジェクトが終了して以降、直接的に関わっておらず協力関係にはない。

（2）先住民族テレビ放送ネットワーク（WITBN）との関係

　世界の先住民族のテレビ放送局のネットワークとして WITBN（World Indigenous Television Broadcasters Network）がある。先住民族の言語と文化を守り、発展させるために、世界中にある先住民族のテレビ放送を繋ぐことを目的に 2008 年に設立された。NRK Sápmi とニュージーランドのマオリの放送局が創設メンバーであり、現在 16 の放送局がメンバーとなっている[10]。北欧では、当初 NRK Sápmi のみが 3 国を代表して参加していたが、最近 SVT Sápmi と Yle Sápmi も加盟している。各国持ち回りで毎年 1 回国際会議を開くほか、毎年最も優秀な番組に対してジャーナリズム賞を授与している。2012 年には WITBN の国際会議がカラショークで開かれた。

　WITBN の最大のメリットは、お互いに番組を共有できることにある。たとえば、8 メンバーがいて、それぞれ 4 つのプログラムを提供すると、自分の局の番組以外に 28 の番組を利用することができる。番組を共有することで、世界の先住民族の情報を得ることができ、かつ自国の情報を世界に発信することができる。またこれは放送する番組のコンテンツを充実させることにもつながる。ノルウェーでは、将来的には Web-TV Channel による 24 時間放送を目指している（Grønmo 2012; Hætta 2013）が、その実現にはコンテンツの充実が欠かせないだけに、有効な手段として注目されている。

　こうしたグローバルな協力関係はここ 4、5 年で格段に進んできている。この他に人的な交流も行われている。われわれがノルウェーの放送局を訪問した際、台湾の先住民族メディアから 1 人の女性が研修に来ていた。このように WITBN は、番組共有や人的交流で大きな成果をあげている。

第2部　サーミ社会の機構・組織の形成と展開　　129

第4節　活字メディアの形成と現状

　次に、活字メディアを見てみる。前述のように活字メディアの付置状況は国ごとの違いが大きい。**表5－4**で各国の主な活字メディアの概要を見ると、ノルウェーには2つの日刊新聞と2つの雑誌、スウェーデンには2つの雑誌があるのに対して、フィンランドには定期的に発行されている有料の新聞や雑誌はなく、協会や財団が発行する無料の機関誌が存在するのみである[11]。ここでもノルウェーの充実度が際立つ。

　以下では、新聞、雑誌、機関誌の順にその特徴を見ていく。

第1項　新聞の歴史と現段階

　現在、サーミのための新聞はノルウェーに2紙（"Ságat"、"Ávvir"）のみ存在

表5-4　各国の活字メディアの概要

種類	新聞		雑誌				機関誌	
国名	ノルウェー				スウェーデン		フィンランド	
名称	Ságat	Ávvir	Nuorttanaste	Š	Samefolket	Nuorat	Anarâš	The Tuõddri Pee´rel
特徴	一般紙	一般紙	宗教冊子	若者向け雑誌	社会派雑誌	若者向け雑誌	イナリ・サーミ語協会機関誌	スコルト・サーミ文化財団機関誌
創刊年	1957年	2007年	1898年	1993年	1918年	2006年ごろ	1998年	2013年
発行場所	ラクセルブ	カラショーク	カラショーク	ポルサンゲル	?	ヨックモック	イナリ	セヴェッティヤルヴィ
発行回数	週5日	週5回	年11回	年6回	月1回	年4回	年4回	年1回
発行部数	2,882	1,100	550	?	?	4,000	?	?
ページ数	32	16	12	40	44	40	35	50
購読料	年1750NOK	年1000NOK	年250NOK	1冊40NRK	1冊50SEK 1年420SEK	1冊50SEK 1年150SEK	無料	無料
使用言語	ノルウェー語	北サーミ語	サーミ語	北サーミ語中心、南サーミ語、ルレ・サーミ語、ノルウェー語	スウェーデン語、サーミ語	北サーミ語中心、南サーミ語、ルレ・サーミ語、スウェーデン語	イナリ・サーミ語	スコルト・サーミ語、フィンランド語
スタッフ数	約30人	約20人	3人	?	?	5人＋編集者	?	?

資料：実態調査より作成

130　第5章　北欧3国におけるサーミ・メディアの展開と現段階

している。ノルウェーで最初のサーミの新聞が発行されたのは1873年である。当時の同化政策に対抗する手段として発行されたが、1875年には早くも廃刊となっている。その後も新聞の発行は試みられ、1900年頃には3紙ほど発行されていた。しかし、継続は難しく、現在まで続く日刊紙 "Ságat" が創刊されるのは第二次世界大戦後の1957年、もう1つの日刊紙 "Ávvir" の創刊は2007年である。ただし後者は、1978年に創刊された "Sámi Áigi" を引き継いだ "Min Áigi" と、1993年に創刊された "Áššu" が合併してできた新聞であり、"Sámi Áigi" の創刊から数えると35年以上の歴史を持っている。

（1）Ságat と Ávvir の関係

"Ságat" は、創刊された当初はノルウェー語とサーミ語の両方で書かれていた。ノルウェーでは1905年から1945年までサーミ語の使用が禁止されており、サーミでありながらサーミ語を読めない人がいたため2つの言語を使用した。その後1978年に "Sámi Áigi" がサーミ語で発行されたのを契機に "Ságat" はノルウェー語のみの発行となる。2つの新聞の間で役割分担をし、"Ságat" は北サーミ語を読むことができないサーミやサーミ以外の人が読者として想定された。ノルウェー政府にとってもサーミの社会で起こっていることを理解するために "Ságat" が役立っている。したがって、"Ságat" と "Ávvir" はライバルではなく仲間という関係にある（**写真3**）。

（2）Ságat

"Ságat" はサーミ語で「ニュース」という意味で、株式会社 Samisk avis 社が発行している日刊新聞である。Samisk avis 社は、北ノルウェーの51のコミューンが株の47%を、サーミ文化団体が株の10%を所有しており、残りの43%は約600の「その他株主」によって所有されている（Solbakk ed. 2006: 133）。本社は、1981年にヴァドソーからラクセルブに移った。地方局は、ターナ、カラショーク、トロムソ、エーベネス、オスロにある。スタッフの数は地方局も入れて約30人で、男女は半々である。印刷部門は別会社となっている。

発行部数は2,882部、総頁数32頁、週5日の発行である。配達は郵便を使っ

第2部　サーミ社会の機構・組織の形成と展開　131

写真3　日刊紙"Ságat"と"Ávvir"　　写真4　月刊誌"Nuorttanaste"と"Samefolket"

ており、配達にコストがかかる。購読料は年間1750NOKで、店で買う場合は1部25 NOKと割高である。ネット新聞もあり、毎号4,000から10,000のアクセスがある。ネット新聞は無料だが、すべての記事が読める訳ではない。NRK Sápmiとの間に正式な協力体制はない。

　読者のほとんどがサーミである。一番読者が多いのは、カラショーク周辺で、フィンマルク県の読者が全体の75％を占めている。記事には、サーミの人が興味あることは何でも取り上げるが、とくに重視しているのは、サーミの様々な立場の人に目配りすることである。たとえば、カウトケイノなど北の地域では鉱山に対する反対運動が強いが、地域によっては雇用確保のために鉱山会社を望むところもある。そのため新聞には、賛成派と反対派の両方の意見を掲載することを心掛けており、むしろ少数派の声を掲載することを大切に考えている。サーミがマイノリティの地域では、彼らの意見がなかなか通らないため、新聞がその応援をする必要があると考えているからである。

(3) Ávvir

　"Ávvir"はサーミ語で「思いやり」を意味する。北サーミ語の新聞で、サーミ語で自由と独立の新聞を出すことを目的に創刊された。"Ávvir"を発行している会社は、Sami Aviia株式会社で、株は、Finnmark DagbladとAltapostenという2つの全国区のメディア系の会社がそれぞれ3分の1ずつ、「その他の株主」が3分の1を所有している。本社はカラショークにあり、

132　第5章　北欧3国におけるサーミ・メディアの展開と現段階

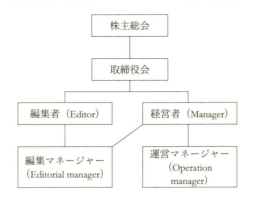

図 5-1　企業経営の仕組み（Governance）
資料：Ávvir 社提供資料より作成

その他にカウトケイノとアルタに支社がある。

図5-1は企業経営の仕組み（Governance）を示したものである。ノルウェーでは、メディア関係の会社には実質的なリーダーが2人いるのが一般的である。経営者（Manager）と編集長（Editor）で、両者は対等な立場にある。経営者は銀行取引関係、経理、営業など経営に関わることすべてを担当し、編集長は紙面の内容を決める。経営者はもとより、役員会や株主も編集に口を出すことは絶対にできないし、してはならない。ノルウェーには「メディアの編集の自由に関する法律（Law of editorial freedom in the media）」があり、「編集の自由」が保障されている[12]。役員会や株主が口を出すのは経営面だけに限定される。

"Ávvir"の発行部数は1,100部、総頁数16頁、週5日（月〜金）の発行である。購読料は1部20NOK、1年契約の場合は1,000NOKで、ノルウェーの一般新聞の半分くらいの値段である。多くは宅配で、郵便局を通じて配達される。インターネット新聞も配信している。購読者の地域的分布は、サーミの中心地域（フィンマルク県）が55％、トロムス県とヌールラン県がそれぞれ20％、オスロ市が3.5％である。また、新聞を一番よく読むのは30歳以上の女性である[13]。

"Ávvir"本社のスタッフは約20人で、そのうち実際に新聞をつくるために編集長（Editor）のもとで編集マネージャーを中心に13人が働いている。残

り7人は運営マネージャーの下にある。労働者を統括するのは経営者の責任で、レイアウトや印刷など仕上げ作業も経営者の責任で行う。編集以外の周辺の仕事は経営者が担当する仕組みになっている。支社のスタッフ8人を含め全員サーミであり、ほとんどのスタッフが専門の高等教育を受けている。スタッフの年齢幅は23〜50歳で、30〜40歳が中心、20代は1人だけである。男女比は、男3人で、残り17人は女性と、圧倒的に女性が多い。

（4）財政基盤

　財政的にはやはり政府からの補助金に頼る面が大きい。"Ságat"は、補助金1000万NOK（約1億7000万円[14]）が収入の約60％を占め、残りの約40％（約600NOK）は広告料と購読料で成り立っている。"Ávvir"は、国からの補助金が1300万NOKで全体の82.3％、購読料が110万NOKで6.9％、広告料が170万NOKで10.8％である。補助金への依存度は"Ságat"よりもさらに高い。政府の補助金がないとサーミの新聞は成り立たないことがわかる。

　サーミの新聞が補助金を獲得することができたのは1987年のことで、それまではずっと経済的な問題を抱えていた。現在は、「サーミ出版社協会」が組織されており、2014年は新聞全体として2400万NOKを得ている。このうち"Ságat"が1000万NOK、"Ávvir"が1300万NOK、南サーミ語とルレ・サーミ語の記事を掲載している2つのローカル新聞に2％（48万NOK）ずつ配分している。ノルウェーではサーミ語の記事を掲載した場合、その記事の分量に応じて補助金が支給されることになっており、これらのローカル新聞は、週に1、2回サーミ語の記事を掲載している。このように新聞の発行は政府の補助金に支えられているが、補助金の額は政権の方針によって左右されるため、「サーミ出版社協会」から政府に対して継続的に働きかけが行われている。

第2項　雑誌の歴史と現段階

（1）Nuorttanaste

　ノルウェーには、1898年にキリスト教ルーテル教会の牧師が発行を始めた冊子"Nuorttanaste"が存在する。サーミ語で「東の星」を意味する。サー

ミ語の出版物としては最古のものといわれる。現在までルーテル教会が財政的な援助をしており、宗教的冊子とみなされている（**写真4**）。

"Nuorttanaste"は、夏のバカンス時期を除き、1年間に11回発行される。全12頁の冊子で発行部数は550部である。購読料は1年250NOKと低額で、以前は国の文化省から、現在はサーミ議会から助成金を得ている。2013年の助成金は93万NOKである。読者からは購読料のほか、寄付を受けることもある。したがって、助成金と購読料と寄付金で成り立っているが、やはり助成金の比率が高い。

2013年までの115年間に7人の編集長が交代している。現在、編集に関わる者は3人で、うち2人が50％、もう1人が30％の比率で働いている[15]。印刷は同じ建物内にある"Ávvir"社に委託している。この冊子の特徴は、115年の間、戦争の一時期を除きサーミ語で発行を続けてきたことである。発行当初は、様々な事柄について書かれていたが、現在はキリスト教の説教など宗教的な記事が中心である。

（2）Samefolket

「サーミの人々」を意味する"Samefolket"は、1918年から定期的にスウェーデンで発行されてきたサーミの雑誌で、先住民族によって発行されている世界最古の雑誌の1つと言われる。幾度かの経済的困難に直面したがなんとか生き延び、1960年には現在の雑誌名に変更され今日に至っている。"Samefolket"は、スウェーデンサーミ全国協議会 (Svenska Samernas Riksforbund) とサーミ文化の振興を目的とする全国組織（サーミ・エトナン）を主体に結成された財団が発行する雑誌である (Solbakk ed. 2006: 200)。おもにサーミの住む地域における文化的及び政治的出来事を掲載している社会派の雑誌で、使用言語はおもにスウェーデン語であるが、サーミ語で書かれた記事もある。スウェーデンでは、サーミ語が用いられている雑誌や新聞は、その記事が占める比率によって文化評議会から援助を受けられる制度があり、"Samefolket"にも2割程度はサーミ語の記事が掲載されている。

月1回発行される月刊誌で、総頁数は44頁前後、現在は1冊50SEK、年間購読の場合は年420SEKである。広告掲載料のほか、国の文化評議会から

も資金援助を得ている。編集は独立しており、運営は、スウェーデンサーミ全国協議会から選出された3人、サーミ文化の振興を目的とする全国組織（サーミ・エトナン）から選出された2人の計5人によって行われている。委員会によって正式の編集者が指名される。1997年には、"Samefolket"のWeb版が立ち上げられている (Solbakk ed. 2006: 200-1)。

（3）Šと Nuorat

　若者向けの雑誌としてノルウェーに"Š"、スウェーデンに"Nuorat"という雑誌がある。ともに写真をふんだんに使った雑誌である（**写真5**）。

　"Š"はサーミ語を象徴するアルファベットで、['æʃ] という発音記号とともに雑誌名となっている。1993年に創刊され、スタート時には年2、3回の発行だったが、現在は年6回の発行に増えている。2013年には71号が発行されている。総頁数は40頁前後で、おもに北サーミ語で書かれているが、南サーミ語、ルレ・サーミ語、ノルウェー語の記事もある。サーミの若者の横顔を取り上げ、若者を元気づけること、およびサーミの若者に主流メディアとは異なるオルタナティブなもう1つのメディアを提供することを目指している。現在の編集責任者は21歳の若者である。1冊40NOKでスーパーなどでも売られているが、サーミ語を教える学校や教育に関わっている人には無料で配布されている。

　一方、スウェーデンで発行されている"Nuorat"は、北サーミ語で「若者」を意味する。"Nuorat"は政治的及び宗教的にどこにも属していない雑誌で、ヨックモックに拠点を持つ非営利団体によって出版されている。以前は政治色が強い"Sáminuorat"という名称の雑誌であったが、より多くの若者に読んでもらうことを目指して、今のようなスタイルになった。運営メンバーは5人。男3人、女2人で、20代を中心に構成されている。雑誌の編集者は運営委員会が雇う形になっている。

　雑誌は、北サーミ語、ルレ・サーミ語、南サーミ語、スウェーデン語で書かれている。ファッション、音楽、グルメ、旅など若者向け情報のほか、評論、ルポ、サーミ伝承の活性化など幅広い内容を掲載する。総頁数は40頁ほどで、写真をふんだんに使い、全体的にカラフルで、若者好みの雑誌となって

写真5　若者雑誌 "Š" と "Nuorat"

いる。写真のモデルとして自分たちが登場している。運営委員の1人Hさんによると、「サーミ語の記事もできるだけ入れて、サーミ語を読めるチャンスを増やすようにしている。また、ただ楽しい記事だけではなくて、今社会で起こっている問題を取り上げて掘り下げたような記事も載せるようにしている」ということである。

　発行は年4回の季刊誌である。発行部数は約4,000部、1冊50SEKで、定期購読の場合は年4冊で150SEKとし、若者が定期購読しやすいような価格にしている。発行に関して、サーミ議会と国の文化評議会から資金援助を受けている。

（4）各種団体の機関誌
　以上の新聞や雑誌の他に活字メディアとしては、各国のサーミに関わる団体から機関誌的なものが発行されている。フィンランドにはそうした冊子が存在するだけなので、ここでは、イナリ・サーミ語協会の機関誌として発行される冊子 "Anarâš"（写真6）とスコルト・サーミ文化財団が年1回発行している冊子 "The Tuõddri Pee´rel"（写真7）を取り上げてみる。いずれもA4判カラー刷りで、写真がふんだんに使われており、会員には無料で配布されて

第2部　サーミ社会の機構・組織の形成と展開　137

写真6　"Anarâš"

写真7　"The Tuõddri Pee´rel"

いる。"Anarâš"は「イナリの人々」という意味で、1998年から年4回定期的に刊行される35頁程度の季刊誌で、イナリ・サーミ語のみで書かれている。一方、"The Tuõddri Pee´rel"は「トゥドリ〈丘陵地帯の名称〉の真珠」という意味で、2013年から年1回発行されている50頁程度の冊子である。スコルト・サーミ語とフィンランド語で書かれており、スコルト・サーミ語の再興のために近年発行されるようになったものである。内容は、両機関誌とも、それぞれのサーミ社会に関する今昔のトピックス、小説、子ども向けの話、子どもの絵や話、詩、国内外のルポなどから構成されている[16]。

第5節　サーミ・メディアの現状と課題

　以上、北欧3国のサーミ・メディアの形成過程と現状について見てきた。ここでその特徴と今後の課題についてまとめておく。
　第1に、ノルウェーのサーミ・メディアの充実度についてである。放送メディアに関しては、公共放送のなかに位置づけられているという点は3国で共通しているが、ノルウェーは予算規模やスタッフ数で他国を大きく引き離しており、放送時間も長い。NRK Sápmiのスタッフの数は100人を超えており、社屋や設備・機材の充実度も群を抜いている。また、日刊新聞が2紙、

雑誌が2誌存在することも特筆される。2014年には、新聞全体として2400万NOKもの補助金を受けており、この補助金が新聞の継続的発行を保障していた。ただ、活字メディアの補助金は、政権交代の影響を受ける面があり、財源を継続して安定的に確保することがノルウェーでも課題となっている。

第2に、先住民族メディアの役割は、サーミ内部での情報共有と外部に対する情報発信におかれている。放送メディアではニュースと子ども番組が重視されているが、ニュースが重視されるのは、サーミ自身の視点で情報を発信することが重要だからであり、子ども番組を重視するのは、次世代のサーミ文化の担い手を育てるためである。内部にあっては情報を共有し先住民族としてのアイデンティティの育成をはかり、外部に対してはサーミとしての見解をマジョリティの人たちに届けるという2つの行為は、サーミ・メディアの関係者によって自覚的に取り組まれている。また、情報の共有や発信の際に、様々なサーミの立場に目配りすることやサーミに関しても批判すべきところは批判するというスタンスも大事にしている。様々な立場に配慮しており、「サーミ・メディアであれば鉱山反対を主張する」というステレオタイプの理解は間違いであることに気づかされる。

第3に、「報道の自由」や「編集の自由」が、北欧3国ではきちんと保障されているという点である。各国のサーミ放送は、いずれも公共放送の番組制作の1部門として存在していた。これは、主流メディアとは独立して存在するオルタナティブ・メディアではなく、主流メディアの枠内に居場所を持っているケースで、伊藤・八幡の言うところの「広義の先住民族メディア」である (伊藤・八幡 2004: 3)。このような場合、主流メディアのなかでいかに自立した立場を堅持しているかが重要になる。主流メディアの規制を強く受けているとすれば、オルタナティブ・メディアとしての役割は十分に果たすことはできない。公共放送の内部に位置したり、政府から多額の補助金を受けたりすることで、外部からの介入を招きやすくなるのではないのか。日本のNHKの現状を考えれば、その点は当初から危惧される点であった (松田 2014; 津田 2016)。

北欧では、はたして「外部的メディアの自由」や「内部的メディアの自由」が保障されているのだろうか[17]。このような発想で、「外部からの介入」の有

無について尋ねると、答えはどこでも強く「ノー」であった。政府だけではなく、会社の経営陣からの編集権の独立も、「メディアの編集の自由に関する法律」によって保障されているのである。さらに、法律や制度が整備されているだけではなく、国民の間で、「メディアの自由」の重要性がきちんと理解されているということが調査を通じて強く感じられた。経済的援助と同時にこうした「メディアの自由」が保障されていることが、先住民族メディアの存立条件としてきわめて重要である点を改めて確認することができた[18]。

　第4に、ジャーナリストやコンテンツが不足するという問題状況がある。"Ávvir"はサーミ語ができるジャーナリストが足りないという問題を抱えていた。Yle Sápmiでは、スコルト・サーミの人材を継続して確保していくことを将来的な課題としてあげている。スコルト・サーミ語の話者は200～600人程度と少なく、ある程度専門的な教育を受けたスタッフを確保していくことは容易ではない。まして、話者が20人以下というピテ・サーミ語やウメ・サーミ語から人材を得ることはほぼ不可能であり、北欧のサーミ・メディアといえども消滅危機度がきわめて高い言語の維持・存続に関する役割を十分に果たせてはいない。

　こうした人材確保の難しさはコンテンツの確保にも影響を及ぼしている。放送時間をできるだけ長くしたいという希望はあるが、そのためにはコンテンツの充実を図っていくことが大きな課題になっている。その際、WITBNを介しての番組共有が1つの有効な手段として注目されていた。新聞についても、"Ságat"では、クオリティの高い新聞を発行することで、新聞の存在意義を高め、簡単に潰されない状況を作り出すことが重要であるとしており、この点でも人材育成の課題は大きい。

　第5に、インターネットが果たす役割が大きくなってきている点である。放送メディアにおいては、番組をネットで公開することによってオンデマンドで番組を引き出すことができるようになる。また、テレビ放送された番組に新たに文字情報を加えることも可能になる。24時間のテレビ放送の実現もWeb TVを前提としての話であり、インターネットを使えば北欧3国に限らず全世界からのアクセスが可能になる。もちろん、WITBNを介しての番組共有もインターネットの普及によるところが大きい。活字メディアにおい

ても同様である。"Ávvir"はノルウェーのサーミだけではなく、全サーミのための新聞になりたいという目標を掲げているが、これもネット新聞によって可能になる。紙媒体であれば、制作にコストがかかり、配達の時間もお金も必要となるが、ネット新聞であればこれらの問題がクリアできる。ただし、ネット新聞の場合、現状ではビジネスモデルは確立されておらず、補助金の確保や購読料の徴収などの点で不透明な部分も多く、実現にはまだいくつものハードルが存在している段階にある。

第6に、国境を越えた連携の重要性とその難しさについてである。ノルウェーからロシアのコラ半島に広がるサーミの居住地に暮らすサーミの人々がアイデンティティを共有するために、サーミ・メディア、なかでも放送メディアが果たしてきた役割は大きい。一方、北サーミ語の新聞"Ávvir"の国外の購読者は2％という点にも示されるように、活字メディアの読者は国内に限定されがちである。さらに、各国のサーミ・メディアはその国のメディア政策や制度の枠内で活動せざるをえず、国ごとのメディア政策や経済力の違いにより、必ずしも各国のサーミ・メディアが一枚岩的に協力関係を構築できているわけではない。

反面、各国のメディア政策に依拠しているからこそ比較的安定した運営を実現しえているという現実もある。公共放送の一部門であることを放棄すれば、経済基盤の安定性を確保できないという別の困難を抱えることは目に見えている。活字メディアの継続した発行には政府の経済的支援は不可欠である。したがって、こうしたある種の矛盾をどう調整していくかはつねに問われている。この矛盾をできるだけ緩和するために、北欧3国のサーミ・メディアは協力関係を強化し、話し合いの場を多く持ち、解決の糸口を捜している現状が垣間見られた。

第7に、問題点として、サーミ・メディアの情報発信が一部のプロフェッショナルなサーミに独占されていないかという点についてふれておきたい。サーミ放送局や新聞社のスタッフの多くは、大学などで専門教育を受けた人たちであり、それがサーミ・メディアのコンテンツの水準を引き上げていることは事実である。その一方で、今回の調査では、たとえばコミュニティ・ラジオのようなより小さな媒体を通じて一般のサーミの人たちが情報発信に

第2部　サーミ社会の機構・組織の形成と展開　141

関わっている事例には遭遇しなかった。むしろ立派な社屋のなかで、ジャーナリズム教育を受けたサーミのエリートたちが情報の送り手として働いているという印象を持った。その様子を見て送り手と受け手の間に距離があるのではないかという疑問が漠然と浮かんだ。むしろ放送メディアよりも、雑誌編集、とくに若者向け雑誌である "Nuorat" の運営に関わっている若者のなかに、自分たちの思いを積極的に伝えていこうとする姿勢が見て取れ、参加型のメディアとしての可能性が感じられた。サーミの若者たちは、サーミ内部で無意味な争いを続ける大人世代を批判的に見ており、その障害を乗り越えようと格闘しているという[19]。サーミの放送局や新聞社にはない活気を感じ取ることができた。こうした取り組みは、サーミ・メディアの新たな可能性を開いていくことになるのではないだろうか。こうした動きにも期待したい。

注

1　全国市民メディア協議会の HP（http://medifes.wordpress.com/, 2013 年 1 月 3 日最終閲覧）を参照のこと。

2　伊藤・八幡（2004）は、先住民族メディアをマス・メディアに限定して捉えているが、本稿では、オルタナティブ・メディアも含めて考えている。

3　この宣言に対して、日本を含む 144 か国が賛成を表明している。

4　北欧 3 国のサーミ・メディアについて詳しくは、小内純子（2013, 2015a, 2015b, 2016）を参照のこと。

5　2013 年の 1 人当たり GDP は、ノルウェー 10.1 万 USD、スウェーデン 6.0 万 USD、フィンランド 4.9 万 USD となっている。

6　サーミ・メディアについては、インタビュー調査結果のほか、Solbakk ed.（2006）や各メディアの HP を参照している。とくに、それぞれの放送局の HP において放送局の歴史が公開されており参考になった。詳しくは、注 4 にあげた各文献の注を参照のこと。

7　Yle Sápmi の HP に掲載されている "Yle Sápmi の歴史" の項に、1966 年 9 月にノルウェーとスウェーデンのラジオ放送にフィンランドも加わって 3 国による 5 分間のニュースが毎朝放送されるようになったことが記されている。

8　この点については、Pietikäinen（2008a, 2008b）を参照のこと。

9　2014 年のテレビ視聴率シェアでは、Yle Fem は Yle Teema と合わせても 4.4％を占めるにすぎない。これに対し、Yle TV 1 の視聴シェアは 26.4％と最も高く、よく見られているチャンネルである（NHK 放送文化研究所編 2016: 185）。それゆえフィンランド独自のニュース番組 "Yle Oddasat" は Yle TV 1 で放送されている。

142　第5章　北欧3国におけるサーミ・メディアの展開と現段階

10　WITBN のＨＰ（http://www.witbn.org/）を参照のこと。

11　フィンランドにも、2001 年までは"Sápmelaš"という北サーミ語で書かれた雑誌が存在していた。"Sápmelaš"の創刊は 1934 年と古く、1932 年に設立されたサーミ文化協会が、サーミの文化的な向上を目指して発行したものである。ただし、発行責任者はサーミではなく、ヘルシンキ大学の言語学のフィンランド人教授であった。財政問題から発行が年 1 回か 2 回ということも多かった（Solbakk ed. 2006: 213）。その後、国やサーミ議会の助成金を受けて 2001 年までは発行されていたが、発行責任者の交代がうまくいかず廃刊になっている。

12　ノルウェーでは、2008 年 6 月 13 日に、「メディアの編集の自由に関する法律」が発効している。そこでは、メディア企業のオーナーは編集に関することに対して、命令したり、支配したりすることはできないし、してはならないこと、編集者は自分の望む通りに発信する権利と自由を持っていることが定められている。

13　北欧は一般的に女性の学歴の方が高い。女性は就職するために資格が必要なこともあり、高等教育段階に進む者も多い。そのため女性の方が活字メディアに親和性がある。スウェーデンの状況については、小内純子（2012）を参照のこと。

14　2013 年 12 月の調査当時のレート（1NOK ≒ 17 円）で換算している。

15　50％働くとは 1 週間に 2 日半、30％は 1 週間に 1 日半働くことを意味し、北欧ではよくある就労スタイルである。

16　"The Tuõddri Peeʼrel 2014"の 36 ～ 37 頁に「Yle Sápmi でスコルト・サーミ語を聴いたり目にしたりする機会は増え続けている」という記事が掲載されている。サーミラジオやサーミテレビを介してスコルト・サーミ語に触れる機会が増えたことを報告する記事であり、取り組みの成果が表れてきていることがうかがわれる。

17　「外部的メディアの自由」とはプレス企業の国家への自由を、「内部的メディアの自由」とはプレス企業内部の自由、つまり経営者に対する編集者（記者）の自由を意味している。詳しくは、花田編著（2013）参照のこと。

18　ジャーナリストの国際団体である「国境なき記者団」が、各国でどれだけ自由な報道が認められているか分析し、毎年発表している「報道の自由度」ランキング結果もその点を裏付けている。たとえば、2015 年の「報道の自由度」の第 1 位はフィンランド、第 2 位がノルウェー、第 5 位がスウェーデンと、北欧 3 国はいずれも上位にある。「国境なき記者団」とは、言論の自由、報道の自由を擁護するために、1985 年にパリで設立されたジャーナリストによる国際的な非政府組織で、世界の主要国を中心に 130 の支部がある。元ラジオ局記者ロベール・メナール（Robert Ménard）が設立の中心人物である。この団体は、2002 年以降、『世界報道自由度ランキング』（Worldwide press freedom index）を毎年発行している。公式サイトは、http://en.rsf.org/ である。また、Ménard（2001＝2004）も参照のこと。

19　詳しくは、第2章参照のこと。

第6章

博物館・劇場を通したサーミ文化の再生と復興

新藤こずえ・佐々木千夏

はじめに

　サーミは先住民族として独自の文化を持っている。しかし、これまでの歴史のなかで差別や迫害を受けてきたため、サーミの伝統文化は停滞せざるをえない状況があった。1980年代以降、先住民としての権利を回復する動きが見られるものの、国や地域あるいは言語によってその動きは異なっている。サーミの復権にあたっては、国連や政府の先住民政策のみならず、サーミ自身がサーミ文化を実践することをとおして継承が困難になりつつある状況を変えていくことも重要である。

　本章では、サーミ文化の再生・復興の場として、北欧各国にあるサーミ博物館（ノルウェー、フィンランド、スウェーデン）、サーミ劇場（ノルウェー）を取り上げる。社会を機構的システムと労働—生活世界から成り立つものとして捉えると（小内 1999, 2005）、博物館や劇場は社会的再生産機構であり、博物館や劇場は行政的な指導・受益の関係や経済的な取引関係を持ちつつも、政治や運動にも関連しながら、サーミ文化を広く一般に普及させる場となっている。また、労働—生活世界から見ると、サーミ博物館やサーミ劇場の存在は、サーミの人々のエスニック・アイデンティティすなわち個人のパーソナリティや価値観形成に影響を与えていると考えられる。以上をふまえ、サーミ文化を復興・維持・継承・発展させるための活動を行っている博物館・劇場の概要を整理し、その特徴を明らかにする。

　なお、取り上げる博物館・劇場は、2012年8月から2015年8月にかけて訪問した。以降の内容は現地でのヒアリング調査および入手した資料から

得られた情報、各機関が開設しているホームページなどの情報をもとに整理したものである。

第1節　北欧で初めてのサーミ博物館——フィンランドの SIIDA

第1項　沿革・組織

　1959 年、フィンランドにおけるサーミの中心地であるイナリに、北欧諸国で初めて独立し・たサーミ博物館が設立された（SIIDA 2010）。同年からサーミに関連する建造物や工芸品を収集し始め、野外博物館の最初の建築物が1960 年に設置されたのち、公式的には 1962 年に開館、1963 年の夏に一般公開となった。それから 20 年後、博物館をより発展させるため、サーミ博物館財団を設立し 1986 年に新しい博物館を建設した。それが現在の SIIDA（北サーミ語でラップ村やトナカイ村の場所やコミュニティを指す）である。SIIDA はサーミ博物館、ネイチャー・センター[1]、メッツァハッリトゥス（国有の土地・水を管理する国営企業）との共同で運営されている。1999 年には国家特別博物館の地位が与えられた。サーミ博物館はサーミ博物館財団によって運営されており、財団の 8 人の理事のうち 4 人はサーミであるフィンランド国民でなければならないと定められている。運営資金は教育文化省からの資金がほとんどであるが、イナリ市からの拠出金や一般の人々からの寄付や遺産、事業活動を通じて運営の財源を確保している。常勤職員は 12 人である（2016 年現在）。

　ヘルシンキにあるフィンランド国立博物館におけるサーミの展示は歴史的（1920 年代までの収集品）な内容である一方で、イナリのサーミ博物館は新しい（現代）民族資料を収集・展示し、国立博物館は「現代」の資料を収集・展示しないという合意がある（本多・謝 2007）。このように、フィンランド国内におけるサーミ関連の資料収集・展示について 2 つの博物館の役割を明確にしている。

第2項　展示・活動

　SIIDA では、サーミの工芸品、写真、書籍、美術コレクションを収集しアー

カイブするとともに、野外博物館では建築物なども展示している。また、セヴェッティヤルヴィにあるスコルト・サーミ・ヘリテイジ・ハウス（野外博物館とスコルト・サーミに関する歴史の展示施設）も管理している。加えて、サーミの文化や祖先についての情報サービスを行っている。たとえば、博物館で自分の祖先の写真があるかどうかを探すことができ、自身のサーミのルーツを知ることができる。

　また、博物館ではサーミの伝統文化を記録し文書化することにより、世代を結びつけることを目的とする「サーミ・ジェネレーション」や「コモン・ストーリー」という参加型のプロジェクトをNBA（National Board of Antiquities）の資金提供を受けて実施している。また、教育文化省や欧州地域開発基金（ERDF）の資金提供を受けて、考古学的遺産の管理を行うサーミ文化環境プロジェクトなども実施している。こうした博物館の本務ともいうべき活動に加えて、「インタラクティブ・サッピー」として、ソーシャルメディアなどの新しいメディアを活用してコンテンツ制作ができる人材を養成している。目的はサーミ集住地域外に住むサーミの子どもや若者がサーミの情報に触れ活用する機会をつくることや、新しい分野における職業スキルを強化することにより、サーミ集住地域の雇用機会を改善しサーミの若者が雇用される機会を増やすことである。加えて、サーミの文化的知識と記録を充実させ、サーミ文化に関する教材を提供することも目的としている。さらに、「サーミ・ユー

写真1　SIIDAの外観（Tourist information Saariselkä ホームページより）

写真 2　スコルト・サーミ・ヘリテイジ・ハウスの野外展示

ス」プロジェクトでは、北欧の他のサーミ博物館との共同プロジェクトとして、サーミの若者とともに、サーミの若者の生活を記録することを目指している。

　このように SIIDA は、博物館を利用することで、現代を生きるサーミの人々がサーミとしてのアイデンティティを確認するという役割を果たしながらも、伝統を維持・発展させることを通して、サーミの人々の教育や雇用機会の向上に結びつける役割をも担っている。

第 3 項　成果と今後の課題

　SIIDA は北欧で初めてのサーミ博物館であるとともに、北ラップランドのネイチャー・センターとしても機能している。一方、セヴェッティヤルヴィにあり、SIIDA が管理しているスコルト・サーミ・ヘリテイジ・ハウスでは、第二次世界大戦後、強制的に現在のロシアから移住させられたスコルト・サーミの苦難の歴史を知ることができる。第 1 章で見たように、フィンランドのサーミのうち、サーミ語話者は約 21.7％ と、ノルウェーのサーミ語話者(38.5 〜 50.0％) やスウェーデンのサーミ語話者(20.0 〜 40.0％) に比べて少ない。フィンランドでおもに話されているサーミ語(北サーミ語、イナリ・サーミ語、スコルト・サーミ語) のうち、とりわけスコルト・サーミ語は危機言語である。三上 (2005) によれば、スコルト・サーミは "minority of minorities" であり、伝統的なスコルト・サーミの集住地域に住んでいる人もいるが、固有のスコル

ト・サーミ語は、親から子へといったレベルでのみ伝承され、スコルト・サーミはかろうじてその独自性を保持しているという。

したがって SIIDA は、歴史のなかでサーミにもたらされた負の側面も含めてサーミの文化を普及・啓発するとともに、ネイチャー・センターとしてサーミ集住地域を活性化させる窓口としても、サーミ文化と地域の復興に寄与することが求められている。SIIDA はサーミ博物館のみならず、ネイチャー・センターやサーミの人々自身がサーミの研究・教育・学習に携わることができる複合的な機能を有していることが強みである。ネイチャーあるいはカルチャー・ツアーとしてオーロラやサーミの文化に触れられるといういわば観光地化を通して得られる雇用機会や地域活性と、サーミの人々自身のアイデンティティ確立を両立するためには、博物館がサーミの人々のコミュニティとなるよう、幅広い世代、地域の人々が集うことができる工夫がより一層求められるだろう。

第2節　世界的に重要なコレクション——スウェーデンのサーミ博物館 Ájtte

第1項　沿革・組織

スウェーデンのサーミ博物館である Ájtte 博物館（サーミ語で「山の博物館」）は 1989 年、ヨックモックに開設された（Ájtte 2017）。ヨックモックはスウェーデンにおけるサーミの中心地であり、博物館はサーミの人々によって運営されている。また、展示物にはストックホルムの北方民族博物館など、スウェーデン国内の主要な博物館から借り受けたサーミ工芸品や文化に関する世界的に最も重要なコレクションが含まれている。Ájtte 博物館が開設される前年の 1988 年、スウェーデンではサーミ文化において歴史的価値がある希少な古代サーミ・ドラムを公式認定し、保存の責任は博物館にあると定めた。

民族学者であり博物館館長のロルフ・チェルシュトレームによれば、1981年サーミの工芸品や文化に関する新しい展示の形が重要視されるようになった（Scheffy 2004）。なぜなら、20 世紀初頭および中頃の展示物はサーミを幻想的に表象しようとするあまり、実際の展示は現実的でも教育的でもなかったからである（Kent 2014）。戦後まもなく、スウェーデンのサーミ文化協会

148　第6章　博物館・劇場を通したサーミ文化の再生と復興

写真3　サーミ・ドラム
（Ájtteのホームページより）

(Sami Atnam Association) において、サーミ工芸品の職人たちは本物の工芸品を保護しようと努めていた。この動きは1982年、北欧サーミ評議会 (Nordic Sami Council) がサーミの人々の制作物に明確な商標を付けることを決定し、より強められていった (Kent 2014)。こうした状況のなかで、博物館ではより一層、本物のサーミ工芸品を展示するという役割が求められている。

　一方、博物館には、常設展示スペースのみならず図書館やパフォーマンススペースも備えられており、博物館という枠を超えて、多くの人にサーミの文化を発信する文化センターとしての役割を担っている。さらに、博物館の発展を支えるための組織として、Ájtte博物館協会がある (Ájtte Musei Vanner 2017)。協会は会員制度をとっており、博物館に展示するための工芸品などを購入している。また、協会ではサーミに関する教育や研究を行う者に対する奨学金制度があり2003年から毎年奨学金を授与している。その成果は博物館の展示物などに反映されており閲覧することができる。

第2項　展示・活動

　サーミの生活に関連する展示物がÁjtteにおけるコレクションの中核である。そのため、展示スペースでは、スウェーデン北部のサーミ文化とりわけルレ・サーミ (Lule sami) に焦点をあてながらも、全国各地のサーミ文化史が

第2部　サーミ社会の機構・組織の形成と展開　149

写真4　冬の移動手段・服装の展示

写真5　サーミテント内部の展示

理解できるようになっており、サーミの人々が住む山岳地域の自然と文化に関しても展示している。歴史、民俗、自然など各テーマのスペースに分かれており、サーミのなかでも「山のサーミ」と呼ばれているトナカイ遊牧民であるサーミについて多くのスペースを割いている。入口に展示されているサーミテント（Dauta）のなかに入ると、トナカイの毛皮の上に座り、自然とともに生きて来たサーミの人たちの息吹を感じることができる。また、1900年代初頭のサーミも含む、スウェーデン、フィンランド、ノルウェー、ロシアからの入植者家族の生活についても知ることができる。

　加えて、自然史コレクションは哺乳類、鳥、魚、昆虫、無脊椎動物、菌類、コケ、地衣類、維管束植物をカバーしている。またÁjtteの一部として、博物館の近くに、自然を残したままの庭があり、山の自然と動植物について学ぶことができる。また子どもたちのための教育活動に力を入れており、クイズやクロスワード・パズルなど、ゲームを通してサーミ文化を学ぶプログラムがある。そういった教材を活用するための教師用ガイドも作成され、ホームページで公開されている。一般の人々向けとして、サーミの歴史や山岳地帯の自然に関するフィルムの上映や講演会を開催している。このように、自然史とサーミ文化史を併せて展示を行っているのがÁjtteの特徴である。

第3項　成果と課題

　Ájtte博物館の近隣には世界遺産となっているラポニア地域など国立公園もあるため、SIIDAと同様にツーリズムと関連させたヨックモックの観光名

所にもなっている。こうしたことから、博物館に立ち寄ることは、必ずしも
サーミに関心がない者にとっても、ヨックモック地方のアクティビティの一
環として捉えられている。一方、Ájtte 博物館が「山の博物館」という名称で
あることからも理解されるように、トナカイ飼育を行っているサーミに焦点
があてられている。かつてスウェーデンでは、トナカイ飼育を行う者のみが
サーミであるとして他のサーミと区別し分離してきた歴史的経緯を考慮する
と、トナカイ飼育を行っていないサーミも含むサーミの多様性について理解
できる工夫がよりいっそう重要であると考えられる。

　博物館のあるヨックモックのサーミ人口比率は 10％程度であり（山川
2009）、サーミ保育所やサーミ学校がある。ただし、学齢期のサーミの子
どものうち、サーミ学校へ通っているのは 5 ～ 10％ほどである（山川 2009）。
また、学校でも家庭でも北サーミ語に比べ、南サーミ語やルレ・サーミ語に
関する教育活動が活発に行われているとはいいがたい状況にある（野崎・新藤・
新藤 2013）。そういった面では、博物館が主として子どもや学校の教育活動
に寄与する取り組みをゲームや遊びを通して行ったり、サーミのなかでも少
数派にあたるルレ・サーミに焦点をあてた展示を行ったりすることは、サー
ミの多様性を次世代につなぐという意味でも重要な役割を果たしているとい
えるだろう。

第 3 節　国内に 4 つのサーミ博物館──ノルウェーの Riddo Duottar Museat

第 1 項　沿革・組織

　カラショークにあるサーミ博物館（Riddo Duottar Museat、以下 RDM）は
1972 年に設立された（Riddo Duottar Museat 2015）。ノルウェーにおけるサー
ミ博物館は、1939 年、カラショーク在住のサーミとノルウェー人による個
人的な集いのなかで発案され構想された。もともとは首都オスロにある国立
民族博物館（Emanuel Vigeland Museum）に匹敵するような規模で作りたいと
いう計画であったが、計画の途中で第二次世界大戦が勃発し、430 点ほどの
コレクションのほとんどが焼けてしまった。戦後、1947 年から博物館設置
の検討を再開し、ノルウェーの博物館協会に所属することを許可された。サー

ミのコレクションを所有していたトロムソとオスロ大学内の博物館の協力を得て設立運動が進み、1972年に現在のRDMが設立された。

　設立にあたって重視していたことは、サーミの人々が自分たちの研究機関を持つこと、自分たちが所有し自分たちで経営を行う博物館であることである。ノルウェーの他の博物館や、他国のサーミ・コレクションを持つ博物館のなかには、サーミ以外が経営を担っているところもあるが、RDMは、サーミの人々によって設立から経営まですべて担い運営されているという特色がある。

　2000年代にノルウェー芸術協会が国内の博物館を再編・合併したことにより、RDMはサーミのコレクションを置くノルウェー国内の4つのサーミ博物館の中央館として位置づけられている。RDMの分館であるサーミ博物館は、カウトケイノ・コミュニティ博物館(Guovdageainnu gilišillju：カウトケイノ村の広場)、フィンマルク沿岸部にあるポルサンゲル博物館(Porsáŋggu Musea)とKokelv沿岸サーミ博物館(Jáhkovuona mearrasámi musea)である。4つのサーミの博物館は15名の職員で構成されており、そのうち6名は文化歴史部門、芸術部門、保存部門を担当する専門職員である。RDM中央館以外の3か所の分館はいずれも小ぢんまりとしており、年間の入館者は4つの博物館を合わせて8,000人ほどである(2012年現在)。

写真6　カウトケイノ・コミュニティ博物館
(RDMのホームページより)

第2項　展示・活動

　博物館の活動は、美術品や工芸品の展示、保存、収集、そしてそうした文化を発展させるための活動に分けることができる。RDM 中央館には、サーミの伝統衣装の世界的なコレクションがある。地域や年代ごとによって異なる様々なサーミの伝統衣装を展示するほか、サーミの伝統的な活動である狩猟や漁業で使用される道具、手工芸品(織物、ナイフ、ジュエリー)、サーミの人々の宗教で用いる道具、サーミの現代美術などを展示している。また、野外博物館では、トナカイの放牧生活をしていたサーミの伝統的なテントのほかに野生トナカイの狩猟設備なども展示している。RDM はノルウェーでも数少ない、博物館と美術館が融合している施設である。その背景にはサーミ工芸品は美術品としての価値を持つこともあるからである。

　RDM の運営資金は、サーミ議会からの補助金と、申請によって獲得した複数団体からの助成金によってまかなわれており、収集のために美術品や工芸品を購入する資金は比較的潤沢である。サーミ工芸品の展示会や地元の工芸職人から作品を購入することもあり、伝統的なもののなかに現代アートを取り込むことによって、サーミ文化が発展している様子を示している。

写真7　カラショークのサーミ博物館入口

第2部　サーミ社会の機構・組織の形成と展開　153

写真8　地域別のサーミ衣装

第3項　今後の課題

　課題としては2点があげられる。まず、最も大きな課題としては、サーミ文化に精通する職員の確保についてである。近年、大学に進学するサーミは増加している。しかし、サーミ文化を専攻して学芸員となり、現代サーミのあり方を検討し今後の発展に寄与できるような人材が不足している。トロムソ大学ではサーミ文化を専攻し博士号を取ることもできるが、学位を得た人物は博物館を始めとして地元に戻ってくるということが少ない。RDMでは、サーミ文化の保存と発展に力を注ぐための専門職員が足りていないというのが現状である。また、専門職員の資質に関してもある程度の水準が求められる。従来の博物館における専門職員は、高等教育機関で専門的な教育を受けていても、サーミの文化、伝統、価値、言語およびサーミ社会全体について十分な専門的知識を持っていなかった。すべてサーミの人たちで構成されるRDMは、職員の資質を高めようと努めている。

　次に、RDMが主体となった教育的活動が行われていないことである。設立して10年あまりの間は、各学校の子どもたちを集めて活動するプログラムがあった。しかし、博物館の本来の業務以外にそうした活動を行うことがスタッフの負担になったため、スタッフが学校の教員に対して、博物館のコレクションの活用についてアドバイスするようになっていった。現在では、

154 第6章 博物館・劇場を通したサーミ文化の再生と復興

学校のなかに先住民に関するカリキュラムが導入されるようになっているが、次世代育成の観点からは、サーミが運営を担う博物館として、子どもたちにどのような教育プログラムを提案できるのかが課題であると考えられる。

第4節　ノルウェーの国立サーミ劇場 Beaivváš

第1項　沿革・組織

　1979年、カウトケイノにあるコンサートホールの敷地の一画に Beaivváš（サーミ語で「太陽」）と名付けられたサーミ劇場 Sami National Theatre Beaivváš（BSNT）が設立された（Sami National Theatre Beaivváš 2017）。70年代はアルタダム建設の反対運動が高まり、サーミの人々の団結力が強まっていた時期である。カウトケイノのサーミはノルウェー国内に住む他地域のサーミと比較すると民族としてのアイデンティティを保持しており、1981年には建設反対運動のデモも起こった。サーミ劇場が封切りを迎えた1981年は、カウトケイノのサーミにとっての「ルネサンス」であった。また同年、ミュージカル委員会を設立して政治的なメッセージのある演目を公演した。サーミ語による初めての舞台であり、大きな成功を収めたことから、劇場にとって、またサーミの人々にとっての歴史的なイベントとなった。

　当初は財政的な制約があり、新しい演目を公演するための費用を北欧文化基金などの助成団体に申請していたが、1986年にカウトケイノ自治体、翌年にはノルウェー政府から公的な支援を受けられるようになった。当初、政府からの公的支援は期限付きであったが、1992年からは文化省から恒久的な資金を得られることとなり、1993年には正式な国立劇場と認められた。ノルウェーでは通常、地方にある劇場は文化省から70％、地方自治体から30％の割合で資金援助がなされる。しかしサーミ劇場は、地方にありながらも文化省から100％の財源を得ている特別なケースである。2001年から、サーミ議会を通じて文化省から資金を提供されることになり、年間1900万NOK ほどを受け取っている（2012年現在）。土地と建物自体は自治体に所属するものであり、家賃も自治体が負担する。

　サーミ劇場は国立であるものの、運営は株式会社形式をとっている。理事

会があり、理事は全員サーミで、その大半はサーミ議会のメンバーで構成される。株式会社としてサーミ劇場がスタートしたとき、大部分の株は自治体が、残りの株はサーミ議会の２つの政党によって所有された。

　一方、社長兼演劇ディレクターはサーミではない。社長を除く正規雇用11人はすべてサーミであり、内訳は俳優が４人、技術員が２人、事務員が５人である。従業員の１人は理事である。また、舞台監督、舞台美術の要員は外部から招くことが多く、演出家などはサーミではない。したがって、上演自体はサーミ語で行われるが、台本はサーミ語とノルウェー語の両方で書かれていることが多い。正規の劇団俳優は４人のみのため、キャストは演目ごとに組織している。

第２項　演劇活動

　年間では、大きな演目を２つ、小さな演目を３〜４つほど公演する。上演はサーミ語にて行われ、字幕はノルウェー語である。サーミ劇場には新しい演目があるたびに通ってくる固定客がおり、観客に恵まれているが、チケット収入が収入全体に占める割合はごくわずかである。料金は通常180〜200NOKほどであり、これはノルウェーの相場では安いほうになる。たとえばトロムソで有名な劇団が「ハムレット」の公演をする場合、350〜360NOKほどである。

　カウトケイノでは観客数が限られているため、ノルウェーの他の地域やフィンランド、スウェーデンなどサーミ人口の多い地域をツアーでまわるのが公演の基本である。劇団の義務と目的として、サーミの人々の住む地域をカバーした活動を行うことを掲げている。そのため、予算の多くはツアーに充てられる。新しい演目はサーミ劇場にて皮切りとなり１、２回上演され、その後ツアーで国内ばかりではなくスウェーデンをまわり、シーズンの終わりにまたサーミ劇場で２回程度演じる。サーミ人口が多いオスロはよくツアーにまわるが、観客の大部分はサーミ劇場の演目自体に興味を持っており、サーミの人々であるとは限らない。サーミ劇場は視覚的に優れた劇団との評価を得ている。これまでにロシア、インド、ネパール、バングラデシュ、スペインなどをツアーで訪れており、2013年10月には東京の「シアターカイ」

にて公演を行った。

　サーミには古典的な文学や戯曲があるわけではないので、上演される演目はほとんどがサーミの社会に何らかの関連を持つ内容で、新しく作られたものも多い。ただし、近年の演目では、創作演劇のほか、詩や随想などに基づくものもある。一方、サーミに直接関連しない演目（たとえばシェークスピアの「ハムレット」）を公演したこともある。演目の内容として、サーミの音楽を特徴づけるヨイク（声帯を震わせるチャント）が披露される。衣装には伝統的なサーミのモチーフを用いることが多い。衣装デザイナーは基本的にはサーミ

写真9　劇場内の壁にある太陽のモチーフ

写真10　120席の客席

のデザインを中心とし、細かい装飾にアラスカのイヌイット、アメリカの先住民のものを取り入れることがある。アイヌからヒントを得て熊の装飾を取り入れたり、日本の「能」の影響を受けたりしたものもある。

公演のキャストはほとんどがサーミであるが、現代のサーミ社会を題材にするような演目の場合は、サーミやノルウェー人に関係なく地域に住む人々が出演することもある。いずれにしてもオーディション形式ではなく、劇場側からテレビ出演者や過去の公演に出演した俳優に対して出演依頼を行っている。

第3項　成果と今後の課題

演目はサーミ文化をベースにしつつも、創作や異文化との融合に積極的であり、観客からは、視覚的な演目自体への評価が高いと認識されている。こうしたことから、劇場におけるサーミの表象は現代的でクリエイティブな志向性が強く、先住民としてのサーミの伝統よりも、現代を生きるサーミのリアリティを示す役目が大きいといえる。つまり、伝統的なあり方や歴史を全面的に出さなくともサーミとしての表象が可能となっていることは、サーミの現在と今後の権利を見据えるという意味では発展的で、有効なことであると考える。

一方、演目ごとにキャストが新しくなると、人材の教育・養成は大きな問題となる。とりわけ俳優はサーミ語で演じなければならないため、劇場は言語トレーニングの役目も担わなければならない。また、俳優経験のない場合や、若い俳優たちは積極的に教育する必要がある。しかし、俳優や脚本家の教育に投資するための資金は十分ではない。こうした環境のなかで、いかにサーミの俳優を確保し教育するのかということが、劇場の今後にとっても課題となっている。

第5節　まとめ

フィンランド、スウェーデン、ノルウェーにおける博物館・劇場について概観してきた。いずれもサーミ文化を広く一般に普及・発展させることを目

的としていた。また、いずれもサーミの人々自身が運営に携わっていることが明らかになった。とりわけ、ノルウェーにおいては、博物館はサーミの人々による所有と経営が基本となっていた。アメリカにおける博物館の政治性を検討した田川は、「公的記憶が博物館で提示されるようになった背景には、エスニックマイノリティの人々が博物館での展示を制作する人々のなかに参加するようになり、主流の人々とは異なる自らの歴史解釈を述べる機会を得るに至ったことが考えられる」（田川 2005: 9）と述べている。つまり、マイノリティの人々自身が参画しなければ、主流の人々が考えるマイノリティ像を押し付けられてしまう状況にあったということである。ノルウェーにおいてサーミ自身によって複数の博物館が運営されていることは、北欧 3 国のなかでサーミが最も苛烈な同化政策の対象であったことと関連していると考えられる。また、スウェーデンでは、20 世紀初頭以降の博物館において、サーミに関する展示が非現実的で非教育的なものであったことから、サーミの人々自身が正しいと考える新しい展示を形成していった。

　したがって、サーミの人々のアイデンティティを表象する博物館においては、文化の再生や復興のためのみならず、サーミの人々が同化や差別の対象となってきたことを公的に主張し認めさせるという政治性を含めて、サーミの人々自身による関与が重要であったと考えられる。

　ノルウェーの国立サーミ劇場の設立は、まさにアルタダム建設反対運動によって強まったサーミの団結力とサーミ復権の動きと連動している。そのため、政治的なメッセージのある演目を公演しているが、政治的なメッセージが強すぎる演目のみでは、株式会社形式をとる劇場を維持し商業的な成功を収めることは難しい。劇場の所有は自治体に加えサーミ議会の政党が株主となっているが、経営上の最高責任者といえる社長兼演劇ディレクターはサーミではない。国立であっても株式会社である以上、劇場運営にあたっては、商業的な成功とサーミ文化の普及・啓発は分かちがたく結びついていると考えられる。そういった意味では、サーミでなくても劇場の運営を担う当事者としてサーミ文化の再生と復興の担い手となりうるということを示している。

　博物館と劇場に共通することとして、サーミの表象に関して伝統的なサーミの衣装や工芸品を主にしつつも、現代的なサーミ・アートへの意識が強い

ということである。とりわけフィンランドとノルウェーについては、現代的なサーミ・アート収集に余念がないことをふまえると、伝統的か現代的か（古いものか新しいものか）という観点へのこだわりはあまりうかがえない。博物館の主要な活動である展示がほぼ専門職員の裁量に任されていたことや、劇場の社長がサーミではない演劇ディレクターが担っていることから、クリエイティブな活動にも寛容な姿勢を持っているといえる。一方、こうして伝統的な、過去のものが色あせていき、クリエイティブな新しいもののほうに表象が偏っていく場合、先住民族・サーミとしての存在や価値をどう考えていけばよいかということは論点となるだろう。

　また博物館と劇場はサーミ文化をとおしてコミュニティをつなげる組織でもある。現代を生きるサーミの人々が自らのエスニック・アイデンティティを確認するとともに、非サーミの人々に対してもサーミの歴史やサーミ文化を啓蒙する機能も有している。そういった意味では、サーミと非サーミが共存する多文化共生社会のためのシステムとしてサーミ博物館や劇場は存在する必要がある。その際、新しい世代における共生社会の担い手を育成するため、子どもたちがサーミを知る機会を学校と連携した教育活動において実施する取り組みは有効であろう。こうした観点から文化の復興・維持・継承・発展・普及を担う役割のみならず、博物館や劇場が地域のなかで有する価値についても検討していく必要があるだろう。

注

1　ネイチャー・サービスとして、エクスカーションの計画をアドバイスしている。たとえば、クロスカントリーに関する最新かつ正確な情報提供やキャンプ地についての情報、釣りや狩猟、スノーモービルの許可を提供している。また、フィンランドのみならず北部ラップランドやノルウェー北部のトレイル、アウトドアについての情報提供も行っている（Tourist information Saariselkä 2017）。

（はじめに・第1・2・5節：新藤こずえ、第3・4節：佐々木千夏）

第3部

サーミの生活・意識と教育

第3部　サーミの生活・意識と教育　　163

第7章

スウェーデン・サーミの生活実態と
エスニック・アイデンティティ

新藤　慶

はじめに

　本章は、サーミの人々の生活と意識の現状について、生活実態とエスニッ
ク・アイデンティティに注目しながら明らかにすることを目的とする。先住
民族をめぐる問題を考える際、当事者であるサーミの人々がいかなる生活状
況にあり、どのような意識を持っているかが、今後の先住民政策を考えてい
くための出発点となるからである。

　サーミを扱った先行研究には一定の蓄積があり、日本語であらわされ
ているものも数多い。たとえば、これらの研究は、サーミ民族そのもの
や歴史を概観したもの（三上 2005; 庄司 1995, 2005; 月尾 2008a, 2008b; Vitebsky
1993=1995）、権利に関する法制度を検討したもの（櫻井 2003, 2004a; 吉村
1993）、とくに言語に関する法制度を扱ったもの（吉田 2005）、文化に関する
法制度を扱ったもの（吉田 2006）、言語を中心とした民族運動（サーミ語復興
運動など）に関するもの（水本 2004; 庄司 1991）、サーミをめぐる諸機関を扱っ
たもの（Ándde 2002=2008）、トナカイ飼育を扱ったもの（葛野 2005; 中田 2008）、
サーミの人々による文化の管理に着目したもの（葛野 2007）、教育制度やその
歴史を扱ったもの（長谷川 2009, 2012 ; 山川 2005）、福祉サービスを扱ったもの
（橋本 2000）といった形で整理できる。しかし、サーミの人々の生活や意識の
実態をうかがうことができるデータはほとんど含まれていない。また、英文
であらわされている文献も多いが、いずれもサーミの歴史や制度を中心とし
たものが多く（たとえば、Lehtola 2004; Solbakk ed. 2006; Kent 2014）、ここでも、
サーミの人々の生活状況や意識のあり方を把握することは難しい。

164　第7章　スウェーデン・サーミの生活実態とエスニック・アイデンティティ

　このような状況に対し、われわれはサーミの人々の生活や意識をつかむことができるデータの収集を行ってきた。とくにスウェーデンでは、サーミ議会有権者への郵送調査を実施した。ここでは、2009年のサーミ議会選挙の有権者で、スウェーデンに在住していた者7,510人から1,225人を抽出し、調査票を送付した。その結果、333通（有効回収率27.2%）のデータを回収できた。

　しかし、ノルウェー、フィンランドでは、個人情報保護の観点からサーミ議会での了承が得られず、同様の調査は実施できなかった。そこで、ここではスウェーデンの郵送調査をもとに分析を進める。

　その際、基本的な説明変数として、「居住地」と、「サーミ語力」の2つを掲げる。「居住地」については、「サーミ地域居住か否か」の2区分を設ける。スウェーデン政府は、スウェーデン最北端であるノールボッテン県のうち、キルナ、イェリヴァーレ、ヨックモック、アルィエプローグの4市をサーミ地域（Sápmi）として認定している。これらの地域でも、サーミ人口の比率は10%程度と決して高くはないが、スウェーデン全体に比べればその比率はかなり高いものと考えられる。サーミの人々に関わる諸機関の多くは、このサーミ地域に存在する。その点で、サーミ地域に居住しているのか、それ以外の地域に居住しているのかといった点は、サーミの人々の生活や意識に大きな影響をもたらすと考えられる。

　また、「サーミ語力」については、サーミの定義においてサーミ語力が重視されており、サーミとしての背景として重要な要素だと考えられる。また、人々の社会関係を成立させるコミュニケーション手段は言語を中心としたものとなっており（小内透 2005: 78）、その点でも言語に着目する意義は大きい。ここでは、サーミ語のなかでも、「北サーミ語話者」「北サーミ語以外のサーミ語話者」「非サーミ語話者」の3つに区分した。第1章にあるように、サーミ語のなかでも、北サーミ語の話者が最も多い。そのため、「サーミ語での対応」といった場合、多くは「北サーミ語」での対応となる。それゆえ、北サーミ語以外のサーミ語話者は、十分な対応を受けられない可能性がある。この点を検討するために、上記の3区分を用いる。なお、複数のサーミ語を話す者もいるが、北サーミ語のみ、もしくは北サーミ語に加えて他のサーミ語を話せる者を「北サーミ語話者」、北サーミ語は話せないが、これ以外のサー

第3部　サーミの生活・意識と教育　165

表7-1　居住地とサーミ語力

	北サーミ語話者	北サーミ語以外の サーミ語話者	非サーミ語話者	N
サーミ地域居住	50.0	19.2	30.8	78
サーミ地域外居住	17.2	27.3	55.5	238
合計	25.3	25.3	49.4	316

p=.000（χ^2検定）
注）1.　単位＝人、‰。
　　2.　実態調査より。
　　3.　不明・無回答を除く。

ミ語を1つ、ないし複数話せる者を「北サーミ語以外のサーミ語話者」、そしていずれのサーミ語も話せない者を「非サーミ語話者」とした。

　そこでまず、居住地とサーミ語力との関係を見ると、**表7-1**のとおりである。全体では、サーミ語話者と非サーミ語話者が半分ずつとなっている。サーミ社会ではサーミ語力を有することが重視されているが、実際にサーミ語力を持つ者は、サーミの半数にとどまっていることがわかる。

　ただし、サーミ地域では非サーミ語話者が3割にとどまっているものの、サーミ地域外では過半数が非サーミ語話者となっている。また、サーミ地域では半数が北サーミ語話者であるのに対し、サーミ地域外では北サーミ語以外のサーミ語話者の方が多くなっている。このことから、サーミ地域が、北サーミ語の地域でもあることがうかがえる。

第1節　サーミ集住地域における人々の生活実態

第1項　調査対象者の性別・年齢

　細かい分析に入る前に、調査対象者の性別と年齢を確認しておく。この点については、**表7-2、7-3**にまとめた通りである。これらを見ると、性別に関してはほぼ男女半々となっている。年齢層では、青年層（40歳未満）がやや少ないが、壮年層（40～50代）と老年層（60歳以上）はほぼ同数となっている。

　また、性別・年齢と居住地・サーミ語力には、とくに関連は生じていない。したがって、性別や年齢についての偏りを考慮しなくとも、居住地・サーミ

166 第7章 スウェーデン・サーミの生活実態とエスニック・アイデンティティ

表7-2 性別と居住地・サーミ語力

	サーミ地域居住	サーミ地域外居住	N	北サーミ語話者	北サーミ語以外の話者	非サーミ語話者	N
男	23.1	76.9	160	22.5	23.1	54.4	160
女	26.9	73.1	167	27.8	26.5	45.7	162
合計	25.1	74.9	327	25.5	24.8	50.0	322

居住地：p=.446（χ^2検定）、サーミ語力：p=.288（χ^2検定）
注）1. 単位＝人、‰。
　　2. 実態調査より。
　　3. 不明・無回答を除く。

表7-3 年齢層と居住地・サーミ語力

	サーミ地域居住	サーミ地域外居住	N	北サーミ語話者	北サーミ語以外の話者	非サーミ語話者	N
青年層	22.2	77.8	54	32.1	21.4	46.4	56
壮年層	26.3	73.7	133	25.6	25.6	48.8	125
老年層	25.0	75.0	140	22.0	25.5	52.5	141
合計	25.1	74.9	327	25.2	24.8	50.0	322

居住地：p=.842（χ^2検定）、サーミ語力：p=.675（χ^2検定）
注）1. 単位＝人、‰。
　　2. 実態調査より。
　　3. 不明・無回答を除く。
　　4. 青年層＝40歳未満、壮年層＝40〜50歳代、老年層＝60歳以上。

語力を見ていくことができる。

第2項　サーミ家族のサーミ語力

　それでは最初に、サーミ集住地域に暮らすサーミの人々の生活実態について確認する。ここでは、生活を構成する基本的な要素として、家族のサーミ語力、学歴、職業、所得の4要素を確認する。また、必要に応じて性別や年齢層による違いにも言及する。このうち、家族のサーミ語力・学歴・職業に関しては、過去の労働－生活史の中心を占めるものであり（小内透 2005: 65）、現在の労働－生活世界を構成する基本要素と捉えられる。

　家族歴については様々な把握の仕方がありうるが、ここでは家族のサーミ語力を取り上げ、「サーミ語にどれくらい触れられる家庭で育ったのか」という観点でおさえることとする。

　さらに、所得についても、労働－生活世界の存在論的基礎の重要な要素で

第3部　サーミの生活・意識と教育　167

（小内透 2005: 77)、労働−生活世界の観点からサーミの人々を把握する上では欠かせない。一方、高学歴化している現状では、職場・家族に次いで重要な生活の場となっている学校（小内透 2005: 65) や、同時世界の把握に大きな役割を果たすメディア（小内透 2005: 74) については、後続の章で詳しく検討している。

　まず、家族のサーミ語力について確認する。ここでは、**表7−4**に示したように、「父母＋祖父母がサーミ語話者」「父＋祖父母がサーミ語話者」「母＋祖父母がサーミ語話者」「祖父母がサーミ語話者」「父母のみサーミ語話者」「父のみサーミ語話者」「母のみサーミ語話者」「祖父母までは非サーミ語話者」の8つのカテゴリーに分類する。なお、父母についてはそれぞれがサーミ語話者であるかどうか、祖父母については、祖父母世代に1人でもサーミ語話者

表7-4　サーミ家族のサーミ語力

		父母＋祖父母がサーミ語話者	父＋祖父母がサーミ語話者	母＋祖父母がサーミ語話者	祖父母がサーミ語話者	父母のみサーミ語話者	父のみサーミ語話者	母のみサーミ語話者	祖父母までは非サーミ語話者	N
居住地	サーミ地域居住	44.3	12.9	18.6	10.0	2.9	1.4	-	10.0	70
	サーミ地域外居住	21.9	17.6	23.8	24.8	1.4	0.5	0.5	9.5	210
サーミ語力	北サーミ語話者	56.3	11.3	21.1	5.6	1.4	-	-	4.2	71
	北サーミ語以外話者	40.3	22.2	16.7	11.1	2.8	-	-	6.9	72
	非サーミ語話者	6.4	15.7	26.4	34.3	1.4	1.4	0.7	13.6	140
合計		27.6	16.3	22.6	21.2	1.8	0.7	0.4	9.5	283

居住地：p=.012（χ^2検定）、サーミ語力：p=.000（χ^2検定）
注) 1. 単位＝人、‰。
　　2. 実態調査より。
　　3. 不明・無回答を除く。

168　第7章　スウェーデン・サーミの生活実態とエスニック・アイデンティティ

がいるかどうかで把握した。「父母のみサーミ語話者」「父のみサーミ語話者」「母のみサーミ語話者」は、父母がサーミ語話者かどうかはわかるが、祖父母世代は1人もサーミ語話者が確認できない（非サーミ語話者か、不明・無回答）場合を指している。「祖父母までは非サーミ語話者」は、父母祖父母のうち、1人もサーミ語話者がおらず、1人以上非サーミ語話者の存在が確認できる場合に、ここに分類した[1]。

　これを見ると、「祖父母までは非サーミ語話者」は全体で9.5％と少なく、祖父母までの間には誰かしらサーミ語話者がいることがわかる。ただし、サーミ地域居住か否かで見ると、サーミ地域居住者では、「父母＋祖父母がサーミ語話者」が44.3％となっており、両親もサーミ語を話せるケースが多いのに対し、サーミ地域外居住者では21.9％と半分以下となっている。逆に、「祖父母がサーミ語話者」、つまり両親はサーミ語を話せないという者も24.8％と多くなっている。

　また、「父母＋祖父母がサーミ語話者」である者は、北サーミ語話者で56.3％、北サーミ語以外の話者で40.3％であるのに対し、非サーミ語話者では6.4％にとどまっている。一方、「祖父母のみサーミ語話者」は、北サーミ語話者で5.6％、北サーミ語以外の話者で11.1％にとどまっているのに対し、非サーミ語話者では34.3％となっている。これらのことは、サーミ地域外居住者や非サーミ語話者の家庭では、父母世代で、すでにサーミ語の継承ができていないケースが相対的に多いことを物語っている。

第3項　サーミの人々の学歴

　続いて、サーミの人々の最終学歴について見てみる。この点を、**表7-5**にまとめた。

　北欧はよく知られているように、就職後も再び学校で学ぶことでスキルアップを果たす「リカレント教育」が浸透している。そのため、最終学歴という考え方が日本ほどは重い意味を持たず、また人によっては複数の種類の学校に学ぶこともある。

　そこで表7-5では、学校階梯順に左から右に学校種を並べ、複数の学校に通った経験を持つ者は、最も右に位置する学校（≒最も高い学歴）に通った

第3部　サーミの生活・意識と教育　169

表7-5　サーミの人々の最終学歴

		就学経験なし	義務教育（サーミ向けのみ）	義務教育	高校	サーミ・ユニバーシティ・カレッジ	大学・大学院	N
居住地	サーミ地域居住	1.3	11.4	20.3	31.6	1.3	34.2	79
	サーミ地域外居住	2.7	1.8	22.5	35.1	-	37.8	222
サーミ語力	北サーミ語話者	1.3	13.0	16.9	37.7	1.3	29.9	77
	北サーミ語以外話者	-	2.7	23.0	35.1	-	39.2	74
	非サーミ語話者	4.1	0.7	25.0	32.4	-	37.8	148
合計		2.3	4.3	21.9	34.2	0.3	36.9	301

居住地：p=.006（x^2検定）、サーミ語力：p=.002（x^2検定）
注）1. 単位＝人、％。
　　2. 実態調査より。
　　3. 不明・無回答を除く。

ものと把握して集計した。この結果を見ると、全体としては、「大学・大学院」が最も多く 36.9％、次いで「高校」が 34.2％ となっている。ノルウェーの「サーミ・ユニバーシティ・カレッジ」は 0.3％ にとどまっているが、これをあわせると 37.2％ が高等教育修了者であることがわかる。

　サーミ地域居住か否かで見ると、サーミ地域外居住者で、やや学歴が高くなっているのがわかる。また、サーミ向けの学校のみで義務教育を終えた者がサーミ地域居住者では 11.4％ だが、サーミ地域外居住者では 1.8％ にとどまっている。また、サーミ学校やノマド学校で学んだ経験（「卒業した」＋「途中でやめた」）については、以下のとおりである。

「サーミ学校（〜中級学年）」
　・サーミ地域居住：14.1％　サーミ地域外居住：5.5％（p=.025（x^2検定））
　・北サーミ語話者：14.3％　北サーミ語以外話者：13.5％　非サーミ語話者：2.1％　　　　　　　　　　　　　　　　　　　　（p=.002（x^2検定））
　・青年層：12.5％　壮年層：7.1％　老年層：6.5％（p=.431（x^2検定））

170　第7章　スウェーデン・サーミの生活実態とエスニック・アイデンティティ

「サーミ学校（上級学年）」
- サーミ地域居住：14.1%　サーミ地域外居住：5.4%（p=.012（x^2検定））
- 北サーミ語話者：13.0%　北サーミ語以外話者：14.9%　非サーミ語話者：2.0%（p=.004（x^2検定））
- 青年層：12.5%　壮年層：6.3%　老年層：7.2%（p=.225（x^2検定））

「ノマド学校」
- サーミ地域居住：23.1%　サーミ地域外居住：8.2%（p=.001（x^2検定））
- 北サーミ語話者：22.1%　北サーミ語以外話者：18.9%　非サーミ語話者：3.4%（p=.000（x^2検定））
- 青年層：3.6%　壮年層：7.1%　老年層：20.3%（p=.002（x^2検定））

　ノマド学校については、現在は存在していないことから、老年層での通学経験者が多い。一方、サーミ地域に居住している者は、サーミ向けの教育機関で学ぶケースが相対的に多いことがわかる。また、サーミ語話者は、北サーミ語であるか否かを問わず、相対的にサーミ向け教育機関で勉強したという割合が高い。この点で、サーミ向け教育機関がサーミ語力の獲得に一定の効果を持っていると考えられる。

　なお、OECD の 2015 年のデータで、25 ～ 64 歳の高等教育修了者比率を見ると、スウェーデンでは 39% となっている（OECD 2016a: 41）。学歴水準は、一般のスウェーデン国民と比べても、ほぼ同程度だと捉えられる。

第4項　サーミの人々の職業

　サーミの人々の職業については、**表7−6**に掲げたように、「その他」（21.0%）や「無職」（16.8%）が多く、今回のデータでは十分な把握が難しい。しかし、これら以外で見ると、「公務員」が最も多く 10.2%、次いで、「自営業」が 8.3%、「トナカイ飼育」が 7.3% となっている。

　「公務員」に関しては、他に公務員的な位置づけだと考えられるものとして、「教員」（7.0%）、「看護師」（6.0%）、「保育士」（1.3%）があがっている。これらをあわせると、約4分の1が公務員的な仕事に従事していることがわかる。

　ただし、もともと北欧の国々は、日本に比べて公務員の比率が高い。国

第3部　サーミの生活・意識と教育　171

際的な継続的共同調査である ISSP（International Social Survey Programme）の
2012 年データでは、「官公庁などの公的機関で働いている（いた）者の比率」
は、スウェーデンでは 42.6％ となっている（本川 2015）。このことと照らし
合わせると、全国水準を下回っている。

　一方、スウェーデンとノルウェーでは、トナカイ飼育はサーミの人々に限っ
て認められている（櫻井 2004a: 220; Carstens 2016: 80）。その点で、サーミなら
ではの職業といえるトナカイ関連の仕事については、「トナカイ飼育」のほ
かに、「トナカイ角の加工」（2.5％）、「トナカイ食肉加工」（0.3％）があり、こ
れらをあわせるとほぼ 10％ がトナカイ業に従事しているといえる。これは、
サーミは現在ではすべての仕事の領域で活動しており、トナカイ飼育の領域
で働いているのは約 10％ だとする先行研究と重なる（Carstens 2016: 76）。

　性別で見ると、男性では「トナカイ飼育」が最も多く 12.8％、次いで「自営
業」が 8.3％、「会社の管理職」が 7.1％ と続く。「トナカイ飼育」「トナカイ角
の加工」「トナカイ食肉加工」をあわせると 17.9％ となり、トナカイ業が 2 割
弱となることがわかる。一方、女性では、「公務員」が最も多く 15.7％、以下、
「教員」が 11.3％、「看護師」が 9.4％ となっている。これら上位 3 つに「保育
士」もあわせると 38.3％ となり、スウェーデンの公的機関で就労している者
の割合とかなり近くなる。その点で、女性においてはほぼスウェーデン全体
と同様の職業構成となっている反面、男性ではサーミに認められたトナカイ
業に従事するケースが少なくないことがうかがえる。

　年齢層で見ると、青年層では「公務員」「会社の技術職」「トナカイ業」がと
もに 9.4％ となっている。壮年層では、「公務員」（15.7％）、「教員」「看護師」（と
もに 9.4％）が多い。老年層では、やはり「無職」が 31.1％ と多く、他は「自営業」
（11.1％）、「トナカイ飼育」（8.1％）と続く。性別と年齢の間には有意差はない
ことから、現役時代は公的機関や民間企業で働き、60 歳を迎えて一線を退
いた後に、家業といったような形でトナカイ業や自営業に従事する者が多く
なるものと考えられる。

　一方、意外なことに、居住地については、有意差は生じていなかった。こ
れに対し、サーミ語力については、弱い有意差が生じていた。サーミ語力別
に見ると、「公務員」＋「教員」＋「看護師」＋「保育士」の割合が、北サーミ語

表7-6　性別・年齢・サーミ語力別に見たサーミの人々の職業

		公務員	保育士	教員	会社の管理職	会社の事務や営業職	会社の技術職	工員	銀行員	医師	看護師	研究職	農業	トナカイ飼育	トナカイ角の加工	トナカイ食肉加工	店員・販売員	自営業	その他	無職	N
性別	男	4.5	0.6	2.6	7.1	3.8	5.8	3.2	1.3	-	2.6	0.6	3.8	12.8	4.5	0.6	0.6	8.3	19.2	17.9	156
	女	15.7	1.9	11.3	1.9	1.9	2.5	-	-	0.6	9.4	0.6	1.3	1.9	0.6	-	3.8	8.2	22.6	15.7	159
年齢	青年	9.4	3.8	1.9	3.8	7.5	9.4	1.9	-	-	1.9	-	-	9.4	1.9	-	3.8	5.7	34.0	5.7	53
	壮年	15.7	1.6	9.4	6.3	3.1	3.9	1.6	0.8	0.8	9.4	0.8	2.4	5.5	2.4	0.8	2.4	6.3	19.7	6.3	127
	老年	5.2	-	6.7	3.0	0.7	2.2	-	-	-	-	-	4.4	3.7	8.1	-	1.5	11.1	17.0	31.1	135
サーミ語力	北	7.8	1.3	10.4	3.9	2.6	2.6	-	-	-	7.8	-	1.3	14.3	1.3	1.3	2.6	5.2	19.5	18.2	77
	北以外	9.5	-	9.5	2.7	4.1	2.7	2.7	-	-	4.1	2.7	1.4	12.2	6.8	-	2.7	4.1	23.0	12.2	74
	非	10.4	-	4.5	5.8	2.6	5.8	1.3	0.6	-	5.8	-	-	3.2	-	-	1.3	11.0	21.4	18.8	154
合計		10.2	1.3	7.0	4.4	2.9	4.1	1.6	0.6	0.3	6.0	0.6	2.5	7.3	2.5	0.3	2.2	8.3	21.0	16.8	315

性別：p=.000（χ^2検定）、年齢：p=.000（χ^2検定）、サーミ語力：p=.057（χ^2検定）

注）1. 単位＝人、％。
　　2. 実態調査より。
　　3. 不明・無回答を除く。

話者で27.3％、北サーミ語以外の話者で23.1％、非サーミ語話者で22.6％となっていた。一方、「トナカイ飼育」＋「トナカイ角の加工」＋「トナカイ食肉加工」の割合が、北サーミ語話者で16.9％、北サーミ語以外の話者で19.0％、非サーミ語話者で3.2％となっていた。これを見ると、公務員関係でも、トナカイ業関係でも、サーミ語力がある者の方で割合が高いことがわかる。公的機関ではサーミ語での対応が求められることから、サーミ語力が公務員関係に従事する際にも有利に働く側面があるのかもしれない。非サーミ語話者の場合は、「自営業」(11.0％)、「会社の管理職」(5.8％)、「会社の技術職」(5.8％)など、民間セクターへ従事する者が多くなっている。

第3部 サーミの生活・意識と教育 173

第5項　サーミの人々の所得

　しかし、所得については、サーミ語力では有意差が生じておらず、居住地の方で有意差が見られた。この点を**表7－7**に掲げた。それぞれのカテゴリーの中央値（「80万SEK以上」については「85万SEK」）を用いて便宜的に平均世帯年収を算出したところ、全体では44.5万SEKとなった。調査を行った2014年の平均が1 SEK＝15.04円であった[2]ことから、約669.3万円ということになる。とくに、サーミ地域よりも、むしろサーミ地域外居住者の方で世帯年収が低く、4.4万SEK（約66.2万円）の差が生じていた。

　次に、個人年収を職業別に見たものを**表7－8**に掲げた。これを見ると、全体の平均は28.3万SEK（約425.6万円）となっている。OECDが公表している全世帯の1人当たり可処分所得を見ると（OECD 2016b）、スウェーデン（2014年）は29,619.37米ドルで、2014年は平均1ドル＝104.85円であったことから、スウェーデンの平均は約310.6万円と計算できる。ただし、今回の調査データは税込額を尋ねている。北欧諸国では、20～30％程度の所得税が課せられるため（財務省 2016）、その分を差し引けば、全国平均とほぼ同水準

表7-7　サーミの人々の世帯年収

	10万SEK未満	10～20万SEK未満	20～30万SEK未満	30～40万SEK未満	40～50万SEK未満	50～60万SEK未満	60～70万SEK未満	70～80万SEK未満	80万SEK以上	N	平均
サーミ地域居住	11.1	11.1	4.8	17.5	1.6	15.9	12.7	9.5	15.9	63	47.9万SEK
サーミ地域外居住	6.1	11.3	12.7	17.0	15.6	16.0	5.7	3.8	11.8	212	43.5万SEK
合計	7.3	11.3	10.9	17.1	12.4	16.0	7.3	5.1	12.7	275	44.5万SEK

p=.013（χ^2検定）
注）1.　単位＝人、％。
　　2.　実態調査より。
　　3.　不明・無回答を除く。

174　第7章　スウェーデン・サーミの生活実態とエスニック・アイデンティティ

表7-8　職業別に見たサーミの人々の個人年収

	10万SEK未満	10～20万SEK未満	20～30万SEK未満	30～40万SEK未満	40～50万SEK未満	50～60万SEK未満	60～70万SEK未満	70～80万SEK未満	80万SEK以上	N	平均
公務員	-	10.0	13.3	46.7	16.7	6.7	6.7	-	-	30	36.7万SEK
保育士	-	25.0	75.0	-	-	-	-	-	-	4	22.5万SEK
教員	-	10.0	50.0	35.0	-	5.0	-	-	-	20	29.0万SEK
会社の管理職	7.1	14.3	-	21.4	-	21.4	-	14.3	21.4	14	50.7万SEK
会社の事務や営業職	-	-	22.2	33.3	33.3	11.1	-	-	-	9	38.3万SEK
会社の技術職	7.7	15.4	-	15.4	46.2	-	-	7.7	7.7	13	41.2万SEK
工員	25.0	-	25.0	50.0	-	-	-	-	-	4	25.0万SEK
銀行員	-	-	-	50.0	-	-	50.0	-	-	2	50.0万SEK
医師	-	-	-	-	-	-	-	-	100.0	1	85.0万SEK
看護師	5.3	10.5	26.3	36.8	10.5	10.5	-	-	-	19	31.8万SEK
研究職	-	50.0	-	50.0	-	-	-	-	-	2	25.0万SEK
農業	25.0	25.0	-	37.5	12.5	-	-	-	-	8	23.8万SEK
トナカイ飼育	40.0	40.0	10.0	10.0	-	-	-	-	-	20	14.0万SEK
トナカイ角の加工	28.6	14.3	28.6	28.6	-	-	-	-	-	7	20.7万SEK
店員・販売員	-	-	60.0	20.0	20.0	-	-	-	-	5	31.0万SEK
自営業	16.0	32.0	20.0	12.0	16.0	4.0	-	-	-	25	24.2万SEK
その他	8.2	19.7	29.5	27.9	9.8	4.9	-	-	-	61	27.6万SEK
無職	14.3	59.5	11.9	9.5	-	4.8	-	-	-	42	18.6万SEK
合計	10.8	24.1	21.0	25.2	9.8	5.2	1.0	1.0	1.7	286	28.3万SEK

p=.000（χ^2検定）

注）　1．単位＝人、‰。
　　　2．実態調査より。
　　　3．不明・無回答を除く。「トナカイ食肉加工」は、いずれも個人年収が不明。

第3部　サーミの生活・意識と教育　175

と受けとめることができる。

　ただし、職業別に見れば、大きな所得格差がある。人数が少ない職業については、一般的な状況を把握するのは難しいが、人数が多いところでは、「公務員」は平均 36.7 万 SEK（約 552.0 万円）、「教員」は平均 29.0 万 SEK（約 436.2 万円）、「看護師」は平均 31.8 万 SEK（約 478.3 万円）など 30 万 SEK 前後となっており、個人収入としては比較的安定した水準にあるものと思われる。これに対し、「トナカイ角の加工」は平均 20.7 万 SEK（約 311.3 万円）、「トナカイ飼育」にいたっては平均 14.0 万 SEK（約 210.6 万円）と、ここに掲げたすべてのカテゴリーのなかで最も低い水準にある（「トナカイ食肉加工」は、個人年収が不明であった）。

　このことから、サーミの人々の職業として目立つ公務員関係とトナカイ業関係については、その所得水準からすれば大きな開きがあることがわかる。トナカイ業だけで生計を立てることは、かなり難しい状況にあるものと考えられる。

第2節　不公平に関する意識と被差別経験

第1項　不公平に関する意識

　前節で見たように、サーミの人々の学歴水準はスウェーデンの一般的な水準と同程度であった。また、所得水準で見ても、ほぼ同程度と受けとめられる。ただし、公務員関係に就く者の割合は低かった。さらに、トナカイ業に従事する者は、厳しい生活状況に置かれていた。この点は、サーミというエスニック・マイノリティが不公平な状況に置かれているとも捉えられる。

　実際、スウェーデン社会に「人種・民族による不公平」が存在すると考える者は、8 割以上にのぼる（**表7−9**）[3]。これを居住地別に見ると、サーミ地域居住者の方が「ない」（＝「あまりない」＋「ない」）とする者が若干多い（19.2％）。一方、サーミ語力で見ると、非サーミ語話者で「ない」とする者が若干多い（17.1％）。これらをふまえると、サーミ地域外で暮らす方が人種・民族による不公平を感じる機会が多く、サーミ語力がある者の方が人種・民族による不公平を認識しやすいということがうかがえる。

176 第7章 スウェーデン・サーミの生活実態とエスニック・アイデンティティ

表 7-9 スウェーデン社会における「人種・民族による不公平」についての意識

		大いにある	ある	あまりない	ない	N
居住地	サーミ地域居住	42.5	38.4	15.1	4.1	73
	サーミ地域外居住	34.4	53.1	12.5	-	224
サーミ語力	北サーミ語話者	41.1	49.3	9.6	-	73
	北サーミ語以外話者	45.3	40.0	14.7	-	75
	非サーミ語話者	28.1	54.8	14.4	2.7	146
合計		36.4	49.5	13.1	1.0	297

居住地：p=.005（χ^2 検定）、サーミ語力：p=.059（χ^2 検定）
注）1. 単位＝人、‰。
　　2. 実態調査より。
　　3. 不明・無回答を除く。

第2項 サーミの人々の被差別経験

　このような人種・民族による不公平感は、被差別経験とも関連があると考えられる。そこで、被差別経験を**表7-10**にまとめた。これを見ると、「ある」とする者は 32.3％、「自分に対してはないが他の人が受けたことを知っている」とする者が 14.1％ となっている。一方、「ない」と「わからない」をあわせると過半数となっており、サーミであれば誰でもが被差別経験にさらされているというわけではない。

　とくに非サーミ語話者では、自身と他者の被差別経験をあわせても、37.8％にとどまっている。居住地による有意差はないので、普段の生活圏での環境によって被差別経験が左右されるわけではない。

　そこで、実際に差別された場面を**表7-11**に掲げた。これを見ると、自分自身、他の人も、「学校で」が最も多く6割前後、次いで「行政から」が3〜4割、「恋人、友人らとの交際のことで」が2割台となっている。具体的な被差別経験の場面の最も大きなものが「学校」であることは、日本のアイヌの人々と共通（佐々木 2016）しており、先住民の差別を考える上で重要なポイントとなるだろう。

第3部　サーミの生活・意識と教育　177

　そのため、改めて学歴と被差別経験との関連を見たところ、一定のつなが
りが見出された。この点をまとめた**表7-12**を見ると、「義務教育 (サーミ向
けのみ)」で61.5％が、自身に被差別経験があるとしていることが目を引く。

　なお、アイヌの人々の被差別経験で見られた性別や年齢層の違いを検討し
たところ、サーミの人々では有意差は見出されなかった。サーミの人々の場
合、性別やある時代に特有の被差別経験があるというわけではないようであ
る。

　これらのことをふまえると、サーミ語を話せるということは、逆にスウェー
デン語が十分ではないことにつながる場合もあり、そのことがからかいや差
別につながるという可能性が指摘できる。また、スウェーデン語力を十分に
保持していたとしても、サーミ語話者であることが自身の「サーミ性」を可
視化させることになり、非サーミの人々から排除されることにもつながると
考えられる。さらに、サーミ向けの教育機関だけに通った場合にも、「サー
ミ性」を表出することになるものと思われる。逆に、サーミであってもサー
ミ語力がない、あるいはサーミ向けの教育機関に通わない者は、他者から
「サーミ性」が認識されず、差別的取り扱いがされにくいという状況がある
のかもしれない。

表7-10　サーミ語力別に見た被差別経験

	ある	自分に対してはないが 他の人が受けたことを知っている	ない	わからない	N
北サーミ語話者	47.5	13.8	33.8	5.0	80
北サーミ語以外話者	44.3	19.0	32.9	3.8	79
非サーミ語話者	18.8	19.0	63.7	5.6	160
合計	32.3	14.1	48.6	5.0	319

p=.000　(χ^2検定)
注)　1.　単位＝人、％。
　　　2.　実態調査より。
　　　3.　不明・無回答を除く。

178 第7章 スウェーデン・サーミの生活実態とエスニック・アイデンティティ

表7-11 差別された場面（複数回答）

単位：人、％

	自分自身		他の人	
就職の時	6	5.8%	7	9.6%
職場で	14	13.6%	11	15.1%
結婚のことで	3	2.9%	5	6.8%
学校で	68	66.0%	42	57.5%
恋人、友人らとの交際のことで	24	23.3%	20	27.4%
行政から	32	31.1%	31	42.5%
その他	15	14.6%	16	21.9%

＊差別を受けた経験が「ある」もしくは「自分に対してはないが、他の人が受けたことを知っている」者
注）新藤こずえ（2015: 36）より。

表7-12 学歴別に見た被差別経験

	ある	自分に対してはないが他の人が受けたことを知っている	ない	わからない	N
修学経験なし	-	15.1	57.1	28.6	7
義務教育（サーミ向けのみ）	61.5	-	30.8	7.7	13
義務教育	34.8	15.9	46.4	2.9	69
高校	24.3	12.6	56.3	6.8	103
サーミ大学・大学院	100.0	-	-	-	1
大学・大学院	33.9	18.8	43.8	3.6	112
合計	32.3	14.1	48.6	5.0	319

p=.041（χ^2検定）
注）1. 単位＝人、％。
  2. 実態調査より。
  3. 不明・無回答を除く。

第3節 サーミとしてのエスニック・アイデンティティ

第1項 被差別経験とエスニック・アイデンティティ

　一方、サーミの人々への差別がなされること自体は解決されるべき問題ではあるが、被差別経験がサーミとしてのエスニック・アイデンティティを強

第3部　サーミの生活・意識と教育　179

表7-13　被差別経験別に見たサーミとしての現在の意識

	つねに意識している	意識することが多い	時々意識する	まったく意識しない	N
ある	80.4	15.7	2.9	1.0	102
自分に対してはないが他の人が受けたことを知っている	72.3	19.1	8.5	-	47
ない	51.6	26.7	19.9	1.9	161
わからない	41.2	35.3	17.6	5.9	17
合計	63.6	22.6	12.8	1.5	327

p=.000（χ^2検定）
注）1.　単位＝人、‰。
　　2.　実態調査より。
　　3.　不明・無回答を除く。

表7-14　被差別経験別に見たサーミとしての今後の意識

	サーミとして積極的に生活したい	とくに民族は意識せずに生活したい	極力サーミであることを知られずに生活したい	その他	N
ある	84.6	8.7	1.9	4.8	104
自分に対してはないが他の人が受けたことを知っている	82.6	15.2	2.2	-	46
ない	52.3	41.9	-	5.8	155
わからない	50.0	37.5	-	12.5	16
合計	67.0	27.1	0.9	5.0	321

p=.000（χ^2検定）
注）1.　単位＝人、‰。
　　2.　実態調査より。
　　3.　不明・無回答を除く。

める側面も見出される。サーミとしてのエスニック・アイデンティティ自体は、「つねに意識している」という者が63.6％と最も多く、「意識することが多い」も22.6％となっている（**表7-13**）。逆に「まったく意識しない」は1.5％にとどまっており、サーミの人々は全体としてかなり高い程度でサーミとしてのアイデンティティを保持していることがわかる。

　さらに、これを被差別経験別に見ると、「ない」とする者では「つねに意識している」が51.6％にとどまるものの、「自分に対してはないが他の人が受

180　第7章　スウェーデン・サーミの生活実態とエスニック・アイデンティティ

けたことを知っている」では72.3％、自分自身に被差別経験が「ある」場合には80.4％と、被差別経験が自身に近いところで生じているほど、強くエスニック・アイデンティティを持つことがうかがえる。また、今後の意識についても、自分自身や他者の被差別経験を有する者では「サーミとして積極的に生活したい」とする者が8割以上となっている（表7-14）。

　これらのことから被差別経験が、逆にサーミとしてのエスニック・アイデンティティを高める状況が見出される。

第2項　居住地・サーミ語力とエスニック・アイデンティティ

　一方、居住地については、サーミ地域居住者で、サーミとしてのアイデンティティが若干強まる傾向が見られる（表7-15）。サーミ地域居住者では「まったく意識しない」が存在しないことから、サーミ地域では、サーミであることをつねに意識させられる状況にあるものと捉えられる。

　ただし、今後の意識については、有意差は存在しない。現在の意識についても5％水準でギリギリの有意差であり、それほど強いものとはいえない。これらの点で、サーミとしてのエスニック・アイデンティティは、居住地域にはあまり左右されない状況が浮かび上がる。

　これと対照的に大きな影響力が見られるのが、サーミ語力である。改めて表7-15を見ると、サーミ語話者では、「つねに意識している」の割合が8割を超えているのに、非サーミ語話者では4割超にとどまっている。

　また、今後の意識を見ると、「サーミとして積極的に生活したい」が、サーミ語話者では8割前後であるのに対し、非サーミ語話者では半数程度にとどまっている（表7-16）。前項で、非サーミ語話者は他者から見た場合、「サーミ性」が相対的に可視化されにくいのではないかと書いたが、この可視化のされにくさは、自身で振り返る場合にもあてはまるものと捉えられる。「サーミ語力がない」ということは、周囲だけでなく、自身にも「サーミであること」を自覚させにくくする効果があるものと考えられる。

　さらに、同じサーミ語話者でも、北サーミ語以外の話者の方が、現在についても、今後についても、サーミとしてのエスニック・アイデンティティを強く持っていることもうかがえる。北サーミ語中心であるなかで、サーミ社

第3部　サーミの生活・意識と教育　181

表7-15　居住地・サーミ語力別に見たサーミとしての現在の意識

		つねに意識している	意識することが多い	時々意識する	まったく意識しない	N
居住地	サーミ地域居住	71.6	23.5	4.9	-	81
	サーミ地域外居住	60.7	22.1	15.2	2.0	244
サーミ語力	北サーミ語話者	80.2	13.6	6.2	-	81
	北サーミ語以外話者	87.3	8.9	3.8	-	79
	非サーミ語話者	43.8	33.8	19.4	3.1	160
	合計	63.4	22.5	12.6	1.5	325

居住地：p=.048（χ^2検定）、サーミ語力：p=.000（χ^2検定）
注）1. 単位＝人、‰。
　　2. 実態調査より。
　　3. 不明・無回答を除く。

表7-16　サーミ語力別・性別に見たサーミとしての今後の意識

		サーミとして積極的に生活したい	とくに民族は意識せずに生活したい	極力サーミであることを知られずに生活したい	その他	N
サーミ語力	北サーミ語話者	76.6	18.2	2.6	2.6	77
	北サーミ語以外話者	89.6	9.1	-	1.3	77
	非サーミ語話者	51.9	38.8	1.3	8.1	160
性別	男	65.0	31.9	1.9	1.3	160
	女	68.7	22.1	0.6	8.6	163
	合計	66.9	26.9	1.2	5.0	323

サーミ語力：p=.000（χ^2検定）、性別：p=.005（χ^2検定）
注）1. 単位＝人、‰。
　　2. 実態調査より。
　　3. 不明・無回答を除く。

会内でも、自分たちの存在を強く意識させられているものと受けとめられる。

　そのほか、エスニック・アイデンティティを規定する要因を見ると、年齢層については、有意差は生じていなかった。性別については、現在の意識については有意差が生じておらず、今後の意識については男性で「とくに民族は意識せずに生活したい」がやや多くなっていた（表7－16）。これまで見た範囲では、性別の違いは職業にしか見出せていない（表7－6）。ここをふまえれば、男性では「自営業」や「会社の管理職」に従事する者がやや多かったことから、客商売や民間企業での就労においては「サーミ性」を積極的に発揮しない方が望ましいという考え方があるのかもしれない。

182　第7章　スウェーデン・サーミの生活実態とエスニック・アイデンティティ

第4節　サーミ政策の評価とトナカイ・サーミ中心政策の問題

第1項　サーミ政策の評価

　このようなサーミ社会内の多様性については、サーミ政策をめぐる評価か
らもうかがうことができる。

　そこでまず、サーミの人々が望んでいるサーミ政策について概観したい。
この点をまとめた**表7−17**から全体の状況を見ると、「重要」（＝「とても重要」
＋「ある程度重要」）だとする者の割合が高いのは、「B) サーミ語、サーミ文化
を守るべき」（92.6%）、「A) サーミへの差別が起こらない社会をつくるべき」
（91.9%）、「G) サーミに関する正しい理解を促進すべき」（89.2%）であること
がわかる。他の項目でも、ほぼ6割以上が「重要」としているけれども、と
くに「サーミ語・サーミ文化の保持」、「サーミへの差別解消」とそのための
「サーミ理解の促進」がサーミの人々からとくに求められていることがわかる。

　これらの3項目について居住地、サーミ語力別に検討してみると、「G) サー
ミに関する正しい理解を促進すべき」では、一定の差が見られた（**表7−18**）。
これを見ると、サーミ地域外に暮らしている者の方が、やや強く「サーミに
関する正しい理解を促進すべき」と考えていることがわかる。一方、サーミ
語力については、サーミ語話者がこの項目を重要と答える程度が高いことが
見て取れる。「B) サーミ語、サーミ文化を守るべき」については有意差が生じ
ていなかった（居住地：p=.317（χ^2検定）、サーミ語力：p=.283（χ^2検定））。また、
「A) サーミへの差別が起こらない社会をつくるべき」については、サーミ語
力で有意差が生じており（居住地：p=.452（χ^2検定）、サーミ語力：p=.024（χ^2
検定））、やはりサーミ語話者で「サーミへの差別が起こらない社会をつくる
べき」とする者が多かった。また、「G) サーミに関する正しい理解を促進す
べき」でも「A) サーミへの差別が起こらない社会をつくるべき」でも、若干
の差ではあるが、北サーミ語話者より、北サーミ語以外の話者の方がより強
く意識していることがうかがえた。

第3部 サーミの生活・意識と教育 183

表7-17 スウェーデン政府のサーミ政策としての重要性

	とても重要	ある程度重要	あまり重要でない	まったく重要でない	N
A）サーミへの差別が起こらない社会をつくるべき	63.5	28.4	5.8	2.3	310
B）サーミ語、サーミ文化を守るべき	67.2	25.4	6.1	1.3	311
C）サーミに対して雇用政策を拡充するべき	33.6	34.6	25.8	6.1	295
D）サーミへの教育支援を拡充するべき	37.3	41.0	16.7	5.0	300
E）サーミに対する経済的援助を拡充すべき	26.3	31.7	32.8	9.2	293
F）サーミの土地・資源に対する補償をするべき	52.1	27.9	10.5	9.5	305
G）サーミに対する正しい理解を促進すべき	62.1	27.1	8.2	2.6	306
H）サーミ議会の権限を拡大すべき	38.8	31.4	23.4	6.4	299
I）国家予算のうち、サーミ関連予算を増やすべき	35.4	31.6	22.6	10.4	288
J）ILO169号条約を批准し、サーミの先住民族としての権利を認めるべき	57.1	23.1	10.6	9.2	303

注）1. 単位＝人、％。
　　2. 実態調査より。
　　3. 不明・無回答を除く。

表7-18 居住地・サーミ語力別に見た「G）サーミに関する正しい理解を促進すべき」
についての意識

		とても重要	ある程度重要	あまり重要でない	まったく重要でない	N
居住地	サーミ地域居住	62.3	22.1	9.1	6.5	77
	サーミ地域外居住	62.5	28.6	7.6	1.3	224
サーミ語力	北サーミ語話者	73.7	17.1	5.3	3.9	76
	北サーミ語以外話者	75.3	16.9	3.9	3.9	77
	非サーミ語話者	50.3	36.6	11.7	1.4	145
合計		62.5	26.9	8.0	2.7	301

居住地：p=.079（χ²検定）、サーミ語力：p=.000（χ²検定）
注）1. 単位＝人、‰。
　　2. 実態調査より。
　　3. 不明・無回答を除く。

第2項　トナカイ・サーミ中心政策の問題

　ただし、これらのサーミ政策が、トナカイを飼育しているサーミを中心に策定されてきた側面も見出される。そして、「サーミ＝トナカイ飼育」という外部から設定される図式への違和感を覚えるサーミも少なくないことが、自由記述のデータからは見出される。

　ノルウェーとスウェーデンではトナカイ飼育はサーミに限定されているが、サーミであればすべてがトナカイ飼育をしているというわけではない。森のサーミや海辺のサーミなども存在する。今回の調査データでも、「トナカイ業」を主たる職業としている者は 10% にとどまっている（第1節第4項）。また、採集や漁労と、トナカイ飼育という主たる生業の違いにより、土地や資源をめぐって、トナカイ・サーミと非トナカイ・サーミとの間に対立が生じてきた歴史もある（庄司 1991: 871）。

　しかし、サーミの外部からサーミを眺めた場合、最も象徴的で可視的なのはトナカイ・サーミである[4]。そのため、「サーミの権利」を考えるといっても、それは「トナカイ・サーミの権利」になりがちな部分がある。それゆえ、非トナカイ・サーミはこうした現状に違和感を覚えているものと考えられる。つまり、サーミであるがゆえの不公平を感じていても、サーミの権利として回復されるものがトナカイ・サーミの権利でしかないならば、それらの権利の向上を重視するということにはなりにくいということである。

　実際、今回の調査の自由記述を見ても、「トナカイ・サーミだけがサーミではない」といった趣旨の記述が多数寄せられた。主なものを3点ほど掲げておく。

- トナカイ飼育業に対する注目が大きすぎると思う。スウェーデンに住むサーミの大半はトナカイを飼育していない。狩猟や釣り、サーミ手工業も、トナカイ飼育業と同じくらい大事なサーミ文化の「魂」である。
- ノルウェーの方がスウェーデンよりもよいサーミ政策を有していると考える。スウェーデンでは、トナカイ業法により、サーミをトナカイ飼育業に携わっている者とそうでない者に分類することが多い。そし

第3部　サーミの生活・意識と教育　185

て、トナカイ飼育者がサーミであるという概念が、サーミ及びその他の
スウェーデン人の間に強く根づいている。トナカイ飼育者は、そうでな
い者よりも「よりサーミ」であると見なされる。（中略）サーミ自身ですら、
スウェーデン人のサーミ観を身につけてしまっており、それがその他の
先住民族と同じく、「サーミ政策の大切な要素」になってしまっている。
脱植民地化とは、とくに思考の脱植民地化を指すもので、入植者が持つ
サーミ観から自由になることである。たとえば、マスコミにおいて、「サー
ミ」は「トナカイ飼育業者」と同意語として使用されている。

・私はトナカイを持たないサーミである。狩りや釣りをするサーミである。
トナカイを有していない私たちサーミは、スウェーデン国から、そして
県行政庁やトナカイ業法といった当局から大きな差別を受ける。この差
別は、トナカイを持っているサーミによって自分たちの経済的有利にな
るよう利用される。

　サーミへの同化政策をとってきたノルウェーとは対照的に、スウェーデン
ではトナカイ飼育を行うマイノリティのみをサーミとし、その存在を分離す
る政策をとってきた。このことが、「サーミ＝トナカイ飼育」という図式を強
固なものとした。その結果、サーミ内にトナカイ・サーミと非トナカイ・サー
ミとの間の差異が存在し、非トナカイ・サーミの側からすれば、それは自
分たちの立場をさらに劣位に置くものと受けとめられていることがわかる[5]。
そのこともあってか、**表7－19** から国外の連携に関わって掲げた「サーミ以
外の先住民族と共同する」についての回答を見ると、トナカイを飼っていな
いサーミでは「サーミ以外の先住民族と共同する」を選ぶ者の割合が高くなっ
ている。このことは、うがった見方かもしれないが、非トナカイ・サーミか
らすると、同じサーミではあっても権利の保障状況が異なるトナカイ・サー
ミと連携するよりも、むしろ他の先住民族と共同して先住民族全体の権利向
上を図る方が望ましいとの考えがあることを示しているのかもしれない。も
ちろん、調査では「トナカイ飼育者とトナカイを飼育していない人は、より
よい協力体制を持つべきだ」という声も聞かれたが、トナカイ・サーミと非
トナカイ・サーミの間には、大きな壁が存在するようである。

186 第7章 スウェーデン・サーミの生活実態とエスニック・アイデンティティ

表7-19 トナカイ飼育状況別に見た国外のサーミとの連携のあり方
(「サーミ以外の先住民族と共同する」)

	選択した者	選択しなかった者	N
現在飼っている	47.8	52.2	92
かつて飼っていた	54.2	45.8	83
飼っていない	65.6	34.4	93
合計	56.0	44.0	268

p=.048（χ^2検定）

注) 1. 「スウェーデン国外のサーミ」と「連携を深めていくべきである」とした者に、「連携を強めたうえでどのような活動をするのがよい」と考えるかを尋ね、「サーミ以外の先住民族と共同する」を選んだかどうかをまとめたもの。
   2. 単位＝人、％。
   3. 実態調査より。
   4. 不明・無回答を除く。

おわりに

　それでは最後に、本章を通じて明らかとなった点について確認したい。第1に、客観的な生活実態については、スウェーデン国民の一般的な水準と大きな差が生じていたわけではなかった。高等教育修了者の比率は、ほぼ同等であった。また、職業構造でいうと、サーミでは公務員に就く者の割合が低かった。ただし、職業構造にはジェンダー差が存在し、女性の公務員の割合は、ほぼ全国平均と同じであった。一方、男性では、サーミの伝統的な生業であるトナカイ業に従事する者が2割弱となっていた。さらに、所得水準ではほぼスウェーデン国民と同レベルに位置づいていたが、例外的に、男性で多く見られたトナカイ業に従事する者は所得水準がかなり低く、経済的には困難を抱えていることもうかがえた。

　第2に、そのトナカイ業に従事するサーミとそうでないサーミとの間の意識の違いが生じていた。トナカイ・サーミは、サーミ社会の外から見た場合に把握されやすい。そして、サーミ政策も、トナカイ・サーミをスウェーデン全体から分離するものとして展開されてきた。しかし、トナカイ・サーミは、本調査のデータからも、現在のサーミの1割程度にしかすぎない。そのため、「サーミ＝トナカイ・サーミ」という枠組みのなかでのサーミ政策には、

非トナカイ・サーミからの反発も強くなっていた。トナカイ・サーミの経済水準の厳しさからすれば、トナカイ・サーミ向けの政策の必要性も認められるが、トナカイ・サーミに偏らない政策が求められる。

第3に、居住地によってもサーミの人々の生活や意識は異なっていた。サーミ地域の人々は、概してサーミ政策の重要性を強く認識しやすい（新藤慶2015）など、サーミとしての意識が高くなっていた。また、所得水準を見ると、サーミ地域に暮らす人々の方が若干高くなっていた。このこともあってか、「人種・民族による不公平」については、サーミ地域外の人々の方がやや強く意識するようになっていた。

そして第4に、サーミの人々の多様性を特徴づけるもう1つの点として、サーミ語力の存在が見出された。今回の調査対象者については、北サーミ語話者が約25％、北サーミ語以外の話者が約25％、そして非サーミ語話者が50％となっており、サーミ語が使えないサーミが半数に上ることがわかった。これらの非サーミ語話者の家庭では、父母世代ですでにサーミ語話者が途絶えていることが多く、家族のサーミ語力が、当人のサーミ語力の伸長に関わっている様子がうかがえた。

職業の面では、サーミ語力がある者の方が教員など公務員関係に従事する者が多かった。ここには、公的機関職員にサーミ語力が求められるなど、ポジティブな意味でのサーミ向けの就業ルートがあることがうかがえる。

一方、差別については、自身が被差別経験を持つ者は全体で約3分の1であったが、非サーミ語話者ではこれが2割弱にとどまる一方、サーミ語話者では4割を超えていた。このことは、「サーミ語が話せる」ということが、その裏面として「スウェーデン語が十分に使えない」、もしくは「サーミ性を表出する」という機能を果たし、非サーミ社会から差別や排除を受けることにつながっている可能性を示唆する。逆に、非サーミ語話者では、「サーミ性」が表出されない分、差別にもつながりにくいのかもしれない。

ただし第5に、被差別経験は、サーミとしてのエスニック・アイデンティティを高めることになっていた。上記のように、サーミ語力を有する者の場合、自分自身にも「サーミ性」が自覚されるとともに、他者からの差別や排除を受けることによっても、自身のエスニック・アイデンティティが高まる

という図式が描ける。

　このように、サーミの人々の生活や意識を見ると、生業（トナカイ業か否か）、居住地、サーミ語力などによって、多様性が生じていることがうかがえる。このことをふまえれば、今後のサーミ政策には、サーミの多様性への配慮が求められる。先述のように、経済的に厳しいトナカイ・サーミへの対策は必要となるけれども、それに加えて、サーミ地域外に暮らすサーミの人々への配慮も求められる。あるいはサーミ語力を持つ／持たないといったことによっても、抱える問題は異なってくる。サーミとしての共通性を保ちつつも、多様性にも立脚したサーミ政策の実現が求められるだろう[6]。

注

1　「父母」については、「実父母」と「養父母」「継父母」を尋ねているが、育った家庭での家族のサーミ語力を見ることを重視したため、すべて「父」ないしは「母」として共通に扱った。

2　当時の為替レートに関しては、三菱 UFJ リサーチ＆コンサルティング（2016）を参照した。以下同様。

3　他の不公平について「大いにある」と「ある」を合計した割合を見ると、「所得・資産による不公平」が 84.8％、「家柄による不公平」が 84.7％、「性別による不公平」が 83.7％、「学歴による不公平」が 69.8％、「職業による不公平」が 68.5％となっている（新藤慶 2015: 45）。「人種・民族による不公平」も高い割合を示しているが、これだけが突出しているわけではない。これらを見ると、出身家庭の「資産」や「家柄」と、「性別」や「人種・民族」といった属性に関わる不公平が強く意識されていることがうかがえる。

4　TBS 系の「THE 世界遺産」で 2014 年 11 月 9 日に放送された「サーミ人地域」でも、サーミの人々の生活の様子は、トナカイ飼育やトナカイの角を用いた工芸品など、トナカイ関連のものが中心であった。なお、スウェーデンのサーミ地域は、文化や自然の単独ではなく、複合遺産として世界遺産に登録されている（葛野 2007）ため、同番組は、トナカイ・サーミの文化と、夏でも雪が降る山岳地域の自然とで構成されていた。

5　1971 年のトナカイ飼育法改正では、「トナカイ所有のサーミだけが『サーミ人』と分類され、他の職業のサーミは『スウェーデン人』とされた」（櫻井 2004a: 203）ことも、「サーミ＝トナカイ飼育」という図式の形成に寄与したと考えられる。ただし、1975 年からは、スウェーデンの統計でも、トナカイ・サーミ以外もサーミとカウントするようになった（Kulonen et al. eds. 2005）。

6　本章は、新藤慶（2015）、新藤こずえ（2015）をもとに、新たなデータ・分析を加えて書き改めたものである。

第3部　サーミの生活・意識と教育　189

第8章

就学前教育と言語の巣

野崎　剛毅

はじめに

　現在、世界には 6,000 〜 7,000 種類の言語があり、そのうちの半数は話者
6,000 人以下であると言われている。また、全体の 90 〜 95% の言語は、「子
供がすでに母語として習得しなくなっている『絶滅寸前の (moribund) 言語』」
か、「まだ習得はつづいているが、このままでいくと 21 世紀末までに同じ
グループに入る可能性がある『消滅の危機に瀕した (endangered) 言語』」であ
るという (宮岡 2007: 27)。言語はそれぞれの民族特有の文化や思想の根源で
ある以上、少数言語の保護は、マイノリティの権利を守る意味でも喫緊の課
題となっている。

　そのようななか、消滅に瀕した言語の保護と復興について注目されている
のが "Language Nest" (言語の巣) である。言語の巣とは、言語的マイノリティ
の就学前の子どもを対象として母語の習得を目指す取り組みである。保育所
などにおいてマジョリティの言語を一切使わず、母語だけで生活のすべてを
行う。家庭や社会ではマジョリティの言語が使用されるため、言語の巣に通
う子どもたちは、小学校入学段階までにマジョリティの言語と母語の 2 つの
言語を使えるようになるという。

　本章では、フィンランドの言語の巣で行った調査をもとに、言語の巣で働
く保育者や保護者の意識からその可能性と課題を明らかにすることを目的と
する。

　第 1 節では、言語の巣の概要を示す。ニュージーランドで誕生した言語の
巣がフィンランドでどのように受け入れられていったのか、また、フィンラ

190　第8章　就学前教育と言語の巣

ンドにおける制度的な位置づけやイナリの言語の巣が持つ特徴などを先行研
究の整理やフィンランド調査での聞き取りなどからまとめる。第2節で調査
の概要を示したのち、第3節では、保育者調査から、言語の巣での保育の実
態を明らかにする。第4節では、保護者調査をもとに、保護者が言語の巣に
求めているものと、それに対する評価を見ていくことで、言語の巣の課題を
明らかにしていく。

第1節　言語の巣の概要

第1項　言語の巣の誕生と展開

　初めての言語の巣は、1973年にサモアとクック諸島の女性たちがニュー
ジーランドで始めた Aoga Amata であるとされている（Chambers 2015: 27）。
しかし、実際に言語の巣が世界中に広まっていくきっかけとなったのは、
ニュージーランドのウェリントンに作られた Te Kohanga Reo（テ・コハンガ・
レオ、マオリ語で「言語の巣」）であろう。ニュージーランドの先住民であるマ
オリの人々により、マオリ語の保護やマオリとしてのアイデンティティ確立
を目的に作られたテ・コハンガ・レオは、1982年に作られると、翌年には
80か所、翌々年には250か所、3年後には400か所と飛躍的に拡大していっ
た（松川 1986: 67; Chambers 2015: 29）。2004年には545のテ・コハンガ・レオ
で 10,000人の子どもたちが保育を受けており、4,000人のスタッフと 2,000
人のボランティアが運営に携わるまでになった（Pasanen 2010: 96）。

　ニュージーランドで注目された言語の巣は、すぐに世界中の先住民族へ
と広がっていった。最初のテ・コハンガ・レオができた2年後の1984年に
は、ハワイにも言語の巣が作られている。80年代前半にはカナダへと展開し、
その後アメリカやアイルランド、ウェールズ、スコットランドへも広まって
いった。

　サーミのなかで最初に言語の巣に注目したのは、ノルウェーのルレ・サー
ミであった。1989年、テュスフィヨールに最初の言語の巣が設置された
（Chambers 2015: 32）。その後、ルレ・サーミや南サーミの言語の巣がノル
ウェーやスウェーデンに作られている（Braut 2010; Pasanen 2015）。

だが、サーミによる言語の巣として最も有名であるのは、フィンランドの
イナリ・サーミとスコルト・サーミによるものである。フィンランドにおけ
る最初の言語の巣は、1993年、スコルト・サーミによってセヴェッティ
ヤルヴィに作られた。しかし、国際先住民年とのかかわりで作られた最初の
言語の巣は、予算の目処がたたなかったこともあり半年で閉鎖されることと
なった。セヴェッティヤルヴィでは1997年に言語の巣が再開されたものの、
2001年には再び閉鎖された。その後、2010年にみたび開設され、これが現
在まで継続して運営されている。スコルト・サーミの言語の巣は、このセ
ヴェッティヤルヴィに作られたもののほか、2008年にはイヴァロにも作ら
れている。
　一方、イナリ・サーミによる言語の巣は、1997年にイナリに作られた。
その時から言語の巣に勤めている現在の園長によると、この時期のイナリ・
サーミ語は「絶滅状態」にあり、イナリ・サーミの子どもは「数人」レベルに
まで減っていたという。イナリ・サーミ語協会が中心となりフィンランド文
化基金の補助を受けて言語の巣が設立されると、初年度には18人の申し込
みがあった。3歳から6歳までの子ども8人を2人の保育者で預かりスター
ト、2002年に園舎を移転した際に、0歳から受け入れるようになった。
　その後、2010年に、イナリとイヴァロにイナリ・サーミの言語の巣が作
られるなど徐々に拡大を続け、2015年8月の調査時点ではイナリ・サーミ
語の言語の巣がイナリ2か所、イヴァロ1か所の計3か所、スコルト・サー
ミ語の言語の巣がイヴァロとセヴェッティヤルヴィに1か所ずつの計2か所、
北サーミ語の言語の巣がウツヨキとカリガスニエミ、ブオツォ、オウル、ヘ
ルシンキに各1か所ずつで計5か所となっている。また、ロヴァニエミにも
北サーミ語の言語の巣を作る計画が進行しているという。

第2項　フィンランドにおける言語の巣の概要
　本項では、2014年に行ったイナリの言語の巣における園長への聞き取り
調査、および、2015年に行ったサーミ議会、イナリ・サーミ語協会、ヘル
シンキとセヴェッティヤルヴィの言語の巣での聞き取り調査の結果をもとに、
フィンランドにおける言語の巣の現状と課題を検討する。

192　第8章　就学前教育と言語の巣

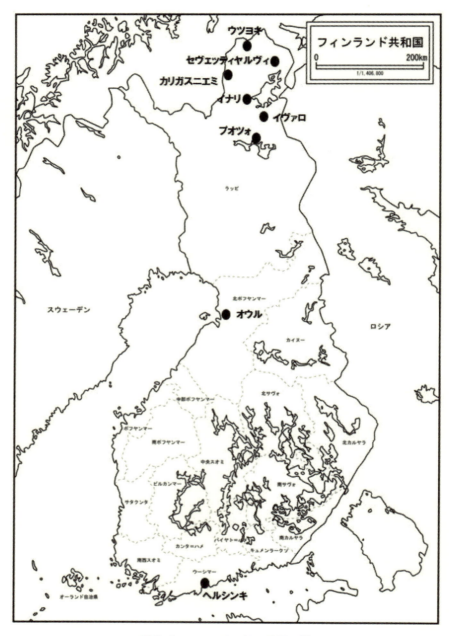

図8-1　フィンランドの言語の巣

第3部　サーミの生活・意識と教育　193

（1）制度上の位置づけと保育者の資格

　フィンランドにおける言語の巣は制度上、保育所（パイヴァコティ、päiväkoti＝「昼間の家」（三井 2014: 115）の意味）ではない。perhepäiväkoti（ペルヘパイヴァコティ、perhe＝「家庭の」）という、一定の資格を持った者が1人につき子ども4人までをみることができる小規模保育のような制度的位置づけである。イナリやセヴェッティヤルヴィ、ヘルシンキの言語の巣は、保育者が2人いるため、定員は8人ということになる。ペルヘパイヴァコティで働くための資格は、学校で1年間の教育コースを受講することで取得できる。サーミ教育専門学校にもサーミ語が使える保育者を養成する1年コースが2011年に作られており、これまでに8人が卒業している。なお、保育所（パイヴァコティ）で働くためには大学で保育教諭の資格を取らなければならない。保育教諭になると、1人で3歳以上ならば7人まで保育することができるようになる。

（2）言語の巣の設置

　新たに言語の巣を作る場合は、まず自治体にペルヘパイヴァコティ創設の届け出をする。自治体は子どもを預かる場所として適切であるかどうか、安全であるかどうかなどを検討し、認可を出す。同時に、サーミ議会に言語の巣創設の申請をし、補助金が出されるかどうかが検討される。

　言語の巣はフィンランドの保育制度上に位置づいたものではないため、その定義については、「これといったものは確立していない」（イナリ言語の巣園長）。そのため、サーミ議会から補助金を受けていることが「言語の巣」の事実上の定義となっている。なお、サーミ議会からの補助金は単年度ごとであり、毎年申請しなければならず、いつ打ち切られるかわからないという不安定さを各言語の巣は抱えている。

　サーミ議会からの補助金が決定すると、補助金が議会から自治体に支払われ、自治体経由で言語の巣へと支払われることになる。多くの言語の巣は運営主体が自治体であるため、保育者は自治体から給与を受ける公務員となる。ただし、イナリの2園とイヴァロの1園はイナリ・サーミ語協会が直接運営

194 第8章 就学前教育と言語の巣

しているため、給与もイナリ・サーミ語協会から出ている。イナリ・サーミ語協会は、自治体が乗り出す以前から言語の巣を運営していたため、自治体がイナリ・サーミ語協会へと補助金を出す、担当者の言葉を借りれば、「自治体がイナリ・サーミ語協会からサービスを買う」形で運営がなされている。そのため、イナリ・サーミ語協会が運営する言語の巣では、自治体から指図を受けることなく、自分たちの考えでやり方が決められるという。また、ヘルシンキの言語の巣は、自治体ではなく都市サーミ協会が運営している。ここは独自に様々な補助金への申請を行っており、実際に自治体やサーミ議会以外からも多くの補助金を受けている。

　言語の巣をつくることは、サーミの人々だけでなく、自治体にとってもメリットがある。各自治体には保育サービスを整備する義務があるため、保育サービスである言語の巣を認可すると、サーミ議会から補助金を受けることができ、その分保育にかける予算を減らすことができる。そこで、サーミ語を守るために言語の巣を拡大したいサーミ議会との間に、いわば利害の一致が生まれている。

（3）保育料と入園資格

　かつて、言語の巣の保育料は無料であった（水本 2004: 115）。しかし、現在は保育料をとっている。保育料は日本と同様に保護者の収入に応じて決まる。ヘルシンキの言語の巣では独自に保育料の徴収をしており、1か月に 150 ユーロほどとなっている。これは市の保育園と同水準になるようにした結果の金額であるという。

　入園に際しては、原則としてサーミであるかどうかは問われない。サーミ語を学びたいと考える気持ちを重視する。そのため、サーミではない人が入園を希望しても、空きがあれば受け入れるし、後にサーミの入園希望者が来たからといって退園してもらうということもないという。実際、1997 年にイナリの言語の巣ができた際、最初に入園した8人のうち、イナリ・サーミは1家族しかおらず、残りはフィンランド人であった（Pasanen 2010: 99）。これは、あくまでも第1の目的を「イナリ・サーミ語話者を増やすこと」としているためであり、「両親がイナリ・サーミの子どもだけに限定してしまうと、

第3部　サーミの生活・意識と教育　195

それ以上イナリ・サーミは増えなくなってしまう」(イナリ言語の巣園長)から
である。

　ただし、ヘルシンキの言語の巣は、イナリなどとは違う独自の基準を持っ
ており、第1に「サーミであること」、第2に「両親がどうやってサーミ語の
利用を子どもたちに支援できるのか説明できること」としている。この基準
で子どもを受け入れ、もし空きがあるときにフィンランド人でサーミの言葉
を学びたいという家族が現れた場合は受け入れることもできるという考え方
であった。

第3項　言語の巣の課題

　言語の巣をめぐる課題についてもまとめておきたい。

　課題としてあげられる第1は、予算である。サーミ議会から言語の巣へ出
される助成金は、サーミ議会の予算のなかから出される。そのサーミ議会の
予算自体が流動的であるため、言語の巣に割かれる予算も安定せず、歴史の
あるイナリの言語の巣といえども、いつ助成金を打ち切られるかわからない
状態にある。実際、1993年にフィンランドで初めて作られたセヴェッティ
ヤルヴィの言語の巣が予算確保の目処がたたないことから半年で閉鎖された
ように、過去にいくつもの言語の巣が閉園を余儀なくされている。

　予算不足は、そのまま保育者の待遇の低さを生じさせる。サーミ議会はサー
ミ語を使える保育者の養成に力をいれているが、給与の安さからあまり定着
しない。イナリなどにはサーミ語が使えることがメリットになる仕事が多く
あるため、条件のよい仕事があると、みな言語の巣を辞めてしまうという。

　保育者の確保は言語の巣にとって大きな問題である。保育者としての資格
を持っているサーミ語話者を2人以上雇用することが理想であるが、なかな
かうまく行かず、ヘルシンキでは保育者2人のうち、1人は資格を持ってい
るものの、もうひとりは現在資格をとるための勉強をまだしている段階で
あった。セヴェッティヤルヴィの言語の巣でも、保育者がなかなか2人揃わ
ず、われわれが訪問時に聞き取りを行った保育者は、正式な保育者が来るま
での1か月限定で雇われた職員であった。セヴェッティヤルヴィのスコルト・
サーミ語話者も、必ずしも全員が言語の巣の取り組みに賛成しているわけで

196　第8章　就学前教育と言語の巣

写真1　イナリ言語の巣で使用している絵本。サーミ語の文章が貼られている。

写真2　イナリ言語の巣で使用している手作りのカルタ

写真3　セヴェッティヤルヴィ言語の巣の手作り教材

はなく、なり手が見つかりづらいためだという。サーミ語を母語として話せる人々はおおむね年齢層が高いため、今後かれらの引退により、さらなる人材不足が生じることを危惧する者もいる（Olthuis 2013: 130）。

　フィンランドに限らず、サーミ学校やサーミ語教育全般において大きな問題とされているのが教材である。もともとサーミ語の教材は少ないため、言語の巣がスタートした当初は保育者が手作りで教材を作っていた。現在では、イナリ・サーミ語についてはイナリ・サーミ語協会が教材づくりなどをしている。しかし、それでも、保育者の努力に依拠する部分は大きい（**写真１～３**）。

第４項　イナリ言語の巣成功の要因

　マオリ語とイナリ・サーミ語を復活させることに成功したことから世界中で注目されている言語の巣であるが、実際のところ成功しているといえるのはこの２例くらいであるという指摘を、調査のなかで聞くことがあった[1]。では、なぜイナリの言語の巣は成功したのであろうか。

　これについてサーミ議会の担当者に成功の理由を聞いたところ、イナリは話者が絶滅寸前にまでなっており、保育者もネイティブではなかったため、かえって各自がイナリ・サーミ語を勉強しながら努力してきたというモチベーションと熱意によるものではないかという返答であった。

　また、われわれが今回、実際に訪問した３か所の言語の巣のうち、「成功例」にあげられるイナリの言語の巣では、保育を始めとするあらゆる場面で一切フィンランド語を使わず、サーミ語しか聞かせないということが徹底されていた。調査の際も、フィンランド語によるインタビューを子どもに聞かせることはできないからと、まだ園内に残っていた子どもが園庭に出たのを確認してから始めるほどであった。それに対し、セヴェッティヤルヴィやヘルシンキでは、子どもがいる場面でも保育者たちがフィンランド語で話をしたり、また、われわれの調査も子どもたちがいる前で行ったりするということがあった。セヴェッティヤルヴィやヘルシンキの言語の巣が「失敗例」であるというわけでは決してないが、マオリが始めた「徹底的に母語だけを使い、マジョリティの言語は排除する」という言語の巣の当初の理念を律儀に継承しているイナリと、それがゆるくなってきている他の言語の巣との違い

198　第8章　就学前教育と言語の巣

が、イナリ以外の言語の巣がなかなかうまくいかないという指摘につながっているとするならば、これもまた課題の1つであるといえるだろう。

　一方、パサネン (A. Pasanen) はイナリの言語の巣を、自ら立ち上げに関わったカレワラ[2]の言語の巣と比較した上で、成功した要因を探っている (Pasanen 2010)。ここでパサネンは、イナリの言語の巣が子どもたちにイナリ・サーミ語を定着させただけではなく、大人のイナリ・サーミ語に対する意識をも変化させ、また基礎学校段階の授業改革や、音楽、出版といったイナリ・サーミ語に関する雇用を生み出すなど、イナリの町全体を変化させたことを評価している (Pasanen 2010: 100)。このような成功の理由としてパサネンが強調しているのは、基礎学校以降におけるイナリ・サーミ語による教育の重要性である (Pasanen 2010: 99)。イナリでは 1997 年に言語の巣ができると、2000 年には基礎学校にイナリ・サーミ語で授業をする、言語の巣出身者のためのクラスが設置された。その後も、中学校段階にいたるまで、インターネットなどを利用してサーミ語を学び続けられる環境を作っている。

　他にも、保育者1人あたりの園児数が少ないため、園児がつねに保育者とイナリ・サーミ語で接し続けられることや、教科の時間などがなく基本的に自由に遊ぶことができるというフィンランドの保育の伝統などがイナリの成功要因としてあげられていたほか、カレリアでは保護者たちが、言語の巣の理念に賛成はしつつも、ロシア語力が他の子どもよりも劣ってしまうのではないかという不安を持ち続けてしまったのに対し、イナリの保護者たちはそのような心配をしなかったこと (Pasanen 2010: 110) が指摘されている。

　パサネンの指摘は、言語の巣の活動は決して言語の巣だけで完結するものではなく、学校制度や保護者の意識といった地域社会全体のサポートがあってこそ活きてくるということを示している。

第2節　調査の概要

　以上、言語の巣の概要を見てきた。本節以降では、実際に言語の巣で働く保育者と、利用している保護者への調査から言語の巣の特徴を探る。使用するデータは、2015 年に、フィンランドにある5つの言語の巣で行った調査

による。所在地は、イナリが2園、イヴァロ、セヴェッティヤルヴィ、ヘルシンキである。

イナリ①は、1997年に作られた、現在存続しているなかでは最も歴史のある言語の巣である。われわれも2014年に訪問し、園長への聞き取り調査を行っている。長屋のような建物を園舎として使用しており、園庭にはサーミ伝統の家であるコタが建っている（**写真4・5**）。イナリ②は2010年に設置されており、イナリ村にある言語の巣はこの2園だけである。イヴァロの言語の巣も、2010年に設置されている。先述の通り、言語の巣の多くは各自治体が運営しているが、イナリの2園とイヴァロの1園はイナリ・サーミ語協会が直接設置、運営をしている。

セヴェッティヤルヴィの言語の巣も、2010年頃に設置されている。小学校の一室を借りて運営しており、現在7人の子どもを2人の保育者でみている（**写真6**）。

ヘルシンキの言語の巣は、2013年に都市サーミ協会の主導で設置された北サーミ語のネストである。ヘルシンキ中央駅から一駅隣のパシラ地区にあり、大きなマンションの1室を利用し、またマンション内の公園を園庭として使用している（**写真7・8**）。園児数2人でスタートし、現在は7人の子どもを2人の保育者でみている。7人のうち、双子が1組いるため、利用世帯は6世帯である。

イナリの2園とイヴァロの1園は、イナリ・サーミ語協会を通して調査を行った。イナリ・サーミ語協会へ送った調査票を保育者と保護者へ配布・回収して頂いた。また、セヴェッティヤルヴィとヘルシンキでは、言語の巣を訪問した際に調査協力を依頼し、後日web上に用意した調査票のURLを保育者、保護者へ伝えて頂いた。

その結果、保育者調査では5人の保育者から回答を得た。イナリ①が2人、イナリ②が1人、イヴァロが1人、残りの1人は不明である。保護者調査では9人の保護者から回答を得た。イナリ①が4人、イナリ②が2人、イヴァロが1人、ヘルシンキが1人、セヴェッティヤルヴィが1人である。

200　第 8 章　就学前教育と言語の巣

写真 4　イナリ言語の巣①

写真 5　イナリ言語の巣①の園庭

写真 6　セヴェッティヤルヴィ言語の巣が入っている校舎

第3部　サーミの生活・意識と教育　201

写真7　ヘルシンキ言語の巣が入っているマンション、中央の公園が園庭のかわり

写真8　ヘルシンキ言語の巣

第3節　言語の巣の保育と保育者の意識

第1項　保育者の属性とサーミ語能力

　保育者の性別は1人が不明で残りの4人が女性である。イナリとイヴァロの4人はいずれもイナリ出身のサーミである。Eは、自身はサーミではないと回答しているものの、祖父母と配偶者がサーミであり、本人もサーミ語を使うことができる。子どもの学歴期待でもノルウェーにあるサーミ・ユニバーシティ・カレッジをあげるなど、サーミへの思いは強い。

　学歴はAがサーミ教育専門学校、Bが基礎学校のみである。CとDは専門

202　第8章　就学前教育と言語の巣

大学の職業学士課程を卒業している。また、Dを除く4人は結婚を経験しているが、Aは離死別となっている。子どもがいるのはA、B、Cの3人であった。

　全員がイナリ・サーミ語を使えるほか、Cは北サーミ語を、Eは北サーミ語とスコルト・サーミ語を使うことができる。サーミ語能力も、話すことについてはDが「かなり話せる」としたほかは「流暢に話せる」と、聞くことについてはCが「日常生活の話題がわかる」としたほかは「議会のやり取りなど

表8-1　保育者の属性

	言語の巣	性別	年齢	出身地	エスニシティ	学歴	使えるサーミ語
A	イナリ①	女性	NA	イナリ	サーミ	SEI	イナリ・サーミ語
B	イナリ①	女性	50代	イナリ	サーミ	基礎学校	イナリ・サーミ語
C	イヴァロ	女性	NA	イナリ	サーミ	専門大学（職業学士課程）	北サーミ語、イナリ・サーミ語
D	イナリ②	不明	30代	イナリ	サーミ	専門大学（職業学士課程）	イナリ・サーミ語
E	不明	女性	NA	NA	非サーミ	NA	北サーミ語、イナリ・サーミ語、スコルト・サーミ語

表8-2　保育者の免許・資格、保育者になった理由

	保育者になった年	言語の巣に勤務し始めた年	免許・資格	保育に携わりたかったから	人に勧められたから	金銭的魅力があったから	これまでのキャリアが活かせるから	言語の巣の教育方針が気に入ったから	サーミ文化に関われるから	サーミのために働けるから
				保育者になった理由						
A	1982	2013	その他	×	×	×	○	×	○	×
B	1999	1997	フィンランドの保育士資格	○	○	×	×	×	○	○
C	2013	2015	特に免許・資格は持っていない	○	×	×	×	×	×	×
D	NA	2014	その他	○	×	×	×	×	×	×
E	NA	2015	NA	○	×	×	×	×	×	×

がわかる」と、書くことについてはCが「簡単なメモが書ける」としたほかは「どんな文書でも書ける」としているように、概して高い。

B、Cは両親が、Aは実母が、Dは実父がそれぞれサーミ語話者であったというように、これらの能力は家庭で継承している部分が大きいようである。また、Eは先述の通り、配偶者がサーミ語話者であった。なお、Eの祖父は、今は絶滅したといわれているケミ・サーミ語の話者であったという。

保育においてはサーミ語のみを使用する言語の巣の保育者であるが、家庭ではフィンランド語を中心とした生活をしている。また、高いサーミ語能力をすでに持っていながらも、A、B、Cの3人は現在サーミ語を習っており、D、Eも今後習いたいと考えている。

保育者になった年はAが1982年と最も古く、Bが1999年、Cが2013年である。また、Bは1997年から、つまり、言語の巣ができた年から、言語の巣で働いている。勤務時間はおおむね7：30頃からで、退勤時間はAが14：30、Dが15：00、BとCが16：30である。

先述の通り、言語の巣は制度上保育所ではないため、保育教諭の資格は必須ではない。回答者のなかでも、Cはとくに免許資格を持っていないと答えている。フィンランドの保育士資格を持っていると答えたのはBだけであった。保育者になった理由を見ると、A以外の4人は「保育に携わりたかったから」をあげている。「サーミ文化に関われるから」をあげたのはAとBの2人、「サーミのために働けるから」をあげたのはBだけであり、言語の巣ということよりは、保育に携わる仕事をしたいと思ったときに、選択肢のひとつとして言語の巣があったというのが実情に近いようである。金銭的な魅力をあげたものはひとりもいなかった。

第2項　言語の巣での保育実態と意識

言語の巣で働く保育者たちの、言語の巣に対する評価をまとめたのが表8－3である。言語の巣最大の意義ともいえる「サーミ語を身につけられる」については全員が「そう思う」と答えている。また、「サーミの文化を身につけられる」「サーミの友だちができる」に関しても、Aが「ややそう思う」、それ以外の4人が「そう思う」と答えている。子どもの頃からサーミの言葉や

204 第8章 就学前教育と言語の巣

表8-3 保育者の言語の巣に対する評価

	サーミ語を身につけられる	サーミ語で保育するので理解しやすい	サーミの文化を身につけられる	サーミの友だちができる	サーミ以外の友だちとの関わりが少なくなる	フィンランド語が覚えられない	フィンランドの習慣や文化に触れる機会がない	教育施設が整っている	サーミ語の教材が整っている	進学に有利だ	就職に有利だ	もっと公的財政支援を増やすべき
A	そう思う	やや そう思う	やや そう思う	やや そう思う	そう思わない	そう思わない	そう思わない	NA	そう思わない	やや そう思う	やや そう思う	そう思う
B	そう思う	NA	そう思う	そう思う	そう思う	やや そう思う	やや そう思う	あまり思わない	そう思わない	そう思う	そう思う	そう思う
C	そう思う	NA	そう思う	そう思う	あまり思わない	あまり思わない	そう思わない	そう思う	あまり思わない	そう思う	そう思う	やや そう思う
D	そう思う	NA	そう思う	そう思う	そう思わない	そう思わない	あまり思わない	そう思わない	あまり思わない	あまり思わない	やや そう思う	そう思う
E	そう思う	そう思う	そう思う	そう思う	そう思わない	あまり思わない	あまり思わない	やや そう思う	やや そう思う	やや そう思う	そう思う	そう思う

表8-4 保育者の言語の巣に対する意見

	もっとサーミ文化の勉強をさせるべきだ	基礎学力をもっと身につけさせるべきだ	もっとフィンランド語の勉強もさせるべきだ	もっと英語の勉強をさせるべきだ	特に考えはない
A	×	×	×	×	○
B	○	○	×	×	×
C	×	×	×	×	○
D	×	×	×	×	○
E	○	×	×	×	×

文化に親しんでいくという言語の巣の第一義については、保育者たちも高く評価している。

　サーミ語、文化に子どもの頃から親しんでいくことで逆に懸念されるのは、それがマジョリティであるフィンランド語、フィンランド文化やフィンランド人との隔絶を生んでしまうことである。しかし、この点について保育者たちははっきりと否定している。「サーミ以外の友だちとの関わりが少なくなる」に対してはBが「そう思う」と答えているものの、Cは「あまりそう思わない」、残る3人は「そう思わない」と回答している。「フィンランド語が覚えられない」や「フィンランドの習慣や文化に触れる機会がない」に対しても、

Bだけが「ややそう思う」と回答し、残る4人は「あまりそう思わない」「そう思わない」と答えている。

一方、サーミに関する教育における大きな課題のひとつとしてあげられる「サーミ語の教材が整っている」についてはEが「ややそう思う」と答えているほかは、4人が「そう思わない」「あまりそう思わない」と回答しているように、フィンランドの言語の巣においても教材不足は問題として認識されている。

日本の先住民教育に関連して指摘されがちである進学や就職に関する不安は、保育者の間ではほぼ認識されていない。「進学に有利だ」に対してはDが「あまりそう思わない」と答えているほかは、4人とも「そう思う」「ややそう思う」と肯定的に捉えている。「就職に有利だ」にいたっては、全員が「そう思う」「ややそう思う」と回答している。

イナリ・サーミ語協会などにおいて指摘されているように、財源不足と不安定さは言語の巣の大きな問題の1つである。「教育設備が整っている」については、CとEが「そう思う」「ややそう思う」と、BとDが「あまりそう思わない」「そう思わない」と、意見がわかれている。しかし、「もっと公的財政支援を増やすべき」に対しては、全員が「そう思う」「ややそう思う」と、必要なこととして認識している。

言語の巣の今後の課題については、表8－4のようにBとEの2人が「もっとサーミ文化の勉強をさせるべきだ」と考えている。また、Bは「基礎学力をもっと身につけさせるべき」という、教育的な要素にも要望を持っている。その一方で「もっとフィンランド語の勉強をさせるべきだ」、「もっと英語の勉強をさせるべきだ」と答えた者は1人もおらず、言語の巣はサーミ語とサーミ文化に特化すべきという保育者の意思がうかがわれた。

ここまで見てきたなかで、興味深いのはBである。Bを除く4人が似た意識を持っているなかで、Bだけは「サーミ以外の友達が少なくなる」「フィンランド語が覚えられない」「フィンランドの習慣や文化に触れる機会がない」「基礎学力をもっと身につけさせるべき」に対して肯定的な意識を見せている。Bは1人だけ際立って長く、1997年から言語の巣に携わっている。長年携わった結果として、サーミ語、サーミ文化だけでは不十分であり、マジョ

206　第8章　就学前教育と言語の巣

リティ文化や基礎学力の充実が必要であるという考えに至ったという事実は重い。

　保育者たちは仕事の内容や地域の環境には高い満足度を示しており、生活全般も含めて、全員が「満足」ないし「どちらかといえば満足」と回答している。一方で収入に対しては、無回答のEを除くと全員が「不満」もしくは「どちらかといえば不満」と回答している。第1節でもふれたように、言語の巣はただでさえサーミ語を使えなければならないという条件があるため、保育者が見つけづらい。そのようななかで、予算不足から給与がなかなか上がらず、せっかく見つけた保育者が定着しないという課題を抱えている。このような保育者の意識は、それを裏付け、保育環境が定着しない恐れがあることを危惧させるものである。

第3項　保護者との関係

　A、B、Dは、たまに保護者から相談を受けると答えている。相談内容は、「言語の巣の保育内容について」(B、D)という言語の巣特有のものから、「子どもへの接し方」「家庭での教育について」「子どもの進路について」といった、言語の巣に限らない保育全般に関するものまである。

　CとEは相談を受けることが「あまりない」と答えているが、これは必ずしも保護者とのコミュニケーションが取れていないということではない。「園の行事にもっと参加してほしい」はD以外が「少しそう思う」「とてもそう思う」と回答しているものの、「子どもの教育に関して話しあう機会がほしい」に対してはEが「とてもそう思う」と回答している以外は全員が「あまりそう思わない」と答えている。

　保護者への要望として目立つのは、「家庭でもサーミ語を使用してほしい」という、サーミ語関係の問題であった。「子どもを園に任せきりにしないでほしい」はA、B、Eが「とてもそう思う」「ややそう思う」と、CとDが「まったくそう思わない」と、意見がわかれている。同様に、「保護者同士がもっと互いに関わり合ってほしい」も、A、Eが「少しそう思う」「とてもそう思う」と、B、C、Dが「まったくそう思わない」「あまりそう思わない」と、意見の分化が見られる。

第3部　サーミの生活・意識と教育　207

　保護者との関係については、サーミ語教育や種々の取り組みについて積極的な参加を期待する一方で、それ以外の部分についてはとくに不満や課題を感じていないようである。

第4節　言語の巣を利用する保護者の意識

第1項　保護者の属性とサーミ語能力

　続いて、言語の巣を利用する保護者の意識を見ていこう。9人の回答者のうち、7人が母親で2人が父親である。年齢は20代が2人、30代が4人、40代が2人、不明が1人である。入園している園児の人数は、「1人」が6人、「2人」が3人である。

　イヴァロの言語の巣を利用するNが「サーミではない」と答えているほかは、全員がサーミである。ただし、N自身はサーミ語が使えるほか、両親もサーミである。出身地はおおむね、通っている言語の巣の所在地である。Lだけは、ウツヨキ出身で、現在ヘルシンキの言語の巣を利用している。

　最終学歴は概して高く、Gが職業学校、HとIが「その他」と回答しているほかは、全員が大学もしくは専門大学まですすんでいる。修士課程まで進んだ者も2人いた。サーミ教育専門学校に通ったことのある者はI、J、Kの3人であった。

　職業では公務員が多く、4人にのぼる。他に教員が1人、看護師が1人、店員・販売員が1人、その他が2人であった。最も長く従事している仕事も大きくは変わらない。教員という者が2人、トナカイ飼育が1人であった。世帯年収は20,000〜39,999ユーロが2人、40,000〜69,999ユーロが4人、70,000ユーロ以上が2人である。

　サーミのシンボルでもあるトナカイについては、現在飼っている者が2人、かつて飼っていた者が2人、飼っていない者が4人である。自分自身については、所有している者はI、M、Nの3人であった。しかし、MとNは、トナカイによる収入は家計の25%程度であるとし、Iにいたっては家計の足しにはならないということであった。

　サーミ語は、Gが使えないとしているほかは、使うことができる。北サー

208　第8章　就学前教育と言語の巣

表8-5　保護者の属性

	関係	年齢	言語の巣	エスニシティ	出身地	学歴	職業	自身が使えるサーミ語
F	母	40代	イナリ①	サーミ	イナリ	大学（学士課程）専門大学（職業学士課程）	教員	イナリ・サーミ語
G	父	20代	イナリ①	サーミ	イナリ	職業学校	公務員	話せない
H	母	30代	イナリ①	サーミ	イナリ	その他	その他	北サーミ語、イナリ・サーミ語
I	母	20代	イナリ①	サーミ	その他	その他	その他	北サーミ語、イナリ・サーミ語
J	母	30代	イナリ②	サーミ	イナリ	専門大学（職業学士課程）	看護師	イナリ・サーミ語
K	母	30代	イナリ②	サーミ	イナリ	専門大学（職業学士課程）	店員・販売員	イナリ・サーミ語
L	父	40代	ヘルシンキ	サーミ	ウツヨキ	大学（学士課程）	公務員	北サーミ語
M	母	30代	セヴェッティヤルヴィ	サーミ	セヴェッティヤルヴィ	大学（修士課程）	公務員	北サーミ語、イナリ・サーミ語、スコルト・サーミ語
N	母	NA	イヴァロ	非サーミ	NA	大学（修士課程）	公務員	北サーミ語、イナリ・サーミ語

ミ語のみ使える者が1人、イナリ・サーミ語のみを使える者が3人で、HとI、Nの3人は北サーミ語とイナリ・サーミ語の両方を使うことができる。さらに、Mにいたってはスコルト・サーミ語を含めた3つのサーミ語方言を使うことができるという。

　家庭での使用言語は、「サーミ語とフィンランド語を半々」が2人、「サーミ語と少しのフィンランド語」が3人、「フィンランド語と少しのサーミ語」が3人、その他が1人であった。フィンランド語しか使わない、あるいはサーミ語しか使わないという家庭はなく、家庭内でも程度の差こそあれ、サーミ語が日常的に使用されていることがわかる。なお、家庭での言語の使用状況とサーミ語の能力との間には、とくに関連はないようである。また、G、I、Kを除く6人は実母か実父のいずれか、もしくは双方がサーミ語を使用でき

第3部　サーミの生活・意識と教育　209

る。家庭におけるサーミ語の継承がある程度は行われているようである。

　ただし、サーミ語の継承は家庭だけでは完結しておらず、3人は現時点でサーミ語を習っているし、5人は習いたいと考えている。「十分なサーミ語能力があるので、習う必要はない」という者は1人しかいなかった。

第2項　言語の巣を利用する保護者の意識

　基礎学校と異なり、言語の巣は、保育機関のなかから保護者が選択して利用するものである。

　言語の巣を選んだ理由（**表8－6**）としては、「サーミ語が身につくから」（6人）、「サーミ文化が身につくから」（5人）を選ぶ者が多い。また、「子どもにサーミの友だちができるから」、「サーミの人々と交流したいから」も3人ずつから選ばれている。「サーミ関連以外の保育内容が気に入ったから」や「保育士が親切だから」といった項目を選ぶ者はいなかった。「自分自身も通っていたから」「家族が通っていたから」といった者もおらず、保護者がサーミに関することに特化して言語の巣を積極的に選択していることがわかる。

　言語の巣を選択する理由になった事柄について、では実際に入園してみてどうだったのか。①サーミ語・文化を身につけることへの評価、②マジョリティ社会との隔絶に関する問題、③施設としての評価、④将来に関する問題の4点それぞれについて、保護者たちの評価を確認する（**表8－7**）。

　1点目については、「サーミ語を身につけられる」「サーミ語で学ぶので理解しやすい」「サーミの文化を身につけられる」「サーミの友だちができる」といったことは、全員が「そう思う」（Nのみ、「サーミ文化を身につけられる」と「サーミの友だちができる」に「ややそう思う」）と肯定的な評価をしている。この点については、保護者の間にまったく不満はないようである。

　次に、2点目については、「サーミ以外の友だちとの関わりが少なくなる」に対してIとLが「ややそう思う」という危惧を抱いているほかは、「フィンランド語が覚えられない」「フィンランドの習慣や文化に触れる機会がない」のいずれに対しても全員が「あまりそうは思わない」「そう思わない」と回答しているように、問題としてはまったく認識されていない。

　3点目の施設に関しては、やや評価がわかれてくる。「教育設備が整って

いる」については、「ややそう思う」「そう思う」が5人、「あまりそうは思わない」「そう思わない」が2人と、どちらかといえば満足している意見が強い。これが、「サーミ語の教材が整っている」になると、「ややそう思う」「そう思う」が4人、「あまりそうは思わない」「そう思わない」が5人と、評価が二分されてきている。教育設備については、とくに園による差はないようであるが、サーミ語教材についてはセヴェッティヤルヴィ、イヴァロの保護者と、イナリ①の保護者が4人中3人否定的な回答をしており、園による差が出ている。設備や教材については物足りなさを感じている保護者がいることを反映してか、あるいは言語の巣にかかわる財政基盤の弱さ、不安定さを知っていてか、「もっと公的財政支援を増やすべき」に対しては、全員が「そう思う」「ややそう思う」と回答している。

　最後に4点目の将来についてである。「進学に有利だ」と「就職に有利だ」に対しては、無回答のHを除く全員が「ややそう思う」「そう思う」と回答しており、サーミ語、サーミ文化に深く関わることが人生の選択においてマイナスになることはないと捉えられている。「サーミホームランド以外の地域へ進学する際には不利になる」「サーミホームランド以外の地域へ就職する際には不利になる」「サーミホームランド以外の地域で生活する際には不利になる」と思うかどうかを聞いた質問では、全員が「そう思わない」と断言している。

　このように、保護者たちはサーミ語、サーミ文化を学ぶことを高く評価しており、またそれがマジョリティ社会との隔絶を招いたり、あるいは将来を不利にさせたりすることがあるとはまったく考えていない。このことは、言語の巣への要望を見てもわかる。「もっとサーミ文化の勉強をしてほしい」という者が4人いるのに対し、「基礎学力をもっと身に付けさせてほしい」と答えた者は1人しかおらず、「フィンランド語の保育もしてほしい」「英語の保育をしてほしい」という者は1人もいなかった。結果として、言語の巣への満足度は大変高く、6人が「大変満足している」、3人が「どちらかといえば満足している」と答えている。

　なお、進路に関連しては、学歴期待と将来の居住地に関する答えも見ておきたい。子どもに期待する学歴としては、LとNの2人が大学(修士課程)、

第3部　サーミの生活・意識と教育　211

表8-6　言語の巣を選んだ理由

	サーミ語が身につくから	サーミ文化が身につくから	保育士が親切だから	サーミ関連の内容が気に入ったから	サーミ以外の内容が気に入ったから	子どもにサーミの友だちができるから	サーミの人々と交流したいから	近所だから	自分自身も通っていたから	家族が通っていたから	特に理由はない	その他
F	×	×	×	×	×	×	×	×	×	×	×	○
G	○	○	×	×	×	×	○	×	×	×	×	×
H	NA	NA	NA	NA	NA	NA	NA	NA	NA	NA	NA	NA
I	○	○	×	×	×	○	○	○	×	×	×	×
J	○	○	×	×	×	×	×	×	×	×	×	×
K	○	○	×	×	×	×	○	×	×	×	×	×
L	○	○	×	×	×	×	○	×	×	×	×	×
M	×	×	×	×	×	×	×	×	×	×	×	○
N	○	×	×	×	×	×	×	×	×	×	×	×

表8-7　保護者の言語の巣評価

	サーミ語を身につけられる	サーミ語で学ぶので理解しやすい	サーミの文化が身につけられる	サーミの友だちができる	サーミ以外の友だちとの関わりが少なくなる	フィンランド語が覚えられない	フィンランドの習慣や文化に触れる機会がない	教育設備が整っている	サーミ語の教材が整っている	進学に有利だ	就職に有利だ	もっと公的財政支援を増やすべき
F	そう思う	そう思う	そう思う	そう思う	あまり思わない	あまり思わない	あまり思わない	ややそう思う	そう思わない	ややそう思う	そう思う	そう思う
G	そう思う	そう思う	そう思う	そう思う	そう思わない	そう思わない	そう思わない	そう思う	そう思う	そう思う	そう思う	そう思う
H	そう思う	そう思う	そう思う	そう思う	あまり思わない	あまり思わない	あまり思わない	NA	そう思わない	NA	NA	そう思う
I	そう思う	そう思う	そう思う	そう思う	ややそう思う	そう思わない	そう思わない	あまり思わない	そう思わない	そう思う	そう思う	そう思う
J	そう思う	そう思う	そう思う	そう思う	あまり思わない	そう思わない	そう思わない	そう思う	ややそう思う	ややそう思う	ややそう思う	ややそう思う
K	そう思う	そう思う	そう思う	そう思う	あまり思わない	そう思わない	そう思わない	そう思う	ややそう思う	ややそう思う	ややそう思う	ややそう思う
L	そう思う	そう思う	そう思う	そう思う	ややそう思う	そう思わない	そう思わない	そう思う	ややそう思う	ややそう思う	そう思う	そう思う
M	そう思う	そう思う	そう思う	そう思う	そう思わない	そう思わない	そう思わない	ややそう思う	そう思わない	ややそう思う	ややそう思う	ややそう思う
N	そう思う	そう思う	ややそう思う	ややそう思う	そう思わない	NA	そう思わない	NA	そう思わない	ややそう思う	そう思う	そう思う

212 第8章 就学前教育と言語の巣

FとJとKが専門大学であった。Mはノルウェーのサーミ大学をあげている。その他としては、本人の望むところへという意見があった。イナリには高等教育機関がないため、大学へ進学するためには地域を出る必要がある。保護者のなかでは、Mが「現在住んでいるところに住み続けてほしい」、JとKが「ラッピ県内にはいてほしい」と答えているが、4人は「どこに住んでも構わない」と回答していた。言語の巣を利用するからといって、必ずしも地元でサーミとして生活してほしいと考えているわけではないようである。

第3項　サーミとしての意識

　本項では、「サーミではない」と考えているNを除いた8人を対象に、サーミとしての自意識やサーミに対する考え方を検討する。

　自身がサーミであることを、「つねに意識している」者は5人、「意識することが多い」者は2人、「時々意識する」者は1人である。意識する場面としては、「サーミのことを話題にするとき」（6人）や「サーミの文化を実践するとき」（6人）、「サーミの人々と関わるとき」（6人）、「文化や歴史に触れたとき」（6人）をあげる者が多い。「サーミの人々の身体的特徴に気づいたとき」をあげる者は1人しかいなかった。

　サーミとしての自覚をしたのは、「小学校入学前」が3人、「小学生のころ」が2人、「中学生のころ」が2人、「いつごろかわからない」が1人と、特定の時期への偏りは見られない。自覚したきっかけは圧倒的に「親から聞いた」（6人）が多く、近所の人から、友だちから、学校の先生から、身体的特徴からといった者は1人もいなかった。

　Gを除く7人は、子どもの頃から家庭においてサーミ文化を経験している。また、Kは子どもの頃のサーミ以外の人々との関わりが「なかった」と答えているが、残りの7人は「仲良くつきあっていた」という。

　子育てをするようになったことは、5人の保護者の民族意識に影響を与えており、「サーミであることを誇りに思うことが増えた」と答えている。

　自らが、家庭においてサーミの文化や意識を継承してきたように、保護者たちは家庭にサーミの文化を取り入れることで子ども世代への継承を行っており、全員が家庭でサーミ文化を子どもに見せたり伝えたりしている。「サー

ミの言葉で話す」（8人全員）、「サーミの絵本を読む」（7人）、「サーミの料理」（7人）、「サーミの手工芸」（6人）などがとくに実践されている。これらに比べると「サーミの昔話」（4人）や「トナカイの放牧」（3人）はさほど多くは行われていない。

　サーミ差別については、3人が「ある」と、2人が「自分に対してはないが、他の人が受けたことを知っている」と、3人が「ない」と答えている。ただし、フィンランド社会に「人種・民族による不公平」があるかという質問に対しては、サーミではないNも含めて全員が「少しある」あるいは「よくある」と回答しており、サーミであることが不利益をもたらす場面がありうることを示している。もっとも、不公平があると考えられているのは人種・民族だけではない。不公平が「よくある」「少しある」と考えている者は「所得・資産」（8人）「家柄」（8人）「性別」（7人）「学歴」（7人）「職業」（6人）などでも多く、フィンランド社会に多く存在する不公平のうち、所得・資産によるものや家柄によるものと同様に、人種・民族に関する不公平も存在すると認識されているようだ。

　サーミ議会の選挙人名簿に登録している者は7人で、現在登録していないGも登録するつもりであるという。また、今後については、Fが「とくに民族は意識せずに生活してきたい」と答えているほかは、全員が「サーミとして積極的に生活していきたい」と答えている。

第5節　まとめ

　ここまで、言語の巣の概要と、そこで働く保育者、利用する保護者の意識を見てきた。

　ニュージーランドのマオリから世界に広まっていった言語の巣は、フィンランドにおいてはイナリ・サーミ、スコルト・サーミによって導入され、財政面の不安定さなどに直面しつつもしっかりと定着してきている。言語の巣の成功例として世界的に知られるイナリでは、イナリ・サーミ語の使用を徹底することで大きな成果をあげている。また、ヘルシンキでは、都市サーミ協会が独自の運営方針をとり、財政的にも様々な補助金を集めることで議会

からの援助だけに頼らない新しい形の言語の巣を展開している。言語の巣に共通する保育者の問題は抱えつつも、この新しい言語の巣が今後どのような足跡をたどるのか、興味深い。

一方で、フィンランドの言語の巣発祥の地でもあるセヴェッティヤルヴィでは、スコルト・サーミ語を継承することについては地域でも意見が分かれているということであり、保育の担い手が見つからないという深刻な状況を生んでいた。スコルト・サーミ語はフィンランド国内の他のサーミ語と文法が大きく異なるという。また長くロシアに暮らしていたことから宗教も違うため、スコルト・サーミはフィンランド国内において差別される存在であった[3]。このような歴史が、母語を継承していこうという運動にも影響を与えているのだろう。

言語の巣当事者の意識に目を転じると、保育者、保護者双方に共通する意識として、サーミ語、サーミ文化を学ぶことに対する高い意識と、それを子どもに伝えている言語の巣に対する高い評価とがなによりもまずあげられる。一方で、かつて絶滅の危機に瀕していたといわれるイナリ・サーミ語やスコルト・サーミ語を始めとするマイノリティの言語を学ぶことが、マジョリティ社会での不利益をもたらすのではないかという危惧は、まったくといってよいほど存在しなかった。その背景には、ただ自らのアイデンティティを支えられるといった意味だけではなく、ヘルシンキの言語の巣や、イナリ・サーミ語協会などでも指摘されていた、「サーミ語ができることは、とくに北部では仕事につながる」という認識の共有がある。保護者は、子どもに必ずしもラッピ県内に住んでいてほしいと考えているわけではない。それでも、サーミ語を覚えておけば、いざとなればラッピ県内での仕事ができるかもしれないという安心感があるのではないか。

また、保育者から保護者に対しては、もっと家庭でもサーミ語を使ってほしい、あるいは園に任せきりにしないでほしいといった要望が見られた。一方、保護者たちはすでに家庭内でも、サーミ語の使用を始めとする多くのサーミ語、サーミ文化実践を行っていた。言語の巣に子どもが通い始めたことにより、サーミとしての誇りを覚えるようになったという保護者も多いことから、保育者が感じている以上に、保護者のなかで自分たち自身によるサーミ

語、サーミ文化継承の努力は行われているといえる。

　世代的に見れば、保護者の多くは「失われた世代」(Olthuis, Kivelä and Skutnabb-Kangas 2013: 30) に属している[4]。これは、イナリ・サーミにおける20〜39歳（2013年時点）を指しており、学校教育でも家庭でもイナリ・サーミ語を使えず、また言語の巣へも行けなかった世代である。実際に、保護者たちのなかで、親世代からサーミ語を受け継げたといえるものは多くない。ただ、子ども世代への継承には積極的である。もちろん、言語の巣へ子どもを預けている時点でサーミ語、サーミ文化への意識は高い人々であるため、これらが「失われた世代」全体の傾向ということはできない。それでも、パサネンがイナリの言語の巣がもたらした功績として指摘するように(Pasanen 2013: 100)、言語の巣の存在が子どもたちのサーミ語、サーミ文化体得だけではなく、保護者世代の意識も変えたということを、本調査の保護者はまさに示しているのではないだろうか。

注

1 　実際には、ハワイやカナダのブリティッシュ・コロンビア州 (First Peoples' Cultural Council 2014; McIvor 2006) のように活発な活動をし、大きな効果をあげている言語の巣もあるため、この指摘自体が妥当なものであるかについて疑問も残る。ただし、カレワラのようにうまく根付かなかった言語の巣も存在しており（Pasanen 2010: 103）、イナリが成功例のひとつであることは確かであろう。

2 　カレワラは、カレリア共和国北部の都市。カレリア共和国はロシア連邦を構成する共和国のひとつでフィンランドと国境を接しており、歴史的にもフィンランドとの結びつきが強い。カレワラの言語の巣は2000年に設立されたが、2006年には「カレリアン幼稚園」に統合されていく形で姿を消した（Pasanen 2010: 103）。

3 　2015年8月に行ったヘルシンキ大学の Irja Seurujärvi-Kari 氏への聞き取りによる。

4 　フィンランドのほか、ノルウェーやスウェーデンの調査においても「失われた世代」という言葉は聞かれた。ただし、その意味する世代は国によって異なる。第4章でも見たように、ノルウェーでは徐々に学校教育からサーミ語が締め出されていき、1905年には一切の使用が禁止された。その後、1967年には基礎学校でサーミ語を選択することが可能になったため、失われた世代は60歳前後以上の世代となる。スウェーデンでは、50代のサーミ教育センター教員から「失われた世代である」という発言が聞かれた。1913年に作られたノマド学校ではスウェーデン語だけが教授言語として使われた。1976年に基礎学校でサーミ語教育が受けられるようになるまでが失われた世代といえるだろう。

第9章

義務教育段階のサーミ教育

野崎　剛毅

はじめに

　本章では、義務教育段階におけるサーミ教育の実態と課題を、教員、保護者、生徒への調査をもとに検討する。その際、大きく2つの論点について検討を行う。

　1点目は、サーミ語・サーミ文化を学校で教えることについて、どのように捉えられているかである。調査対象校のうち、スウェーデンのサーミ学校はサーミを対象とした学校であるうえに、選択制である。そのため、利用家庭の保護者はサーミ文化やサーミ語を学ぶという確固たる目的を持っていると考えられる。だが、ノルウェーとフィンランドの基礎学校はサーミ語やサーミ文化に関する授業こそ行われているものの、地域の一公立校であることに変わりはない。この両者の間に、サーミ語、サーミ文化に対する意識の違いは生じているのであろうか。また、それらの学校でサーミ語、サーミ文化を教える際の課題とは何であろうか。

　2点目は、サーミ教育を受けることが、子どもの将来と関連してどのように捉えられているかである。わが国で先住民族の言語補償や民族教育について議論する際、それらを受けることが日本社会で生きていく上で果たして役に立つのかという点が指摘されることがある。たとえば松本和良らのグループが白老町で行った調査では、「いまさらアイヌ語をどうする。それより英語でも教えてくれ」「文化法の改正をお願いする。アイヌ語はいらない、その分生活のプラスになる所へ」といった声が取り上げられている（大黒 2001: 153）。このような、母語よりもマジョリティの言語や国際語である英

第3部　サーミの生活・意識と教育　　217

語を、という意識は、マイノリティの言語や文化を考える際に大きな問題と
なる。また、民族学校を作ったところで就職先がないではないかという指摘
も根強い。しかし、後に見ていくように、サーミの人々の間ではこのような
進路、将来への不安はほとんどといってよいほど存在しない。それはいった
いなぜなのだろうか。

　以下、第1節では、調査と対象者の概要を示す。第2節では、学校でサー
ミ語、サーミ文化を学ぶことについて、教員、保護者、生徒それぞれがどの
ように見ているのか、その実態を明らかにする。第3節では、進路について
3者の意識を見た上で、なぜサーミの人々は進学、就職に対して不安を持た
ないのか、その理由について考察を加える。第4節では、調査から見えてき
たサーミ教育が持つ課題について検討する[1]。

第1節　調査と対象者の概要

第1項　調査の概要

　調査はノルウェーのカウトケイノにある基礎学校、スウェーデンのキルナ
とヨックモックにあるサーミ学校、フィンランドのイナリにある基礎学校で
行った。調査の対象はおもに保護者と教員、中学生である。スウェーデンの
サーミ学校は小学校段階であるため、児童・生徒調査は行っていない。調査
自体が調査時期や対象校および対象者の事情などに対応して設定されたため、
時期も、学校種別も、調査方法も統一されてはいない。調査年はスウェーデ
ンが2012年、ノルウェーが2013年、フィンランドが2015年である。ノ
ルウェーでは、保護者調査と中学生調査は調査票を用いた自記式アンケート
調査を、教員調査ではインタビュー調査と自記式アンケート調査を併用した
調査を行った。スウェーデンでは、教員調査、保護者調査とも自記式アンケー
ト調査が中心であり、それぞれ1人ずつインタビュー調査を行っている。フィ
ンランドではweb上でのアンケート調査を行った。

　〈ノルウェー・基礎学校調査（2013年12月）〉
　　①教員調査（インタビュー回答者4人・調査票回答者11人）

②保護者調査 (配布数 220・回収数 68・回収率 30.9%)

③中学生調査 (配布数 100・回収数 84・回収率 84.0%)

〈スウェーデン・サーミ学校調査 (2012 年 9 月)〉

④教員調査 (回答者 4 人)

⑤保護者調査 (回答者 16 人)

〈フィンランド・基礎学校調査 (2015 年 8 月)〉

⑥教員調査 (回答者 5 人)

⑦保護者調査 (回答者 11 人)

⑧中学生調査 (回答者 4 人)

第 2 項　教員の属性

　教員調査への回答者は女性が多く、男性はノルウェー基礎学校の 4 人とフィンランド基礎学校の 1 人だけである。スウェーデンのサーミ学校調査の回答者は 4 人とも女性であり、また、キルナとヨックモックのサーミ学校を訪問した際に見た限りでは男性の教員はいないようであった。年齢は 20 代から 60 代まで幅広く、やや 40 代以上の中高年層が多いようである。

　エスニシティはサーミが多く、サーミでない者はノルウェー基礎学校の 2 人とフィンランド基礎学校の 2 人だけである。両校はサーミ学校ではなく一般の公立学校であるが、それでもサーミの教員の方が多い。

　サーミの教員のほとんどは、読む、書く、聞く、話すいずれにおいても高いサーミ語能力を保持している。使用できるサーミ語は 3 か国すべてにおいて北サーミ語が圧倒的に多い。ノルウェーには南サーミ語話者が、スウェーデンにはルレ・サーミ語話者と南サーミ語話者が、フィンランドにはイナリ・サーミ語話者とスコルト・サーミ語話者がいるが、それらの方言を使用できる教員は多くない。とくにスウェーデンで調査に協力を頂いたサーミ学校は、ルレ・サーミ語話者の多いヨックモックにあるにもかかわらず、4 人のうちルレ・サーミ語を話せる教員は 1 人であった。

　教員たちが、学校の教師という職業を選択した理由を**表 9 - 4**で見てみよう。ノルウェーとフィンランドの基礎学校は、あくまでも「基礎学校」であり、サーミ教育を中心としたものではない。そのため、教員たちの志望理由も教

第3部　サーミの生活・意識と教育　219

表9-1　教員の性別、年齢

単位：人

	性別			年齢					
	男性	女性	不明	20代	30代	40代	50代	60代〜	不明
ノルウェー	4	10	1	3	0	3	4	1	4
スウェーデン	0	4	0	0	1	1	2	0	0
フィンランド	1	4	0	1	1	2	0	1	0

表9-2　教員のエスニシティと使えるサーミ語

単位：人

	エスニシティ			使えるサーミ語（複数回答）				
	サーミ	非サーミ	不明	北サーミ語	ルレ・サーミ語	イナリ・サーミ語	使えない	不明
ノルウェー	13	2	0	13	1	0	2	0
スウェーデン	4	0	0	4	1	0	0	0
フィンランド	2	2	1	2	0	1	1	1

表9-3　教員の最終学歴と学校でのサーミ語学習経験

単位：人

	最終学歴				学校でのサーミ語学習経験				
	学士課程	修士課程	SUC	SEI	義務教育段階	高校	大学以上	受けていない	その他・不明
ノルウェー	5	1	9	0	9	8	9	1	2
スウェーデン	3	0	0	2	3	1	1	0	0
フィンランド	0	4	1	0	2	1	1	1	2

注）　1. SUC ＝サーミ・ユニバーシティ・カレッジ、SEI ＝サーミ教育専門学校
　　　2. スウェーデンの最終学歴は、大学と SEI の重複回答 1 を含む。

育一般に関するものが並ぶ。カウトケイノでは、「教育に携わりたかったから」が10人と最も多く、次いで「人に勧められたから」（5人）、「金銭的に魅力があったから」（2人）であった。なお、2人が「サーミのために働けるから」、1人が「サーミ文化に関われるから」を理由として選択している。

　イナリの基礎学校教員の場合、「これまでのキャリアが活かせるから」が3人、「教育に携わりたかったから」、「金銭的に魅力があったから」、「教育方針が気に入ったから」、「その他」（言葉の理由）がそれぞれ1人となっている。

220　第9章　義務教育段階のサーミ教育

イナリの基礎学校の質問では、選択肢に「サーミ文化に関われるから」「サーミのために働けるから」があったが、これらを選んだ教員はいなかった。

　スウェーデンのサーミ学校は、サーミを対象とした学校であることから、教員たちもサーミに関われることを理由にあげている者が多い。4人それぞれの理由を見ると、1人目が「教育に携わりたかったから」と「サーミ文化に関われるから」、2人目が「サーミのために働けるから」、3人目が「サーミ文化に関われるから」「サーミのために働けるから」、4人目が「教育に携わりたかったから」となっている。サーミ社会への貢献という気持ちが教員という職業を選ばせたようである。

　なお、ノルウェーの教員には変わり種の回答をした者もいる。自らもトナカイ業を兼業しているある教員は

　　　トナカイ飼育と学校の先生だったら両立しやすいから。他の仕事だったらやりにくい。だから教員になった。とくに女性教員はいろいろな形でトナカイ飼育に関わっている。それはやりやすいから。夏休みがしっかりとれるし週末は仕事をしなくてよいから、トナカイ業と両立しやすい。

として、トナカイ業との両立しやすさを教員になった理由として述べている。また、別の教員も、

　　　（1年間のうちトナカイ業で学校を休むのは）5週間。以前は8週間とか休めた。今は5週間。それにあわせて、復活祭の休みとクリスマスの休みをちゃんととれる。バカンス中はトナカイ業をやっている。

と回答している。

　以上のように、サーミ学校と基礎学校とでは教員になったきっかけに差が見られた。

第3部　サーミの生活・意識と教育　221

表 9-4　教員になった理由（複数回答）

単位：人

	教育に携わりたかったから	人に勧められたから	金銭的に魅力があったから	これまでのキャリアが活かせるから	教育方針が気に入ったから	サーミ文化に関われるから	サーミのために働けるから	その他	合計
ノルウェー	10	5	2	0	1	1	2	2	15
スウェーデン	2	0	0	0	0	2	2	0	4
フィンランド	1	0	1	3	1	0	0	1	5

第3項　保護者の属性

　表9-5を見ると、保護者調査の回答者は、圧倒的に女性、つまり母親が多い。年齢はいずれの地域でも40代が最も多く、ついで30代となっている。

　先述のとおり、スウェーデン調査はサーミ学校を対象としているが、ノルウェーおよびフィンランド調査は一般の公立校が対象である。しかし、調査の回答者はサーミが多く、スウェーデン調査は16人全員がサーミ、ノルウェー調査では68人中63人がサーミである。フィンランド調査だけはサーミでない者が6人と、サーミの5人を上回っている。また、フィンランドではサーミでない保護者であってもその多くはサーミ語を使うことができる。

　使えるサーミ語を見てみると、ノルウェーのカウトケイノは北サーミ語圏であるため、使えるサーミ語を回答した者は全員が北サーミ語であると回答している。スウェーデン調査はキルナが北サーミ語圏、ヨックモックがルレ・サーミ語圏である。キルナの保護者は6人が北サーミ語を使えるほか、ヨックモックよりもさらに南の地域で使われている南サーミ語がわかるという保護者も1人いる。ルレ・サーミ語がわかる保護者はキルナにはいなかった。一方、ヨックモックの保護者は、ルレ・サーミ語が使えるという者が4人いるだけでなく、北サーミ語を使うことができる者も6人いた。南サーミ語は1人である。フィンランド調査を行ったイナリでも、イナリ・サーミ語圏であるにもかかわらず、サーミ語が使えると回答した保護者は全員が北サーミ語を使える言語としてあげている。イナリ・サーミ語が使える者は5人で、

222　第9章　義務教育段階のサーミ教育

全員が北サーミ語と両方を使うことができる者であった。サーミ社会におい
て北サーミ語の持つ影響力の大きさがうかがえる。イナリの近郊にはスコル
ト・サーミ語話者の住む地域もあり、基礎学校でもスコルト・サーミ語の授
業が受けられるようになっているが、回答者のなかにわかる者はいなかった。

　対象の3か国はいずれもリカレント教育がすすんでいることで知られてお
り、複数の大学や職業訓練校などを出た者が多い。**表9−7**をみるとノル
ウェー調査では最終学歴が基礎学校である者が6人で、高等学校が7人、サー
ミ高校が11人、ユニバーシティ・カレッジが10人、サーミ・ユニバーシティ・
カレッジが18人、ユニバーシティが6人、大学院が4人、サーミ・ユニバー
シティ・カレッジの大学院が1人となっている。

　スウェーデンでは大学が最も多く11人で、大学院まで行った者が1人い
る。基礎学校までが2人、高等学校までが2人である。キルナはノルウェー
との国境も近いが、サーミ・ユニバーシティ・カレッジへ行ったという者は
いなかった。

　フィンランドでは職業学校へ通った経歴を持つ者が多い。最終学歴で最

表 9-5　保護者の性別、年齢

単位：人

	性別			年齢				
	男性	女性	不明	21 〜 30	31 〜 40	41 〜 50	51 〜	不明
ノルウェー	16	52	0	6	20	31	7	4
スウェーデン	5	10	1	1	6	7	1	1
フィンランド	0	11	0	0	4	6	1	0

表 9-6　保護者のエスニシティ、使えるサーミ語

単位：人

	エスニシティ			使えるサーミ語（複数回答）					
	サーミ	非サーミ	不明	北サーミ語	ルレ・サーミ語	イナリ・サーミ語	南サーミ語	使えない	不明・無回答
ノルウェー	63	4	1	61	0	0	0	2	1
スウェーデン	16	0	0	12	4	0	2	1	1
フィンランド	5	6	0	9	0	5	0	0	2

第3部　サーミの生活・意識と教育　223

も多いのは大学院 (修士課程) で４人、次いでサーミ教育専門学校が３人である。この３人はいずれもサーミ教育専門学校以外の職業学校にも通った経験を持っている。専門大学 (職業学士課程) と専門大学 (職業修士課程) が２人ずつ、高等学校が１人である。なお、サーミではない者も含めて、７人が最終学歴ではないにしてもサーミ教育専門学校へ通った経験を持っている。

　職業は地域の特色が色濃く出ている。**表９−８**にあるようにノルウェーでは全体の半数を超える 36 人が公務員であり、他にも保育士 (６人)、教員 (10 人)、研究職 (１人)、管理職 (３人) といったアカデミックな職、ホワイトカラー職についている者が多くなっている。

　スウェーデンも教員が４人と多く、ついで公務員、事務・営業、トナカイ業がそれぞれ３人ずつとなっている。公務員が最も多いという傾向はフィンランドも変わらない。11 人中、半数を超える６人が公務員である。「その他」は料理人であった。

　サーミの象徴でもあるトナカイ飼育をしている者は、ノルウェーで８人、スウェーデンで３人、フィンランドで２人である。調査項目上、「トナカイ飼育」「トナカイ食肉加工」「トナカイ角加工」と分けて聞いてはいるものの、回答者の多くは重複している。そして、専業の者は多くない。ノルウェーでは８人がトナカイ飼育をしていると回答しているが、専業といえるのは１人しかおらず、他は加工業を兼業した上で、さらに別の職業を持っている。また、フィンランドでは４人がトナカイを現在飼っている。そのうちの１人は公務員との兼業であり、トナカイ飼育は「家計の足しにはならない」としている。残る３人はトナカイ収入が家計のほとんどを占めると回答しているが、うち２世帯は世帯収入が「20,000 〜 39,999 ユーロ」と各世帯のなかでも最も低い水準となっている。なお、もう１世帯はトナカイ飼育だけではなく食肉加工も兼業で行っており、世帯収入は 70,000 〜 89,999 ユーロと高い水準である。

第４項　生徒の属性

　生徒調査はカウトケイノとイナリのみで行っている。回答者はカウトケイノが男子 47 人、女子 34 人、不明３人の計 84 人であり、８年生が 38 人、９年生が 23 人、10 年生が 23 人である。イナリは男子２人、女子２人の計

224　第9章　義務教育段階のサーミ教育

表9-7　保護者の最終学歴

単位：人

	基礎学校	高等学校	サーミ高校	サーミ教育専門学校	ユニバーシティ・カレッジ	SUC	大学	専門大学（職業学士課程）	大学院	SUCの大学院	専門大学（職業修士課程）	その他	無回答	合計
ノルウェー	6	7	11	0	10	18	6	0	4	1	0	3	2	68
スウェーデン	2	2	0	0	0	0	11	0	1	0	0	0	0	16
フィンランド	0	1	0	3	0	0	0	2	4	0	2	0	0	11

注）フィンランド調査では大学院と専門大学（職業修士課程）の重複回答が1人ある。

表9-8　保護者の職業（複数回答）

単位：人

	公務員	保育士	教員	管理職	事務・営業	研究職	トナカイ飼育	トナカイ食肉加工	トナカイ角加工	店員・販売員	自営業	その他	無職	合計
ノルウェー	36	6	10	3	2	1	8	3	2	1	7	4	1	68
スウェーデン	3	0	4	0	3	0			3	1	1	1	0	16
フィンランド	6	0	0	0	0	0	2	1	0	0	1	1	1	11

注）スウェーデンでは「トナカイ飼育」と「トナカイ食肉加工」「トナカイ角加工」をわけずに「トナカイ業」として聞いている。

4人で、8年生が3人、9年生が1人で7年生はいない。なお、9年生の1人は女子である。

　カウトケイノでは、エスニシティを直接尋ねる質問は設けなかったが、サーミとしての意識を聞いた質問に「サーミではない」と回答した者が3人いた。ただし、サーミではないという生徒も含めて全員がサーミ語を使うことができる。使えるサーミ語は無回答の1人を除く全員が北サーミ語をあげている。他にルレ・サーミ語を使うことができる者が1人、南サーミ語を使うことができる者が2人、「その他のサーミ語が使える」と回答した者が1人だった。

　イナリの生徒は4人全員がサーミである。4人とも北サーミ語を使うことができる。また、イナリ・サーミ語を使える者も2人いた。カウトケイノにしてもイナリにしても、北サーミ語はサーミ語の世界における共通語として

第3部　サーミの生活・意識と教育　225

表9-9　生徒の性別、学年

単位：人

	性別			学年			
	男子	女子	不明	7年生	8年生	9年生	10年生
ノルウェー	47	34	3	―	38	23	23
フィンランド	2	2	0	0	3	1	―

表9-10　生徒のエスニシティ、使えるサーミ語（複数回答）

単位：人

	エスニシティ			使えるサーミ語				
	サーミ	非サーミ	不明	北サーミ語	ルレ・サーミ語	南サーミ語	イナリ・サーミ語	その他のサーミ語
ノルウェー	80	3	1	83	1	2	0	1
フィンランド	4	0	0	4	0	0	2	0

位置づけられた上で、使える者はそれぞれの地域のサーミ語を別に使うという状況にあるようだ。

第2節　サーミについて学ぶということ

第1項　サーミ語・サーミ文化を学ぶことへの評価

　本調査の対象となった学校は、ノルウェーとフィンランドが基礎学校、スウェーデンがサーミ学校と種別が異なっている。しかし、いずれの学校もサーミの文化やサーミ語に関する学習が充実しているという共通点を持っている。スウェーデンのサーミ学校はもちろんのこと、ノルウェーの基礎学校は通常の公立学校でありながら生徒のほぼ全員がサーミであるし、フィンランドの基礎学校も、サーミ児童の割合は半数を下回っているが、3つのサーミ語を母語として学べるようになっている。このようにサーミ色のきわめて強い学校を利用することについて、保護者や生徒はどのように考えているのか。また、教員はどのように考えているのか。本節ではこの点について検討を加える。

　そもそもサーミを対象としており、基礎学校にもすすめるなか、あえて選

226　第9章　義務教育段階のサーミ教育

択して入学しているサーミ学校では、サーミ語を学ぶこと、サーミ文化を学ぶことは保護者から高く評価されている。サーミ学校へ通わせた理由として「サーミ語が身につくから」と「サーミ文化が学べるから」をあげる保護者はそれぞれ12人(75.0%)、10人(62.5%)と多数を占める。また、サーミ学校への評価として、「サーミ語を身につけられる」「サーミの文化を身につけられる」に対して「とてもそう思う」「ややそう思う」と答えた保護者はそれぞれ15人(93.8%)、16人(100.0%)であり、この2点を保護者が高く評価していることがわかる。

　さらに、サーミ学校に対する要望として、「基礎学力をもっと身につけてほしい」(2人12.5%)、「もっとスウェーデン語の勉強をしてほしい」(0人)、「もっと英語の勉強をしてほしい」(1人6.3%)といったように、サーミ語の代わりに何か別のものをというものはほぼない。このように、スウェーデンのサーミ学校では、サーミ語、サーミ文化を学ぶことが何よりも重視されているといってよい。

　在校生のほとんどがサーミであるというカウトケイノ基礎学校でも、このような傾向は変わらない。学校への評価として、「サーミ語が身につく」「サーミの文化が身につく」に「とてもそう思う」「ややそう思う」と答えた保護者は、それぞれ67人(98.5%)、65人(95.6%)である。

　ただし、学校への要望はサーミ学校調査とやや異なる様相を見せており、「基礎学力をもっと身につけさせてほしい」と答えた者が31人(45.6%)、「もっとノルウェー語の勉強をしてほしい」が14人(20.6%)、「もっと英語の勉強をしてほしい」が32人(47.1%)と多くなっている。サーミ語、サーミ文化以外の教育面も重視する傾向は、カウトケイノの保護者に特徴的である。とくに、のちにみる教員調査と比較しても「もっと英語の勉強をしてほしい」と考える者の多さは突出している。この背景には、キルナ、ヨックモック、イナリと比較した際のカウトケイノの特殊性があると考えられる。キルナやヨックモックにしても、あるいはイナリにしても、サーミが多く住む地域として知られてはいるものの、サーミがマイノリティであることには変わりがない。そのようななかで、サーミ学校や、サーミ語やサーミ文化にも力を入れている基礎学校は、サーミの子どもがサーミ語、サーミ文化に親しめる貴

重な場である。それに対し、カウトケイノでは基礎学校の生徒のほぼ全員がサーミであることからもわかるように、サーミが少数派ではない。そのため、サーミ語やサーミ文化に触れる機会も多い分、基礎学校にサーミ語、サーミ文化以外の分野、すなわち学力や国際語である英語などを求める余裕が生まれているのだろう。

　興味深いのは、サーミ児童が半数以下であるイナリ基礎学校においても、同様にサーミ語、サーミ文化を学べることを高く評価する傾向が見られることである。「サーミ語が身につく」「サーミの文化が身につく」に対しては、11人中前者は10人、後者も9人が「そう思う」、ともに1人が「ややそう思う」と回答している（「サーミの文化が身につく」の残り1人は無回答）。さらに、「もっとサーミ語の勉強をしてほしい」と考える者が3人いるが、そのうち2人は非サーミであるし、「もっとサーミ文化の勉強をしてほしい」と考える7人についても、4人は非サーミである。イナリ基礎学校においては、サーミでない保護者にも、サーミ語やサーミ文化を学ぶことの意義が理解され、受け入れられているのである。なお、「基礎学力をもっと身につけさせてほしい」と考える者はサーミで2人、非サーミで4人、「もっと英語の勉強をしてほしい」はサーミ、非サーミでそれぞれ1人ずつおり、「もっとフィンランド語の勉強をしてほしい」と考える者は1人もいなかった。これらの要望に関しては、サーミも非サーミも回答に差はない。

　サーミ語やサーミ文化を学ぶことに関しては、保護者だけでなく当の生徒たちも評価をしている。「サーミ語を身につけられる」（ノルウェー調査にはこの項目はない）については、イナリ基礎学校の回答者4人全員が「そう思う」と答えている。「サーミ文化を身につけられる」についても、イナリでは3人が「そう思う」、1人が「ややそう思う」と、カウトケイノでも、52人（61.9%）が「そう思う」、21人（25.0%）が「ややそう思う」と回答しており、「あまりそう思わない」「そう思わない」と答えた者は9人（10.7%）のみであった。

　これらの意識は、教員にも共通している。「サーミ語を身につけられる」や「サーミ文化を身につけられる」に対しては、スウェーデンのサーミ学校、カウトケイノの基礎学校、そしてイナリ基礎学校の全教員が「そう思う」「ややそう思う」と答えている。

228　第9章　義務教育段階のサーミ教育

　イナリとカウトケイノの基礎学校調査の際は、教員に対しても基礎学校への要望を聞いている。

　「もっとサーミ文化の勉強をさせるべきだ」はイナリで5人中4人、カウトケイノで14人中12人が肯定している。「もっとサーミ語の勉強をさせるべきだ」はイナリで3人、カウトケイノで8人、「基礎学力をもっと身につけさせるべきだ」はイナリで3人、カウトケイノで4人と、それぞれ意見は分かれている。しかし、一方で「もっとフィンランド語／ノルウェー語の勉強をさせるべきだ」や「もっと英語の勉強をさせるべきだ」と答えた者はイナリでは1人もおらず、カウトケイノでもそれぞれ2人ずつだけであった。サーミが多数派を占める学校だけではなく、サーミが多数派ではない学校においても、サーミ語やサーミ文化を学ぶということは受け入れられているかここからもわかる。

　カウトケイノの保護者調査では、サーミ語、サーミ文化などだけでなく基礎学力や英語の学習を望む声が強かった。それに対し、カウトケイノの教員は基礎学力や英語以上にサーミ語、サーミ文化を学ぶことを重視している。この学校の一番すばらしいところは何かという問に対し、12人（3人は無回答）中8人が「サーミ語・サーミ文化を重視する教育方針」と答えている。

　　　一番良いところは、サーミの子どもが、自分たちの言葉で書いたり読んだりすることを学ぶこと、サーミ語を母語としない子どもも、サーミ語で書いたり、読んだりすることを学ぶこと。

　　　この学校の一番良いところは、サーミのアイデンティティというものを意識した学校であること。サーミの価値観や文化を推進していること。

　　　一番すばらしいのは、教育においてサーミ文化が中心となっていること。

　これらの言葉からは、サーミ文化を学ぶこと、あるいは学校がサーミ文化をもとに成り立っていることが、サーミ子弟のみならず、非サーミの子ども

たちへも良い影響を与えるはずだという強い意思が見てとれる。

第2項　サーミ語教育の限界

　サーミ語を学校で学ぶことに対しては、保護者、生徒、教員すべてが高く評価している。ただ、その一方でサーミ語の / による学習の限界や課題を指摘する声もある。

　ひとつは、サーミ語の教材の問題である。サーミ語教材の乏しさについては様々な機関においてその問題が語られている（野崎 2012: 81 他）。本調査でも「サーミ語の教材が整っている」という設問に対し、イナリ基礎学校教員調査では5人全員が、カウトケイノ基礎学校教員調査では7人中5人が、「あまりそう思わない」もしくは「そう思わない」という否定的な回答をしている。この点については、保護者も、教員ほどではないにせよ懸念を抱いており、イナリでは11人中9人が、カウトケイノでは68人中39人（57.4%）が、「あまりそう思わない」「そう思わない」と回答している。

　ただし、サーミ語教材について、生徒たちは、教員や保護者ほどマイナスには捉えていない。イナリでは4人の回答者が「そう思う」「ややそう思う」と「あまりそう思わない」「そう思わない」に2人ずつ分かれた。カウトケイノでは、「そう思う」「ややそう思う」と回答した者が79人中46人（58.2%）と過半数であった。

　サーミ語の / による学習に関するもうひとつの問題は、理系科目を中心として、サーミ語での教育が適当でないものがあるという指摘である。そしてこの指摘は、1点目のサーミ語教材の問題とは逆に、生徒たちの方が深刻に考えている。「理系科目の学習はサーミ語よりもノルウェー語 / フィンランド語の方が良い」に対して、「そう思う」「ややそう思う」と答えた者は、イナリでは4人中3人、カウトケイノでは83人中48人（57.8%）と多かった。

　この考え方は教員にも憂慮されており、ノルウェー教員調査では

　　　数学は英語の方が良いのではないかと思う。英語でアメリカ人が作った数学のアイディアを英語でやるのが一番簡単なのだが、それをサーミ語で言葉を作ったのですごく長い言葉になってしまった。

サーミの算数の教科書にインターナショナルな数学用語を残さなけれ
　　ばならない。現在は、新しい算数の教科書は新しいサーミの数学用語で
　　書かれている。大学のようなより高い段階で数学の問題を解かなければ
　　ならなくなった時、学生たちはインターナショナルな数学用語が理解で
　　きずに苦労するだろう。

という指摘がされている。ただし、イナリ基礎学校の保護者は、11人中10
人が「あまりそう思わない」「そう思わない」と回答しており、生徒、教員と
保護者との間に認識のずれが生じている。

第3節　サーミ教育と進路

第1項　進学、就職への不安

　日本で先住民教育や民族学校が議論される際、指摘されがちなのが、その
ような教育を受け、または学校へ行ったとしても就職に結びつかないという
ことである。では、サーミ教育にかかわる人々は、進学や就職についてどの
ように考えているのだろうか。

　調査対象校に通うことが「進学に有利だ」に対し、「そう思う」「ややそう思
う」と回答した者について見てみよう。イナリ基礎学校では教員と生徒でそ
れぞれ全員、保護者が11人中10人、カウトケイノ基礎学校教員が6人中
5人が有利と答えている。

　スウェーデンのサーミ学校調査の際は、逆に「進学しにくくなりそう」か
どうかで質問していたが、教員は4人全員が「そう思わない」、保護者も16
人中13人が「そう思わない」「あまりそう思わない」と答えている。

　カウトケイノの保護者だけは、「進学に有利だ」に対し「あまりそう思わな
い」が12人（17.6%）、「そう思わない」が7人（10.3%）と、やや否定的な見解
が目立った。しかし、それでも合わせて3割程度である。

　また、「就職に有利だ」に対しては、同じく「そう思う」「ややそう思う」と
回答した者がカウトケイノ教員で6人中4人、イナリ教員は5人全員、イナ

リ保護者で 10 人中 8 人、イナリ生徒で 4 人中 3 人と、やはり多くなっている。スウェーデン・サーミ学校の「就職しにくくなりそう」に対しては、教員は4 人全員が「そう思わない」、保護者も 8 人中 7 人が「そう思わない」「あまりそう思わない」であった。進学については否定的な意見が 3 割いたカウトケイノの保護者も、就職については「あまりそう思わない」9 人、「そう思わない」4 人の計 13 人 (19.1%) と否定的な見解が弱まっている。進学、就職への不安といった日本において議論されがちな点は、サーミ関連の学校ではそもそも問題として認識されていない。

第 2 項　進学・就職不安解消のシステム

　では、なぜサーミ教育を受けている人々は、進学、就職への不安がほとんどないのだろうか。この点については、直接聞いたデータなどはないため、不用意な断定はできない。ただ、いくつかの可能性をあげることができる。

　1 点目に、ノルウェー、スウェーデン、フィンランドという 3 か国の教育システム、福祉システムの影響が考えられる。この 3 か国は、デンマークやアイスランドなどとともにわが国においては「北欧型福祉国家」としてよく知られている。共通して社会保障が手厚く、セーフティーネットがしっかりしているとされるため、失業するリスクが日本と比較してさほど高くない。

　また、いずれもリカレント教育が定着しているため、社会に出てからも比較的自由に大学へ入学し学び直すことができるようになっている。

　日本では高校卒業後、間断なく大学へ進学し、そのまま新卒で就職することが当然とされている。大学への社会人入学もまだ根付いているとはいいがたい状態であるため、高校卒業直後の大学進学や、新卒での就職は児童・生徒とその保護者にとっての一大事となる。しかし、今回の調査対象国は、いつでも大学に入り直せるほか、仕事も柔軟に変わっていけるため、そもそも進学や就職に対して日本のような不安を抱きにくいのかもしれない。

　2 点目は、サーミ地域において、サーミ語を使えることが職業に直結しやすいという点である。調査対象地域では共通して、サーミ語を話せるようになることは仕事になるという認識が聞かれた。実際、たとえばスウェーデンでは、1999 年に成立した「行政当局および裁判所にかかわる場合にサーミ

語を使用する権利に関する法律」によって、アルィエプローグ、イェリヴァーレ、ヨックモック、キルナの4コミューンでは、サーミが行政機関にサーミ語で問い合わせを行った場合、サーミ語で返答する義務が生まれた（橋本2001: 161）。そのため、各行政機関や裁判所はサーミ語を話せる職員や通訳を雇用する必要が生じている。

また、それぞれの国は細かな違いこそあれ、条件を満たした保護者がサーミ語による教育を求めた場合、サーミ語による授業を提供しなければならないという規則を作っている[2]。加えて各地の言語の巣や小中学校ではサーミ語の / による授業を展開するためにサーミ語を話せる保育者、教員の確保を課題としている。

さらに近年では、サーミ語教材を作成する必要性や、サーミ語による出版物の増加、テレビやラジオのサーミ語放送開始、大人向けのサーミ語教室の流行などで、サーミ語、サーミ文化の教育を受けていることが仕事につながりやすい状態が生まれている。

具体的に、サーミ語話者の需要がどのくらいあり、結果としてどれほどの雇用が生まれているのかについては不明であるが、多くの人々がそのように認識しているという事実は、サーミ語、サーミ文化を身につけるためのインセンティブには十分なりうるだろう。

3点目は、サーミ高校やサーミ大学の存在があげられる。カウトケイノの保護者調査では子どもの進路について、希望する進学先を聞いている。それによると、高校では「サーミ高校以外の高校」の8人に対し、「サーミ高校」が11人と多くなっている。進学する高校については、地理的な条件もあるため単純に判断をすることはできない。それでも、希望する進学先と将来の希望職種とを関連させると、トナカイ飼育をしたいと考えている者が「サーミ高校以外の高校」志願者では7.4%なのに対し、「サーミ高校」志願者では27.6%と、明確な差として表れている。サーミに関する学びと、高校から職業への接続を具体的に関連付けて考えることができるようになっているのである。

また、大学段階では、サーミ・ユニバーシティ・カレッジを希望する者が18人いる。サーミ・ユニバーシティ・カレッジ以外の大学を希望する39人

第3部　サーミの生活・意識と教育　　233

と比較すれば少ないものの有力な進学先として認識されていることはたしか
である。

　サーミ・ユニバーシティ・カレッジの他に、ノルウェーのトロムソ大学、
スウェーデンのウメオ大学やウプサラ大学、ルーレオ工科大学、フィンラン
ドのオウル大学やラップランド大学といった大学では、サーミ語、サーミ文
化を研究することができる。サーミ語やサーミ文化について、基礎学校だけ
で終わるのではなく、高校、大学へと学び続け、あるいは研究していける場
が整備されていることが、サーミ語やサーミ文化を学ぶことへの不安をなく
すことに一役買っているのであろう。

　4点目にトナカイの存在を指摘したい。サーミにとってトナカイ飼育やそ
の加工などは重要な産業となっている。サーミにとってのシンボルのひとつ
といってもよいだろう。スウェーデンのサーミ教育センターやフィンランド
のサーミ教育専門学校でも、トナカイ飼育に関する学科が設置されている。
トナカイ業に就くには学歴などもとくに必要ではないため、「いざとなれば
トナカイ業に就くことができる」ということが、サーミ独自のセーフティー
ネットとして認識されているのではないか。

　実際、将来就きたい職業を聞いたカウトケイノ生徒調査では、具体的な職
業をあげた71人のうち、14人(19.7%)がトナカイ飼育を、1人(1.4%)がト
ナカイ食肉加工を回答している。トナカイ飼育にはサーミ語でしか表現でき
ない言葉が必要であるため、サーミ語がわからなければならない[3]という指
摘をする者もいるように、学校でサーミ語やサーミ文化を学んでおくことは、
トナカイ関連の仕事をする上では重要なことといえるだろう。

　ただし、トナカイ業については課題も指摘しなければならない。第1節第
3項でも見たように、トナカイ業はあまり大きな収入源とはならない。ス
ウェーデンのサーミ議会有権者を対象に行った調査によると、トナカイ業
従事者の個人年収は15.7万SEKであった。これはその他の職業全体の平均
32.0万SEKの半分以下であるばかりか、無職である者の平均18.6万SEKを
も下回っている(野崎2015b: 13)。

　これらのように、先住民の文化保護として言語や文化を学校で学ぶという
だけではなく、具体的な進路、職業と結びつけることによって、進路、就職

234　第9章　義務教育段階のサーミ教育

への不安が生じなくなっているのではないだろうか。

第4節　サーミ教育の諸課題

第1項　サーミ内部の多様性

　基礎学校、サーミ学校の教員、保護者、生徒への調査からは、サーミ教育自体が抱える問題点も見えてきた。本節では、2点についてふれておきたい。ひとつめは、サーミの多様性に関する配慮についてである。

　第1章で確認したように、サーミ語には10前後の方言が存在する。これらの方言の間には、文法や語彙が似ており、そのままでも意思疎通ができるものから、ほぼ別言語といえるものまで存在するという。だが、ここまで見てきたように、この方言やそれに伴う文化の多様性について、サーミ学校が配慮しているとはいいがたい。

　たとえば、教員の使えるサーミ語は北サーミ語に偏っており、ルレ・サーミ語やイナリ・サーミ語が使える教員は少数であった。国内に南サーミ語話者を抱えるノルウェーとスウェーデンの学校に、南サーミ語を使える教員はいなかった。また、イナリの基礎学校は、北サーミ語、イナリ・サーミ語、スコルト・サーミ語で授業を受けることができる唯一の学校とされているが、実際にはスコルト・サーミ語ができる教員は常駐していない。校長へのインタビューによると、スコルト・サーミ語を外国語として履修している生徒は、130km離れた町に住む教員とスカイプを使って授業をしていた。

　生徒たちの使えるサーミ語を見ると、カウトケイノでもイナリでも全員が北サーミ語を使うことができた。北サーミ語以外の方言、たとえばカウトケイノではルレ・サーミ語と南サーミ語、その他のサーミ語を使える生徒が計4人、イナリではイナリ・サーミ語を使える生徒が2人いたが、彼／彼女らも、北サーミ語を使えた上で、第3の言語としてそれぞれの方言を身につけているのが実情であった。

　結果として、サーミ語方言をめぐっては、二重の階層構造が生まれてしまっている。第1の階層構造は、それぞれの国におけるマイノリティ言語としてのサーミ語とマジョリティ言語との間の階層構造である。そのサーミ語の内

部には、サーミ語世界におけるマジョリティ言語である北サーミ語に対し、それ以外の方言がマイノリティ言語に位置づくという第2の階層構造がある。そして、サーミ語教育という名のもとで行われる事実上の北サーミ語教育が北サーミ語の絶対的な地位をより強固なものとし、他の方言との格差を広げてしまう可能性が指摘できるのである。

第2項　サーミ社会における教員

　サーミ教育の課題の2点目として、特殊な立場としてのサーミ教員と、その影響があげられる。

　スウェーデンのサーミ学校は全教員がサーミである。サーミ教員らは、いずれも高いサーミ語能力を持っており、サーミ語やサーミ文化を子ども世代へ伝えることに大変熱心である。かつて学校でサーミ語を学ぶことを禁止されていた時代を考えれば、サーミ語ができる、サーミ文化を知っていることを武器として教員になれるということは、サーミ復権のある意味象徴ということができるだろう。うがった見方をすれば、サーミ教員は自らの「サーミである」という属性をサーミ社会において職業に変えることができた先駆的な存在といえる。

　生徒や保護者はサーミ語を学ぶこと、サーミ文化を身につけることに非常に前向きであった。サーミであり高いサーミ語能力を持っていることで教壇に立っている教員の存在は、生徒や保護者のサーミ語・サーミ文化学習に対する姿勢を後押しすることにもつながっているだろう。

　しかし、このことはリスクも抱えている。自らサーミ的な要素を高めることでそれを仕事とすることができたサーミ教員たちは、サーミ語やサーミ文化が持つ世俗的な影響力を、実際よりも過大に評価してしまう恐れがある。残念ながら、サーミの生徒たちが、すべて高いサーミ語を獲得できるわけではないだろう。サーミ語能力を十分に取得しないままに卒業するとすれば、教員たちが歩んだ「サーミ社会のサクセスストーリー」を踏襲させることだけを目標とするのでは、子どもたちの多様性に十分に配慮しきれない部分も生じるかもしれない。

236　第9章　義務教育段階のサーミ教育

第5節　まとめ

　ここまで、学校でサーミ語、サーミ文化を学ぶということについての意識と、進路についての意識を中心に教員、保護者、生徒の意識を見てきた。その結果、以下の知見が得られた。

　第1に、保護者や生徒は、基礎学校やサーミ学校でサーミ語、サーミ文化を学ぶことを高く評価している。これは、もともとサーミの子弟を対象に作られたサーミ学校や、生徒の9割がサーミであるカウトケイノ基礎学校だけでなく、サーミの生徒が半数以下であるイナリ基礎学校においても同様であった。非サーミの保護者や教員も、基礎学校でサーミ語・サーミ文化を学ぶことに好意的であり、時にはサーミの教員・保護者以上に教育内容を評価していることも見られた。

　このことは、サーミ語教育において非常に重要である。第8章で見たように、言語の巣の取り組みを成功させるためには、卒園後、基礎学校や地域社会で継続してサーミ語に触れ続けることのできる環境を作れるかどうかが大きくかかわっていた。その点、サーミ学校があるスウェーデンはもちろんのこと、カウトケイノやイナリの基礎学校でも教員や保護者だけでなく、生徒たちまでもがサーミ語を学び続けることの意義を評価し、さらには非サーミの保護者たちもサーミ語・文化を基礎学校で学ぶことを推進しているという状況は、継続したサーミ語能力育成のためには理想的といえる。

　第2に、様々な場面で指摘されているように、サーミ語教材の不足は教員と保護者から問題視されていた。教材の不足分は、教員たちの努力や工夫により補われている。その点において、サーミ教育は教員の熱意によってかろうじて成立しているといってもよいのかもしれない。ただその一方で、生徒たちにはサーミ語教材の不足は意識されていなかった。これが現状の教材で満足しているということなのか、教員たちの熱意によって意識しなくてすむ状態になっているということなのかは判断できない。だが、教材の不足が生徒たちの学校に対する不満へとはつながっていないことは指摘できる。

　第3に、サーミ語を使うことでより理解がすすむ教科がある一方で、サーミ語の使用に適さない教科の存在もまた、指摘されている。理系科目、とく

第3部　サーミの生活・意識と教育　　237

に数学については、教員や生徒から、サーミ語ではなくマジョリティの言語、あるいは英語で学んだ方がよいとの指摘があった。

　第4に、サーミ語教育、サーミ文化教育の充実は、進路や就職への不安にはまったく結びついていない。むしろ、サーミ語を学ぶこと、サーミ文化を身につけることが将来の職業と関連付けられて好意的、積極的に捉えられている。ただしこれには、大学や法を整備すること、さらにはサーミ語能力が雇用につながるという教員や保護者の認識を、実際のものとして実現することなどといった、サーミ社会だけにとどまらないサポートが必要である。

　第5に、サーミ教育を振興させていくことで、かえってサーミ語内のヒエラルキーが強まっていく可能性が指摘された。北サーミ語中心の教育体制から、各方言を支援できる体制へと段階的にでも移行していけることが、今後重要になってくる。

注

1　本章は野崎・新藤・新藤（2013）、品川・野崎・小野寺（2015）、上山・野崎（2016）を加筆、再構成したものである。
2　スウェーデンでは、同じ母語を持つ者が5人集まり希望をすれば、母語教育を行うクラスを設置しなければならないという規則がある（野崎 2012: 80）。
3　第 11 章 278 ページを参照。

第10章

後期中等教育段階におけるサーミ教育
──ノルウェー・カラショークのサーミ高校を中心に

上山浩次郎・小野寺理佳・佐々木千夏

はじめに

　北欧の先住民であるサーミの復権とくに文化再生の動きにおいては、教育が大きな位置を占めている。サーミの同化の重要な局面をなすサーミ語の衰退過程 (Sámi Language shift) の具体的なプロセスや要因の1つとして、同化主義的な学校システムの存在が指摘されてきた (Aikio 1991)。この点をふまえると、サーミの復権の動きを把握する上で、学校教育の現状を把握することは不可欠に必要だろう。その際、とくに注目されているのは、第9章でふれた義務教育段階 (初等教育と前期中等教育) におけるサーミ教育である。実際、先行研究の多くは、それらの段階に注目したものが多い (たとえば、Aikio-Puoskari 2005, 2009)。

　ただし、後期中等教育段階においても、義務教育段階とは相対的に独自な形でサーミ教育がなされていることも事実である。義務教育段階のサーミ教育を受けて、後期中等教育ではどのようなサーミ教育がなされているのだろうか。そこで、本章では、北欧3か国のなかで最もサーミ教育が進展しているノルウェーに注目して (第4章参照)、後期中等教育段階におけるサーミ教育の現状を、とくにノルウェーのカラショークにあるサーミ高校 (カラショーク・アッパー・セカンダリースクール) に焦点をあてて検討してみたい。

　以下、既存統計を用いてノルウェーにおける後期中等教育段階のサーミ教育の現状を確認した後 (第1節)、カラショーク・アッパー・セカンダリースクールを対象としたアンケート調査をもとに、そこで働く教員とそこで学ぶ高校生の生活と意識について検討を加える (第2節〜第4節)[1]。以上を通して、

第3部　サーミの生活・意識と教育　239

後期中等教育段階におけるサーミ教育の現状を明らかにしたい。

第1節　ノルウェーの後期中等教育段階におけるサーミ教育の現状

　はじめに、どの程度の学生がノルウェーの後期中等教育段階におけるサーミ教育を享受しているか確認しよう[2]。

　まず、第1に、**表10-1**から「第一言語としてのサーミ語」もしくは「第二言語としてのサーミ語」を学ぶ学生数を見よう。そこでは、2000年代の341〜369名から、2010年代には、400名を超えるようになり、2016〜17年度では471名となっている。

　「第一言語としてのサーミ語」と「第二言語としてのサーミ語」の内訳を見ると、2013〜14年度までは「第一言語としてのサーミ語」が多かったものの、2014〜15年度以降は「第二言語としてのサーミ語」の方が多くなっている。とはいえ、すべての年度で、「第一言語としてのサーミ語」「第二言語としてのサーミ語」はそれぞれ半数程度を占めている。ただ、ノルウェーのすべての後期中等教育を受ける学生に占める割合は、0.19〜0.26％であり、かなり少ない割合である点には留意する必要があろう。

　また、**表10-2**からそれらで用いられるサーミ語の内訳を見ると、第1章で示したサーミ語話者を反映し、北サーミ語が多数を占めている。さらに、**表10-3**から地域別に確認すると、北サーミ語による「第一言語としてのサーミ語」「第二言語としてのサーミ語」は多くの場合、フィンマルク地方で行われている。たとえば、2016〜17年度においてノルウェー全体で北サーミ語を用いて「第一言語としてのサーミ語」を受けている200名の学生のうちその91.0％（182名）がフィンマルク（Finnmark）県の学生である。先にふれたように、こうしたサーミ教育のほとんどが北サーミ語でなされている点をふまえると、「第一言語としてのサーミ語」「第二言語としてのサーミ語」の多くは、フィンマルク地方で行われていることがわかる。

　こうした点と関連し、地域内における「第一言語としてのサーミ語」「第二言語としてのサーミ語」を受ける学生の割合は、他の地域と比べて、フィンマルク地方で高くなっている。たとえば、2016-17年度の場合、フィンマル

240　第 10 章　後期中等教育段階におけるサーミ教育

表 10-1　「第一言語としてのサーミ語」「第二言語としてのサーミ語」学生数

		2008-09	2009-10	2010-11	2011-12	2012-13	2013-14	2014-15	2015-16	2016-17
度数	第一言語としてのサーミ語	189	215	248	267	236	242	203	213	204
	第二言語としてのサーミ語	152	154	185	206	180	209	243	247	267
	合計	341	369	433	473	416	451	446	460	471
割合	第一言語としてのサーミ語	55.4%	58.3%	57.3%	56.4%	56.7%	53.7%	45.5%	46.3%	43.3%
	第二言語としてのサーミ語	44.6%	41.7%	42.7%	43.6%	43.3%	46.3%	54.5%	53.7%	56.7%
ノルウェー全体に占める割合（合計）		0.19%	0.21%	0.24%	0.26%	0.22%	0.24%	0.24%	0.24%	0.25%

＊ 2008-09 ～ 2012-13 は Utdanningsdirektoratet（UDIR）のホームページから。2013-14 以降は、Statistikkportalen(statistics potal) から作成

表 10-2　サーミ語別「第一言語としてのサーミ語」「第二言語としてのサーミ語」学生数

	度数				割合			
	2013-14	2014-15	2015-16	2016-17	2013-14	2014-15	2015-16	2016-17
ルレ・サーミ語	21	20	11	17	4.7%	4.5%	2.4%	3.6%
北サーミ語	409	407	430	438	90.7%	91.3%	93.5%	92.8%
南サーミ語	21	19	19	17	4.7%	4.3%	4.1%	3.6%
合計	451	446	460	472	100.0%	100.0%	100.0%	100.0%

＊ Statistikkportalen(statistics potal) から作成

ク県の学生のうち、「第一言語としてのサーミ語」を受ける者は 6.13％、「第二言語としてのサーミ語」を受ける者は 6.63％ と合わせて 12.8％ であり、先に触れた全国の値と大きな違いがある。

　ただ、フィンマルク県では、ルレ・サーミ語や南サーミ語を用いて「第一言語としてのサーミ語」と「第二言語としてのサーミ語」がなされることは多くはない。同じく**表 10 − 3** によると、ルレ・サーミ語が多く用いられているのはヌールラン（Nordland）県であり、南サーミ語の場合は、ヌール・トロンデラーグ（Nord-Trøndelag）県やソール・トロンデラーグ（Sør-Trøndelag）県となっている。

　次に、第 2 に、**表 10−4** から一般教育でのサーミカリキュラムを確認する

と、一般教育の個別プログラム科目のうち「サーミの歴史と社会1」「サーミの歴史と社会2」は、2016-17年度の場合それぞれ17名と12名存在している。また、「サーミ視覚文化」「サーミ音楽と演劇」は2016-17年度ではそれぞれ0名であるが、2015-16年度では9名と2名であった。

こうしたサーミ教育が行われているのは、カラショーク・アッパー・セカンダリースクールとカウトケイノ・アッパー・セカンダリースクール、さらにトロムス (Troms Romsa) 県のブレイヴァン・アッパー・セカンダリースクール (Breivang videregående skole) の3校だけである。そのうち、カラショーク・アッパー・セカンダリースクールは、「サーミの歴史と社会1」「サーミの歴史と社会2」を最も多く行っている。たとえば、2016〜17年度の場合、「サーミの歴史と社会1」17名、「サーミの歴史と社会2」11名となっている。他方、ブレイヴァン・アッパー・セカンダリースクールでは、「サーミ視覚文化」が2015−16年度では9名となっており、ノルウェーのなかでこの学校でのみ「サーミ視覚文化」が行われていたことがわかる。

さらに、第3に、**表10−5**から職業教育のうち学校で行われる特定のサーミ教科を見ると、2016-17年度の場合、「デザインとDuoji」が7名、「トナカイ飼育」が4名となっている。こうしたサーミ教育のほとんどすべてが、カウトケイノ・アッパー・セカンダリースクールでなされている。加えて、**表10−6**から職業教育の後半部分を占める徒弟訓練制を見ると、2016-17年度の場合、「Duoji」が10名、「トナカイ飼育」が21名であり、その多くがフィンマルク県で行われている。

第2節　調査の概要と高校の概要

以上見てきたように、後期中等教育段階においてサーミ教育が最も進展しているノルウェーでは、職業教育に関してはとくにカウトケイノ・アッパー・セカンダリースクールが、一般教育に関してはとくにカラショーク・アッパー・セカンダリースクールが大きな役割を果たしている。以下では、そのうちカラショーク・アッパー・セカンダリースクールの教員と学生の意識と生活について、調査から得られたデータをもとに検討を加えてみる。

表 10-3 地域別「第一言語としてのサーミ語」

			度数			
			2013-14	2014-15	2015-16	2016-17
全国	第一言語としてのサーミ語		242	203	213	204
		ルレ・サーミ語	11	7	3	1
		北サーミ語	226	192	205	200
		南サーミ語	5	4	5	3
	第二言語としてのサーミ語		209	243	247	267
		ルレ・サーミ語	10	13	8	16
		北サーミ語	183	215	225	238
		南サーミ語	16	15	14	14
フィンマルク県 (Finnmark)	第一言語としてのサーミ語		198	177	189	182
		ルレ・サーミ語	0	1	0	0
		北サーミ語	198	176	189	182
		南サーミ語	0	0	0	0
	第二言語としてのサーミ語		157	177	187	197
		ルレ・サーミ語	1	1	1	1
		北サーミ語	156	176	186	196
		南サーミ語	0	0	0	0
ヌールラン県 (Nordland)	第一言語としてのサーミ語		21	4	2	1
		ルレ・サーミ語	9	4	2	1
		北サーミ語	11	0	0	0
		南サーミ語	1	0	0	0
	第二言語としてのサーミ語		16	20	12	16
		ルレ・サーミ語	9	12	7	14
		北サーミ語	1	6	3	1
		南サーミ語	6	2	2	1
ヌール・トロンデラーク県 (Nord-Trøndelag)	第一言語としてのサーミ語		3	3	5	3
		ルレ・サーミ語	0	0	0	0
		北サーミ語	0	0	0	0
		南サーミ語	3	3	5	3
	第二言語としてのサーミ語		5	8	3	4
		ルレ・サーミ語	0	0	0	0
		北サーミ語	0	0	0	0
		南サーミ語	5	8	3	4
ソール・トロンデラーク県 (Sør-Trøndelag)	第一言語としてのサーミ語		1	1	1	0
		ルレ・サーミ語	0	0	0	0
		北サーミ語	0	0	1	0
		南サーミ語	1	1	0	0
	第二言語としてのサーミ語		4	5	7	5
		ルレ・サーミ語	0	0	0	0
		北サーミ語	0	1	1	2
		南サーミ語	4	4	6	3
トロムス県 (Troms)	第一言語としてのサーミ語		19	18	16	18
		ルレ・サーミ語	2	2	1	0
		北サーミ語	17	16	15	18
		南サーミ語	0	0	0	0
	第二言語としてのサーミ語		24	30	34	37
		ルレ・サーミ語	0	0	0	0
		北サーミ語	24	30	34	36
		南サーミ語	0	0	0	1

＊ Statistikkportalen(statistics potal) から作成。県は、全体に占める割合が多い主要なもののみ

「第二言語としてのサーミ語」学生数

全国に占める割合				各地域学生数に占める割合			
2013-14	2014-15	2015-16	2016-17	2013-14	2014-15	2015-16	2016-17
				0.13%	0.11%	0.11%	0.11%
				0.01%	0.00%	0.00%	0.00%
				0.12%	0.10%	0.11%	0.10%
				0.00%	0.00%	0.00%	0.00%
				0.11%	0.13%	0.13%	0.14%
				0.01%	0.01%	0.00%	0.01%
				0.10%	0.11%	0.12%	0.12%
				0.01%	0.01%	0.01%	0.01%
81.8%	87.2%	88.7%	89.2%	6.52%	6.12%	6.42%	6.13%
0.0%	14.3%	0.0%	0.0%	0.00%	0.03%	0.00%	0.00%
87.6%	91.7%	92.2%	91.0%	6.52%	6.09%	6.42%	6.13%
0.0%	0.0%	0.0%	0.0%	0.00%	0.00%	0.00%	0.00%
75.1%	72.8%	75.7%	73.8%	5.17%	6.12%	6.35%	6.63%
10.0%	7.7%	12.5%	6.3%	0.03%	0.03%	0.03%	0.03%
85.2%	81.9%	82.7%	82.4%	5.13%	6.09%	6.31%	6.60%
0.0%	0.0%	0.0%	0.0%	0.00%	0.00%	0.00%	0.00%
8.7%	2.0%	0.9%	0.5%	0.22%	0.04%	0.02%	0.01%
81.8%	57.1%	66.7%	100.0%	0.09%	0.04%	0.02%	0.01%
4.9%	0.0%	0.0%	0.0%	0.11%	0.00%	0.00%	0.00%
20.0%	0.0%	0.0%	0.0%	0.01%	0.00%	0.00%	0.00%
7.7%	8.2%	4.9%	6.0%	0.17%	0.21%	0.13%	0.17%
90.0%	92.3%	87.5%	87.5%	0.09%	0.13%	0.07%	0.15%
0.5%	2.8%	1.3%	0.4%	0.01%	0.06%	0.03%	0.01%
37.5%	13.3%	14.3%	7.1%	0.06%	0.02%	0.01%	0.01%
1.2%	1.5%	2.3%	1.5%	0.05%	0.05%	0.09%	0.05%
0.0%	0.0%	0.0%	0.0%	0.00%	0.00%	0.00%	0.00%
0.0%	0.0%	0.0%	0.0%	0.00%	0.00%	0.00%	0.00%
60.0%	75.0%	100.0%	100.0%	0.05%	0.05%	0.09%	0.05%
2.4%	3.3%	1.2%	1.5%	0.09%	0.14%	0.05%	0.07%
0.0%	0.0%	0.0%	0.0%	0.00%	0.00%	0.00%	0.00%
0.0%	0.0%	0.0%	0.0%	0.00%	0.00%	0.00%	0.00%
31.3%	53.3%	21.4%	28.6%	0.09%	0.14%	0.05%	0.07%
0.4%	0.5%	0.5%	0.0%	0.01%	0.01%	0.01%	0.00%
0.0%	0.0%	0.0%	0.0%	0.00%	0.00%	0.00%	0.00%
0.0%	0.0%	0.5%	0.0%	0.00%	0.00%	0.01%	0.00%
20.0%	25.0%	0.0%	0.0%	0.01%	0.01%	0.00%	0.00%
1.9%	2.1%	2.8%	1.9%	0.03%	0.04%	0.06%	0.04%
0.0%	0.0%	0.0%	0.0%	0.00%	0.00%	0.00%	0.00%
0.0%	0.5%	0.4%	0.8%	0.00%	0.01%	0.01%	0.02%
25.0%	26.7%	42.9%	21.4%	0.03%	0.03%	0.05%	0.03%
7.9%	8.9%	7.5%	8.8%	0.30%	0.29%	0.25%	0.29%
18.2%	28.6%	33.3%	0.0%	0.03%	0.03%	0.02%	0.00%
7.5%	8.3%	7.3%	9.0%	0.27%	0.25%	0.24%	0.29%
0.0%	0.0%	0.0%	0.0%	0.00%	0.00%	0.00%	0.00%
11.5%	12.3%	13.8%	13.9%	0.38%	0.48%	0.54%	0.59%
0.0%	0.0%	0.0%	0.0%	0.00%	0.00%	0.00%	0.00%
13.1%	14.0%	15.1%	15.1%	0.38%	0.48%	0.54%	0.57%
0.0%	0.0%	0.0%	7.1%	0.00%	0.00%	0.00%	0.02%

244 第10章 後期中等教育段階におけるサーミ教育

表 10-4 一般教育におけるサーミカリキュラムの学生数

		2013-14	2014-15	2015-16	2016-17
合計	サーミ視覚文化	10	2	9	0
	サーミ音楽と演劇	5	0	2	0
	サーミの歴史と社会1	3	30	14	17
	サーミの歴史と社会2	27	0	14	12
カウトケイノ・アッパーセカンダリースクール（フィンマルク県）(Sami High School and Reindeer School Kautokeino)	サーミ視覚文化	0	2	0	0
	サーミ音楽と演劇	0	0	2	0
	サーミの歴史と社会1	3	3	2	0
	サーミの歴史と社会2	3	0	3	1
カラショーク・アッパーセカンダリースクール（フィンマルク県）(Sami upper secondary school Karasjok)	サーミ視覚文化	0	0	0	0
	サーミ音楽と演劇	5	0	0	0
	サーミの歴史と社会1	0	27	12	17
	サーミの歴史と社会2	24	0	11	11
ブレイヴァン・アッパーセカンダリースクール（トロムス県）(Breivang high school)	サーミ視覚文化	10	0	9	0
	サーミ音楽と演劇	0	0	0	0
	サーミの歴史と社会1	0	0	0	0
	サーミの歴史と社会2	0	0	0	0

* Statistikkportalen(statistics potal) から作成

表 10-5 職業教育におけるサーミカリキュラムの学生数

		2012-13	2013-14	2014-15	2015-16	2016-17
合計	デザインと Duoji	0	3	3	6	7
	トナカイ飼育	4	8	0	10	4
カウトケイノ・アッパーセカンダリースクール（フィンマルク県）(Sami High School and Reindeer School Kautokeino)	デザインと Duoji	0	3	2	6	7
	トナカイ飼育	4	8	0	10	4
グロング・アッパーセカンダリースクール（ヌール・トロンデラーク県）(Grong videregående skole)	デザインと Duoji	0	0	1	0	0
	トナカイ飼育	0	0	0	0	0

* Statistikkportalen(statistics potal) から作成

第3部　サーミの生活・意識と教育　245

表10-6　職業教育の徒弟訓練制におけるサーミカリキュラムの学生数

		2008-09	2009-10	2010-11	2011-12	2012-13	2013-14	2014-15	2015-16	2016-17
Duoji	合計	3	2	8	14	13	12	9	11	10
	フィンマルク県 (Finnmark)	3	2	5	13	12	12	8	8	8
	ヌールラン県 (Nordland)	0	0	0	0	0	0	1	1	0
	ヌール・トロンデラーク県 (Nord-Trondelag)	0	0	0	0	0	0	0	2	2
	ソール・トロンデラーク県 (Sør Trøndelag)	0	0	1	1	1	0	0	0	0
	トロムス県 (Troms)	0	0	2	0	0	0	0	0	0
トナカイ飼育	合計	24	17	25	26	25	24	16	18	21
	フィンマルク県 (Finnmark)	18	11	18	20	18	17	10	12	14
	ヌールラン県 (Nordland)	1	0	0	0	0	1	3	3	3
	ヌール・トロンデラーク県 (Nord-Trondelag)	1	3	3	2	3	3	1	1	2
	オップラン県 (Oppland)	0	0	0	0	0	0	2	2	1
	ソール・トロンデラーク県 (Sør Trøndelag)	1	0	0	0	0	0	0	0	1
	トロムス県 (Troms)	3	3	4	4	4	3	0	0	0

＊ Duoji は、それに関する複数の科目（例：デザインと Duodji など）の合計
＊トナカイ飼育は、それに関する2つの科目（トナカイ飼育）の合計
＊ Statistikkportalen(statistics potal) から作成

　調査は、教員向けのアンケート調査と高校生向けのアンケート調査を行った。教員向けの調査は、2013年12月に高校に訪問した際に、学校の許可を受け教員に配布した。高校訪問中に回答が得られた7名と、後ほど郵送して頂いた5名合わせて12名から協力を得た。高校生向けの調査は、先ほど述べた高校訪問時に、学校を通じて高校生に配付した。その後学校で取りまとめたのちに郵送して頂き、71名からの協力を得た。

　高校訪問時のヒアリングによれば、調査時点で教員は37名おり、回収率は32.4％（＝ 12/37）となる。また、学生数は、UDIR（Utdanningsdirektoratet 教育訓練局）(2016) によれば（**表10-7**）、調査時点の2013-14年度では154名

246　第10章　後期中等教育段階におけるサーミ教育

表 10-7　カラショーク・アッパー・セカンダリースクールの学生数

	2013-14	2014-15	2015-16	2013-14	2014-15	2015-16
一般教育	109	104	95	70.8%	75.9%	66.9%
職業教育	45	33	47	29.2%	24.1%	33.1%
建築建設	8	10	9	5.2%	7.3%	6.3%
保健とソーシャルケア	28	17	27	18.2%	12.4%	19.0%
工業生産	9	6	11	5.8%	4.4%	7.7%
合計	154	137	142	100.0%	100.0%	100.0%

注）UDIR の Statistikkportalen(statistics potal) から作成。Statistikkportalen(statistics potal) ではメディアコミュニケーションは職業教育に分類されているが、ここでは、UDIR の HP に従い一般教育に分類している。

であり、回収率は 46.1％（＝71/154）となる。なお、在籍者の内訳を確認しておくと、2013-14 年度では、一般教育は 109 名(70.8％)、職業教育は 45 名(29.2％)と一般教育の方が多い。こうした傾向は、2014-15 年度、2015-16 年度の場合も同様に見られる。

第3節　ノルウェー・カラショークのサーミ高校の教員の生活と意識

第1項　担当教科、属性、言語能力

　はじめに、**表 10-8** から、どのような教員から回答を得られたのかを確認しておくと、まず、サーミ語を教えている 3 名の教員（A 教員、C 教員、G 教員）から回答が得られている。その他の教員を見ると、「英語、歴史、社会科学」(B 教員)、「科学、数学、化学、物理学」(J 教員)、「ノルウェー語、地理学、社会科学、音楽」(L 教員)など共通コア科目や一般教育を担当している教員だけでなく、「建築技術」(H 教員)や「救急学、救急医療」(I 教員)など職業教育を担当する教員も見られる。その意味において、一定程度偏りなく教員から協力が得られたといえよう。

　こうした教員の調査からは、第1に、サーミ語に関する教育だけでなく、サーミ語を通して教育が行われている様子が見て取れる。先にふれたように、サーミ語を教えている教員が 3 名おり、その教員が学生と接する時の言語は

第3部　サーミの生活・意識と教育　　247

表10-8　担当教科と属性（教員）

	エスニシティ	担当教科	学生と接するときに使用する言語	学歴	サーミ語を学んだ学校	サーミ文化を学んだ学校	もっとも長く従事した職業
A教員	サーミ	サーミ語、体育	サーミ語と少しのノルウェー語	SUC	小学校、中学校、サーミ高校、SUC	小学校、中学校、サーミ高校、SUC	教員
B教員	非サーミ	英語、歴史、社会科学	ノルウェー語、英語	大学院	サーミ高校	小学校、中学校、サーミ高校、サーミ大学以外の大学	教員
C教員	サーミ	サーミ語、特別支援	サーミ語、サーミ語と少しのノルウェー語	SUC、大学院	学んだ学校はない	中学校、サーミ高校、SUC	教員を20年以上。家業はトナカイ飼育
D教員	サーミ	進学コース、職業教育コース	サーミ語と少しのノルウェー語	ユニバーシティ・カレッジ、SUC	小学校	小学校	公務員
E教員	非サーミ	ノルウェー語、歴史、手話	ノルウェー語と少しのサーミ語、手話	ユニバーシティ・カレッジ	サーミ高校	-----	教員
F教員	非サーミ	英語、宗教	ノルウェー語と少しのサーミ語、英語	ユニバーシティ	小学校、中学校、語学学校	小学校、中学校、サーミ大学以外の大学	教員
G教員	サーミ	サーミ語	サーミ語	SUC	小学校、中学校、サーミ高校、SUC	小学校、中学校、サーミ高校、SUC、サーミ大学以外の大学	教員、トナカイ飼育
H教員	-----	建築技術	サーミ語、ノルウェー語	ユニバーシティ・カレッジ	小学校、中学校	小学校、中学校	建築関係
I教員	サーミ	救急学、救急医療	サーミ語、ノルウェー語と少しのサーミ語、ノルウェー語	ユニバーシティ・カレッジ	サーミ高校	サーミ高校、SUC	自営業
J教員	非サーミ	科学、数学、化学、物理学	ノルウェー語と少しのサーミ語	ユニバーシティ・カレッジ	サーミ高校	サーミ高校	教員（幼稚園、小学校、高校においてチューターとして働いてきた）
K教員	サーミ	歴史、職業教育	サーミ語、ノルウェー語	ユニバーシティ	-----	-----	教員
L教員	サーミ	ノルウェー語、地理学、社会科学、音楽	ノルウェー語	ユニバーシティ	学んだ学校はない	学んだ学校はない	教員

注　1）SUC＝サーミ・ユニバーシティ・カレッジ
　　2）担当教科：具体的な教科が回答されなかったケースの場合、回答のまま記載してある
　　3）学生と接するときに使用する言語：複数回答が得らえた場合、そのまま記載してある

おもにサーミ語である。また、ノルウェー語や英語を担当する教員（B教員、E教員、F教員、L教員）や科学・数学などの理系科目を担当する教員（J教員）以外の教員でも、学生と接する時の言語としてサーミ語が回答されている（D教員、H教員、I教員、K教員）。これらのことは、サーミ語の教育だけでなく、サーミ語を用いた教育が行われていることを示唆しよう。

　また、第2に、サーミ・ユニバーシティ・カレッジがサーミ教育の主要な担い手を供給している可能性が示唆される。教員の学歴を見るとサーミ語を教えている3名（A教員、C教員、G教員）がいずれもサーミ・ユニバーシティ・カレッジ（SUC）に通った経験があり、さらに、そこでサーミ語やサーミ文化が学んだと回答してもいるからである。

　さらに、第3に、これまでの職業のあり方が、とくにサーミ語を担当する教員としてのキャリア形成を促した側面も垣間見られる。すなわち、最も長く従事した職業を見ると、「教員」と回答する者が多数であるものの、サーミ語を教える者のうちC教員は「家業はトナカイ業」と回答し、G教員は「教員」と「トナカイ飼育」と回答している。こうした生業のあり方がサーミ語能力と関連し、その結果サーミ語を担当する教員としてのキャリアを形成したのかもしれない。

　加えて、第4に、教員のサーミ語の能力と学生と接する際に用いる言語はほぼ関連している。すなわち、サーミ語を教える教員や、サーミ語を通して教育を行う教員は、サーミ語能力が高いと自己評価している一方、学生と接する際にノルウェー語などの他の言語を用いている教員ほど、サーミ語能力の自己評価はそれほど高くはない。**表10−9**を見よう。たとえば、「サーミ語、体育」を教えるA教員は、自身のサーミ語の能力を「流暢に話せる」「本が読める」などと評価する一方、「ノルウェー語、地理学、社会科学、音楽」を教えるL教員は、自身のサーミ語の能力を「簡単な内容なら話せる」「簡単な雑誌が読める」などと評価している。ただし、サーミ語能力がそれほど高くないと評価している教員の多くは、サーミ語をすでに習っているか（J教員）、もしくは習いたいという意思を持っている（E教員、F教員）。

第3部　サーミの生活・意識と教育　　249

表10-9　使用サーミ語とその能力（教員）

	自分が使える サーミ語	サーミ語の能力				サーミ語の学習 意志
		話すこと	読むこと	聞くこと	書くこと	
A教員	北サーミ語	流暢に話せる	本が読める	議会のやり取りなどがわかる	どんな文書でも書ける	十分なサーミ語能力があるので習う必要はない
B教員	北サーミ語	かなり話せる	本が読める	日常生活の話題がわかる	簡単なメモが書ける	すでに習っている
C教員	北サーミ語	流暢に話せる	本が読める	議会のやり取りなどがわかる ＊「日常生活の話題がわかる」も選択	どんな文書でも書ける	わからない
D教員	北サーミ語	流暢に話せる	本が読める	議会のやり取りなどがわかる	どんな文書でも書ける	十分なサーミ語能力があるので習う必要はない
E教員	北サーミ語	簡単な内容なら話せる	簡単な雑誌が読める	日常生活の話題がわかる	簡単なメモが書ける	習いたい
F教員	北サーミ語	簡単な内容なら話せる	簡単な雑誌が読める	議会のやり取りなどがわかる	簡単なメモが書ける	習いたい
G教員	北サーミ語	流暢に話せる	本が読める	議会のやり取りなどがわかる	どんな文書でも書ける	十分なサーミ語能力があるので習う必要はない
H教員	北サーミ語	流暢に話せる	簡単な雑誌が読める	議会のやり取りなどがわかる	簡単なメモが書ける	十分なサーミ語能力があるので習う必要はない
I教員	北サーミ語	流暢に話せる	本が読める	議会のやり取りなどがわかる	どんな文書でも書ける	-----
J教員	北サーミ語	簡単な内容なら話せる	簡単な雑誌が読める	基本的なことならわかる	簡単なメモが書ける	すでに習っている
K教員	-----	-----	-----	-----	-----	-----
L教員	北サーミ語	簡単な内容なら話せる	簡単な雑誌が読める	基本的なことならわかる	文字が書ける	わからない。

第2項　高校への評価と高校生への期待

　では、こうした教員は、カラショーク・アッパー・セカンダリースクールに対して、どのような評価を与えているのだろうか。まず、**表10-10**によると、「B．サーミ語を身につけられる」を「そう思う」者が83.3％、「D．サーミ文化を身につけられる」を「そう思う」者が75.0％となっており、多くの者がサーミ語やサーミ文化を学ぶ機関として評価していることがわかる。加えて、「N．サーミ語の授業を増やすべき」「O．サーミ文化の授業を増やすべき」

を「そう思う」者も 50％を超え、とくに「O. サーミ文化の授業を増やすべき」
は「ややそう思う」者の 45.5％を加えるとすべての者がサーミ文化の授業を
増やすべきだと考えている。

表 10-10　カラショーク・アッパー・セカンダリースクールへの評価（教員）

	A.専門的な知識や技術が得られる	B.サーミ語をつれられる	C.サーミ語で学ぶことの理解やしい	D.サーミ文化に身につけられる	E.サーミの友人ができる	F.サーミ以外の友だちとの関わりが少なくなる	G.ノルウェー語が覚えられない	H.ノルウェーの習慣文化に触れる機会がない	I.教育が設備整っている	J.サーミ語の教材が整っている	K.進学に有利である	L.就職に有利である	M.もっと公的支援やす財政援	N.サーミ語の授業を増やすべき	O.サーミ文化の授業を増やすべき
そう思う	41.7%	83.3%	41.7%	75.0%	91.7%	0.0%	9.1%	0.0%	81.8%	9.1%	45.5%	36.4%	63.6%	54.5%	54.5%
ややそう思う	58.3%	8.3%	41.7%	16.7%	8.3%	18.2%	0.0%	0.0%	18.2%	18.2%	45.5%	54.5%	27.3%	18.2%	45.5%
あまりそう思わない	0.0%	8.3%	8.3%	0.0%	0.0%	9.1%	18.2%	27.3%	0.0%	18.2%	9.1%	9.1%	9.1%	9.1%	0.0%
そう思わない	0.0%	0.0%	8.3%	8.3%	0.0%	72.7%	72.7%	72.7%	0.0%	54.5%	0.0%	0.0%	0.0%	18.2%	0.0%
回答者数	12	12	12	12	12	11	11	11	11	11	11	11	11	11	11

表 10-11　学生がサーミ語を学ぶことやサーミ語で学ぶことへの評価（教員）

	A. 理系科目の学習はサーミ語よりもノルウェー語の方がよい	B. サーミエリア以外への地域へ進学する際には不利になる	C. サーミエリア以外の地域で就職する際には不利になる	D. サーミエリア以外の地域で生活する際には不利になる
そう思う	18.2%	9.1%	9.1%	9.1%
ややそう思う	27.3%	45.5%	18.2%	9.1%
あまりそう思わない	27.3%	9.1%	36.4%	27.3%
そう思わない	27.3%	36.4%	36.4%	54.5%
回答者数	11	11	11	11

表 10-12　学生の将来についての期待（教員）

	回答者数
サーミとして積極的に生活してほしい	9
その他（サーミ文化とノルウェー文化からそれぞれ一番いいところを受け取ってアクティブに暮らしてほしい）	1
その他（自分で選ばなければならない。サーミのアイデンティティを守ることを自ら選ぼうと望むのだったらすばらしいことだ）	1
無回答	1

第3部　サーミの生活・意識と教育　251

　ここからは、第1に、教員は、カラショーク・アッパー・セカンダリース クールを、サーミ語やサーミ文化を学べる機関として高く評価しつつ、より 一層の充実を図ることを求めている。

　ただし、第2に、「J. サーミ語の教材が整っている」を「そう思わない」者 が54.5％存在している点には注意を払う必要があろう。すなわち、半数程 度の者が、サーミ語の教材が整ってはいないと評価しており、その点に課題 があると判断していると解釈できる。こうした点は、第4章でふれたサーミ 語教材の現状を反映していよう。

　さらに、第3に、**表10-11**からは、相対的に見て、学生がサーミ教育を 受けることは、サーミエリア以外への進学に関しては不利になるとの認識を 持っていることがわかる。そこでは、学生がサーミ語を学ぶことやサーミ語 を通して学ぶことは、一方で、サーミエリアでの就職や生活において不利 になるとはあまり考えられてはいないものの、他方で、「B. サーミエリア以 外への地域へ進学する際には不利になる」に関しては、「ややそう思う」者が 45.5％となっており、一定数の者がサーミエリア以外への進学に関しては不 利になるという認識を持っているからである。こうした点は、サーミエリア 以外への進学に関して何らかの「障壁」が存在していることを示唆している のかもしれない。

　最後に、在学生に将来どのように生活してほしいと考えているかを**表10 -12**から確認しておくと、12名中9名の者が「サーミとして積極的に生活 してほしい」と考えていた。

第4節　ノルウェー・カラショークのサーミ高校の高校生の生活と意識

　次に、高校生について見てみる。調査協力者の基本属性を**表10-13**に整 理した。表10-7のUDIR (2016) から得られる学習プログラムの割合を比べ ると、とくに保健とソーシャルケアの割合が低くなってはいるものの、大ま かには、学習プログラムには偏りがなく調査協力が得られたといえよう。

252　第10章　後期中等教育段階におけるサーミ教育

表 10-13　基本属性（高校生）

学年（Vg）

	度数	構成比
1年生（Vg1）	26	36.6%
2年生（Vg2）	18	25.4%
3年生（Vg3）	14	19.7%
無回答	13	18.3%
合計	71	100.0%

学習プログラム

	度数	構成比
一般教育	52	73.2%
職業教育：建築建設	3	4.2%
職業教育：保健とソーシャルケア	6	8.5%
職業教育：工業生産	8	11.3%
無回答	2	2.8%
合計	71	100.0%

性別

	度数	構成比
女性	35	49.3%
男性	36	50.7%
合計	71	100.0%

年齢

	度数	構成比
15歳	1	1.4%
16歳	29	40.8%
17歳	16	22.5%
18歳	17	23.9%
19歳以上	6	8.5%
無回答	2	2.8%
合計	71	100.0%

出身中学の地域

	度数	構成比
フィンマルク	70	98.6%
オスロ	1	1.4%
合計	71	100.0%

第1項　サーミアイデンティティ、サーミ語、サーミ文化

　まず、サーミとして意識しているかを**表10-14**から見ると、76.8％の者が「つねに意識している」と回答しており、その意味で多くの者がサーミとしてのアイデンティティを持っている。なお、サーミとして「まったく意識しない」者は4名いるが、その者はサーミではないエスニシティであると推測できる。また、こうしたサーミアイデンティティをかなり早い段階から持つようになっている。同じく表10-14を見ると、77.9％の者が「小学校入学前から」自身をサーミであると自覚していると回答しているからである。

　彼らが日常的にどのような言語を使用しているかを**表10-15**から見ると、「サーミ語」が21.1％、「サーミ語と少しのノルウェー語」が23.9％とおもにサーミ語を用いている者が45.1％となっている。ただし、「ノルウェー語」も23.9％と一定程度存在している。なお、使用できるサーミ語はほとんどの場

第3部　サーミの生活・意識と教育　253

表 10-14　サーミとしての意識（高校生）（除：無回答）

意識することがあるか

	度数	構成比
常に意識している	53	76.8%
意識することが多い	9	13.0%
時々意識する	3	4.3%
まったく意識しない	4	5.8%
回答数	69	100.0%

いつから

	度数	構成比
小学校入学前から	53	77.9%
小学校のころ	5	7.4%
中学校のころ	0	0.0%
いつごろかわからない	6	8.8%
サーミだと思ってない	4	5.9%
回答数	68	100.0%

表 10-15　日常の使用言語（高校生）

	度数	構成比
サーミ語	15	21.1%
サーミ語と少しのノルウェー語	17	23.9%
サーミ語とノルウェー語を半々	16	22.5%
ノルウェー語と少しのサーミ語	6	8.5%
ノルウェー語	17	23.9%
回答計	71	100.0%

表 10-16　サーミ語能力の自己評価（高校生）（除：無回答・非該当）

話すこと	度数	構成比
流暢に話せる	42	70.0%
かなり話せる	7	11.7%
簡単な内容なら話せる	8	13.3%
ほとんど話せない	3	5.0%
合計	60	100.0%

読むこと	度数	構成比
本が読める	43	71.7%
簡単な雑誌が読める	11	18.3%
文字が読める	5	8.3%
何も読めない	1	1.7%
合計	60	100.0%

聞くこと	度数	構成比
たいていのことならわかる	35	58.3%
日常生活の話題がわかる	18	30.0%
基本的なことならわかる	5	8.3%
ほとんど何もわからない	1	1.7%
合計	59	100.0%

書くこと	度数	構成比
どんな文書でも書ける	39	65.0%
簡単なメモが書ける	15	25.0%
文字が書ける	4	6.7%
何も書けない	1	1.7%
合計	59	100.0%

254 第10章 後期中等教育段階におけるサーミ教育

合北サーミ語である（94.3%）。そして、そのサーミ語の能力に関しては、多くの者が、かなりの程度、高い能力を持っていると自己評価している。**表10－16**から、たとえば、「話すこと」を見ると、70.0%の者が「流暢に話せる」と自身を評価しているからである。

　こうしたサーミ語能力は、かなり早い段階からサーミ語を学習した経験によってもたらされていると解釈できる。**表10－17**を見ると、75.4%の者が「小学校入学以前」からサーミ語を学習しているからである。また、「小学校のころ」「中学校のころ」においても、5割程度の者がサーミ語を学習したと回答しており、その意味で、継続的にサーミ語の学習がなされてきたともいえよう。そして、これらは、同じく表10－17によれば、親や親戚、小中学校

表10-17　サーミ語・サーミ文化の学習経験時期（複数回答計）（高校生）（除：無回答）

サーミ語
いつ

	度数	構成比
小学校入学前	52	75.4%
小学校のころ	40	58.0%
中学校のころ	36	52.2%
いつごろかわからない	2	2.9%
学んでいない	3	4.3%
回答者計	69	100.0%

サーミ文化
いつ

	度数	割合
小学校入学前	34	53.1%
小学校のころ	30	46.9%
中学校のころ	33	51.6%
いつごろかわからない	11	17.2%
学んでいない	3	4.7%
回答者計	64	100.0%

誰から

	度数	構成比
父親	44	66.7%
母親	48	72.7%
祖父	33	50.0%
祖母	43	65.2%
親戚	39	59.1%
きょうだい	28	42.4%
小学校の先生	45	68.2%
中学校の先生	41	62.1%
その他	14	21.2%
回答者計	66	100.0%

誰から

	度数	割合
父親	43	70.5%
母親	44	72.1%
祖父	33	54.1%
祖母	41	67.2%
親戚	38	62.3%
きょうだい	26	42.6%
小学校の先生	37	60.7%
中学校の先生	34	55.7%
その他	8	13.1%
回答者計	61	100.0%

第3部　サーミの生活・意識と教育　255

の教員などによって行われてきた。

　加えて、サーミ文化の場合も、かなり早い段階から学習されているだけで
なく、小中学校においても継続的に学習されてきた。表10－17を見ると、
サーミ文化の学習経験を「小学校入学前」「小学校のころ」「中学校のころ」そ
れぞれ4～5割程度の者が行っているからである。また、そうした学習経験
は、サーミ語の場合と同様、親や親戚、小中学校の教員などによって行われ
てきた。

　こうした早い段階からのサーミ語やサーミ文化の経験、とりわけ小中学校
の教員を介した経験は、第4章でふれた1997年におけるサーミカリキュラ
ムの導入に代表されるノルウェーの義務教育段階におけるサーミ教育の展開
(Szilvási 2016: 84-5) を背景としていよう。彼らの多くが、こうしたサーミカ
リキュラムが存在する中で義務教育を経験したからである[3]。

第2項　高校への評価と将来展望

　では、こうした高校生は、カラショーク・アッパー・セカンダリースクー
ルに対して、どのような評価をしているのだろうか。

　はじめに、**表10－18**から、そもそもカラショーク・アッパー・セカンダリー
スクールに進学した理由を確認しておくと、81.7％の者が「12. 家の近くに
あるから」と回答している。この点は、高校があるカラショークの近くには
その他の高校が存在しないことを反映している[4]。その点をふまえて、他の
選択肢を見ると、「8. 自分がサーミだから」が39.4％となっており、その
意味で自身のエスニシティが進学の大きな理由となっていることがわかる。
ただ、「9. サーミ文化を学びたいから」が5.6％、「10. サーミ語の力を高
めたいから」は12.7％とそれほど高くはない。しかし、これらは、先にふれ
たように、そもそも小中学校段階からサーミ語やサーミ文化に親しんでいる
ことが関係しているように思われる。

　実際、**表10－19**から高校への評価を見ると、第1に、「B. サーミ語を
身につけられる」「D. サーミ文化を身につけられる」と評価している者が多
く存在している。「そう思う」「ややそう思う」を合わせた合計がそれぞれ9
割を超えているからである。とくに、「B. サーミ語を身につけられる」は

256　第 10 章　後期中等教育段階におけるサーミ教育

表 10-18　カラショーク・アッパー・セカンダリースクールへの進学理由（高校生）

	1. 就職に有利だから	2. 進学に有利だから	3. 専門的知識や技術が得られるから	4. 資格が得られるから	5. 家業を継ぐため	6. 家族や親族がみな通ったから	7. 実践的な教育が充実しているから	8. 自分がサーミだから	9. サーミ語を学びたいから	10. サーミ文化を高めたいから	11. サーミ士族との交流を深めたいから	12. 家が近くにあるから	13. 自分のための進学だから
あてはまる	16.9%	29.6%	15.5%	22.5%	1.4%	22.5%	8.5%	39.4%	5.6%	12.7%	2.8%	81.7%	0.0%
回答者計	71	71	71	71	71	71	71	71	71	71	71	71	71

表 10-19　カラショーク・アッパー・セカンダリースクールへの評価（高校生）

	A. 専門的な知識や技術が得られる	B. サーミ語を身につけられる	C. サーミ語で学ぶのが理解しやすい	D. サーミ文化を身につけられる	E. サーミの友人ができる	F. サーミ以外の友だちとの関わりが少なくなる	G. ノルウェー語が覚えられない	H. ノルウェーの習慣文化やに触れる機会がない	I. 教育設備が整っている	J. サーミの教材が整っている	K. 進学に有利である	L. 就職に有利である	M. もっと公的財政支援すべき	N. サーミ語の授業を増やすべき	O. サーミ文化の授業を増やすべき
そう思う	35.9%	80.3%	18.2%	50.8%	64.2%	7.6%	1.5%	1.5%	27.3%	17.6%	23.1%	26.2%	43.8%	4.4%	7.5%
ややそう思う	43.8%	15.2%	37.9%	40.0%	28.4%	19.7%	2.9%	7.5%	43.9%	52.9%	50.8%	56.9%	35.9%	20.6%	20.9%
あまりそう思わない	15.6%	3.0%	22.7%	7.7%	7.5%	25.8%	10.3%	16.4%	22.7%	22.1%	21.5%	13.8%	10.9%	36.8%	31.3%
そう思わない	4.7%	1.5%	21.2%	1.5%	0.0%	47.0%	85.3%	74.6%	6.1%	7.4%	4.6%	3.1%	9.4%	38.2%	40.3%
回答者計	64	66	66	65	67	66	68	66	66	68	65	65	64	68	67

表 10-20　サーミ語を学ぶことやサーミ語で学ぶことへの評価（高校生）

	A. 理系科目の学習はサーミ語よりもノルウェー語の方がよい	B. サーミエリア以外への地域へ進学する際には不利になる	C. サーミエリア以外の地域で就職する際には不利になる	D. サーミエリア以外の地域で生活する際には不利になる
そう思う	46.4%	11.9%	8.8%	8.8%
ややそう思う	29.0%	32.8%	19.1%	20.6%
あまりそう思わない	17.4%	34.3%	41.2%	32.4%
そう思わない	7.2%	20.9%	30.9%	38.2%
回答者計	69	67	68	68

第3部　サーミの生活・意識と教育　257

表10-21　今後、どのように生きていきたいか（高校生）

	度数	構成比
サーミとして積極的に生活したい	39	61.9%
特に民族は意識せず生活したい	17	27.0%
サーミであることを知られないように生活したい	1	1.6%
その他	6	9.5%
回答数	63	100.0%

80.3％の者が「そう思う」と回答している。この点をふまえれば、前項で見た教員と同様に、サーミ語やサーミ文化の学習機関としての肯定的な評価がなされている。

　ただし、第2に、教員とは異なり、「N．サーミ語の授業を増やすべき」「O.サーミ文化の授業を増やすべき」とは、それほど回答されてはいない。たとえば、「N．サーミ語の授業を増やすべき」を見ると、「あまりそう思わない」「そう思わない」は合わせて75.0％存在しているからである。そして、その点に関連して、「J．サーミ語の教材が整っている」を「あまりそう思わない」「そう思わない」と評価する者は29.4％と3割を切っている。逆にいえば、7割程度の者が、サーミ語の教材が整備されていると評価している。このように見ると、学生は、教員と比べるとサーミ語やサーミ文化の学習のあり方に関しては現状のままでよいと判断していよう。

　しかし、第3に、教員と同様に、サーミエリア以外での就職や生活に関してはそれほど不利であると考えてはいないものの、進学に関してはやや不利であると認識しているようである。**表10-20**から、学生がサーミ語を学ぶことやサーミ語を通して学ぶことに関して、どう評価しているのかを見よう。それによれば、「B．サーミエリア以外の地域へと進学する際には不利になる」に対して、「そう思う」「ややそう思う」は合わせて44.8％となっているからである。このように見れば、サーミエリア以外への進学に関しては、教員から見ても、学生から見ても、相対的に何らかの不利が存在していると判断できよう。

　最後に、**表10-21**から、将来どのように生活したいかを確認すると、「サーミとして積極的に生活したい」が61.9％と多くの者が占めており、その意味

258　第10章　後期中等教育段階におけるサーミ教育

で、教員の期待と同様の傾向が見られる。しかし、教員からの期待と比べて、
「とくに民族は意識せず生活したい」が 27.0％と３割弱ほど存在している点
には留意する必要があろう。こうした回答をした者の自由記述には「サーミ
であることを特別視していない」「民族性は私にとって重要ではない」「私は
私らしい人生を生きていきたい。サーミであることは私のすべてではなくそ
の一部だから」という回答が記述されていた。こうした意識は、前述したよ
うに高校生の多くがかなり早い段階からサーミとしてのアイデンティティを
持っている点も考慮すると、サーミとして生活することは積極的に行うもの
ではなく、そもそも自明のものとして認識している層が一定程度存在するこ
とを示唆していよう。

おわりに

　第４章や上山(2017)でふれたように、ノルウェーの後期中等教育段階にお
けるサーミ教育は、サーミ語を学ぶことやサーミ語で学ぶことが権利として
認められているだけでなく、サーミの内容や関連するコンピテンスを強調し
たサーミカリキュラムが存在し、サーミ語の教材も一定程度提供されていた。
　そうした後期中等教育段階におけるサーミ教育は、職業教育に関しては、
カウトケイノ・アッパー・セカンダリースクールが、一般教育に関してはカ
ラショーク・アッパー・セカンダリースクールが大きな役割を果たしていた。
その学校が所在するフィンマルク県においてサーミ語が学習されているだけ
でなく、その学校においておもにサーミカリキュラムによる教育がなされて
いたからである。
　カラショーク・アッパー・セカンダリースクールの教員と学生へのアンケー
ト調査からは、第１に、両者ともにそこをサーミ語やサーミ文化を学習でき
る機関として高く評価していた。この点は、多くの学生がかなり早い段階か
ら、サーミ語やサーミ文化に触れていた点をふまえると、これまで学習して
きたサーミ語やサーミ文化をさらに学習する機関としての役割をカラショー
ク・アッパー・セカンダリースクールが果たしていると推測できる。
　ただし、第２に、教員と学生の間では、サーミ語やサーミ文化の学習をよ

り一層増やすことについては意見が分かれていた。教員は学生と比べてより一層の充実を求めていた。また、教員ほどサーミ語の教材が整っていないと評価してもいた。これらのことは、教員の立場から見れば、現状のサーミ教育にも取り組むべき課題があることを示唆していよう。

　加えて、第3に、教員と学生ともに、サーミ語を学ぶことやサーミ語を通して学ぶことについて、サーミエリア外への進学に関して不利になるという考えを持つ者が一定程度存在していた。このことは、高等教育への進学に関して、サーミ教育の現在のあり方には何らかの課題が存在していることを示している可能性がある。

　とはいえ、第4に、教員は学生に対して、サーミとして積極的に生活していってほしいと望んでいるだけでなく、多くの学生もそうした将来展望を持っていた。また、学生の一部にはサーミとして生活することはそもそも自明のことであると考えていると推測できる者もいた。ここからは、サーミ語やサーミ文化の担い手の供給機関としての役割を、この学校は果たしていると判断できる。

　以上のように見ると、ここで示してきたノルウェーにおける後期中等教育段階のサーミ教育の現状とりわけカラショーク・アッパー・セカンダリースクールの教育の現状は、冒頭でふれたサーミ語の衰退過程の1つをなした同化主義的な学校システムとは大きく異なっている。そこでは、むしろ積極的にサーミ語やサーミ文化に関する教育が行われている。教員も学生も、サーミ語やサーミ文化を学習することができると評価し、さらには、教員は学生に対してサーミとして積極的に生活してほしいと願い、学生もサーミとして積極的に生活したいと考えていたからである。その意味で、カラショーク・アッパー・セカンダリースクールを例とするノルウェーの後期中等教育は、サーミ文化の復権のなかで重要な役割を果たしていよう。

　ただし、とくに個別プログラム科目においてサーミカリキュラムを用いた教育が行われている学校がカウトケイノ・アッパー・セカンダリースクールやカラショーク・アッパー・セカンダリースクールなどに限られている点など、サーミ教育の内容や対象に限定が見られることには留意する必要がある[5]。また、カラショーク・アッパー・セカンダリースクールの教員からは、サー

260 第10章 後期中等教育段階におけるサーミ教育

ミ教育のより一層の充実への要求やサーミ語教材の不足への懸念が垣間見られた。さらに、同校の教員と学生ともに一定程度の者が、サーミ語を学ぶことやサーミ語を通して学習することは、サーミエリア以外への進学に不利であると認識していた。その意味で、現状のサーミ教育には課題が存在するのかもしれない。

とはいえ、いずれにせよ、後期中等教育段階におけるサーミ教育とりわけカラショーク・アッパー・セカンダリースクールにおけるサーミ教育は、サーミ語の衰退過程の一端を担った同化主義的な学校システムとは対照的に、サーミ文化の復権のなかで大きな役割を果たしていると判断できよう。

注

1 本章の第1節は上山（2017）の第5節を、第3節と第4節は上山・佐々木・小野寺（2015）を再構成したものである。

2 学生数は基本的にはUDIR（Utdanningsdirektoratet 教育訓練局）のStatistikkportalen（statistics potal）から作成した。なお、そこから得られる値は各年の10月1日現在の値。

3 ちなみに、調査協力者の年齢で最も多い16歳（表10－13）の者の生年は1997年であり、その意味で、第4章でふれたサーミカリキュラムのもとで学校教育を経験してきた。

4 なお、調査対象校以外でカラショークから最も近い高校は、おおよそ74km離れたラクセルブ（Lakselv）にある。

5 他には、数学などに関してはサーミカリキュラムが存在していない点、サーミ語教材がほぼ北サーミ語に限られている点などにも注意を払うべきだろう。なお、数学に関しては、上記の点を反映し、後期中等教育段階ではないものの、サーミの内容と数学教育の関連を議論した研究がいくつか見られる（Fyhn 2013 など）。

（はじめに・第1・2節、第4節第1項、おわりに：上山浩次郎、第3節：小野寺理佳、第4節第2項：佐々木千夏）

第 11 章

サーミ職業教育機関における教育

野崎　剛毅

はじめに

　サーミのための教育機関、あるいはサーミ語、サーミ文化を中心的に学べる教育機関としては、スウェーデンのサーミ学校やノルウェーのサーミ・ユニバーシティ・カレッジなどがあげられる。サーミ学校はスウェーデンの学校教育法に定められた日本でいう「一条校」である。また、サーミ・ユニバーシティ・カレッジはサーミのために作られた唯一の高等教育機関として、ノルウェーのみならず北欧全体やロシアからも広く学生を集めている。

　サーミのための教育機関は、しかしこれだけではない。スウェーデンにはサーミ教育センター（Sámi Education Centre/ Samernas utbildningscentrum（スウェーデン語））が、フィンランドにはサーミ教育専門学校（The Sámi Education Institute/ Saamelaisalueen koulutuskeskus（フィンランド語））が、それぞれ設置されている。この両校はサーミ語やサーミ文化を学ぶ場を提供しているほか、サーミ工芸やトナカイ飼育の技術といった職業訓練も行っており、初等教育機関であるスウェーデンのサーミ学校や、アカデミックな色合いの強いサーミ・ユニバーシティ・カレッジ[1]などとは異なる需要に応えている。

　本章における関心は、大きく２つある。１つ目は、教員および学生が何を求めて両校を利用しているかである。２つ目は、実際に両校がどのような役割をサーミ社会、あるいはマジョリティ社会に対して担っているかである。この両校を対象として行った教員調査、学生調査をもとに、これらの職業教育学校が持つ特徴や社会的機能を明らかにする。

　以下、第１節では調査の概要と教員、学生それぞれの基本属性を示す。と

262　第11章　サーミ職業教育機関における教育

くに本調査は、通常のサンプリング調査とは異なる手法をとっているため、その留意点を確認する。第2節では職業訓練校への進学理由などから、両校が持っている異なる機能について検討する。第3節では、学生たちの進路に関する意識を見ることで、両校がサーミ社会に与える影響について検討する。第4節では、教員や学生たちが持つ、サーミ社会のリーダーとしての側面について考察を加える。これらを通して、第5節では、両校の特色についてまとめたい[2]。

第1節　学校、教員、学生の概要

第1項　調査の概要

　第4章でも確認したように、サーミ教育センターとサーミ教育専門学校は、いずれもサーミ語のほか、サーミ・クラフトやトナカイ業など、広くサーミ文化やサーミに関連した職業技術を身につけることができる学校である。サーミ教育センターで校長代理を務める教員が言うように、「私たちが重要だと思っているのは、家庭におけるサーミの民族知が断ち切られてしまったので、サーミ文化を再発見する場としてこの学校が機能すること」である。

　フィンランドのサーミ教育専門学校はその他に、「ホテル・レストラン・ケータリングサービス」や「ビジネス」「ソーシャルケア・ヘルスケア」「ツーリズム」「メディア・スタディーズ」などの、サーミ文化とは一見、直接的な関係の薄い学科も設定されている。これは、サーミ教育専門学校がサーミ語、サーミ文化だけではなく、広くサーミエリアにとって必要な教育を提供すること、サーミ文化や自然に基づいた職業を維持発展させることなどをその設立目的としているからである。そのため、後に詳しく見るように、サーミ教育センターの学生が一部学科を除いてほぼ全員がサーミであるのに対し、サーミ教育専門学校には非サーミの学生も一定数在籍している。

　調査はいずれの学校でも、教員および学生に対して行った。

　サーミ教育センター調査は、2012年9月に学校を訪問し、教員2人、学生3人に対して聞き取り調査を行った。また、学校を通して調査票を教員、学生に配布して頂き、それぞれ2人、12人から回答を得た。分析はこの聞

き取り調査と質問紙調査の回答を合わせて行っている。

サーミ教育専門学校調査は 2015 年 8 月に web アンケート調査として行った。学校訪問時に web アンケートの URL が書かれた依頼状を、学校を通して配布して頂いた。教員調査では 14 人、学生調査では 42 人から回答を得られた。

このように、両調査ではできる限り多くの声を集めることを目的としたため、通常の社会調査とは異なる手続きを踏んでいる。そのため、分析に際してもいくつか留意する必要がある。

まず、調査票配布については学校に一任しているため、正確な配布数は確認できていない。とくにサーミ教育専門学校ではフルタイムの学生のほかに、徒弟訓練生のように職場で働く時間の長い学生もいるため、そもそもの母数が不確定である。結果、全数調査ともサンプリング調査とも言い難い形の調査となっている。

また、郵送による回収や web 回答を行ったため、回収率も高いとはいえない。後に見るように、回答者の属性には大きな偏りが見られるが、そのうちのいくつかはこの回収率の低さが影響していると考えられる。

本章の分析においては、これらの偏りを念頭に、回答の過度な一般化は避け、回答者の動向とそのコメントの吟味を中心とする。

第2項　教員の基本属性

本調査の回答者の属性を見ると、男性が 6 人、女性が 11 人と、女性が倍近い。年齢層では 30 代が 2 人いるほかは、40 代以上である（**表11−3**）。

サーミ教育センターとサーミ教育専門学校とをわける大きな特徴のひとつは、教員や学生のエスニシティである。サーミ教育センターでは調査に回答した 4 人を始めとする全教員がサーミであるという。

一方でサーミ教育専門学校では、サーミの教員と非サーミの教員とが 6 人ずつとなっており、一定数のサーミ以外の教員がいる。サーミの教員と非サーミの教員とは、その担当科目に違いがあり、ハンドクラフトを担当する教員は全員がサーミである。非サーミの教員はサーミ文化と直接的な関連性が薄いツーリズムやヘルスケア、ビジネス、ソーシャルケアといった講座を

264 第11章 サーミ職業教育機関における教育

表11-1 サーミ教育センターとサーミ教育専門学校の比較

	サーミ教育センター	サーミ教育専門学校
所在	スウェーデン・ヨックモック	フィンランド・イナリ ※他にイヴァロ、カーマネン、エノンテキエにもキャンパスあり
学科	工芸学科、トナカイ業学科、サーミ語学科、サーミ語通訳学科、食物学科	・基礎職業資格 クラフトデザイン（宝石・貴金属、サーミハンドクラフト（ハードマテリアル）、サーミハンドクラフト（ソフトマテリアル））、自然環境サービス（環境、トナカイ飼育）、ホテル・レストラン・ケータリングサービス（料理人）、ビジネス（カスタマーサービスとマーケティング）、ソーシャルケア・ヘルスケア（高齢者向け看護、看護）、ツーリズム ・上級職業資格 野生・自然ガイド、トナカイ飼育、サーミハンドクラフト ・専門職業資格 サーミハンドクラフト ・一般教育 サーミ語とサーミ文化（イナリ・サーミ、スコルト・サーミ、北サーミ）、メディア・スタディーズ
入学資格	後期中等教育修了	前期中等教育修了
非サーミ学生	サーミ語学科、サーミ語通訳学科のみ受け入れ	入学可能

表11-2 調査の概要

学校	対象	回収数	備考
サーミ教育センター （2012年9月）	教員調査	4人 （聞き取り2人、質問紙調査2人）	配布調査票は7票
	学生調査	15人 （聞き取り3人、質問紙調査12人）	配布調査票は28票
サーミ教育専門学校 （2015年8月）	教員調査	14人（webアンケート調査）	教員数36人
	学生調査	42人（webアンケート調査）	学生数220〜230人 （フルタイム）

担当している。ただし、これは完全に役割が分担されているということを意味するのではなく、サーミでツーリズム産業の講座を担当している者もいるし、またトナカイ飼育の講座を担当している教員は自らのエスニシティを「わからない」と回答している。

また、サーミ教育専門学校の非サーミ教員は、その多くがサーミ語を使うことができるという特徴も持っている。非サーミ教員のうち、2人はサーミ語能力について無回答であったが、残りの4人はレベルの差こそあれ、サーミ語を使うことができる。サーミ教育専門学校のあるイナリは、イナリ・サーミ語話者が多いことで知られるが、回答者のなかでイナリ・サーミ語を使うことができる唯一の教員は、非サーミである。

サーミ教育センターについては、全員がサーミ語を使うことができる。サーミ教育センターのあるヨックモックはルレ・サーミ語話者の町であり、4人のうち3人はルレ・サーミ語と、サーミのなかでも最大の方言である北サーミ語の双方を使うことができる。残りの1人は語学教員であり、ヨックモックよりもさらに南のイェムトランド周辺で使用されている南サーミ語を使用している。

サーミ教育センターの4人の教員のうち、3人の最終学歴は大学卒であり、2人はスウェーデンの小学校教員免許を、1人は幼稚園教員免許と保育士資格、サーミの保育士資格を持っている。しかし、残りの1人は最終学歴が高校であり、またとくに教育にかかわる免許・資格は所持していない。この教員は木工と角工芸を担当している。また、大学まで進学した3人は、いずれもサーミ学校[3]へ通った経験を持っている。一方、もう1人はサーミ学校へは通っておらず、その他の学校段階においてもサーミ語やサーミ文化を学校教育として学んだことはない。サーミ教育センター教員の世帯年収は「10～30万SEK」が2人、「30～50万SEK」が2人であった。

サーミ教育センターで働くことにした理由（複数回答）を確認すると、「これまでのキャリアが活かせるから」「サーミ文化に関われるから」「サーミのために働けるから」「教育に携わりたかったから」がそれぞれ2人、「金銭的に魅力があったから」が1人、その他が1人となっている。その他の1人は、「伝統的なサーミ工芸教育」と記述しており、やはりサーミ文化に携われる

266　第11章　サーミ職業教育機関における教育

表11-3　教員の性別、年齢、エスニシティ

(単位：人)

	性別		年齢					エスニシティ	
	男性	女性	30代	40代	50代	60代	不明	サーミ	非サーミ
SEC	2	2	0	1	2	1	0	4	0
SEI	4	9	2	5	2	2	3	6	6

注）1. SEC＝サーミ教育センター、SEI＝サーミ教育専門学校
　　2. サーミ教育専門学校は性別で1人、エスニシティで2人の「不明」「わからない」を除外。

表11-4　教員の使えるサーミ語、担当科目

(単位：人)

	使えるサーミ語（複数回答）				担当科目（複数回答）
	北サーミ語	ルレ・サーミ語	南サーミ語	イナリ・サーミ語	
SEC	3	3	1	0	木工＝2、工芸＝1、角工芸＝1、語学＝1
SEI	10	0	0	1	ツーリズム産業＝1、ツーリズム＝1、ヘルスケア＝2、ビジネス＝2、ハンドクラフト＝3、レストラン産業＝1、ソーシャルケア＝1、トナカイ飼育＝1、（「いろいろ」＝1）

注）SEC＝サーミ教育センター、SEI＝サーミ教育専門学校

ことに魅力を感じていたことがわかる。

　一方、サーミ教育専門学校の教員に目を転じると、14人中10人が大学か専門大学、もしくはその双方に通った経験を持つ。修士課程までいった者も4人、ノルウェーのサーミ・ユニバーシティ・カレッジへいった者も1人いた。そのほか、3人はサーミ教育専門学校で自らも学んだ経験を持っている。大学、専門大学へ行っていない4人の内訳は、職業学校が2人、サーミ教育専門学校が1人、無回答が1人である。教育資格としては、9人がフィンランドの教員免許を所持している。とくに、サーミ教員は6人中5人が教員免許を持っており、残りの1人は無回答であった。世帯年収は「～2万ユーロ」が1人、「2～4万ユーロ」が2人、「4～7万ユーロ」が4人、「7～9万ユーロ」が2人、「9万ユーロ以上」が1人、無回答が4人である。

第3部　サーミの生活・意識と教育　267

第3項　学生の基本属性

　サーミ教育センターは原則として後期中等教育修了者、サーミ教育専門学校は前期中等教育修了者から入学することができる。ただ、スウェーデンもフィンランドも、日本のように中学校から高等学校、大学へと進学し、新卒でそのまま就職するといった学校観ではなく、中等教育修了段階でサバティカル期間を設けたり、就職したのち学校へ戻ったりといったリカレント教育が浸透しているため、年齢で学校段階を固定することにはあまり意味がない。サーミ教育センターの教員は、「この学校へ通うこと自体がサバティカルになっている」と言っている。そのため、回答者の年齢層もバラエティに富んでいる。

　サーミ教育センターの回答者は全員が工芸学科である。これは、トナカイ業学科はトナカイをすでに飼っている者が主たる対象者であるため、調査時期には多くがトナカイの遊牧に出ておりインターネットを使った遠隔教育を受けていること、サーミ語学科の学生もweb授業である者が多いことなどが理由としてあげられる。サーミ語学科、サーミ語通訳養成学科がサーミ以外の学生も受け入れている[4]のに対し、工芸学科とトナカイ業学科はサーミしか入学資格を持たない。そのため、回答者は必然的に全員サーミであるということになる。1年生が12人、2年生が3人で、性別は女性14人に対して男性1人と、大きく偏っている。ただし、工芸学科自体そもそも女性の方が多く、33人中女性が28人で、男性は5人だけであるという。回答者の年齢は19歳から23歳までおり、19歳が2人、20歳が5人、21歳が3人、22歳が1人、23歳が4人で平均年齢は21歳である。ある学生によると、学生の年齢層が変わってきており、今は「27歳でも最年長クラス」であるという。サーミ教育センターの工芸学科では近年、定員を上回る応募があり、入学が順番待ちになっているという。その際に、入学者は「地域と年齢を考慮して」割り振られており、できるかぎりバラエティに富んだ年齢構成になるようにしているそうであるが、それでも若年化がすすんでいるようだ。このうち13人は就労経験がある。なお、その内訳は保育士からトナカイ業、教員、自営業まで幅広い。また1人は大学へ通った経験を持っている。出身地はスウェーデンが13人、ノルウェーが2人。使えるサーミ語は、北サー

ミ語が8人、ルレ・サーミ語が9人、南サーミ語が1人、その他のサーミ語が1人、「使えない」が1人であった。ヨックモックという土地柄から、ルレ・サーミ語を使える人が最も多いという点が大きな特徴といえる。

　サーミ教育専門学校は、先述のとおり、サーミ限定の教育機関ではなく、非サーミの学生も多い。本調査の回答者では、自らをサーミであると考えている者は42人中15人で、半数を下回っている。24人はサーミではなく、「わからない」という者も2人いた（無回答1人）。ただし、これはサーミとしての意識・アイデンティティの側面であり、サーミの血を引いている者はこれよりも多い。両親ともサーミの家系という者が4人、片親家系がサーミであるという者が14人で、この時点で自らをサーミであると考えている者の人数を上回っている。他に配偶者の家系がサーミである者が4人、サーミの家系はいないという者が17人、不明・無回答が3人である。

　サーミ教育センターの学生調査回答者が工芸学科に偏っていたのに対し、サーミ教育専門学校の回答者の学科は多岐にわたっている。「ビジネス」が15人、「ソーシャルケア・ヘルスケア」が7人、「クラフトデザイン」が6人、「メディア・スタディーズ」が5人、「北サーミ語・文化」「野生・自然ガイド」「職業準備教育」が3人、「ツーリズム」「イナリ・サーミ語・文化」が2人、「自然環境サービス」「ホテル・レストラン・ケータリングサービス」が1人で不明が3人である。なお、サーミであるか非サーミであるかどうかと専攻との間にはほぼ関連がない。たとえば、サーミ色の強い「北サーミ語・文化」の3人も、サーミが1人と非サーミが2人であるし、「クラフトデザイン」の6人もサーミ、非サーミが3人ずつである。また、サーミ色の弱い「ソーシャルケア・ヘルスケア」もサーミが3人、非サーミが4人などとなっている。

　サーミ教育専門学校の学生調査回答者も女性の方が多く、女性28人に対し男性は12人（無回答2人）である。年齢は16歳〜19歳が10人で以下20代が14人、30代が8人、40代が3人、無回答が7人となっている。出身地はフィンランドが36人と圧倒的に多く、ロシアとドイツ、キプロスが1人ずつ、無回答が3人である。使えるサーミ語を確認すると、北サーミ語が15人、イナリ・サーミ語が4人、「サーミ語は使えない」者が4人であった。イナリにある学校であるものの、使用言語は北サーミ語の方がイナリ・サー

表11-5　学生の性別、年齢、エスニシティ

単位：人

	性別		年齢				エスニシティ		
	男性	女性	10代	20代	30代	40代	サーミ	非サーミ	わからない
SEC	1	14	2	13	0	0	15	0	0
SEI	12	28	10	14	8	3	15	24	2

注）SEC＝サーミ教育センター、SEI＝サーミ教育専門学校

表11-6　学生の使えるサーミ語、担当科目

単位：人

	出身国				使えるサーミ語（複数回答）					
	スウェーデン	フィンランド	ノルウェー	その他	北サーミ語	ルレ・サーミ語	南サーミ語	イナリ・サーミ語	その他	使えない
SEC	13	0	2	0	8	9	1	0	1	1
SEI	0	36	0	3	15	0	0	4	0	4

注）SEC＝サーミ教育センター、SEI＝サーミ教育専門学校

表11-7　サーミ教育専門学校・エスニシティ×教育内容

単位：％、人

	自然環境サービス	クラフトデザイン	ホテル、レストラン、ケータリングサービス	ソーシャルケア、ヘルスケア	ビジネス	ツーリズム	サーミ語とサーミ文化(北サーミ語)	サーミ語とサーミ文化(イナリ・サーミ語)	サーミ語とサーミ文化(スコルト・サーミ語)	メディア・スタディーズ	野生・自然ガイド	準備職業教育	合計
サーミ	0.0	20.0	0.0	20.0	46.7	6.7	6.7	6.7	0.0	13.3	6.7	6.7	15
非サーミ	4.2	12.5	4.2	16.7	33.3	4.2	8.3	4.2	0.0	12.5	8.3	8.3	24

ミ語よりも圧倒的に多いという、サーミ教育センターとは異なる結果となっている。なお、フィンランドには北サーミ語、イナリ・サーミ語話者のほかに、少数のスコルト・サーミ語話者がいるが、本調査の回答者のなかにスコルト・サーミ語を使えるという者は１人もいなかった。

第2節　社会的な機能の違い

リカレント教育が浸透しているスウェーデン、フィンランド両国にとって、

大学のような高等教育機関とも異なる職業学校としての性格を持ったサーミ教育センター、サーミ教育専門学校両校への進学は、学生自らの積極的な意味づけがあってなされる側面が強いと考えられる。学生たちは何を求めて両校へと進学しているのか、また、教員たちは何を両校の特色と考えているのか。本節ではそれらを確認することで、両校の特質を考えていく。

第1項　サーミ教育センターへの進学理由と教育評価

　まずはスウェーデンのサーミ教育センターへ進学した理由を確認しよう。進学理由としては、工芸学科であることもあってか「家業を継ぐため」(12人)が最も多い。「父方の祖父が手工芸で、いとこもそれをやっているので(サーミ教育センターに)進学しようと思いました。両親は別にやっていなかったんですけれども、家庭には身の回りにそういうものがいくつもあったし」という言葉に象徴されるように、「家業」というほどではなくても、自分の周囲にサーミ工芸に携わる者がいたことが進学動機となっているケースもある。一方で「就職に有利だから」という者は1人しかいない。次いで多いのは「専門的な知識や技術が得られるから」(10人)である。教員からの言葉として、「抽象的な学校教育に嫌気がさした子どもたちが入学してくる。実践的に何かをやりたい者が多い」というものがあるように、実践的な知識や技術を求めている学生が多いようである。

　その次に「サーミ文化を学びたいから」「サーミ語の力を高めたいから」(9人)や「自分がサーミだから」「家族や親戚も通っていたから」(共に8人)、「サーミ同士の交流を深めたいから」(7人)などが続いている。「手に職」が一番の動機であるものの、サーミについて深めていくことも、大きな進学動機となっていることがわかる。また、教員調査の聞き取りのなかで、「工芸学科の学生はあまりサーミ語やサーミ文化に関心がない。それよりも創作を望んでいる」という言葉があった。しかし、教員が考えている以上に、学生自身はサーミ語、サーミ文化の学習を期待している。

　進学の際には、「自分で選んだ」者が12人で最も多く、その次に、親やきょうだいよりも「親戚」(8人)が入っている。

　次に、実際にサーミ教育センターへ通ってみての評価[5]を確認すると、「専

第3部　サーミの生活・意識と教育　271

門的な知識や技術が得られる」と「サーミの友人ができる」は、ともに「とてもそう思う」が14人で残る1人も「少しそう思う」と回答しており、高く評価されていることがわかる。

「サーミ文化を身につけられる」は11人が「とてもそう思う」と回答している一方で、「サーミ語を身につけられる」は「とてもそう思う」が8人と、文化の学習に比べるとやや厳しい評価となっている。ただし、「あまりそう思わない」「まったくそう思わない」と答えた者は「サーミ語」で1人いるだけで「サーミ文化」は0人である。多くの学生が入学前に期待した言葉と文化については、高く評価されているといえよう。職業訓練校としての色合いも強いサーミ教育センターであるが、「就職するのに有利」と評価する者は「とてもそう思う」が3人、「あまりそう思わない」が3人と、他の項目に比べるとやや厳しい評価となっている。

サーミの友人ができることを評価する者が多い一方で、学生全員がサーミであるため、サーミ以外の人々との関係が希薄になってしまうのではないかという危惧もある。だが、そのことを「とてもそう思う」「少しそう思う」と考えている者はそれぞれ1人ずつしかおらず、ほとんどの学生は心配していない。

第2項　サーミの交流の場としてのサーミ教育センター

進学理由やその評価について、学生や教員のコメント、回答から特色として浮かび上がるのは、その教育内容だけではなく、「サーミの交流の場」としての側面が高く評価されていることである。

進学理由として「サーミ同士の交流を深めたいから」を選んだ者は、7人と半数近いものの、家業を継ぐためやサーミ語、サーミ文化を学びたいからといった理由に比べると少ない。しかし、評価については「サーミの友人ができる」は「専門的な技術や知識が得られる」と並んで最も高い。また、生活の満足度を聞いた結果を見ると、「学生同士の交流」は「満足」が11人、「やや満足」が4人で、「授業の内容」「専門的な知識や技術の獲得」と並んで最も高くなっている。

ノルウェーにはカウトケイノやカラショークなどの、サーミがマジョリ

272 第11章 サーミ職業教育機関における教育

ティである地域がある。フィンランドにも、ウツヨキのように人口の半数近くがサーミである町が存在する。一方、スウェーデンにはサーミがマジョリティとなる場所がなく、最もサーミ比率が高いと言われるヨックモックでさえ、その人口比率は10％ほどであるという[6]。国内のあらゆる地域でマイノリティとなるスウェーデンのサーミにとって、サーミ教育センターは

　　「ここに来て初めて、マジョリティだという認識を持った。とてもいい気持ちだし、逆にみんなと一緒で同じカルチャーについてしゃべったりできることも、とてもいいチャンスだと思う。」

　　「ここに来て、私はマジョリティに属している、そういう強い感じがした。」

といったコメントに象徴されるように、マジョリティとしての実感を抱くことができる場となっている。

　同様のことは、教員調査においても強調されていた。教員調査においても、「学生にサーミの友人ができる」ことは「専門的な知識や技術が得られる」「サーミの文化を身につけられる」と並んで4人全員が一致して「とてもそう思う」と評価しているポイントである。ある教員の言葉を借りれば、サーミ教育センターは結婚相手を見つけるための「マッチメーカー」あるいは「縁結び機関」でもある。

　この考えは、サーミ教育センターそのものの今後への意見にもつながっている。学生15人のうち、12人はサーミ教育センターのような学校を「増やすべき」であると考えている（残りの3人は「現状でよい」であり、「なくす」は1人もいない）。増やすべきと考える理由には、「志願者の多くが入学できないでいる」「より多くの者がサーミ教育センターで学べるように。より広いネットワーク」といった意見とともに、「サーミ地域全域のサーミが出会い、集える場所を持つことが大切である」といったものが並んでいる。

第3項　サーミ教育専門学校への進学理由と教育評価

　続いて、サーミ教育専門学校についてもその進学理由と教育への評価を見てみよう。

　進学理由では、最も多いのが「専門的な知識や技術が得られるから」の32人、次いで「就職に有利だから」が29人、「資格が得られるから」が23人、「実践的な教育が充実しているから」が15人である。上位はほとんど職業訓練的な内容が占めている。サーミに関するものでは「サーミ文化を学びたいから」が14人、「サーミコミュニティのために働きたいから」が12人、「サーミ語の力を高めたいから」が10人などであり、職業訓練上の理由などのおおよそ半分ほどである。サーミ教育センターで最も多かった「家業を継ぐため」という回答は2人に留まっている。

　ここで興味深いのは、サーミに関する項目（「文化」「サーミ語」「サーミコミュニティ」「サーミ同士の交流を深めたいから」）を選ぶ者が、サーミよりも非サーミに多いという点である。「サーミ語の力を高めたいから」こそ、サーミが15人中4人（26.7%）、非サーミが24人中6人（25.0%）と差がほとんどないものの、「サーミ文化を学びたいから」を選んだ者はサーミの3人（20.0%）に対して非サーミは11人（45.8%）である。また、「サーミコミュニティのために働きたいから」もサーミ3人（20.0%）に対し非サーミ9人（37.5%）、「サーミ同士の交流を深めたいから」はサーミ1人（6.7%）、非サーミ6人（25.0%）であった。

　サーミ教育センターは学びの場であると同時に、サーミ同士の交流の場、

表11-8　サーミ教育専門学校：学生のエスニシティ×進学理由

単位：％、人

	就職に有利だから	専門的な知識や技術が得られるから	資格が得られるから	家業を継ぐため	家族や親族も通っていたから	実践的な教育で充実しているから	自分がサーミだから	サーミ文化を学びたいから	サーミ語の力を高めたいから	サーミ同士の交流を深めたいから	サーミコミュニティのために働きたいから	その他	合計
サーミ	80.0	66.7	46.7	13.3	13.3	20.0	40.0	20.0	26.7	6.7	20.0	20.0	15
非サーミ	62.5	83.3	58.3	0.0	8.3	45.8	0.0	45.8	25.0	25.0	37.5	8.3	24

274 第11章 サーミ職業教育機関における教育

サーミがマジョリティとなれる場という重要な役割を担っていた。それに対し、サーミ教育専門学校はサーミにとって交流の場としてはほとんど意識されておらず、むしろ非サーミの人々がサーミ語やサーミ文化にふれ、サーミとの交流を促進させるための場となっている。また、全体的には職業訓練機関という、学校としての第一義的な役割がそのまま志願理由となっているようである。

このことは、「サーミ教育専門学校が今後拡充すべきこと」を聞いた設問への回答からもうかがい知ることができる。この設問に「サーミ文化の理解を深めるための教育」と回答した者は5人であり、全員が非サーミである。「サーミ語の力の向上のための教育」と回答した者は6人で、1人がサーミ（6.7%）で他の5人は非サーミ（20.8%）である。「サーミ同士の交流の促進」との回答は11人とやや多くなっているが、サーミが3人（20.0%）に非サーミが8人（33.3%）と、やはり非サーミによる回答の方が多いのである。一方で、「就職に有利となる教育」と回答したものは14人、「専門的な知識や技術を身につける教育」と回答した者は12人、「実践的な教育」と回答した者は10人である。全般に、サーミ教育専門学校の役割はあくまでも職業訓練にあり、サーミ文化、サーミ語に関する授業の充実やサーミ同士・サーミとの交流といった要素よりも重視されているのである。

サーミ文化、サーミ語の教育などの拡充を求める声がそれほど大きくないということについては、2通りの解釈が考えられる。1つは、そもそもそれらが求められていないということ。もう1つは現状で十分満足していると

表11-9　サーミ教育専門学校：学生のエスニシティ×今後拡充すべきこと

単位：%、人

	就職に有利となる教育	専門的な知識や技術をみにつける教育	資格取得のための教育	家業を継ぐための知識や技術をみにつける教育	実践的な教育	サーミ文化の理解を深めるための教育	サーミ語の力の向上のための教育	サーミ同士の交流促進	サーミ以外の人々との交流促進	教育設備・教育環境の整備	その他	合計
サーミ	40.0	46.7	26.7	0.0	33.3	0.0	6.7	20.0	13.3	26.7	0.0	15
非サーミ	33.3	20.8	20.8	12.5	20.8	20.8	20.8	33.3	25.0	33.3	4.2	24

第3部　サーミの生活・意識と教育　275

いうことである。これについては、サーミ教育専門学校への評価を聞いた設問が参考になるだろう。サーミ教育専門学校で「サーミ語を身につけられる」と評価する者は全体の90.5%、「サーミ文化を身につけられる」と評価する者は90.0%であり、きわめて高い評価を受けていることがわかる。また、一方で「サーミ語の授業を増やすべき」と考える者は40.5%、「サーミ文化の授業を増やすべき」と考える者は42.9%と半数を割り込んでいる。このことから、サーミ文化、サーミ語を学ぶことに関して、学生は現状で十分満足しており、そこをさらに充実させるよりは、専門的な教育に力を入れてほしいと考えているのだということがわかる。

　なお、42人の学生全員が「専門的な知識や技術が得られる」と評価しており、「就職に有利だ」と考える者も97.6%に及んでいる。この点に関しても、学生の満足度はきわめて高い。サーミ教育専門学校は、専門技術の獲得をし、それを就職につなげていくという純粋な職業訓練校としての役割を期待され、またそれを果たし、別の機能としてとくに非サーミの人々のサーミ語、サーミ文化への関心を満たす役割を持った教育機関であるといえる。

第3節　進路志向

　サーミ教育センター、サーミ教育専門学校両校の卒業後の進路希望は、その制度上の、あるいは機能の違いも反映してか異なるものとなっている。

第1項　サーミ教育センター学生の将来志向

　教員への聞き取りによると、サーミ教育センターは高校を卒業して入学する者が多い。そのため、手に職をつけた卒業生は、ただちに働き始めるのではなく、大学へ進学する者が多数であるという。

　実際の学生たちの考え方を見てみると、「進学」が6人、「就職」が2人、「家業を継ぐ」が2人、「未定」が8人（複数回答）となっている。日本のような新卒一括採用社会ではないため、そもそも進学か就職かという二択にはなっていないようで、就職してから働きながらさらに勉強を続けたいという意見も見られた。サーミ教育センターへの進学理由としては「家業を継ぐため」が

12 人と多かったが、卒業後ただちに家業を継ぐと考えている者は2人しかいない。

　進学先については、教員によると、サーミ教育センターでサーミ語やサーミ文化を学び、またサーミの友人とつきあっていくなかで、もっとサーミについて知りたい、学んでいきたいという気持ちを強め、大学進学をめざす学生が多いという。実際に、一部の記述として、スウェーデンで進学をし、南サーミ語を学びたい、自然・宗教について学びたいというものがあった。

　ただし、具体的な進学先については未定の者が多い。進路についても、進学先についても、具体的な将来展望はまだ描いていない者が多いようである。

　将来の住まいを見ると、「出身地」が6人、ヨックモックが1人、「出身地やヨックモック以外のサーミ集住地」が1人、「サーミ集住地以外の場所」が7人であった。

　注目すべきは、サーミ集住地以外と回答する者が7人と半数近くいることであろう。サーミのことについて学び、サーミとの交流に大きな価値を見出す学生たちであるが、そのままサーミだけのコミュニティを作り留まりたいと考えているわけではなく、むしろサーミ外の地域へと出ていこうとしているのである。このことは、学生からの以下の言葉に象徴されている。「一定の地域に結びつきはなし。できればスウェーデン各地を、あるいは世界を巡って、色々な発見をし、色々な職業を試したい」。

第2項　サーミ教育専門学校学生の将来志向

　サーミ教育センターと比較して平均年齢が高く、学生個々の背景も多様であるサーミ教育専門学校の学生たちは、卒業後の進路希望もサーミ教育センターの学生とは異なった傾向を持っている。卒業後に進学したいという学生は6人で、就職を希望する学生（20 人）の3分の1以下である。残りは未定が12人、無回答が4人であった。具体的な進学先としては、サーミ・ユニバーシティ・カレッジやラップランド専門大学、オウル大学のようなサーミについて継続して学んでいける学校があげられている。就職を希望する学生は、おおむね現在サーミ教育専門学校で学んでいる内容を活かせる職に就くことを目指している。

第3部　サーミの生活・意識と教育　277

　サーミ教育センターときわめて対照的なのは、将来暮らしたい地域である。サーミ教育センターでは半数近くがサーミ集住地域外に住みたいと回答していたが、それに対しサーミ教育専門学校の学生では、学校のある「イナリ」と答えた者が23人と最も多くなっている。それ以外でも、ウツヨキやイヴァロといった、フィンランド北部ラッピ県のサーミ地域を希望する者が多く、その割合は9割を超えている。この傾向は、サーミ学生も非サーミ学生もほとんど変わらない。

　理由のひとつとして、学生の平均年齢が高いことから、すでにサーミ地域に居を構えており、そこに居続けたいと考えているという側面はありうるだろう。ただし、たとえばヘルシンキ出身のある学生は、イナリかラッピ県に住みたいと考えているし、ドイツから来た学生も、キプロスから来た学生も、将来はイナリに住みたいと回答している。単に地元出身の学生が多いというだけではなく、サーミ教育専門学校がサーミ地域への理解をすすめることにより、この地域で生活したいという学生を育てているという側面はあるのではないだろうか。

第4節　サーミのアイデンティティ

　第9章でも指摘されているように、サーミ教育機関で働いている教員は、サーミであることを自分自身の武器としてキャリア形成に活用することができた者である。このことはサーミ教育センターやサーミ教育専門学校の教員においても同様にいえる。そして、両校においては教員だけではなく学生たちもまた、サーミ社会における牽引役となるべく歩んできている可能性がある。本節では、教員や学生の学習歴やサーミに関するアイデンティティのあり方などから、サーミ社会のリーダーとしての彼らの姿を考察していく。

第1項　サクセス・ストーリーの体現者としての教員

　新藤慶（2013b）が指摘するように、サーミ学校の教員は、「サーミである」ことを生活の糧にできている、「サーミ社会のサクセス・ストーリー」の体現者である。職業教育機関の教員が持つこのような性格について、聞き取り

278 第11章 サーミ職業教育機関における教育

調査や自由記述から検討材料が多いサーミ教育センター調査を中心に見ていこう。

サーミ教育センターの4人の教員を見てみると、3人は学校卒業後、それぞれに家業の関係などからサーミ工芸に携わるようになっていった。回答のなかで共通することは、サーミ工芸で食べていくことが難しいということである。ある教員は、仕事への満足度の質問に対し、「サーミ工芸家としての生活は厳しいが、そのかわりに人に工芸を教えることができる」と回答している。この回答自体は、生活は厳しいなかでも教育に携われることに喜びを見出しているものであるが、裏を返せば、教員という身分を得てもなお、工芸家として生きていくことは難しいというひとつの側面を示しているといえる。

教員たちは、これまでの生活史のなかで、あるいは学習歴のなかで、サーミ語、サーミ文化やサーミ教育センターに大きな誇りを持つようになっている。たとえば南サーミ語を教える教員が子どもの頃は、家庭では親がサーミ語を使用していたので問題なくサーミ語が使えたものの、学校でサーミ語を使用することはできず、サーミ語は汚い言葉であると教えられていた。そのうち、南サーミ語が絶滅の危機に瀕していることを知り、また、サーミ語のなかにスウェーデン語にはない言葉がたくさんあることに気づく中で、サーミ語を学ぶこと、サーミ語で学ぶことの重要性を意識した。雪の状態をさす言葉がサーミ語はとても豊富で、「状態や溶け具合、降り具合、どれくらい積もったら南に来るか」といったものを示すことができるという。また、トナカイ業においても、「スウェーデン語ではできない、サーミ語だけでしか表現できないことがたくさんある」という。この気づきが、サーミ語教育へとつながっている。

サーミ教育センターを拡充すべきかどうかという質問に対しては、3人が「現状のままでよい」と答えているのに対し、南サーミ語地域に住む教員は、南にもこのような学校があってよいのではないかと回答している。また、サーミ教育、サーミ学校の展開については、4人全員が大学まで作るべきであると回答している。ノルウェーの教育制度を参考に、サーミ・ユニバーシティ・カレッジのような学校をスウェーデンにも作るべきであると考えている。こ

のような意識の背景には、サーミが教育を受ける機会を拡充することを是とし、サーミ文化を身につけることが誇りにつながっていくという意識がある。サーミの素晴らしさや教育に関する自由記述を見ると、「アイデンティティ」という言葉が頻出する。サーミ語や文化を学ぶことを通して、学生個々が自分のサーミとしてのアイデンティティを確立することがサーミ教育センターの一番の価値と考えているようである。

第2項　サーミ社会のリーダー候補生としての学生

　サーミ教育センターやサーミ教育専門学校に通う学生たちもまた、教員たちの姿を追って、サーミ社会の牽引役となる道を歩んでいる。

　スウェーデンには制度としてサーミ学校が設置されている。しかし、第4章ならびに第9章で見たようにサーミ学校は選択制である。学校数も定員もそれほど多くないため、サーミ子弟といえども通える者は限られている。実際、スウェーデンのサーミ議会有権者を対象に行った調査によれば、サーミ地域に住んでいる者であっても、サーミ学校に通ったことがある者は男性青年層（40歳未満）で33.3％、女性青年層では16.7％にすぎなかった（野崎 2015b: 21）。

　そのようななか、サーミ教育センターの学生の学校歴を見ると、女性中心であるにもかかわらず15人中6人がサーミ学校に通った経験を持っている。また、サーミの伝統文化を家庭内で体験したという者も、15人中13人に及んでいる。その内容は、トナカイ業やサーミの食事、サーミの集まりなどが多い。サーミ文化に子どもの頃から親しみ、サーミ学校などで教育を受けた者がサーミ教育センターに集まっているのである。

　聞き取り調査をしていく過程でも、彼らのサーミに対する思いや高い意識は端々に表れていた。

　　「次の世代に文化遺産を伝える。」

　　「子孫に伝えたい重要な文化。私自身の一生もサーミのトナカイ飼育の年間行事を反映し、トナカイとの生活はずっと私の人生の基盤になる

280　第11章　サーミ職業教育機関における教育

と思う。」

　「サーミが風力発電、鉱山などの土地開発の際にももっと自分たちの意見を強く反映させることができるように願う。（略）サーミは自然と生き自然を糧にしている。それが破壊され、失われてしまうと、何を糧にどうして生きていけばいいのか。」

　「サーミ同士もっと意見の交換が必要。（略）サーミ議会でも互いに個人攻撃する代わりにもっと政治を話し合うべきだ。」

　「いつでも土地について戦っていなくてはいけないという事実があります。（少数民族への対応について）スウェーデンは良いと思われているかもしれないけれども、実際はこのスウェーデンのスタンダードからしたら、もっとできることがあるはずなのに。（中略）ノルウェーは、なかでもすごくサーミの人とうまくやっている国だと思っている。一番いいかなと。（中略）でもノルウェーでちゃんとやっていることが、なぜスウェーデンでできないのかわからない。」

　「土地についても、自分たちがやってきた伝統的な生活の仕方ができるように、それを阻止するような人には影響を与えていきたいと。」

　「（サーミ議会については）いい仕事をしていますが、ちゃんと自分たちの仕事をしていないような感じがして、国の言いなりになっているような気がする。そこら辺を改善していかないといけない。（自分は）サーミの文化やトナカイ業も含めて衰退していくなかで、それをきっちりもり立てていくような方向でいきたいと思います。」

　彼らの語りは、サーミとしての誇りからサーミ議会の姿勢、サーミ政策のあり方まで多岐にわたり、深められている。教員のひとりは、「サーミ教育センターで学ぶということは、サーミが進学していく上でのステータス

第3部　サーミの生活・意識と教育　281

となる」という。サーミ教育センターという場にサーミの若者が集まり、マジョリティとしてサーミについて語り合うなかで、これらの意識が醸成されていく。そして、このような流れは意識のレベルだけにとどまることなく、実践的な活動へと結実している。たとえば、在学生や卒業生のなかにはスウェーデンで活動をしている、若いサーミの人々の組織であるサーミヌオラ（Sáminuorra：「サーミの若者」の意）で活動する者も多く、またサーミヌオラの機関誌から発展して創刊されたサーミの若者向け雑誌である『Nuorat』には、サーミ教育センターの学生が運営メンバーとして関わっている[7]。

　今後どのように生活していきたいかを学生に聞くと、「サーミとして積極的に生きていきたい」と答える者が14人におよび、「とくに民族は意識せずに生活したい」という者は1人しかいなかった。「極力サーミであることを知られずに生活したい」という者はいない。

　元々サーミ文化に親和的な家庭で育った若者が、サーミ教育センターを通じてスウェーデン社会におけるサーミの社会運動を牽引していく道筋が生まれつつあるといえる。

　一方で、フィンランドのサーミ教育専門学校ではまた少し様相が異なる。子どもの頃にサーミ文化を経験したという者は、サーミの血筋である17人のうち、14人と多い。おもに体験されたのはトナカイ飼育や漁労、ベリー採集、民族衣装、伝統食などである。

　このように文化経験はスウェーデンの場合と同様に高いものの、将来どのように生きていきたいかという問いへの回答は傾向が異なっている。「サーミとして積極的に生きていきたい」という者は3人しかおらず、9人は「とくに民族は意識せずに生活したい」と回答している。「サーミであることを知られずに生活したい」という者はおらず、残りの3人は「その他」であった。

　サーミ教育専門学校のサーミ学生は、サーミ教育センターの学生のように積極的にサーミであることを押し出していこうとは考えていない。ただし、先に見たように、サーミ教育専門学校の学生たちは地元志向が強く、また専門学校で学んだ内容をすぐに職業へ結びつけようという意識も高い。サーミ教育センターの学生たちとは異なる形で、サーミの文化を地域へと還元していっているようである。

第5節　まとめ

　スウェーデンのサーミ教育センター、フィンランドのサーミ教育専門学校という2つの職業教育機関について、教員と学生の意識を見てきた。その結果、第1に、サーミ教育センターとサーミ教育専門学校とでは、その期待されている役割が大きく異なることがわかった。

　サーミ教育専門学校は、純粋に職業訓練機関としての機能を要求され、果たしている。サーミ文化やサーミ語を学ぶ、あるいはサーミの人々と交流するといった要素は、サーミの学生よりも非サーミの学生にとって重要視されている。サーミの学生はむしろこれらのサーミ的な要素には淡白であり、非サーミの人々がサーミについて深く学んでいく場としての側面が強いものとなっている。

　一方でサーミ教育センターは職業教育機関であると同時に、もしくはそれ以上に、サーミの若者たちが集まり、交流する場所であることを期待されている。そして、実際にそのような機能を果たしていた。スウェーデン社会においてマイノリティであり続けるサーミの人たちにとって、サーミ教育センターは唯一、マジョリティとなれる場であった。このような特別な場所で、サーミであることをいわばさらけだして交流し合うことで、学生たちのサーミとしての意識は強まっていき、それが数々の政治運動やメディア展開を生み出しているようである。

　第2に、両校では学生の将来志向が大きく異なっていた。サーミ教育センターの学生は、年齢層が若いこともあり、卒業後は進学を中心に考えられている。また、将来は地元だけでなく、サーミ地域外で活躍したいと考える学生も多い。それに対して、職業訓練学校としての期待が高いサーミ教育専門学校の学生たちは、学んだ学科を活かせる職業への就職を考える者が中心となっている。さらに、将来の生活の場としては、イナリを始めとするサーミ地域を選ぶ者が多い。これは、単純にこの地域出身の学生が多いからというだけの理由ではなく、他地域出身者も地域に定着させることに成功している。これはサーミ教育専門学校が地域に対して果たしている大きな役割のひとつ

第3部　サーミの生活・意識と教育　283

といえるだろう。

　第3の知見として、今後のサーミとしての振る舞いに関するものがある。サーミ学校の教員たちがサーミ社会において「サーミであること」を武器にすることができた数少ない存在であったように、サーミ工芸などの芸術家であるサーミ教育センターの教員もまた、サーミ社会においてサーミを武器にできた者であるといえるだろう。これは彼ら自身のサーミ語やサーミ文化に対する高い誇りにつながっている。そして、サーミ教育センターの学生もまた、教員たちと同じ経路を歩んでいるといえる。家庭においてサーミ文化に親しみ、サーミ学校で学んだ経験を持つ者が多い彼らは、サーミ教育センターというサーミがマジョリティになれる場においてサーミに関して理解を深め、議論を積んでいる。実際に若いサーミのリーダー層となっている彼らは、今後もサーミの牽引役として歩んでいくことが期待される。

　ただし、第9章においてはサーミ学校教員たちの持つ成功者としての側面が、自らの経験を過大に評価して子どもたちに踏襲させようとする可能性が指摘されていた。サーミ教育センターにおいても、同様のメカニズムが働いているかもしれない。サーミ教育センターでは教員から学生というだけではなく、学校文化も相まって、より強固な成功譚を作り上げている可能性がある。

　両校には、他の学校段階と同様に教材の問題や北サーミ語偏重の問題という、サーミの教育機関全体に通底する諸問題が隠れてはいる。とくに言語の問題については、いずれの学校も北サーミ語圏ではなく、ルレ・サーミ語、イナリ・サーミ語圏に立地していることを考えると、サーミ教育に関する言語偏重問題を象徴しているように見える。

　しかし、そのような問題はありつつも、サーミ語やサーミ文化を次世代へと伝達していくという似た目的を持った2つの職業訓練校は、異なる社会的機能を付与され、異なる影響力をそれぞれのサーミ社会に及ぼしていることがわかった。片や若いリーダー層を生み出し、片や地元にサーミ文化を根付かせていく重要な役割を担っている。

注

1　とはいえ、サーミ・ユニバーシティ・カレッジも、トナカイ飼育やサーミの伝

統工芸について学べるように、サーミ教育センター、サーミ教育専門学校と比較される側面を持っている。サーミ・ユニバーシティ・カレッジの持つ役割や学生の意識については、今後の課題としたい。

2　本章は野崎・新藤・新藤（2013）、上山浩次郎（2016b）を加筆、再構成したものである。

3　ここでいうサーミ学校は、時代から見て第9章でみたサーミ学校とは制度上異なると思われる。これら対象者が学校へ通っていた頃の「サーミ学校」は、サーミ語ではなくスウェーデン語で授業を行っていた。第1章、第4章も参照のこと。

4　サーミ以外も受け入れているとはいえ、校長への聞き取り調査によると、9割はサーミの学生であるという。

5　回答者のうち12人は1年生で、入学後間もない時期の調査であったことには留意が必要である。授業開始から数週間という時点でのものであり、「評価」というよりは「期待」という側面もあると考えられる。

6　山川亜古（2009: 63）による。なお、橋本義郎（2000）によると、1998年時点でヨックモックのサーミ人口は、6,305人中1,000人ほどであったという。ただしこの数字は商工事務所職員への聞き取りから得られた数字であり根拠は明確ではない。

7　サーミヌオラについては新藤慶（2013a）を参照のこと。また、『Nuorat』については第12章のほか、小内純子（2013）を参照のこと。

第12章

サーミ・メディアの利用者像と情報発信に対する評価

小内　純子

はじめに

　先に第5章において、機構的システムの側からサーミ・メディアの展開と現状について見てきた。本章では、サーミの労働―生活世界の側にメディアを位置づけてみることを企図している。先住民族メディアの社会的機能としては、①対内的機能、②対外的機能、③エンパワメント機能の3つがあるといわれる(伊藤・八幡 2004)。エンパワメント機能とは、対内的機能と対外的機能の十分な充足を前提に展開するものなので、本章では、労働―生活世界においてサーミ・メディアが果たしている対内的機能と対外的機能に注目した分析を行う。

　対内的機能については、サーミ・メディアがどのような人によって、どの程度利用されているかを明らかにする(第1節)。メディア接触を通して民族としてのアイデンティティを確立するためには、まずメディアが利用されなければならないからである。その際、第1に、実態調査で得たデータをもとに北欧3国の利用状況の比較を行う。用いるデータは、おもに各国で行った学校調査(生徒・学生、教師、保護者)で得られたもので、サーミ集住地域で生活する人々を対象とした分析となる。その上で、第2に、2014年にスウェーデンのサーミ議会の有権者名簿を用いて実施した国際郵送調査結果について分析を行う(第2節)。この調査は、有権者名簿に掲載されている 7,510 人のうち、スウェーデン在住の 7,353 人から6分の1にあたる 1,225 人を無作為に抽出して行われ、333 の有効票(有効回収率 27.2%)を得ている。回答者はサーミ集住地域を中心にスウェーデン全土に広がっており、サーミ集住地域以外

286 第12章 サーミ・メディアの利用者像と情報発信に対する評価

に暮らす人々の利用状況も把握することができる。そこでまず初めに、サーミの集住地域居住者とサーミの集住地域以外居住者の利用状況の比較検討を行う。次いで、同じデータを用いてメディア特性を通じて見えてくる利用者像の把握を試みる。

対外的機能については、外部に対する情報発信をどう評価しているかという点から見ていく（第3節）。とくに、利用程度と情報発信の評価の関係が分析の柱になる。今回の調査では、それぞれの国に暮らすマジョリティの人々がサーミ・メディアを通じてどの程度サーミに対する理解を深めているかといった点の把握は行っていない。したがって、サーミ自身による情報発信の現状に対する評価からこの課題にアプローチする。

第1節　サーミ集住地域におけるメディアの利用状況

最初にサーミ集住地域におけるメディアの利用状況について3国間の比較検討を行う。ただし、調査は各国の実情に合わせて実施したため調査対象者の属性は異なっており、単純に比較することはできない。そこでまず各国ごとの特徴について見てみる。

表12-1はノルウェーのメディアの利用状況を属性別に見たものである（小内純子 2015a）。質問文は、「次のサーミ関係のメディアや番組のうち比較的よく利用するものに○をつけて下さい（MA）」というものである。回答者総数は254人で、内訳は、基礎学校生徒84人、サーミ高校生71人、基礎学校教員15人、サーミ高校教員12人、基礎学校保護者68人、サーミ高校保護者4人である。性別では、男性44.9％、女性55.1％と女性が多く、年齢別では、基礎学校生徒とサーミ高校生が多いため10代が61.7％を占めるという特徴がある。20代・30代は保護者中心に12.9％、40代・50代は保護者と教員中心に24.6％で、60歳以上は2名（0.8％）にすぎない。したがって、対象者は10代から50代までという年齢幅のなかに位置している。対象者のうちサーミ語が使える人が96.7％を占め、その比率は高く、その全員が少なくとも北サーミ語は使えると答えている。方言の点では同質性が高い。

利用状況を見ると、最も利用率が高いのがサーミラジオの番組で57.9％、

第3部　サーミの生活・意識と教育　　287

表12-1　ノルウェーにおける属性別サーミ・メディアの利用状況

		基礎学校生徒	サーミ高校生徒	教師	保護者	全体	χ^2検定結果
実数（人）	NRK サーミラジオ	24	33	21	61	139	
	サーミのウェブラジオ	19	14	11	39	83	
	テレビ NRK の番組	23	30	20	65	138	
	文字テレビの情報	5	1	7	17	30	
	Ávvirr	25	19	20	58	122	
	Ságat	3	16	9	25	53	
	Š	41	10	12	30	95	
	Gába	1	0	2	6	9	
	Samefolke	2	0	0	8	10	
	Nuorat	8	2	0	5	15	
	その他	5	4	5	3	17	
	どれも利用していない	15	21	2	2	40	
	回答者数	77	67	26	70	240	
比率（%）	NRK サーミラジオ	31.2	49.3	80.8	87.1	57.9	***
	サーミのウェブラジオ	24.7	20.9	42.3	55.7	34.6	***
	テレビ NRK の番組	29.9	44.8	76.9	92.9	57.5	***
	文字テレビの情報	6.5	1.5	26.9	24.3	12.5	***
	Ávvir	32.5	28.4	76.9	82.9	50.8	***
	Ságat	3.9	23.9	34.6	35.7	22.1	***
	Š	53.2	14.9	46.2	42.9	39.6	***
	Gába	1.3	0.0	7.7	8.6	3.8	***
	Samefolke	2.6	0.0	0.0	11.4	4.2	**
	Nuorat	10.4	3.0	0.0	7.1	6.3	n.s
	その他	6.5	6.0	19.2	4.3	7.1	n.s
	どれも利用していない	19.5	31.3	7.7	2.9	16.7	***

注）基礎学校生徒は 8 ～ 10 年生が対象、NA は除外している（以下の表も同様）。
　　*** は p ＜ .001、** は p ＜ .01、* は p ＜ .05 、n.s. は非有意を示す。
資料：実態調査より作成

次いで、テレビのニュース番組 57.5％、Ávvir が 50.8％、Š が 39.6％、ウェブラジオが 34.6％、Ságat が 22.1％ と続く。放送メディアの利用率が高く、新聞では北サーミ語で発行されている Ávvir を半数の人が利用しており、ノルウェー語の Ságat を大きく上回っている。また、「どれも利用していない」という人が 16.7％ 存在している。

　属性別には、ほとんどのメディアで、保護者や教師の利用率がきわめて高くなっている。なかでも保護者は、テレビのニュース番組が 92.9％、サーミラジオの番組が 87.1％、Ávvir が 82.9％ と、教師を上回る非常に高い利用率である。その一方で、基礎学校と高校の生徒は全体に利用率は低く、「どれも利用していない」という人が、高校生 31.3％ と基礎学校生 19.5％ と多くなっている。ただし、若者向けの雑誌 Š は基礎学校の生徒の利用率が 53.2％ と高く、この種の雑誌が 10 代の若者に読まれていることがわかる。男女別には、全体的に男性よりも女性の利用率が高い傾向が見られ、とくに、サーミラジオの番組、ウェブラジオ、テレビのニュース番組、Ávvir、Š では、女性の利用率が高く、カイ二乗検定でも 1％ 水準で有意な差が確認できた（表は省略）。

　表 12-2 は、スウェーデンのサーミ・メディアの利用状況を調査別に示したものである（小内純子 2013, 2015b）。2012 年度のスウェーデン調査で、一般住民、サーミ学校の保護者、サーミ教育センターの学生に対してインタビュー調査と配布調査を実施し、一般住民と保護者で 21 人、学生で 15 人の計 36 人の回答を得た。さらに、2014 年に実施した国際郵送調査の回答者からサーミが集住する「サーミ地域」（キルナ市、イェリヴァーレ市、ヨックモック市、アルィエプローグ市）に居住する 82 名の回答結果を加え、総数 118 人を対象とした分析を試みる。3 国で実施したインタビュー調査と配布調査はいずれもサーミの集住地域で行われているので、国際郵送調査も集住地域居住者にしぼっている。

　全ケースを男女別に見ると、女性が 62.4％、男性が 37.6％ と女性が多い。とくに、サーミ教育センターの学生は 15 人中 14 人が女性である。年齢別には、10 代が 2.6％、20 代・30 代が 27.0％、40 代・50 代が 40.8％、60 代以上が 29.6％ となっている。ノルウェー調査と異なり 10 代は少数で、60 歳以上が約 3 割を占める。サーミ語ができない人が 23.9％ 含まれ、使える

第3部 サーミの生活・意識と教育　289

表12-2　スウェーデンにおける調査別サーミ・メディアの利用状況

		郵送（サーミ地域のみ）*				学生	住民・保護者	総計
		20、30代	40、50代	60代以上	計			
実数（人）	ラジオ（P 2 チャンネル）	5	16	13	34	11	10	55
	ウェブラジオ	4	7	4	15	3	8	26
	テレビ（Oddasat）	7	25	27	59	13	18	90
	文字放送（textTV）	0	4	5	9	0	1	10
	Ávvir	0	0	0	0	6	4	10
	Samefolket	4	10	13	27	2	10	39
	Nuorat	3	2	1	6	10	2	18
	Š	0	0	2	2	3	1	6
	どれも利用していない	1	5	2	8	0	0	8
	回答者数	12	35	33	80	15	20	115
比率（％）	ラジオ（P 2 チャンネル）	41.7	45.7	39.4	42.5	73.3	50.0	47.8
	ウェブラジオ	33.3	20.0	12.1	18.8	20.0	40.0	22.6
	テレビ（Oddasat）	58.3	71.4	81.8	73.8	86.7	90.0	78.3
	文字放送（textTV）	0.0	11.4	15.2	11.3	0.0	5.0	8.7
	Ávvir	0.0	0.0	0.0	0.0	40.0	20.0	8.7
	Samefolket	33.3	28.6	39.4	33.8	13.3	50.0	33.9
	Nuorat	25.0	5.7	3.0	7.5	66.7	10.0	15.7
	Š	0.0	0.0	6.1	2.5	20.0	5.0	5.2
	どれも利用していない	8.3	14.3	6.1	10.0	0.0	0.0	7.0

注）＊郵送調査に関しては、回答者333人のうちサーミ地域に居住する者82人を対象とした。
資料：実態調査、および国際郵送調査より作成

人のサーミ語方言（MA）は、北サーミ語が70.9％、ルレ・サーミ語が39.5％、南サーミ語が7.0％である。ノルウェーに比べると使用言語の同質性は低い。
　全体的な利用状況を見ると、テレビの利用率が78.3％と非常に高く、次いでラジオが47.8％、Samefolket が33.9％、ウェブラジオが22.6％と続く。テレビは年齢層が上の方がよく見ているのに対し、ラジオや Samefolket は年齢による違いはそれほど大きくなく、ウェブラジオは年齢層が下の方がよく利用している傾向が見られる。ただし、サーミ教育センターの学生は全体にメディアの利用率が高いが、これは寮生活をしており、寮が購読してい

290　第12章　サーミ・メディアの利用者像と情報発信に対する評価

表 12-3　フィンランドの属性別サーミ・メディアの利用状況

		イナリ中学校生徒	SEI学生	イナリ小中学校教員	SEI教員	保護者	全体
実数（人）	Yle サーミラジオの番組	2	14	1	10	7	34
	ウェブラジオの番組	0	5	1	2	5	13
	テレビでサーミ語の番組を見る	3	21	4	10	6	44
	Yle Fem のニュース	2	11	1	5	5	24
	Yle TV1 のニュース	1	18	2	7	6	34
	子ども番組	1	6	2	3	5	17
	一般新聞のサーミ語記事	0	5	1	0	4	10
	Ávvir	1	3	1	1	1	7
	Samefolket	0	0	0	0	0	0
	Š	0	2	1	1	0	4
	Nuorat	0	2	0	0	0	2
	その他	0	0	2	2	2	6
	どれも利用していない	0	14	0	1	1	16
	回答者数	4	39	5	14	11	73
比率（%）	Yle サーミラジオの番組	50.0	35.9	20.0	71.4	63.6	46.6
	ウェブラジオの番組	0.0	12.8	20.0	14.3	45.5	17.8
	テレビでサーミ語の番組を見る	75.0	53.8	80.0	71.4	54.5	60.3
	Yle Fem のニュース	50.0	28.2	20.0	35.7	45.5	32.9
	Yle TV1 のニュース	25.0	46.2	40.0	50.0	54.5	46.6
	サーミ語の子ども番組	25.0	15.4	40.0	21.4	45.5	23.3
	一般新聞のサーミ語記事	0.0	12.8	20.0	0.0	36.4	13.7
	Ávvir	25.0	7.7	20.0	7.1	9.1	9.6
	Samefolket	0.0	0.0	0.0	0.0	0.0	0.0
	Š	0.0	5.1	20.0	7.1	0.0	5.5
	Nuorat	0.0	5.1	0.0	0.0	0.0	2.7
	その他	0.0	0.0	40.0	14.3	18.2	8.2
	どれも利用していない	0.0	35.9	0.0	7.1	9.1	21.9

資料：実態調査より作成

第3部　サーミの生活・意識と教育　291

る新聞や雑誌にアクセスしやすいことが影響していると考えられる。また、20代層は Nuorat を読んでいる人が多く、とくに、編集に関わっている学生がいることもあってサーミ教育センターの学生の利用率が高い。カイ二乗検定の結果を見る限り、どのメディアにおいても男女の利用状況に有意差は認められなかった。「どれも利用しない」という人は7％と少ない。

　表12−3はフィンランドの属性別利用状況を示したものである（小内純子 2016）。フィンランドでは、イナリ中学校生徒4人、イナリ小中学校教員5人、イナリ小中学校保護者11人、サーミ教育専門学校 (SEI) 学生42人、SEI 教員14人の計76人から回答を得ることができた。全体で、男性26.0％、女性74.0％と、イナリ中学校生徒が男女半々以外は、圧倒的に女性が多い。年齢別では、10代が22.4％、20代・30代が44.7％、40代・50代が28.4％、60代以上が4.5％となっており、ノルウェー調査と同様にほとんどが50代までで占められている。サーミ語が使えないという人が15.3％で、使える人のサーミ語方言 (MA) は、北サーミ語が78.0％、イナリ・サーミ語が23.7％、その他が3.4％で、スコルト・サーミ語は皆無であった。

　利用状況の全体的傾向は、サーミ語のテレビ番組を見るという人が60.3％と最も高く、次いでサーミラジオの番組が46.6％、ウェブラジオが17.8％と続く。テレビのチャンネル別に見ると、Yle TV 1 が46.6％、Yle Fem が32.9％となった[1]。Yle Fem は全国的には低視聴率のチャンネルであるが、サーミの人たちの間では思ったより利用されていることがわかる。活字メディアでは、一般紙に掲載されているサーミ語の記事を読むという人が13.7％と一番高く、ノルウェーやスウェーデンで発行されている新聞や雑誌を利用する人はきわめて少ない。また、「その他」をあげた人が6人いるが、そのうち4人は、"Yle Sápmi nettiuutiset" や "Yle Sápmi sosiaalinen media" といった Yle のネットニュースやツイッターなど SNS の利用で、こうした媒体の利用も進んでいることがうかがえる。その一方で、「どれも利用していない」という人が21.9％存在し、5人に1人を占める結果となった。

　属性別には、ほとんどのメディアで、保護者や SEI 教員の利用率が高くなっている。なかでも保護者は、各放送メディアの利用率がおしなべて高い。それに対して10代と20代が中心の SEI 学生はすべてのメディアで全体の平均

利用率を下回っており、「どれも利用していない」という人が 35.9％と他に
比べて非常に高いという特徴が見られる。男女間では、メディア利用に有意
な差は確認できなかった。

　以上3国のサーミ集住地域におけるサーミ・メディアの利用状況を見てき
たが、そこで明らかになった点は以下のとおりである。第1に、活字メディ
アよりも放送メディア、ラジオよりもテレビの方が利用されている傾向にあ
る。ただし、ノルウェーとフィンランドの保護者や教員とスウェーデンの
サーミ教育センターの学生 (寮生) のラジオ利用率はきわめて高く、テレビの
利用率を上回る場合も見られた。第2に、活字メディアがある国はその利用
率が比較的高い点である。ノルウェーでは Ávvir が 50.8％、Š が 39.6％、ス
ウェーデンでは Samefolket が 33.9％と、いずれも 3～5割の人が利用して
いる。活字メディアの存在意義も決して小さくない。これに対して、活字メ
ディアが少ないフィンランドは、ローカル紙に掲載されるサーミ語の記事を
読むという人が 13.7％にとどまっている。第3に、どの国もサーミ語方言
では北サーミ語を使用する人が圧倒的に多いが、北サーミ語が用いられてい
る活字メディアが国境を越えて読者を獲得することは難しい状況にある。自
国以外で発行された雑誌や新聞を利用している人の比率はきわめて低い。第
4に、年齢的には、10代、20代・30代よりも 40代・50代、60代以上の
方が、ほとんどのメディアで利用率が高く、年齢階層によるメディア接触
の違いは大きい。「どれも利用しない」という人は 10代・20代の若者に多
い。第5に、ただし、ノルウェーでは Š、スウェーデンでは Nuorat が 10代、
20代層の読者を獲得することに成功している。若者のメディア利用が低調
な中で、これらの雑誌が、若者がサーミ文化に触れる大きな契機となってい
ることがわかる。第6に、性別の利用状況の違いはノルウェーでのみ見られ
た。ノルウェーでは女性の方が活字メディアに親しんでいることが確認され
た

第2節　国際郵送調査結果から見えてくる利用者像

第1項　サーミ集住地域とサーミ集住地域以外の利用状況

第3部　サーミの生活・意識と教育　293

　次に、2014年にスウェーデンで行った国際郵送調査結果を用いて、サーミ集住地域居住者とサーミ集住地域以外居住者の比較を試みる。回答者の内訳は、サーミ地域居住者82人、サーミ地域以外居住者245人（海外居住

表12-4　居住地×男女比

単位：人、％

		男性	女性	計
実数	サーミ地域居住	37	45	82
	サーミ地域以外居住	123	122	245
	計	160	167	327
比率	サーミ地域居住	45.1	54.9	100.0
	サーミ地域以外居住	50.2	49.8	100.0
	計	48.9	51.1	100.0

資料：国際郵送調査（2014）より作成

表12-5　居住地×年齢階層

単位：人、％

		青年	壮年	老年	計
実数	サーミ地域居住	12	35	33	80
	サーミ地域以外居住	41	98	98	237
	計	53	133	131	317
比率	サーミ地域居住	15.0	43.8	41.3	100.0
	サーミ地域以外居住	17.3	41.4	41.4	100.0
	計	16.7	42.0	41.3	100.0

資料：国際郵送調査（2014）より作成

表12-6　居住地×使用言語（MA）、居住地×使用の可否

単位：人、％

		北サーミ語	ルレ・サーミ語	南サーミ語	その他	サーミ語できる	サーミ語できない	回答者数
実数	サーミ地域居住	54	21	2	2	54	24	78
	サーミ地域以外居住	105	13	50	6	105	133	238
	計	159	34	52	8	159	157	316
比率	サーミ地域居住	69.2	26.9	2.6	2.6	69.2	30.8	100.0
	サーミ地域以外居住	44.1	5.5	21.0	2.5	44.1	55.9	100.0
	計	50.3	10.8	16.5	2.5	50.3	49.7	100.0

資料：国際郵送調査（2014）より作成

294 第12章 サーミ・メディアの利用者像と情報発信に対する評価

者1名は除く）である。まず、サーミ地域居住者とサーミ地域以外居住者の属性について確認しておく。男女比を見ると（**表12-4**）、サーミ地域は男性45.1％、女性54.9％、サーミ地域以外は男性50.2％、女性49.8％となった。年齢階層別には（**表12-5**）、青年（20, 30代）が20％弱、壮年（40, 50代）と老年（60代以上）がそれぞれ40％強となっている。性別と年齢階層に関しては、カイ二乗検定の結果において、サーミ地域とサーミ地域以外の間に有意差は認められなかった。これに対してサーミ語に関しては（**表12-6**）、すべてにおいて1％の水準で有意な差が認められた。サーミ語ができる人はサーミ地域では69.2％を占めるのに対して、サーミ地域以外では44.1％にとどまった。したがって、サーミ地域とサーミ地域以外の違いは、性別や年齢階層ではなく、使用可能言語の違いに端的に表れているということである。また、北サーミ語とルレ・サーミ語はサーミ地域居住者に多いのに対して、南サーミ語はサーミ地域以外居住者に多いという特徴が見てとれる。使用言語が南サーミ語という人は、サーミ地域は2人に対して、サーミ地域以外が50人という結果となった[2]。

　以上の特徴をふまえ、**表12-7**で居住地別にサーミ・メディアの利用状況を見てみる。その結果、すべてのメディアにおいてサーミ地域の方がサーミ地域以外よりも利用率が高い結果となった。なかでも明確な有意差が認められるのはサーミラジオ（1％水準）で、次いでウェブラジオ（5％水準）である。やはりラジオは耳だけが頼りなので、サーミ語ができる人が多いサーミ地域の方が利用率が高くなったと考えられる。これに対して、Samefolket、Š、テレビは有意差が認められず、これらは相対的にサーミ地域に限定されない性格を持つメディアと見ることができる。

　表12-8は、居住地ごとに男女別にサーミ・メディアの利用状況を示したものである。その結果、男女別の利用状況には、ほとんど有意差が認められなかった。唯一、サーミ地域以外でSamefolketの利用状況に有意差（5％水準）が見られた。Samefolketは社会問題を取り上げた硬派の雑誌であるが、女性が27.6％、男性16.8％と女性の読者が多くなっている。第5章で見たように、ノルウェーのサーミ語の新聞Ávvirのおもな読者は30代の女性であったことを考えると、北欧では活字メディアに対して女性の方が親和性が高い

第3部　サーミの生活・意識と教育　295

表12-7　居住地別サーミ・メディアの利用状況

	実数（人）			比率（%）			χ^2 検定結果
	サーミ地域居住	サーミ地域以外居住	計	サーミ地域居住	サーミ地域以外居住	計	
サーミラジオ	34	42	76	41.5	17.3	23.4	***
ウェブラジオ	15	21	36	18.3	8.6	11.1	*
テレビ	60	155	215	73.2	63.8	66.2	n.s.
文字テレビ	9	25	34	11.0	10.3	10.5	n.s.
Ávvir	0	0	0	0	0	0	
Samefolke	27	54	81	32.9	22.2	24.9	n.s.
Nuorat	6	11	17	7.3	4.5	5.2	n.s.
Š	2	1	3	2.4	0.4	0.9	n.s.
その他	7	25	32	8.5	10.3	9.8	n.s.
利用しない	9	57	66	11.0	23.5	20.3	*
回答者数	82	243	325				

注）サーミ地域以外居住者から海外居住者1名を除いている。
　*** は p＜.001、** は p＜.01、* は p＜.05、n.s. は非有意を示す。
資料：国際郵送調査 (2014) より作成

表12-8　居住地別・性別のサーミ・メディアの利用状況

単位：%

	サーミ地域				サーミ地域以外			
	男性	女性	計	χ^2 検定結果	男性	女性	計	χ^2 検定結果
ラジオ（P2チャンネル）	37.8	44.4	41.5	n.s.	18.4	17.9	18.1	n.s.
ウェブラジオ	18.9	17.8	18.3	n.s.	8.8	9.8	9.3	n.s.
テレビ（Oddasat）	78.4	68.9	73.2	n.s.	67.2	61.8	64.5	n.s.
文字放送（textTV）	16.2	6.7	11.0	n.s.	13.6	7.3	10.5	n.s.
Samefolket	32.4	33.3	32.9	n.s.	16.8	27.6	22.2	*
Nuorat	8.1	6.7	7.3	n.s.	2.4	7.3	4.8	n.s.
Š	0.0	4.4	2.4	n.s.	0.0	0.8	0.4	n.s.
どれも利用していない	2.7	17.8	11.0	*	20.0	26.0	23.0	n.s.
回答者数（人）	37	45	82		125	123	248	

注）* は p＜.05、n.s. は非有意を示す。
資料：実態調査、および国際郵送調査より作成

296　第12章　サーミ・メディアの利用者像と情報発信に対する評価

表12-9　居住地別・年齢階層別のサーミ・メディアの利用状況

単位：%

	サーミ地域					サーミ地域以外				
	青年	壮年	老年	計	χ^2検定結果	青年	壮年	老年	計	χ^2検定結果
ラジオ（P2チャンネル）	41.7	45.7	39.4	42.5	n.s.	9.3	14.4	24.8	17.8	*
ウェブラジオ	33.3	20.0	12.1	18.8	n.s.	9.3	10.3	8.9	9.5	n.s.
テレビ（Oddasat）	58.3	71.4	81.8	73.8	n.s.	41.9	64.9	73.3	64.3	**
文字放送（textTV）	0.0	11.4	15.2	11.3	n.s.	4.7	7.2	15.8	10.4	n.s.
Samefolket	33.3	28.6	39.4	33.8	n.s.	16.3	22.7	23.8	22.0	n.s.
Nuorat	25.0	5.7	3.0	7.5	*	9.3	6.2	2.0	5.0	n.s.
Š	0.0	0.0	6.1	2.5	n.s.	0.0	1.0	0.0	0.4	n.s.
どれも利用していない	8.3	14.3	6.1	10.0	n.s.	37.2	26.8	13.9	23.2	**
回答者数（人）	12	35	33	80		43	97	101	241	

注）** は p＜.01、* は p＜.05、n.s. は非有意を示す。
資料：実態調査、および国際郵送調査より作成

　傾向が見られる。女性の学歴の方が高いこととも関連していると考えられる。
　表12-9 は、居住地ごとに年齢階層別にサーミ・メディアの利用状況を示したものである。サーミ地域の場合は、年齢階層別の違いはそれほど大きくない。ラジオは老年になるほど、ウェブラジオは青年になるほど、それぞれ利用率が高くなる傾向が見られるが、明確な有意差を示すのは Nuorat のみである。若者向け雑誌だけに Nuorat は青年層で 25.0% と高くなっている。これに対して、サーミ地域以外の場合は、テレビ（1％水準）とラジオ（5％水準）で有意な差が認められた。いずれも青年層→壮年層→老年層の順で、利用率が高くなっており、とくにテレビは老年層にあってはサーミ地域以外でも利用率が 73.3％ と高い。一方で、このことはおもに青年層の利用率が低いことからもたらされた結果でもある。とくにラジオの利用率はサーミ地域以外の青年層で 9.3％ と 1 割を切っている。「どれも利用しない」も 1％水準で有意差を示すが、青年層が 37.2％ ときわめて高い比率を示している。サーミ地域の青年層の「どれも利用しない」という比率が 8.3％ にとどまる点と対照的である。
　以上から、サーミ地域の場合、20 歳以上に関しては老若男女問わず、サー

第3部　サーミの生活・意識と教育　297

ミ・メディアの利用率は高いことが指摘できる。利用率が高いのはテレビ、サーミラジオ、Samefolket であるが、どれも性別、年齢階層別の有意差は認められなかった。「どれも利用しない」という人は 10.0％で、青年層も含め利用率は高い点が特徴である。それに対して、サーミ地域以外の場合は、とりわけサーミラジオとウェブラジオの利用率がサーミ地域と比較して低かった。とくに青年層の利用率の低さが目立ち、「どれも利用しない人」の割合が 4 割近くに達しており、サーミ・メディアからの情報が届いていない人がサーミ地域以外の青年層に多いことがわかる。

第2項　メディア特性と利用者像

　次に、視点を変えて利用者から見たメディア特性を明らかにすることを通じて利用者像に迫ってみたい。ここでは、サーミラジオ、ウェブラジオ、サーミテレビ、Samefolket、Nuorat の 5 つを取り上げ、それぞれのメディアが、①性別、②年齢階層、③サーミ語能力、④サーミ経験度、⑤サーミ地域出身、⑥サーミ地域居住、⑦サーミ現在意識、⑧サーミ将来意識とどのような関係にあるかを考察していく。④の「サーミ経験度」とは、ⅰ）サーミ語を話せるかどうか（話せる 2 点、話せない 0 点）、ⅱ）子どもの時にサーミの伝統文化を体験したかどうか（体験あり 2 点、経験なし 0 点）、ⅲ）トナカイ飼育の経験があるかどうか（現在飼っている 2 点、飼っていた 1 点、飼っていない 0 点）で点数化したものである。6 点に近いほど「サーミ経験度」が高いことを意味している。⑦の「サーミ現在意識」とは、「自身をサーミとして意識することはあるか」という質問の回答結果を用いている。その意識の強弱とサーミ・メディアの利用状況の関連を見たものである。⑧の「サーミ将来意識」では、今後の生き方の志向性とサーミ・メディアの利用状況の関連を見ている。選択肢は、1．サーミとして積極的に生活したい、2．とくに民族を意識せずに生活したい、3．極力サーミであることを知られずに生活したい、という 3 つである。

　表 12-10 は、サーミラジオと 8 つの項目それぞれの関係について見たものである。サーミラジオの利用者は性別や年齢階層との間に有意な差は見られないが、サーミ語能力、サーミ経験度、サーミ地域出身、サーミ地域居住、

298　第 12 章　サーミ・メディアの利用者像と情報発信に対する評価

表 12-10　　サーミラジオの特性

		利用する	利用しない	計	回答者数	χ^2 検定結果
性別	男性	22.7%	77.3%	100%	163 人	n.s
	女性	25.0	75.0	100.0	168	
年齢階層	青年	16.4	83.6	100.0	55	
	壮年	22.7	77.3	100.0	132	n.s
	老年	28.1	71.9	100.0	135	
サーミ語能力	できる	38.8	61.3	100.0	160	***
	できない	8.6	91.4	100.0	162	
サーミ経験度	高位（5,6 点）	47.0	53.0	100.0	100	
	中位（2～4 点）	12.3	87.7	100.0	138	***
	低位（0,1 点）	5.1	94.9	100.0	59	
サーミ地域出身	サーミ地域	35.0	65.0	100.0	123	***
	サーミ地域外	15.8	84.2	100.0	196	
サーミ地域居住	サーミ地域	41.5	58.5	100.0	82	***
	サーミ地域外	17.3	82.7	100.0	243	
サーミ現在意識	常に意識している	33.2	66.8	100.0	208	
	意識することが多い	10.8	89.2	100.0	74	***
	時々意識する	4.8	95.2	100.0	42	
	まったく意識しない	0.0	100.0	100.0	5	
サーミ将来意識	積極的に生活する	33.3	66.7	100.0	216	
	意識せず生活する	4.7	95.3	100.0	86	***
	知られずに生活する	25.0	75.0	100.0	4	

注）*** は p ＜ .001、n.s. は非有意を示す。
資料：国際郵送調査（2014）より作成

　サーミ現在意識、サーミ将来意識との間には、0.1％の水準で有意な差が認められる。なかでもサーミ地域出身、サーミ地域居住とこれほど明確な有意差を示すメディアは他にはなく、サーミラジオに固有の特徴と見ることができる。
　ウェブラジオ、サーミテレビ、Samefolket、Nuorat については、紙幅の関係から有意な差が見られた項目だけを取り出して掲載した（**表 12-11**）。ウェブラジオについては、同じラジオであってもサーミラジオとは非常に異なる特性が見られる。ウェブラジオは、性別、年齢階層のほか、サーミ語やサー

表 12-11　各サーミ・メディアの特性

			利用する	利用しない	計	回答者数	χ^2 検定結果
ウェブラジオ	サーミ経験度	高位（5,6 点）	19.0%	81.0%	100.0%	100 人	
		中位（2〜4 点）	9.4	90.6	100.0	138	*
		低位（0,1 点）	6.8	93.2	100.0	59	
	サーミ現在意識	常に意識している	16.3	83.7	100.0	208	
		意識することが多い	2.7	97.3	100.0	74	**
		時々意識する	4.8	95.2	100.0	42	
		まったく意識しない	0.0	100.0	100.0	5	
	サーミ将来意識	積極的に生活する	15.7	84.3	100.0	216	
		意識せず生活する	2.3	97.7	100.0	86	*
		知られずに生活する	0.0	100.0	100.0	4	
サーミテレビ	年齢階層	青年	45.5	54.5	100.0	55	
		壮年	66.7	33.3	100.0	132	**
		老年	74.8	25.2	100.0	135	
	サーミ語能力	できる	75.6	24.4	100.0	160	***
		できない	56.8	43.2	100.0	162	
	サーミ経験度	高位（5,6 点）	81.0	19.0	100.0	100	
		中位（2〜4 点）	63.8	36.2	100.0	138	***
		低位（0,1 点）	44.1	55.9	100.0	59	
	サーミ現在意識	常に意識している	72.6	27.4	100.0	208	
		意識することが多い	58.1	41.9	100.0	74	**
		時々意識する	54.8	45.2	100.0	42	
		まったく意識しない	20.0	80.0	100.0	5	
	サーミ将来意識	積極的に生活する	74.1	25.9	100.0	216	
		意識せず生活する	51.2	48.8	100.0	86	**
		知られずに生活する	50.0	50.0	100.0	4	
Samefolke	サーミ語能力	できる	38.3	61.9	100.0	160	***
		できない	13.0	87.0	100.0	162	
	サーミ経験度	高位（5,6 点）	47.0	53.0	100.0	100	
		中位（2〜4 点）	20.3	79.7	100.0	138	***
		低位（0,1 点）	3.4	96.6	100.0	59	
	サーミ現在意識	常に意識している	33.2	66.8	100.0	208	
		意識することが多い	13.5	86.5	100.0	71	***
		時々意識する	4.8	95.2	42.0	42	
		まったく意識しない	20.0	80.0	100.0	5	
	サーミ将来意識	積極的に生活する	33.8	66.2	100.0	216	
		意識せず生活する	5.8	94.2	100.0	86	***
		知られずに生活する	25.0	75.0	100.0	4	
Nuorat	年齢階層	青年	12.7	87.3	100.0	55	
		壮年	6.1	93.9	100.0	132	*
		老年	2.2	97.8	100.0	135	
	サーミ語能力	できる	10.6	89.4	100.0	160	***
		できない	0.6	99.4	100.0	162	
	サーミ経験度	高位（5,6 点）	14.0	86.0	100.0	100	
		中位（2〜4 点）	2.2	97.8	100.0	138	***
		低位（0,1 点）	1.7	98.3	100.0	59	
	サーミ現在意識	常に意識している	8.7	91.3	100	208	
		意識することが多い	0.0	100.0	100.0	74	*
		時々意識する	0.0	100.0	100.0	42	
		まったく意識しない	0.0	100.0	100.0	5	
	サーミ将来意識	積極的に生活する	7.4	92.8	100.0	216	
		意識せず生活する	0	100.0	100.0	86	*
		知られずに生活する	25.0	75.0	100.0	4	

注）*** は p ＜ .001、** は p ＜ .01、* は p ＜ .05 を示す。
資料：国際郵送調査（2014）より作成

ミ居住地、サーミ出身地との間に有意な差は見られない。明確な有意差が認められるのは、サーミ現在意識（1％水準）とサーミ将来意識（5％水準）、サーミ経験度（5％水準）の3つである。つねに「サーミである」という意識をもち、これから先も「サーミとして積極的に生活したい」と考えている人のなかにウェブラジオのリスナーが多いということである。サーミ経験度の有意差も他のメディアに比べると相対的に弱く、これまでの経験は少ないが、今後はサーミにこだわって生きたいという層を引きつける可能性を持つメディアといえる。

　次いでサーミテレビについて見ると、性別、出身地域、居住地域との間には有意差は見られず、サーミ語能力やサーミ経験度（以上0.1％水準）、年齢階層、サーミ現在意識、サーミ将来意識（以上1％水準）で有意差が確認された。とくにサーミテレビの場合、年齢階層との間に有意な関係があり、青年層（45.5％）→壮年層（66.7％）→老年層（74.8％）になるに従って利用する人の比率が高まる。とくに老年層は4人に3人が利用していることになる。15分のニュース番組は、地域を越えて、とくに高齢層に親しまれていることがわかる。

　活字メディアはどうであろうか。Samefolket は、年齢階層と出身地域、居住地域との間に有意な関係は見出せない。それに対して、サーミ語能力、サーミ経験度、サーミ現在意識、サーミ将来意識との間には0.1％の水準で有意な関係が見られる。

　もう1つの雑誌 Nuorat は若者向けの雑誌である。性別、出身地域、居住地域との間には有意な関係はなく、サーミ語能力とは0.1％の水準で、サーミ経験度とは1％水準で、さらには年齢階層、サーミ現在意識、サーミ将来意識との関係でも5％水準で有意差が認められる。このメディアの特徴は、やはり若者向けということもあり、年齢階層との関係で有意差がある点である。また、Nuorat の利用者とサーミ現在意識やサーミ将来意識の間に有意差が認められるということは、サーミとして積極的に生きたいという意識に Nuorat が何らかの影響を及ぼしていることが推測される。

　こうして見てくると改めてメディア間に明確な違いがあることが確認できる。サーミラジオは、「サーミであること」と最も強く関係するメディアで

あるといえる。とくに他のメディアとは異なり、サーミ地域との関係が強いという特徴があり、地域性が明確なメディアである。サーミラジオは公共放送で、全国で聴くことができるが、聴取者はサーミ地域に関わりがある人が多くなっている。

　一方、テレビと雑誌は似た傾向を示す。サーミ語能力、サーミ経験度、サーミ現在意識、サーミ将来意識とは有意性を示すが、サーミ地域に限定されないメディアである。また、サーミ・メディアは、全体的に性別や年齢階層との間に有意差が認められないという特徴があるが、テレビは高齢者ほど（1％水準）、Nuorat は若者ほど（5％水準）利用率が有意に高いことが確認できる。

　これらのメディアに対して、ウェブラジオは他のメディアに比べると有意差を示すものが少ないが、サーミ現在意識、サーミ将来意識の強い人の利用が多いという傾向が見える。サーミ語との間に有意な関係がない点も特徴的で、サーミ経験度との関連も相対的に弱くそこに新たな可能性を見ることもできる。

第3節　情報発信に対する評価

　最後に、対外的機能については、外部に対する情報発信をどう評価しているかという点から見ていく。その際、本節では、これまでの利用者像をふまえて、サーミ・メディアの利用程度を、利用しているサーミ・メディアの数から3段階に分けて見ていく。すなわち、サーミ・メディアの全選択肢のなかから5個以上を選んだ利用程度の高い人を「高」、3、4個選んだ人を「中」、1、2個選んだ人を「低」とした[3]。利用程度を見る場合、メディアの数だけではなく、利用頻度、利用時間なども考慮する必要があるが、今回の調査では、利用頻度や利用時間についての質問を行っていないため、ここでは利用するメディアの数を用いることにした。なお、情報発信については、2012年のスウェーデン調査（教育機関関係調査）の項目には入っていなかったので、スウェーデンに関しては国際郵送調査のデータを用いる。また、ノルウェーの基礎学校の生徒とフィンランドのイナリ中学校の生徒に対してもこの設問は行われていないため、それらは除いている。

302 第12章 サーミ・メディアの利用者像と情報発信に対する評価

表12-12 各国のサーミ・メディアの利用程度と情報発信への評価

利用程度	利用の程度				情報発信に対する評価					計
	高	中	低	利用しない	十分に行われている	まあまあ行われている	あまり行われていない	まったく不十分である	わからない	
ノルウェー	59	49	31	24	8	28	78	33	16	163 人
	36.2	30.1	19.0	14.7	4.9	17.2	47.9	20.2	9.8	100.0%
スウェーデン	7	62	196	66	6	67	101	72	85	331 人
	2.1	18.7	59.2	19.9	1.8	20.2	30.5	21.8	25.7	100.0%
フィンランド	4	10	35	15	4	19	26	6	9	64 人
	6.3	15.6	54.7	23.4	6.3	29.7	40.6	9.4	14.1	100.0%
計	70	121	262	105	18	114	205	111	110	558 人
	12.5	21.7	47.0	18.8	3.2	20.4	36.7	19.9	19.7	100.0%

資料：実態調査、及びスウェーデン国際郵送調査（2014）より作成

　まず**表12-12**で、3国の回答者の利用程度の分布の特徴を確認しておく。
ノルウェーの回答者の利用程度が「高」という比率が36.2％と高くなってい
る。ノルウェーのサーミ集住地域に居住する人々の生活のなかにサーミ・メ
ディアが浸透していることがわかる。スウェーデンとフィンランドでは「高」
はそれぞれ2.1％（サーミ地域のみ 6.1％）、6.3％と少なく、「低」がそれぞれ
59.2％、54.7％と多くなっている。両国とも、ノルウェーに比べると活字メ
ディアの選択肢が限られている点が影響していると考えられる。

　情報発信に対する評価を3国全体で見ると、「わからない」という人が
19.7％を占めており、「十分行われている」3.2％、「まあまあ行われている」
20.4％と肯定的な評価は4分の1程度である。一方、「まったく不十分であ
る」19.9％、「あまり行われていない」36.7％と否定的に評価する人は56.6％
に達している。全体的には、「情報発信は十分にされていない」と考える人
が多い。情報発信に対する評価と利用程度を国ごとにクロスして見たのが
表12-13である。まず、各国の全体的傾向を比較すると、「まったく不十
分である」と「あまり行われていない」という否定的な意見は、ノルウェー
が68.1％（20.2％＋47.9％）と最も高く、次いでスウェーデン52.3％（21.8％＋
30.5％）、フィンランドが50.0％（9.4％＋40.6％）である。

　これを国別に利用程度とクロスしてみると、ノルウェーとスウェーデンに

第3部　サーミの生活・意識と教育　　303

表12-13　サーミ・メディアの利用程度別情報発信への評価

	利用程度	十分に行われている	まあまあ行われている	あまり行われていない	まったく不十分である	わからない	計（%）	回答者数（人）
ノルウェー	高	0.0	11.9	57.6	27.1	3.4	100.0	59
	中	4.1	14.3	53.1	24.5	4.1	100.0	49
	低	3.2	32.3	41.9	6.5	16.1	100.0	31
	利用しない	20.8	16.7	20.8	12.5	29.2	100.0	24
	計	4.9	17.2	47.9	20.2	9.8	100.0	163
スウェーデン	高	0.0	0.0	28.6	57.1	14.3	100.0	7
	中	0.0	17.7	48.4	32.3	1.6	100.0	62
	低	3.1	23.5	30.1	20.9	22.4	100.0	196
	利用しない	0.0	15.2	15.2	10.6	59.1	100.0	66
	計	1.8	20.2	30.5	21.8	25.7	100.0	331
フィンランド	高	0.0	50.0	25.0	0.0	25.0	100.0	4
	中	10.0	30.0	50.0	10.0	0.0	100.0	10
	低	2.9	34.3	45.7	8.6	8.6	100.0	35
	利用しない	13.3	13.3	26.7	13.3	33.3	100.0	15
	計	6.3	29.7	40.6	9.4	14.1	100.0	64

注）ノルウェー p<.001、スウェーデン p<.001、フィンランド n.s
　　高：利用メディア5個以上、中：3、4個、低：1、2個
資料：国際郵送調査（2014）より作成

　関しては、0.1%水準で有意差が確認された。すなわち、利用程度が高いほど、「情報発信が十分に行われていない」と厳しく評価する傾向が顕著に見られるのである。これに対して、フィンランドについては有意差が認められなかった。この結果をどう理解したらいいのであろうか。両者の違いは活字メディアの有無である。つまり、ノルウェーとスウェーデンには放送メディアと活字メディアが存在し、サーミ・メディアへアクセスするチャンスが多いゆえに、利用程度が高い人たちは、自らが置かれた状況を相対化し、外部に対する批判の目を養っていると解釈できないだろうか。これは、先住民族としての意識の形成にとってメディアの存在が大きいことを物語っていると考えられる。

第4節　まとめ

　以上、サーミ・メディアの対内的機能については、メディアの利用状況と

304 第12章 サーミ・メディアの利用者像と情報発信に対する評価

メディア特性から見る利用者像の２つの点から、サーミ・メディアの対外的機能については、情報発信に対する評価から見てきた。以下では、対内的機能と対外的機能という視点からまとめを行う。

まず、内部的には、どの国も８、９割の人が何らかのサーミ・メディアを利用しており、サーミの生活のなかにサーミ・メディアが定着していると見ることができる。とくにサーミテレビの利用者は、サーミ地域以外居住者でも利用率が64.3％と群を抜いて高く、老年層に至っては73.3％が利用している。国境を越えて情報を共有する上でサーミテレビが果たしている役割は大きい。テレビは、サーミ語の放送に各国の多数派が使う公用語の字幕が付けられているため、サーミ語ができなくても理解できることが影響していると思われる。

それに対して、サーミラジオはきわめてサーミ地域と密着したメディアであることが明らかになった。サーミラジオはトナカイの移動の際に必須のメディアとして機能してきたこと、および耳だけで情報を収集するメディアなのでサーミ語が理解できる人が多いサーミ地域との関連が強くなるためと考えられる。サーミラジオは、サーミ地域では年齢階層に関係なく４割ほどの人が利用しているが、サーミ地域以外では利用率は低く、とくに青年層では9.3％と低利用状況にある。したがって、サーミラジオは北欧３国のサーミ地域に住む人たちにとっては、国境を越えた情報共有のツールとなっているが、サーミ地域以外に住む人との間ではその機能はあまり期待できない。

活字メディアに関しては、複数の活字メディアを持つノルウェーやスウェーデンのサーミ地域で３～５割の人が利用しており、スウェーデンに関してはサーミ地域以外でも２割強の利用率となっている。したがって、活字メディアは自国内のサーミ地域以外にも広がりを持つメディアといえる。とくに雑誌はサーミ語以外の公用語の記事も掲載しており、サーミ語が堪能でない人たちも楽しめる紙面づくりの工夫がされていることが影響している。ただし、活字メディアは国境を越えて読者を獲得することはできておらず、国境を越えたアイデンティティの形成には十分に役割を果せてはいない。

以上から、サーミラジオ、サーミテレビ、新聞・雑誌の影響圏を図示すると図12-1のようになる。国別、居住地域別にサーミ・メディアの果たして

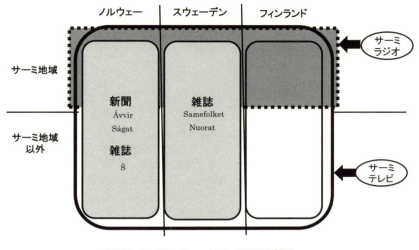

図12-1　サーミ・メディアの影響圏

いる役割は異なっていることがわかる。

　また、サーミ・メディアの利用は、老年層ほど高く、壮年層、青年層になるに従って、利用率が低下する傾向が見られた。そのなかで、Š や Nuorat などの若者向けの雑誌は、10代を中心に読まれており、若者の間にサーミとしてのアイデンティティを形成するという点で一定の役割を担っている。また、ウェブラジオはサーミ語やサーミ居住地との有意差は認められず、今後青年層への浸透が期待されるメディアと見ることができる。

　一方、メディアの外部的機能についてはどうであろうか。外部に対する情報発信という点に関しては、全体では約6割が、情報発信は十分にされていないと評価していた。とくにサーミ・メディアが豊富なノルウェーとスウェーデンでは、メディアの利用程度が高い人ほど、現実を厳しく評価していることが見てとれた。わが国の現状と比較すれば、サーミが所有する、あるいは利用できるメディアは格段に充実しているが、それでもなお外部に対する情報発信は決して十分ではないと評価されているのである。しかし、活字メディアがほとんどないフィンランドにそうした傾向が見られないことを考えると、サーミ・メディアを利用することが先住民族としての自覚を高める方向に作用しているといえるかもしれない。

306　第 12 章　サーミ・メディアの利用者像と情報発信に対する評価

いずれにせよ、サーミ・メディアの存在は、外部社会に対して彼／彼女ら
を可視化することにはある程度成功しているが、主流社会のステレオタイプ
な理解を覆すまでには至っていないと考えられていることがわかる。

注

1　フィンランドでは、チャンネル Yle TV 1 でフィンランド独自のサーミ語の
　ニュース番組（5 分間）を、Yle Fem で北欧 3 国共通のサーミ語のニュース番組
　（15 分間）を放送している。詳しくは、第 5 章第 3 節参照のこと。
2　紙幅の関係で割愛したが、使用できる言語が南サーミ語である者は、北サーミ
　語やルレ・サーミ語である者よりもサーミ・メディアの利用率が低いことが明ら
　かになっている。詳しくは、小内純子（2015b）を参照のこと。
3　フィンランド調査では、サーミ・メディアの選択肢として、テレビに関して、チャ
　ンネル Yle TV 1 と Yle Fem のサーミニュース、およびサーミ語の子ども番組の
　3 つを設定したが、3 国の比較を行う場合、他の 2 国と整合性を持たせるために、
　サーミテレビは 3 つのどれを選んでも 1 つとしてカウントしている。

第4部

結　論

終　章

北欧サーミの復権の現状と意義

小内　透

　本書では、北欧のノルウェー、スウェーデン、フィンランドに居住する先住民族・サーミを対象にして、先住民族の復権の現状と課題を明らかにしてきた。最後に、本書で明らかになったことをまとめ、それをふまえて、先住民族の復権をめぐるいくつかの論点について検討することにより、本書のまとめとする。

第1節　サーミ社会の機構的システム

第1項　政治機構としてのサーミ議会

　北欧3か国のサーミは、近代において、同化や抑圧の対象となった。しかし、第二次世界大戦以降、復権の取り組みが始められ、世界の先住民族運動とアルタダム建設反対運動を背景に、1980年代以降、先住民族としての権利の回復と拡大が進んできた。その結果、サーミ社会はそれぞれが属する国家の内部に、独自の諸機関・諸機構を持つようになっている。

　まず、各国において1990年前後にサーミ議会が成立している(第2章)。サーミ議会は、サーミによるサーミのための政治機構である。しかし、各国のサーミ政策の違いにより、議会の位置づけと役割、予算規模、権限の範囲は異なっている。3か国のなかでは、ノルウェーのサーミ議会が最も位置づけが明確で役割も大きい。他の2つのサーミ議会がサーミ語やサーミ文化の保護を主要な役割とした文化的な自治の担い手であるのに対し、ノルウェーのサーミ議会は、サーミ語やサーミ文化にとどまらず、サーミ教育やサーミの産業、メディア、スポーツ、健康の支援等、幅広い権限を持っている。その

ため、国から配分される予算の規模も格段に大きい。その背景に、ノルウェーが３か国のなかで唯一、ILO 第 169 号条約を批准しているという事実がある。

ILO 第 169 号条約を批准していることもあり、ノルウェーではフィンマルク地方の土地の利用・管理に関して、サーミ議会やサーミの人々が大きく関与する仕組みが作られている（第３章）。それまで国の機関が所有・管理していたフィンマルクの土地が、フィンマルク法（2005 年制定）により 2008 年に設立されたフィンマルク土地管理公社に委譲され、サーミ議会、県議会から選出されたメンバーからなる理事会がフィンマルク土地管理公社を運営する形になった。サーミのホームランドの土地や天然資源に関して、先住民族としてのサーミが自ら管理の一翼を担える仕組みが構築されるまでになっている。

一方、スウェーデンやフィンランドには、フィンマルク土地管理公社のような機関は存在しない。それだけでなく、スウェーデンのサーミ議会は、ノルウェー・サーミ議会の約半分の予算規模しかなく、３か国のサーミ議会のうち、唯一、専用の会議場を持っていない。そのため、サーミ議会の総会はサーミ地域４か所の持ち回りで開催される形をとっている。フィンランドのサーミ議会は、他のサーミ議会と比べ、はるかに予算規模が小さい。その上、近年、サーミ議会の選挙権をめぐって、国の最高行政裁判所がサーミ議会とは異なる独自の判断を下し、サーミのメンバーシップの判断に関する自己決定権が揺らぐ事態も生じている。

財源が保障されたサーミ議会という自治的な政治機構の存在は、先住民族にとってきわめて重要な意味を持っている。しかし、先住民族の権利拡大を目指すとすれば、政治機構としての議会を持つだけでなく、その位置づけと役割、予算規模、権限の範囲を議論することが必要不可欠となる。

この点で、３か国のサーミ議会が、サーミ議会連盟という国を越えた政治機構を形成していることは重要な意義を持っている。国ごとに異なるサーミ政策を乗り越えて、サーミの権利を拡大する上で、大きな役割を果たす可能性を持っている。サーミ議会連盟を通じて、他国のサーミ政策の現状や課題が共有され、国を越えたサーミ政策の構築を目指すことも可能になる。これまでも、北サーミ語の統一正書法、サーミの国旗や国歌などの策定にあたっ

て、各国のサーミ団体からなるサーミ評議会が大きな役割を果たしてきた。同様な役割をサーミ議会連盟が果たすことになる。近年、サーミ議会連盟は北欧サーミ条約の制定に力を入れてきた。北欧サーミ条約の原案には、ILO第169号条約を越える内容も盛り込まれており、条約の締結はスウェーデンやフィンランドのサーミやサーミ議会のあり方を大きく変える可能性を持っている。それだけに、各国の政府は北欧サーミ条約の締結には慎重であり、条約をめぐるバックラッシュの動きも生み出されている (序章)[1]。

第2項 サーミの教育機構

　各国のサーミ社会には、政治機構だけでなく、サーミ独自の教育機関や教育機構も生まれている (第4章)。ノルウェーのサーミ高校やスウェーデンのサーミ学校がその典型である。両者とも、一般の学校と異なり、国立の学校となっている。前者はサーミに限定されていないものの、サーミ語での教育が受けられ、サーミ文化の教育も提供される。後者は、かつての分離政策をもとにしたノマド学校を前身にしていることもあり、生徒はサーミに限定される。

　しかも、両国とも、これ以外にも、就学前教育、初等中等教育やポスト中等教育・高等教育のレベルで、サーミ教育を行う機関が存在している。ノルウェーでは、全国の幼稚園や初等中等教育機関において、一般のカリキュラムと並行して、同等の位置づけを与えられたサーミ・カリキュラムが設定されている。さらに、高等教育機関として、サーミ・ユニバーシティ・カレッジも存在している。したがって、ノルウェーでは、就学前教育・初等教育から高等教育までサーミ語による／サーミ語の教育が保障されるまでになっている。スウェーデンでも、サーミ学校に接続可能な職業教育機関として、サーミ教育センターが存在している。サーミ固有の高等教育機関は存在しないものの、ノルウェーのサーミ・ユニバーシティ・カレッジに進学することが可能になっている。両国ともサーミの人々、サーミ社会にとって固有の教育機構が構築されているといえる。

　これに対し、フィンランドにはサーミ独自の教育機関は存在しない。ただし、就学前教育でも初等中等教育でも、サーミ地域でのサーミ語による／

312 終 章 北欧サーミの復権の現状と意義

サーミ語の教育は、保障されている。また、サーミに限定されず広く学生を受け入れるサーミ教育専門学校が、ポスト中等教育の職業教育機関として、サーミ地域に存在している。フィンランドの場合、サーミ社会における主流言語である北サーミ語とは異なる、イナリ・サーミ語やスコルト・サーミ語を保障するための、就学前教育における言語の巣の取り組みもある。言語の巣は、先住民族の言語保障を考える上で重要である。だが、それだけでなく、イナリ・サーミ語やスコルト・サーミ語の言語の巣は、先住民族内部における少数言語の保障に関わる取り組みを意味している。

　こうして、国による違いはあるものの、サーミ社会に独自の教育機構が形成されるようになっている。ただし、サーミ教育を受けられる地域差の問題、北サーミ語中心の教育の現状、教員や教材の不足、どのようなサーミ文化を取り上げるのかという教育内容の問題、マジョリティ言語とサーミ語とのバイリンガル教育のあり方といった課題がある。

第3項　サーミの情報機構

　サーミ社会を構築する上で、政治機構、教育機構と並んで情報機構の重要性も見逃すことができない。北欧3か国では、サーミ独自の情報機関が存在し、独自の機構を形成している（第5章）。サーミ独自の情報機関として、サーミテレビやサーミラジオといった放送メディアとサーミ向けの雑誌・新聞といった活字メディアがある。放送メディアは、いずれの国でも公共放送の1部門として位置づけられると同時に、3か国での連携も実現している。これに比べ、活字メディアは国を越えた読者を獲得することも可能であるものの、実際にはそれぞれの国内で利用される傾向が強い。

　しかし、いずれのメディアも、北サーミ語を中心にしているという問題がある。同時に、最も連携のとれている放送メディアでも放送内容に関する権限はノルウェーが最も大きいという現実がある。それは、ノルウェーのサーミ・メディアが他国と比べ充実していることが背景にある。放送メディアに関しては、ノルウェーがスウェーデン、フィンランドを予算規模、スタッフ数で大きく上回り、北サーミ語を中心にした放送が展開されている。活字メディアに関しても、ノルウェーには北サーミ語を用いた複数の新聞、雑誌が

あり、新聞に対しては多額の補助金が出されている。

　これらのサーミ・メディアは、サーミ内部での情報共有と外部に対する情報発信の役割を果たしている。しかも、北欧3国では一般に「報道の自由」や「編集の自由」が保障されており、その原則は先住民族メディアにも適用されている。先住民族の自己決定権が一般原則の適用により保障されているといってよい。

　ただし、情報機関・情報機構としてのサーミ・メディアには、いくつかの課題がある。とくに、北サーミ語以外の言語に関するジャーナリストの確保が困難であり、それによってコンテンツの確保にも影響が生じている。国境を越えた連携の難しさも課題となっている。さらに、サーミ・メディアの情報発信が一部のプロフェッショナルなサーミに独占されがちになるという点も問題としなければならない。これらの課題を克服していくことがサーミ社会の情報機構を充実させる上で重要な鍵を握っている。

　サーミ文化の情報発信という点では、サーミ博物館やサーミ劇場も大きな役割を果たしている（第6章）。ノルウェー、スウェーデン、フィンランドのいずれの国にも、サーミ博物館があり、ノルウェーにはサーミ劇場もある。これらは、いずれもサーミ文化を広く一般に普及・発展させることを目的にし、サーミ自身が運営に携わっている。

　各国のサーミ博物館とサーミ劇場に共通しているのは、伝統的なサーミの文化を中心にしながらも、現代的なサーミ・アートの創造という意識が強く持たれていることである。これは、先住民族の文化の価値を考える上で、重要な論点になる。

　サーミ博物館とサーミ劇場はサーミの人々が自らのエスニック・アイデンティティを確認する上でも、大きな役割を果たしている。現代のサーミの人々のエスニック・アイデンティティは、過去の文化だけに依存しているわけではない。新たに創造されるサーミ文化のあり方によって、独自のエスニック・アイデンティティが再形成される可能性も考えられる。そこでは、現代的なサーミ・アートの内実が問われることになる。

　同時に、サーミ博物館とサーミ劇場はサーミ文化をとおしてサーミとサーミ以外の人々をつなぐ機能も果たしている。そのために、サーミと非サーミ

が共存する多文化共生社会のためのシステムとして、サーミ博物館や劇場が存在する必要がある。その際、伝統的なサーミ文化の維持・継承とともに、現代的なサーミ・アートの創造に共同で取り組むことが大きな役割を果たすことになるであろう。

第4項　諸機構の特質

　こうして、各国においてサーミ社会の様々な諸機関、諸機構が形成されている。それらは、一方で、各国のサーミの歴史やサーミ政策の違いを背景にして、国により異なった姿を示している。とくに、近代において最も強く同化政策が進められたノルウェーでは、様々な諸機関や諸機構が充実したものになっている。その結果、政治機構としてのサーミ議会、教育機関・機構としてのサーミ・カリキュラムをベースにした学校、情報機関・機構としてのサーミテレビ、サーミラジオの放送局やサーミ新聞・雑誌に関わる新聞社・出版社が独自の労働市場を形成するまでになっている。それぞれの諸機関・諸機構がサーミ地域の経済を支える機能を果たしているといってもよい。

　他方で、いくつかの機関や機構は国境を越えてその機能を果たすようになっている。サーミ議会連盟やサーミテレビ、サーミラジオはその典型である。国境を越えた機関や機構の存在は、各国のサーミのおかれた現状や課題を明確にし、事態を改善する上で大きな役割を果たす。この点で、サーミ議会連盟などが推進する北欧サーミ条約が成立すれば、とりわけスウェーデンやフィンランドのサーミにとって、大きな意義を持つ可能性がある。同時に、国境を越える諸機構を統括する組織が形成され、諸機構がシステム化される可能性もある。

第2節　サーミの労働―生活世界

　機構的システムは、人々の労働―生活世界、つまり労働や生活のあり方を枠づけ、規定する。だが同時に、機構的システムのあり方は、人々の労働―生活世界によって左右される。サーミ社会の現実を明らかにする際にも、この両面を把握することが必要になる。

　本書では、スウェーデン・サーミに対する量的調査と各国の教育機関を通

じた各種の調査に基づいて、この課題にこたえようとした。

第1項 スウェーデン・サーミの生活・意識

　スウェーデン・サーミ議会の有権者名簿を用いた量的調査をもとに分析したところ（第7章）、スウェーデンのサーミの場合、学歴や職業、所得など客観的な生活実態に関しては、スウェーデン国民の一般的な水準と大きな差が生じていたわけではなかった[2]。

　ただし、トナカイ業をおもな職業にする者が1割ほど存在し、彼らの所得水準がかなり低い点はサーミに特有の傾向であった。その際、トナカイ・サーミとそうでないサーミの間には、同じサーミであっても他の先住民族との連携のあり方に関する意識の違いが存在していた。トナカイ・サーミはそうでないサーミと比べ、他の先住民族との連携に対して消極的であった。それは、かつてスウェーデンにおいてトナカイ・サーミのみをサーミとしてきた分離政策とそれを引き継いだトナカイ・サーミに傾斜した現在のサーミ政策が背景にある。トナカイ・サーミは経済的に厳しい状況にあるため、一定の経済的補償が必要かもしれない。しかし、トナカイ・サーミに傾斜したサーミ政策に対しては、不公平感を表明する非トナカイ・サーミの意見が目についた。

　サーミの人々の生活や意識は、居住地によっても異なっていた。サーミ地域の人々はサーミ政策の重要性を認識しやすく、サーミとしての意識が高かった。所得水準もサーミ地域の人々の方が若干高かった。そのため、サーミ地域外の人々の方が「人種・民族による不公平」について、やや強く意識するようになっていた。

　サーミ語力の高さもサーミの人々の生活や意識に影響を与えていた。対象となったサーミのうち、サーミ語話者は約半数で、北サーミ語話者とそれ以外のサーミ語話者が同じ程度存在した。サーミ語話者はそうでないサーミと比べ、公務員を職業とする者が多かった。サーミ地域ではサーミ語が公用語とされており、政治・行政・教育・情報などの様々な機関がサーミ語話者のための労働市場を形成していることを物語っている。他方で、サーミ語話者はそうでないサーミと比べ、被差別経験が多いという特徴も見出せた。サーミ語を話すことが、スウェーデン語の能力の低さやサーミ性の表出につなが

り、差別の経験がもたらされがちになるということかもしれない。ただし、被差別経験が逆にサーミとしてのエスニック・アイデンティティを意識化する役割を果たす側面も見出せた。

スウェーデン・サーミの場合、トナカイ業を生業としているかどうか、居住地、サーミ語力などによって、生活や意識の多様性が生じていた。そのため、今後のサーミ政策には、サーミに共通する政策と同時に、サーミの多様性への配慮が求められるといえる。

第2項　サーミ語・サーミ文化の習得の意味

スウェーデン・サーミに見られた生活や意識の多様性は、ノルウェーやフィンランドにおいても、多かれ少なかれ、見出せるであろう。スウェーデンと異なり、トナカイ・サーミの分離政策をとっていなかったノルウェーやフィンランドでも、少なくとも居住地とサーミ語力の違いによって、生活や意識の違いが生じていることは想像にかたくない。

一方で、サーミ語やサーミ文化の習得は、サーミの多様性を縮小したり、再編したりする上で、大きな影響力を持つ。スウェーデン・サーミを事例にした調査の分析結果から考えても、少なくともサーミ語を中心にしたサーミ文化の習得は、かつての分離政策や同化政策によって生み出されたサーミ語話者とサーミ語を使えない者の分断を克服する可能性を内包している。

その点で、教育や保育を通じた、サーミ語やサーミ文化の習得は、未来のサーミ社会の担い手形成にとって、重要な意義を持っている。

なかでも、幼児期からのサーミ語の習得を目指す、言語の巣の取り組みは注目に値する（第8章）。言語の巣は、もともとニュージーランドの先住民族・マオリが開発した言語復興の取り組みである。北欧の先住民族・サーミもそれをもとに、言語の巣の取り組みを始めた。1989年のノルウェーにおけるルレ・サーミ語の言語の巣を皮切りに、スウェーデンの南サーミ語、フィンランドのイナリ・サーミ語、スコルト・サーミ語、北サーミ語などの言語の巣が開設された。なかでも、フィンランドのイナリ・サーミ語の言語の巣は成功事例とされている。

イナリ・サーミ語の言語の巣では、家庭でフィンランド語を使用していた

としても、園児が保育園にいる間は、イナリ・サーミ語しか使わない園生活を送らせている。これによって、サーミ語の習得を実現しようとしている。園児の保護者や保育者たちは、サーミ語のみでの園生活に対して、不安を持つことはない。むしろ、サーミ語を使えることは、少なくともサーミ地域では将来の仕事を確保する上で、有利になるとの考えを持っているからである。

　サーミ語やサーミ文化の習得に対する高い評価は、いずれの国にも共通しているように思える。言語の巣だけでなく、サーミ地域にあるスウェーデンのサーミ学校、ノルウェーの基礎学校、サーミ高校、フィンランドの基礎学校での調査でも、教師、保護者、生徒のいずれもがサーミ語の／による教育、サーミ文化の教育に対して、高い評価を与えていた（第9章、第10章）。イナリの基礎学校でイナリ・サーミ語やスコルト・サーミ語が学べることは、言語の巣での学びが継続できることを意味している。また、スウェーデンのサーミ教育センターの存在は、サーミの人々にとって、中等教育後のサーミ語やサーミ文化の継続的発展的な学習を保障するものとして教師や生徒から評価されている（第11章）。フィンランドのサーミ教育専門学校は必ずしもサーミの人々だけが通う場ではなく、サーミ地域に居住する人々全体にとって専門的な技術・知識を習得する場として位置づけられている。しかし、そこで学ぶ内容は、サーミ文化を基本にしたものであり、サーミ語が学習できる環境も整えられている。これに、ノルウェーのサーミ・ユニバーシティ・カレッジを含めれば、就学前教育として位置づけられる言語の巣から高等教育まで一貫した教育機構のなかで、サーミ語、サーミ文化を学ぶ機会が提供されることになる。そして、それがサーミの人々によって高く評価されていた。その背後に、サーミ文化の維持・継承という点だけでなく、少なくともサーミ地域における仕事の確保にとってサーミ語の習得が少なからぬ機能を果たすとの認識が保護者、教師、生徒に共有されていることがある。

　サーミ語やサーミ文化の習得という点では、それぞれの教育機関で教師、保護者、生徒たちの間に、教材の不足といった共通の意見がある一方で、特定教科でサーミ語を使うことの是非や教育課程に盛り込むサーミ文化の分量に対して、教師、保護者、生徒の間に微妙に異なる意見や要望があった。しかし、そうした意見や要望の違いは、サーミ地域に居住するサーミの人々に

318 終 章 北欧サーミの復権の現状と意義

とって、サーミ語やサーミ文化の習得が意義あるものだとの認識を前提にした上でのものであった。

こうした意識やそれに基づく教育は、全体として、サーミ語話者を増加させ、サーミとしてのエスニック・アイデンティティを持つ者を増加させることにつながると考えてよい。ノルウェー、スウェーデン、フィンランド、いずれの国でも、サーミ議会の有権者資格は、本人または祖父母の代までの家族がサーミ語を使っていたかということと自らがサーミであるという自認意識を持っていることが最低の共通要件となっていた。この要件が必要であるにもかかわらず、いずれの国のサーミ議会でも、サーミとして登録される有権者の数は、議会選挙が行われるごとに増加している（第2章）。また、サーミ語話者数の公的な統計があるフィンランドでは、1999年以降確実にサーミ語話者が増加するようになっている（第1章）。

サーミ語やサーミ文化の習得とサーミとしてのエスニック・アイデンティティの強化は、サーミ・メディアによっても促進されている。スウェーデンでの量的調査や各国での教育調査を通じて、いずれの国のサーミも8、9割の人が何らかのサーミ・メディアを利用していることが明らかになった（第12章）。

とくに、サーミテレビについては、サーミ地域以外の居住者でも利用者率が6割を超えていた。テレビの場合、サーミ語ができなくても視聴が可能であるという特性が利用者率の高さに貢献しているのかもしれない。同じ放送メディアとしてのサーミラジオの聴取者がサーミ地域以外の居住者では1割未満しかいないという少なさと対比させると、それが浮き彫りになる。

一方、活字メディアでは、複数の活字メディアを持つノルウェーとスウェーデンのサーミ地域で3〜5割のサーミが利用していた。スウェーデンの非サーミ地域でも利用率は2割強であった。ただし、いずれの新聞、雑誌も、同じサーミ語を使っていても、利用者は発行される国に限定される傾向が強かった。

こうして、国とサーミ地域を越える視聴者がいるサーミテレビ、国を越えたサーミ地域の居住者が聴取するサーミラジオ、国内に限定された形でサーミ地域を越えた人々が利用する新聞、雑誌といった、サーミ・メディアの影

響圏の違いが見出せた。ここから、国と居住地域を越えた影響圏を持つサーミテレビの意味の大きさがわかる。しかも、メディアを利用する頻度が高い者ほど、先住民族としてのエスニック・アイデンティティが強化される傾向が見られ、サーミ・メディアがこの点で大きな機能を果たしていることも浮かび上がった。

第3節　先住民族の復権をめぐる論点

　最後に、序章で述べた、先住民族の復権をめぐるいくつかの論点について、本書での実証研究をふまえて検討を加えてみよう。

第1項　先住民族としての定義と位置づけ

　まず、第1に、先住民族の定義や位置づけ方についてである。

　少なくとも本書で対象にしたサーミの場合、ノルウェー、スウェーデン、フィンランドのいずれの国でも、先住民族としての地位を獲得しているといってよい。3国とも、サーミ議会が法的に認められ、サーミ語が地域限定の公用語とされている。しかし、厳密に検討すると、各国の位置づけ方には違いが見られる。

　3国のなかで最も明確な位置づけがなされているのが、フィンランドである。フィンランドは唯一、1995年に改定された憲法のなかでサーミが先住民族であることを明記している（第1章）。

　これに対し、ノルウェーはフィンランドよりも早く1988年に憲法を改定し、サーミの言語・文化・社会を保護し発展させるための条件を整えることを国に義務づける、新たな条項を加えている。法的に認められたサーミ議会の設立もノルウェーが最初である。さらに、1990年には先住民族の権利の保障を謳うILO第169号条約を3国のなかで唯一批准している。ただし、憲法において、サーミが先住民族であることは明記されていない。

　スウェーデンの場合、1977年にスウェーデン議会がサーミを先住民族であることを認め、1981年に国立のサーミ学校、1993年にサーミ議会の設置、1999年にはサーミ語を公用語の1つとする制度が定められた。2000年には民族的少数者保護枠組条約を批准し、サーミが少数民族の1つとして法的に

認められた。しかし、ノルウェーと同様、憲法に先住民族としての規定はなされていない。

このように、特定の民族が先住民族であるかどうかという規定は、憲法で明記される場合もあれば、事実上、国際法に依拠して位置づけられる場合もあるし、国会での承認という形もある。日本のアイヌ民族の場合、現時点では、先住民族であることの承認を求める国会決議に立脚して、事実上、先住民族としての位置づけがなされている段階にある。

特定の民族が先住民族であるかどうかの規定の仕方が多様であるのは、世界のなかで厳密な形で共有された先住民族の定義が存在しないことを1つの背景にしている。ただし、先住民族としての規定が明示的であれば、彼らの権利の回復が大きく進むとは単純にはいえない。それは、フィンランドでは、北欧3国のなかで唯一、憲法でサーミが先住民族として明確に規定されているにもかかわらず、先住民族の権利回復が最も遅れている点に象徴的に示されている。

第2項　先住民族としての個人認定

第2に、北欧3国の違いは、先住民族としての個人認定にも見出せる。いずれの国でも、サーミ議会の有権者を、先住民族としての自己認識と言語を基準にして認定している。しかし、フィンランドでは、サーミ議会が否定しているにもかかわらず、国の最高行政裁判所がサーミ議会の決定を覆し、柔軟な認定が行われる事態が複数回にわたって生じている。そのため、フィンランドのサーミは、憲法で先住民族として明記されているにもかかわらず、サーミ議会の有権者の認定を自己決定できない事態に直面している。しかも、フィンランドでは他の2国と異なり、有権者登録された者だけがサーミとして定義されることもあり、きわめて深刻な問題になっている（第2章）。

ノルウェーやスウェーデンでも、サーミ議会の有権者としての認定は、将来、問題になる可能性があることも見逃してはならない。現時点では、両国のサーミ議会では、過去の同化政策の影響を考慮し、言語を個人認定の重要な基準にしているものの、自らがサーミ語を使用できなくても、親や祖父母（ノルウェーでは曾祖父母でも可）の世代が使用していれば、サーミ議会の有権

者として認められる。しかし、時代が進みサーミ語を使用しない者が増加すれば、この基準では、サーミ議会の有権者として認定される者は減少していくことになる。そのこともあって、いずれの国でもサーミ語の習得に重要な位置づけが与えられている。

その際、ノルウェーでは、サーミ語のなかでも事実上共通語としての地位を獲得している北サーミ語の話者が圧倒的に多く、公教育において、サーミ・カリキュラムがサーミ地域に限定されることなく、全国的な範囲で公的に位置づけられている。そのため、今後の展望も描きやすく、初等中等教育のサーミ語の / による教育に対して、教師、保護者、生徒も高い評価を与えている。今後もノルウェー語とサーミ語のバイリンガル教育を通じて、サーミ語を基準にした個人認定を維持することが可能であると思われる。

これに対して、スウェーデンやフィンランドは事情が異なる。北サーミ語が主流である点は変わらないものの、スウェーデンでは南サーミ語、ルレ・サーミ語、フィンランドではイナリ・サーミ語、スコルト・サーミ語が重要な位置を占めている。そのため、ノルウェーと比べると、サーミ語の維持・回復に向けた取り組みは難しさを抱えている。フィンランドにおける成功事例とされるイナリ・サーミ語の言語の巣の取り組みであっても、それを維持するには課題が多い。その意味で、長期的な視点から見て、言語による個人認定には検討すべき課題が内包されているといえる[3]。

第3項　先住民族としての権利

第3に、3国の間で、国によって認められる、先住民族としてのサーミの権利に関しても相違が見られる。改めて述べるまでもなく、ILO第169号条約を批准しているノルウェーが最も幅広い権利をサーミに付与している。サーミ語、サーミ文化の維持・継承・発展の権利にとどまらない、幅広い権限を持っている。サーミ地域における土地や天然資源の利用に関する権利を認めたフィンマルク法や同法に基づくフィンマルク土地管理公社の存在がそれを象徴している。中央政府にサーミ問題の担当大臣がおかれているのもノルウェーだけであり、サーミ語やサーミ文化の保障の内実自体、スウェーデンやフィンランドと比べ、手厚いものになっている。ノルウェーのサーミ・

カリキュラムはサーミ地域に限定されず、一般のカリキュラムと同等の位置づけがなされている。サーミ教育の運営に関しても、ノルウェーのサーミ議会に権限が与えられている。サーミ教育がサーミ学校、サーミ教育センター等のサーミ地域における特定の教育機関に限定した形で展開されているスウェーデンや、サーミを対象にした特別の教育機関がなく、サーミ地域の公教育で部分的にサーミの言語や文化に関する教育がなされているフィンランドとは根本的に異なっている。

しかし、ノルウェーの場合であっても、サーミの立場からすると、まだまだ先住民族として保障されるべき権利は限られていると捉えられているのが現実である。ノルウェーのサーミ議会であっても、スウェーデンやフィンランドのそれと同様、自らが自由に獲得できる独自の財源はなく、国家予算から配分される財源が基本である。中央議会や政府に対して、サーミの立場からの意見を提示したり、予算獲得に向けた取り組みを行ったりすることはできても、自主的な財源を確保するのは難しい。独自の課税権の獲得をめざしたこともあるが、中央政府が認めることはなかった。

第4項　先住民族と国民の関係

だが、第4に、先住民族としての権利拡大の動向は、先住民族以外の国民の考え方にも左右される。この点に関して、いずれの国でもサーミの権利の拡大に対するバックラッシュの動きが生じていることは共通している。ノルウェーであっても、中央議会とサーミ議会の2つの選挙権を持つことに対する不満がサーミ以外の国民のなかに存在している。サーミ議会の政党のなかには、サーミ議会を廃止すべきだと主張する立場のものさえ存在している。とくに、強いバックラッシュの動きが見られるのが、フィンランドである。それは、サーミの定義の見直しの動きや複数回にわたって、サーミ議会の有権者資格が当事者ではない国の最高行政裁判所によって、左右される事態が生じている点に示されている。サーミ議会の有権者資格を当事者が決められないというのは、先住民族の自己決定権という観点から大きな問題である。そのため、フィンランドのサーミ議会は国連に対し、一連の事態に関して、先住民族の自決権をないがしろにする問題を含んでいるとし、フィンラ

ンド政府に働きかけるよう訴えている。

　ただし、先住民族の権利の根拠を何に求め、どこまで保障すべきかは理論的に明確になっているわけではない。序章でも見たように、この点に関して、先住民族固有の権利として幅広い内容の自己決定権を保障すべきだとするキムリッカのような意見と過去の同化や抑圧に対する補償として先住民族の権利を回復すべきだとするアナヤのような意見がある。前者の考え方は突き詰めれば、第二次世界大戦後に拡大した民族自決権をベースにした独立国家の形成につながる可能性をはらんでいる。そのため、各国の政府もこの考え方を受け入れるのはハードルが高い。他方で、後者の場合、いつかは補償が終わる可能性を必然的に内包している。歴史的に見た場合、現在は同化や抑圧に対する補償を行い、先住民族の復権を推進すべき時期であることは、国連の先住民族に関する決議を念頭におけば、国際的に共通した見方であろう。しかし、未来永劫に補償を続けることは不可能に近い。

　一方、現実の動きを見ると、先住民族の権利が拡大していけば、先住民族以外の国民からバックラッシュが生じる可能性が高まることも事実である。先住民族の内部でも、スウェーデンのように、権利の付与の仕方によって、批判が生じることもある。かつては先住民族であることが、経済的社会的精神的に負の意味を付与されていたが、先住民族の権利が拡大する過程で権利拡大に与れない者からの批判が生まれるようになっている。フィンランドで祖父母世代も含めてサーミ語を使用していなかったにもかかわらず、自己認識を重要な根拠にしてサーミ議会の有権者、つまりサーミであることを主張する者が現れているのも同様な意味を持っている。

第5項　未来の先住民族政策の視点

　この問題を解決するためには、先住民族の権利回復の歴史的局面にある現段階で将来を見すえた先住民族政策を検討することが求められている。

　その1つの手がかりとして、ノルウェーのフィンマルク土地管理公社の取り組みを位置づけることが可能である。同公社はILO第169号条約をベースにして成立したフィンマルク法に基づいて設立された機関である。理念的には先住民族が歴史的に生活し利用していた土地や天然資源に関する権利を

324　終　章　北欧サーミの復権の現状と意義

先住民族に認めるためのものである。しかし、実際には、対象となるフィンマルク地方には、すでにサーミ以外の住民も数多く居住している。サーミの人々は、むしろ少数派であるといってよい (第3章)。そのため、フィンマルク土地管理公社の理事会自体、サーミの代表だけでなく、地域の代表も含めた形をとっている。利用権もサーミだけでなく、フィンマルク地域の住民全体に与えられるように、設定されている。いわば、サーミとそれ以外の住民に対して「中立」の立場をとっている。先住民族の土地に対する権利を大幅に認めているオーストラリアやカナダとは大きく異なっている。そのあり方について、サーミの立場からもそうでない立場からも批判の声が上がっていることも事実である。しかし、サーミの人々のみに土地や天然資源の権利を付与するのは難しいし、サーミの人々の立場を無視することも妥当ではない。その点で、両者の立場を反映できる機関を設立したことは、賢明であろう。

　いいかえれば、これは、サーミ議会と中央議会の共存が「デュアルなシステム共生」の形をとっているのに対し、フィンマルク土地管理公社はサーミとそうでない国民がともに利用できる「オープンなシステム共生」をめざす機関として位置づけられる。長期的な展望として、先住民族もそうでない国民も同等な権利に基づいて利用できる諸機関、諸機構がシステムとして構築されることが求められる。先住民族の自己決定権に基づいて、独自のシステムを構築する方向だけでは「デュアルなシステム共生」が強化され、国民の「労働―生活世界」の分断が生じやすくなる。国民の「労働―生活世界」が、いわば「セグリゲーションにもとづく生活共生」につながるものになりやすい。これに対し、フィンマルク土地管理公社のように、「オープンなシステム共生」の仕組みを構築していく方向をとれば、サーミの人々とそうでない国民の「労働―生活世界」も「コミュナルな生活共生」に近づきやすくなる[4]。そこでは、国民の分断を回避することが可能になると同時に、かつての同化や抑圧の補償の継続や終焉を議論する必要がなくなる。

　その意味で、先住民族の問題は、過去の同化や抑圧の「清算」という歴史段階を確実なものとしながらも、同時に、多様な国民のコミュナルな共存という新たな歴史段階へ、位置づけ直すための模索を始めることが求められているといえる。これが、先住民族としてのサーミを対象にした実証研究から、

導き出された最大の結論である。

注

1　2016年12月21日にフィンランド法務省がHP上で公開した文書によれば、現時点では、各国のサーミ政策の変更をもたらさない方向に条約の内容が修正されているようである（Ministry of Justice in Finland 2016）。最終的に、2017年1月13日、各国代表団の間で「北欧サーミ条約」の内容について合意が得られ、今後各国で条約の批准に向けた動きが進むことになる（The Independent Barents Observer 2017）。

2　この点では、学歴や経済状況が国民の一般的な水準と比べ劣位な立場にあるアイヌの人々とは対照的である（小内編著 2018）。

3　世界的には、先住民族の個人認定に関して、血筋を基準にするケースが多い。しかし、血筋の場合にも、混血の度合いが進めば進むほど、個人認定の基準としてふさわしいかどうかという問題が生じる可能性をはらんでいる。その意味で、サーミの場合に見出せる個人認定の基準の問題は、血筋を基準にする場合にも、同様にあてはまると考えた方がよい。

4　小内（2005）の第11章「システム共生と生活共生」では、外国人とホスト住民との関係を例にとり、システム共生と生活共生について論じている。そこでは、システム共生の諸形態として、両者が対等、平等な条件でシステムや制度を利用できる「オープンなシステム共生」、同一の国内、地域で外国人とホスト住民がそれぞれ独自に利用できる一国二制度のような状態の「デュアルなシステム共生」、二国間・多国間の年金通算協定やバカロレアやアビトゥーアといった国際的な大学受験資格のように、それぞれの国のシステムが連結できる「インターステイトなシステム共生」を提示している。これに対し、生活共生の諸形態としては、一方で、外国人とホスト住民が「棲み分け」の状態にある「セグリゲーションによる生活共生」、他方で、両者が互いに偏見なく、対等な立場で、日常的にコミュニケーションをとり、新たな共同関係ができている「コミュナルな生活共生」を両極にして、その間に、「特定階層間の生活共生」や「特定パーソンの生活共生」等の諸形態が存在しうることを示している。

参考文献

阿部珠理, 2005, 『アメリカ先住民——民族再生にむけて』角川学芸出版.

Aikio, M., 1991, "The Sámi Language: Pressure of Change and Reification", *Journal of Multilingual and Multicultural Development*, 12(1·2): 93-103.

Aikio-Puoskari, U., 1998, "Sámi Language in Finnish Schools", in E. Kasten ed., *Bicultural Education in the North: Ways of Preserving and Enhancing Indigenous Peoples' Languages and Traditional Knowledge*, Münster: Waxmann Verlag, 47-57.

————, 2005, "The Education of the Sámi in the Comprehensive Schooling of Three Nordic Countries: Norway, Finland and Sweden", *Gáldu Čála Journal of Indigenous Peoples Rights*, 2: 1-34.

————, 2009, "The Ethnic Revival, Language and Education of the Sámi, an Indigenous People, in Three Nordic Countries (Finland, Norway and Sweden)" in T. Skutnabb-Kangas, R. Phillipson, A. K. Mohanty and M. Panda eds., *Social Justice through Multilingual Education*, Bristol: Multilingual Matters, 238-62.

Ájtte, 2017, "Ájtte", (Retrieved January 23, 2017, http://www.ajtte.com/english/).

Ájtte Musei Vanner (Ájtte 博物館協会), 2017, "Ájtte Musei Vanner", (Retrieved January 23, 2017, http://www.ajttemuseivanner.se/).

Alia, V., 2010, *The New Media Nation: Indigenous People and Global Communication*, New York; Oxford: Berghahn Books.

Anaya, J., 1996, *Indigenous Peoples in International Law*, New York: Oxford University Press.

————, 2004, *Indigenous Peoples in International Law 2nd ed.*, New York: Oxford University Press.

————, 2007, "Indigenous Law and Its Contribution to Global Pluralism", *Indigenous Law Journal*, 6(1): 3-12.

————, 2011, *Report of the Special Rapporteur on the rights of indigenous peoples: The Situation of the Sami People in the Sápmi Region of Norway, Sweden and Finland*, New York: United Nations General Assembly.

Ándde, S., 2002, "Regional Characteristics of Sapmi and the Sami People", (ヨーロッパにおける民族グループの地域的帰属意識会議発表資料) (= 2008, 村井泰廣訳「〈翻訳〉『サーメ先住民の地域的特色』」『環太平洋・アイヌ文化研究』6: 57-82).

浅井晃, 2004, 『カナダ先住民の世界——インディアン・イヌイット・メティスを知る』彩流社.

綾部恒雄, 2005, 「監修者あとがき」綾部恒雄監修／末成道男・曽士才編『講座　世界の先住民族　ファースト・ピープルズの現在 01　東アジア』明石書店, 389.

Bankes, N. and T. Koivurova, 2013, "Introduction" in N. Bankes and T. Koivurova eds., *The Proposed Nordic Saami Convention*, Oxford: Hart Publishing, 1-17.

Bankes, N. and T. Koivurova eds., 2013, *The Proposed Nordic Saami Convention*, Oxford: Hart Publishing.

Braut, K. T., 2010, *To Speak or Not to Speak: Because They Tell Me to Speak Sámi at Daycare*, University of Tromso.

Brian, M., 1994, *Crazywater: Native Voices on Addiction and Recovery*, Toronto; New York: Penguin Books.

Carstens, M., 2016, "Sami land rights: the Anaya Report and the Nordic Sami Convention", *Journal on Ethnopolitics and Minority Issues in Europe*, 15(1): 75-116.

Chambers, N., 2015, "Language Nests as an Emergent Global Phenomenon: Diverse Approaches to Program Development and Delivery", *The International Journal of Holistic Early Learning and Development*, 1: 25-38.

Department of Economic and Social Affairs, Division for Social Policy and Development, Secretariat of the Permanent Forum on Indigenous Issues, 2009, *State of the World's Indigenous Peoples*, New York: United Nations.

Finland Sami Parliament, 2015, "Statement: 23 December 2015", (Retrieved August 10, 2016, http://www.un.org/esa/socdev/unpfii/documents/2016/NGO-Indigenous/Sami-Parliament/).

Finnish National Board of Education（FNBE）, 2015, *Finnish Education in a Nutshell*.

First Peoples' Cultural Council, 2014, *Language Nest Handbook for B.C. First Nations Communities, Indigenous Language Revitalization through Preschool Children Learning a Second Language in a Language Nest,* (Retrieved February 27, 2017, http://www.fpcc.ca/files/PDF/Language/Language_Nest/FPCC_LanguageNestHandbook_EmailVersion2.pdf).

Foster, S., 2015, "Judicial Abrogation: Montana and its Progeny's Effect on Freedmen's Treaty Rights", *Florida Coastal Law Review*, 16(3): 345-402 .

French, L. A., 2000, *Addictions and Native Americans*, Westport, Conn: Praeger.

藤田尚則, 2011,「インディアン部族, 個人としてのインディアン（3）――アメリカ・インディアン法研究序説（十三）」『創価法学』40(3): 23-73.

――――, 2012,『アメリカ・インディアン法研究（I）――インディアン政策史』北樹出版 .

――――, 2013,『アメリカ・インディアン法研究（II）――国内の従属国』北樹出版 .

Fyhn, A. B., 2013, "Sami Culture and Values: A Study of the National Mathematics Exam for the Compulsory School in Norway", *Interchange*, 44: 349-67.

GrØnmo, E. J., 2012, "NRK Sápmi: A Decade to Digitalization", World Indigenous Television Broadcasting Network Newsletter. (Retrieved May 16, 2013, http://www.witbn.org/index.php/newsletter/feature/cover-story/item/158-telling-our-part-of-the-story/).

Hamilton, J. W., 2013, "Acknowledging and Accommodating Legal Pluralism: An Application to the Draft Nordic Saami Convention" in N. Bankes and T. Koivurova eds., *The Proposed Nordic Saami Convention*, Oxford: Hart Publishing, 45-77.

原聖, 2004,「欧州言語年からわれわれは何を学ぶか」『ことばと社会』編集委員会編『ことばと社会　別冊1　ヨーロッパの多言語主義はどこまできたか』三元社, 6-13.

長谷川紀子, 2009,「サーメ人社会における学校制度と学校教育」『教育論叢』名古屋大学大学院教育発達科学研究科教育科学専攻, 52: 3-12.

――――, 2012,「ノルウェーにおける少数先住民族の教育に関する考察――キリスト教布教期の南サーメ地域における寄宿制『サーメ学校』」『北ヨーロッパ研究』9: 73-82.

――――, 2015,「北方少数先住民族サーメのための中等後教育――ノルウェーとスウェーデンに焦点をあてて」『名古屋大学大学院教育発達科学研究科紀要（教育科学)』62(2): 59-71.

Hammine, M., 2016, "Sámi Languages in Education in Sweden and Finland", *European Center for Minority Issues Working Paper*, 92: 1-23.

Hansson, J., 2015, "Educational Activities at the Sami Folk High School 1942-1982", *Creative Education,* 6(9): 880-97.

橋本義郎, 2000,「北欧先住民族サーメの高齢市民が利用する日常生活支援サービス――ス

ウェーデンのヨックモックにすむ男性市民をめぐる事情についての探索研究」『同志社社会福祉学』14: 93-109.

─────, 2001,「スウェーデン最北部地方のコミューンにおいて行政当局および裁判所にかかわる場合にサーミ語を使用する権利に関する法律の対訳」『国際研究論叢』14: 157-66.

Hætta, N. J., 2013, "NRK Sápmi: Telling our part of the story", World Indigenous Television Broadcasting Network Newsletter. (Retrieved May 16, 2013, http://www.witbn.org/index.php/newsletter/feature/cover-story/item/158-telling-our-part-of-the-story/).

Hætta, O. M., 2008, *The Sami: an Arctic Indigenous People* 2nd. ed., Davvi Girji OS.

花田達朗編著, 2013,『内部的メディアの自由』日本評論社.

本多俊和・謝黎, 2007,「博物館における先住民族表象──外国の博物館展示事例から」『放送大学 研究年報』25: 95-107.

本川裕, 2015,「公的機関就業者比率（2012 年）」, 社会実情データ図録ホームページ,（2016.11.30 取得, http://www2.ttcn.ne.jp/~honkawa/5190.html）.

井樋三枝子, 2010,「スウェーデン　言語の法的地位を規定する言語法の制定」『外国の立法』243(2): 16-7.

International Monetary Fund, 2015, "World Economic Outlook Database", (Retrieved December 12, 2016, https://www.imf.org/external/pubs/ft/weo/2015/02/weodata/index.aspx).

伊藤直哉・八幡耕一, 2004,「先住民族メディア論の理論化に向けた社会的機能についての考察──関連する国際機関の概観とともに」『大学院国際広報メディア研究科言語文化部紀要』北海道大学, 47: 1-26.

Jentoft, S., H. Minde, and R. Nilsen eds., 2003, *Indigenous Peoples: Resource Management and Global Rights*, Delft: Eburon.

Jernsletten, R., 2002, "The development of a Saami Élite in Norden", in K. Karppi and J. Eriksson eds., *Conflict and cooperation in the North*, Umeå: Norrlands Universitetsförlag i Umeå, 147-65.

Jones, J., 2009, "Cherokee by Blood and the Freedmen Debate: The Conflict of Minority Group Rights in a Liberal State", *National Black Law Journal*, 22(1): 1-55.

Joona, T., 2015, "The Definition of a Sami Person in Finland and its Application" in C. Allard and S. F. Skogvang eds., *Indigenous Rights in Scandinavia: Autonomous Sami Law*, New York: Routledge, 155-72.

Josefsen, E., 2010, *The Saami and the National Parliaments: Channels for Political Influence*, New York: Inter-Parliamentary Union (IPU) and United Nations Development Program (UNDP), 1-27.

─────, 2011, "The Norwegian Sami Parliament and Sami Political Empowerment", in G. Minnerup and P. Solberg eds., *First World, First Nations, Internal Colonialism and Indigenous Self-Determination in Northern Europe and Australia*, Sussex: Academic Press, 31-44.

Josefsen, E., U. Morkenstam and J. Saglie, 2013, "Different Institutions within Similar States: The Norwegian and Swedish Sami Parliaments", paper presented to workshop 21, 'Non-Territorial Autonomy, Multiple Cultures and the Politics of Stateless Nations', ECPR Joint Sessions of Workshops, Mainz, 11-16 March 2013,1-19.

Josefsen, E., S. U. Søreng and P. Selle, 2016, "Regional Governance and Indigenous Rights in Norway: The Finnmark Estate Case" in T. M. Herrmann and T. Martin eds., *Indigenous Peoples' Governance of Land and Protected Territories in the Arctic*, Cham; Heidelberg; New York; Dordrecht and London: Springer, 23-41.

Jull, P., 2003, "The Politics of Sustainable Development: Reconciliation in Indigenous Hinterlands" in S. Jentoft, H. Minde and R. Nilsen eds., 2003, *Indigenous Peoples: Resource Management and Global Rights*, Delft: Eburon, 21-44.

鎌田遵, 2009,『ネイティブ・アメリカン——先住民社会の現在』岩波新書.

鎌田真弓, 2005,「地域資源管理と先住民族 —— カカドゥ国立公園を事例として（資源管理をめぐる紛争の予防と解決）」『IPSHU 研究報告シリーズ』広島大学平和科学研究センター, 35: 107-29.

Karppi, K. and J. Eriksson eds., 2002, *Conflict and cooperation in the North*, Umeå: Norrlands Universitetsförlag i Umeå.

Kent, N., 2014, *The Sámi Peoples of the North*, London: Hurst.

Keskitalo, P., K. Määttä, and S. Uusiautti, 2012, "Sámi education in Finland", *Early Child Development and Care*, 182(3-4): 329-43.

小林寿美恵, 2007,「ニュージーランドのマオリ語媒体教育の役割」『現代社会研究科研究報告』愛知淑徳大学, 2: 93-106.

小玉美意子, 1993,「マイノリティとメディア」香内三郎ほか『メディアの現在形』新曜社, 241-72.

小坂田裕子, 2010,「アフリカにおける『先住民族の権利に関する国連宣言』の受容と抵抗」『中京法学』45(1・2): 1-27.

窪田幸子, 2009,「オーストラリアにおける先住民政策の展開とアボリジニの実践」窪田幸子・野林厚志編『「先住民」とはだれか』世界思想社, 90-112.

窪田幸子・野林厚志編, 2009,『「先住民」とはだれか』世界思想社.

Kulonen, U-M., I. Seurujärvi-Kari and R. Pulkkinen eds., 2005, *The Saami: A Cultural Encyclopaedia*, Suomalaisen Kirjallisuuden Seura.

Kuper, A., 2003, "The Return of the Native", *Current Anthropology*, 44(3): 389-402.

————, 2005, *The Reinvention of Primitive Society: Transformations of a Myth*, London: Routledge.

栗本英世, 2009,「先住性が政治化されるとき」窪田幸子・野林厚志編『「先住民」とはだれか』世界思想社, 202-23.

葛野浩明, 2005,「民族文化としてのトナカイ飼育——サーミの事例から」本多俊和・大村敬一・葛野浩明編『文化人類学研究——先住民の世界』放送大学教育振興会, 97-113.

————, 2007,「ローカルかつグローバルな資源へ, 過去遡及かつ未来志向の資源へ——北欧の先住民族サーミ人による文化の管理と表現の試み」山下晋司編『資源化する文化』弘文堂, 209-36.

Kymlicka, W., 1995, *Multicultural Citizenship: A Liberal Theory of Minority Rights*, Oxford; New York: Clarendon Press. (= 1998, 角田猛之・石山文彦・山崎康仕監訳『多文化時代の市民権——マイノリティの権利と自由主義』晃洋書房).

————, 2001, *Politics in the Vernacular: Nationalism, Multiculturalism, and Citizenship*, New York: Oxford University Press. (= 2012, 岡崎晴輝・施光恒・竹島博之監訳『土着語の政治——ナショナリズム・多文化主義・シティズンシップ』法政大学出版局).

————, 2010, "The Rise and Fall of Multiculturalism? New Debates on Inclusion and Accommodation in Diverse Societies", *International Social Science Journal*, 61(199): 97-112.

————, 2012, "Is There Really a Backlash against Multiculturalism Policies? New Evidence from the Multiculturalism Policy Index", *GRITIM Working Paper Series*, 14: 1-23.

Lantto, P., 2014, "Educational democratization and "ethnification" in Swedish Sápmi - 1942 to the present", Umeå University, (Retrieved December 12, 2016, http://www.umu.se/sok/english/

research-database/view-research-projects?code=888&currentView=description&doSearch=
&scbCode=&searchString=&uid=krbe0027&guiseId=255444&orgId=99e79124767b215a0
5d9102e4aa6d7868f4a535d&name=Kristina%20Belancic).

Lehtola, V.-P., 2004, *The Sámi People: Traditions in Transition*, University of Alaska Press.

Linkola, A., 2003, "The Skolt Sámi today" in J. Pennanen and K. Näkkäläjärvi eds., *SIIDDASTALLAN: From Lapp Communities to Modern Sámi Life*, Anár/ Inari: Siida Sámi Museum, 204-5.

Linkola, A. and M. Linkola, 2003, "The Skolt Sámi: A Minority within a Minority" in J. Pennanen and K. Näkkäläjärvi eds., *SIIDDASTALLAN: From Lapp Communities to Modern Sámi Life*, Anár/ Inari, Siida Sámi Museum, 129-37.

Lund, S., 2000, *Adult Education and Indigenous Peoples in Norway*, UNESCO Institute for Education.

Magga, O. H., 1997, "Samisk Språk" in A. Karker, B. Lindgren and S. Løland red., 1997, *Nordens språk*, Oslo: Novus Forlag, 137-61.（＝ 2001, 吉田欣吾訳「サーミ語」山下泰文・森信嘉・福井信子・吉田欣吾訳『北欧のことば』東海大学出版会, 174-206）.

Manuel, J. and M. Posluns, 1974, *The Fourth World : An Indian Reality*, New York: Free Press.

丸山淳子, 2009,「開発政策と先住民運動のはざまで」窪田幸子・野林厚志編『「先住民」とはだれか』世界思想社, 224-47.

松田浩, 2014,『NHK―― 危機に立つ公共放送』岩波新書.

松川由紀子, 1986,「ニュージーランドのマオリと幼児教育」『日本比較教育学会紀要』12: 67-74.

松浦さと子, 2012,『英国コミュニティメディアの現在』書肆クラルテ.

松浦さと子・川島隆編著 , 2010,『コミュニティメディアの未来』晃洋書房.

McIvor, O., 2006, *Language Nest Programs in BC: Early Childhood Immersion Programs in Two First Nations Communities. Practical Questions Answered and Guidelines Offered*, Victoria, BC.: FPCC.

Ménard, R., 2001, *Ces journalistes que l'on veut faire taire: l'étonnante aventure de Reporters sans frontières*, Paris: Albin Michel.（＝ 2004, 大岡優一郎訳『闘うジャーナリストたち――国境なき記者団の挑戦』岩波書店）.

三上欧介, 2005,「フィンランドにおけるサーミの活動とエスニック・アイデンティティ―― スコルトサーミの歴史を中心に」『北海道大学大学院文学研究科研究論集』5: 79-98.

Minde, H., 2008, "The Destination and the Journey: Indigenous Peoples and the United Nations from the 1960s through 1985" in H. Minde ed., *Indigenous Peoples: Self-determination, Knowledge, Indigeneity*, Delft: Eburon, 49-86.

―――― ed., 2008, *Indigenous Peoples: Self-determination, Knowledge, Indigeneity*, Delft: Eburon.

Ministry of Foreign Affairs in Norway, 2004, "Report on Convention no 169 concerning indigenous and tribal peoples, 1989", (Retrieved December 12, 2016, https://www.regjeringen.no/no/dokumenter/Report-on-Convention-no-169-concerning-indigenous-and-tribal-peoples-1989/id420365/).

Ministry of Justice and the Police and the Ministry of Local Government and Regional Development of Norway, 2005, "THE FINNMARK ACT – A GUIDE," Kautokeino, Norway: Gáldu Resource Centre for the Rights of Indigenous Peoples, (Retrieved February 1, 2015, http://

332

www.galdu.org/govat/doc/brochure_finnmark_act.pdf).

Ministry of Justice in Finland, 2016, "Agreement on the Nordic Saami Convention reached", (Retrieved March 25, 2017, http://oikeusministerio.fi/en/index/currentissues/tiedotteet/2016/12/pohjoismaisestasaamelaissopimuksestaneuvottelutuloshallitusvieratifioitavaksi.html).

三菱 UFJ リサーチ&コンサルティング, 2016,「2014 年末及び年間平均」, 外国為替相場・前年の年末・年間平均, (2016.11.30 取得, http://www.murc-kawasesouba.jp/fx/yearend/index.php?id=2014).

三井真紀, 2014,「フィンランドの子育て支援の現状」咲間まり子編『多文化保育・教育論』みらい, 110-8.

宮岡伯人, 2007,「先住民言語・多様な思考の危機」綾部恒雄監修・編『講座世界の先住民族 10 失われる文化・失われるアイデンティティ』明石書店, 27-43.

水本秀明, 2004,「フィンランド・イナリサーミによる母語存続運動」『北海道浅井学園大学生涯学習研究所研究紀要 生涯学習研究と実践』6: 105-18.

水谷裕佳, 2012,『先住民パスクア・ヤキの米国編入——越境と認定』北海道大学出版会.

溝上智恵子, 2003,『ミュージアムの政治学——カナダ多文化主義と国民文化』東海大学出版会.

百瀬宏・熊野聰・村井誠人編, 1998,『新版世界各国史 21 北欧史』山川出版社.

守谷賢輔, 2012,「カナダ憲法上の『メティス (Métis)』の法的地位と権利——先住民の定義の予備的考察として」『法学論叢』福岡大学, 56(4): 579-615.

————, 2013,「先住民の『土地権 (aboriginal title)』および条約上の権利をめぐる近年のカナダ憲法判例の一つの動向 —— 先住民と協議し便宜を図る義務について」『関西大学法学論集』62(4・5): 1625-86.

村井泰廣, 2008,「翻訳 サーメ先住民の地域的特色」『環太平洋・アイヌ文化研究』6: 57-82.

中田篤, 2008,「＜調査報告＞フィンランドにおけるトナカイ牧畜とイナリ地方におけるサミ文化関連施設の現状について」『北海道立北方民族学博物館研究紀要』17: 47-58.

NHK 放送文化研究所編, 2016,『NHK データブック世界の放送 2016』NHK 出版.

Niezen, R., 2003, *The Origins of INDIGENISM: Human Rights and the Politics of Identity*, Berkeley: University of California Press.

Norway Sami Parliament, 2015, *Sámedikki 2016 bušeahtta*.

Norwegian Ministry of Education and Research, 2014, *OECD - Thematic Review of Early Childhood Education and Care Policy in Norway: Background Report*.

野崎剛毅, 2012,「スウェーデンの先住民教育の現状と課題」『國學院大學北海道短期大学部紀要』29: 71-84.

————, 2013a,「スウェーデン・サーミの概況」小内透編著『調査と社会理論・研究報告書 29 ノルウェーとスウェーデンのサーミの現状』北海道大学大学院教育学研究院教育社会学研究室, 81-6.

————, 2013b,「スウェーデンにおけるサーミ教育の概況」小内透編著『調査と社会理論・研究報告書 29 ノルウェーとスウェーデンのサーミの現状』北海道大学大学院教育学研究院教育社会学研究室, 105-9.

————, 2015a,「問題意識と調査の概要」野崎剛毅編著『スウェーデン・サーミの生活と意識——国際郵送調査からみるサーミの教育, 差別, 民族・政治意識, メディア』札幌国際大学短期大学部幼児教育保育学科, 1-7.

————, 2015b,「サーミの教育と職業」野崎剛毅編『スウェーデン・サーミの生活と意

識──国際郵送調査からみるサーミの教育，差別，民族・政治意識，メディア』札幌国際大学短期大学部幼児教育保育学科，8-28.

──────，2016,「基礎学校におけるサーミの教育の現状と課題」小内透編著『調査と社会理論・研究報告書34　フィンランドにおけるサーミの現状』北海道大学大学院教育学研究院教育社会学研究室，63-6.

野崎剛毅編著，2015,『スウェーデン・サーミの生活と意識──国際郵送調査からみるサーミの教育，差別，民族・政治意識，メディア』札幌国際大学短期大学部幼児教育保育学科.

野崎剛毅・新藤慶・新藤こずえ，2013,「サーミ学校関係者の教育意識」小内透編著『調査と社会理論・研究報告書29　ノルウェーとスウェーデンのサーミの現状』北海道大学大学院教育学研究院教育社会学研究室，105-45.

Nunavut Tunngavik Incorporated, 2008, "About NTI, " NU, Canada: Nunavut Tunngavik Incorporated,(Retrieved September 1, 2017, http://www.tunngavik.com/documents/publications/2008-08-13-About-Nunavut-Tunngavik-Inc..pdf).

Nyyssönen, U., 2008, "Between the Global Movement and National Politics: Sami Identity Politics in Finland from the 1970s to the Early 1990s" in M. Henry ed., *Indigenous Peoples: Self-determination, Knowledge, Indigeneity*, Delft: Eburon, 87-105.

OECD, 2016a, *Education at a Glance 2016*, OECD Publishing.

──────, 2016b, "National Accounts at a Glance", OECD.Stat, (Retrieved November 30, 2016, https://stats.oecd.org/Index.aspx?DataSetCode=NAAG).

Olthuis, M-L., 2013, "Language Nests" in M-L. Olthuis, S. Kivelä and T. Skutnabb-Kangas, *Revitalising Indigenous Languages*, Multilingal Matter, 129-31.

Olthuis, M.-L., S. Kivelä and T. Skutnabb-Kangas, 2013, *Revitalising Indigenous Language: How to Recreate a Lost Generation* , Bristol: Multilingual Matters.

小内純子，2012,「イェムトランド県における地域再生活動と支援システム」中道仁美・小内純子・大野晃編著『スウェーデン北部の住民組織と地域再生』東信堂，33-78.

──────, 2013,「サーミ・メディアの展開と現段階」小内透編著『調査と社会理論・研究報告書29　ノルウェーとスウェーデンのサーミの現状』北海道大学大学院教育学研究院教育社会学研究室，146-62.

──────, 2015a,「ノルウェーのサーミ・メディアの現状と利用状況」小内透編著『調査と社会理論・研究報告書32　ノルウェー・フィンマルク地方におけるサーミの現状』北海道大学大学院教育学研究院教育社会学研究室，123-49.

──────, 2015b,「サーミ・メディアとメディア利用の現状」野崎剛毅編著『スウェーデン・サーミの生活と意識──国際郵送調査からみるサーミの教育，差別，民族・政治意識，メディア』札幌国際大学短期大学部幼児教育保育学科，71-94.

──────, 2016,「フィンランドのサーミ・メディアの現状と利用状況」小内透編著『調査と社会理論・研究報告書34　フィンランドにおけるサーミの現状』北海道大学大学院教育学研究院教育社会学研究室，137-55.

小内透，1999,「共生概念の再検討と新たな視点」『北海道大学教育学部紀要』79: 123-44.

──────, 2005,『教育と不平等の社会理論』東信堂.

──────, 2013,「ノルウェー・サーミの概況」小内透編著『調査と社会理論・研究報告書29　ノルウェーとスウェーデンのサーミの現状』北海道大学大学院教育学研究院教育社会学研究室，13-40.

──────, 2016,「フィンランド・サーミの概況と歴史」小内透編著『調査と社会理論・研

究報告書 34 フィンランドにおけるサーミの現状』北海道大学大学院教育学研究院教育社会学研究室, 1-16.

小内透編著, 2012,『北海道アイヌ民族生活実態調査報告 その2 現代アイヌの生活の歩みと意識の変容』北海道大学アイヌ・先住民研究センター.

――――, 2013,『調査と社会理論・研究報告書 29 ノルウェーとスウェーデンのサーミの現状』北海道大学大学院教育学研究院教育社会学研究室.

――――, 2015,『調査と社会理論・研究報告書 32 ノルウェー・フィンマルク地方におけるサーミの現状』北海道大学大学院教育学研究院教育社会学研究室.

――――, 2016,『調査と社会理論・研究報告書 34 フィンランドにおけるサーミの現状』北海道大学大学院教育学研究院教育社会学研究室.

――――, 2018,『先住民族の社会学 2 現代アイヌの生活と地域住民』東信堂.

大西富士夫, 2007,「フィンマルク法における自然共生」『国際関係研究』日本大学国際関係学部国際関係研究所, 27(4): 127-39.

小野寺理佳, 2013,「サーミ議会の構成と活動」小内透編著『調査と社会理論・研究報告書 29 ノルウェーとスウェーデンのサーミの現状』北海道大学大学院教育学研究院教育社会学研究室, 41-52.

大黒正伸, 2001,「アイヌ民族の日常的リアリティ」松本和良・江川直子編『アイヌ民族とエスニシティの社会学』学文社, 134-60.

大竹秀樹, 2009,「国連先住民族（先住民）権利宣言について」『人権と部落問題』61(1): 6-14.

Pasanen, A., 2010, "Will Language Nests Change the Direction of Language Shifts? On the Language Nests of Inari Saamis and Karelians" in H. Sulkala and H. Mantila eds., *Planning a New Standard Language*, Finnish Literature Society, 95-118.

――――, 2015, "The Language Nest", (Retrieved February 27, 2017, http://www.visat.cat/articles/eng/116/the-language-nest.html).

Pennanen, J. and K. Näkkäläjärvi eds., 2003, *SIIDDASTALLAN: From Lapp Communities to Modern Sámi Life*, Anár/ Inari: Siida Sámi Museum.

Peterson, C., 2003, "Sámi Culture Media", *Scandinavian Studies,* 75(2): 293-300.

Pietikäinen, S., 2008a, "To Breathe Two Airs: Empowering Indigenous Sámi Media" in P. Wilson and M. Stewart eds., *Global Indigenous Media* , Durham; London: Duke University Press, 197-213.

――――, 2008b, "Broadcasting Indigenous Voices: Sami Minority Media Production", *European Journal of Communication*, 23(2): 173-91.

Rasmussen, T. and J. S. Nolan, 2011, "Reclaiming Sami Languages: Indigenous Language Emancipation from East to West", *International Journal of the Sociology of Language*, 209: 35-55.

Ravna, Ø., 2013, "The First Investigation Report of the Norwegian Finnmark Commission", *International Journal on Minority and Group Rights*, 20: 443-57.

――――, 2016, "Recognition of Indigenous Lands Through the Norwegian 2005 Finnmark Act: An Important Example for Other Countries with Indigenous People?" in T. M. Herrmann and T. Martin eds., *Indigenous Peoples' Governance of Land and Protected Territories in the Arctic*, Cham; Heidelberg; New York; Dordrecht and London: Springer, 189-208.

RezaeeAhan, F., 2013, "The Swedish policies on the Sami people in Sweden", *SSRN Working Paper Series*（No page）.

参考文献　335

Riddo Duottar Museat, 2015, "Riddo Duottar Museat", (Retrieved January 23, 2017, http://rdm.no/english/).

Saami Parliament in Finland, 2016, "The Saami Parliament", (Retrieved December 12, 2016, http://www.samediggi.fi/index.php?lang=english).

Saggers, S. and D. Gray, 1998, *Dealing with Alcohol: Indigenous Usage in Australia, New Zealand and Canada*, Cambridge, UK; New York: Cambridge University Press.

櫻井利江, 2003, 「北欧諸国における先住民族の権利（一）　土地および天然資源に関するサーミの権利の発展をめぐって」『同志社法学』55(2): 389-422.

―――, 2004a, 「北欧諸国における先住民族の権利（二）　土地および天然資源に関するサーミの権利の発展をめぐって」『同志社法学』56(2): 195-243.

―――, 2004b, 「先住民族の権利に関するノルウェー最高裁判例」『同志社法学』56(4): 873-937.

Salminen, T., 2015, "Uralic (Finno-Ugrian) languages", (Retrieved December 12, 2016, http://www.helsinki.fi/~tasalmin/fu.html).

Sami National Theatre Beaivváš（国立サーミ劇場）, 2017, "The Sami National Theatre Beaivváš", (Retrieved January 23, 2017, http://beaivvas.no/en/about-the-theatre/).

Sáminuorra, 2017, "Sáminuorra" , (Retrieved January 23, 2017, http://www.saminuorra.org/).

Sami Parliamentary Council, 2014, "Pronouncement from the Sami Parliamentary Council", (Retrieved December 12, 2016, https://www.sametinget.se/73165).

―――, 2015, "Statement from the Sami Parliamentary Council", (Retrieved December 12, 2016, https://www.sametinget.se/94355).

佐々木千夏, 2016, 「現代におけるアイヌ差別」小内透編著『調査と社会理論・研究報告書35　先住民族多住地域の社会学的研究 ―― 札幌市・むかわ町・新ひだか町・伊達市・白糠町を対象にして』北海道大学大学院教育学研究院教育社会学研究室, 45-70.

Scheffy, Z. D., 2004, "Sámi Religion in Museums and Artistry" in A-L. Siikala, B. Klein & S. R. Mathisen eds., *Creating Diversities*, Studia Fennica Folkloristica, 225-59.

Semb, A. J., 2012, "From 'Norwegian Citizens' via 'Citizens Plus' to 'Dual Political Membership'?: Status, Aspirations, and Challenges ahead", *Ethnic and Racial Studies*, 35(9): 1654-72.

渋谷謙次郎編, 2005, 『欧州諸国の言語法』三元社.

清水昭俊, 2008, 「先住民，植民地支配，脱植民地化」『国立民族学博物館調査報告』32(3): 307-503.

品川ひろみ, 2013, 「サーミ教育の歴史と現状」小内透編著『調査と社会理論・研究報告書29　ノルウェーとスウェーデンのサーミの現状』北海道大学大学院教育学研究院教育社会学研究室, 53-63.

―――, 2014, 「ノルウェーの子育て支援の現状」咲間まり子編著『多文化保育・教育論』みらい, 101-9.

品川ひろみ・野崎剛毅・小野寺理佳, 2015, 「基礎学校におけるサーミ教育の現状」小内透編著『調査と社会理論・研究報告書32　ノルウェー・フィンマルク地方におけるサーミの現状』北海道大学大学院教育学研究院教育社会学研究室, 13-60.

新藤慶, 2013a, 「サーミの生活と復権をめぐる運動」小内透編著『調査と社会理論・研究報告書29　ノルウェーとスウェーデンのサーミの現状』北海道大学大学院教育学研究院教育社会学研究室, 87-104.

―――, 2013b, 「サーミ学校教員の教育実践と意識」小内透編著『調査と社会理論・研究報告書29　ノルウェーとスウェーデンのサーミの現状』北海道大学大学院教育学

研究院教育社会学研究室, 109-18.

———, 2015,「サーミの社会意識と政治意識」野崎剛毅編著『スウェーデン・サーミの生活と意識 —— 国際郵送調査からみるサーミの教育，差別，民族・政治意識，メディア』札幌国際大学短期大学部幼児教育保育学科, 44-70.

———, 2016,「フィンランドのサーミ議会の現状と課題」小内透編著『調査と社会理論・研究報告書34　フィンランドにおけるサーミの現状』北海道大学大学院教育学研究院教育社会学研究室, 17-26.

新藤こずえ, 2013,「サーミ工芸学校学生の学校生活と民族意識」小内透編著『調査と社会理論・研究報告書29　ノルウェーとスウェーデンのサーミの現状』北海道大学大学院教育学研究院教育社会学研究室, 133-44.

———, 2015,「サーミの血筋と民族意識，差別」野崎剛毅編著『スウェーデン・サーミの生活と意識 —— 国際郵送調査からみるサーミの教育，差別，民族・政治意識，メディア』札幌国際大学短期大学部幼児教育保育学科, 29-43.

庄司博史, 1990,「サーミ文化復権と文語の確立」小谷凱宣編『北方諸文化に関する比較研究』名古屋大学教養部, 149-71.

———, 1991,「サーミ民族運動における言語復権の試み」『国立民族学博物館研究報告』15(3): 847-910.

———, 1995,「民族としてのサーミ人の誕生　北欧の近代国家建設のなかで」川田順造編『ヨーロッパの基層文化』岩波書店, 229-45.

———, 2005,「サーミ——先住民権をもとめて」原聖・庄司博史編『講座　世界の先住民族　ファースト・ピープルズの現在06　ヨーロッパ』明石書店, 58-75.

———, 2009,「フィンランドにおける移民の母語教育——移民総合政策の一環として」庄司博史編『移民とともに変わる地域と国家』国立民族学博物館調査報告83: 278-98.

白水繁彦, 2004,『エスニック・メディア研究』明石書店.

白水繁彦編著, 1996,『エスニック・メディア』明石書店.

SIIDA, 2003, "The Skolt Sámi in Finland", (Retrieved December 12, 2016, http://www.samimuseum.fi/saamjiellem/english/tieto_etusivu.html).

———, 2010, "SIIDA", (Retrieved January 23, 2017, http://siida.fi/contents/).

Sjåvik, J., 2008, *Historical Dictionary of Norway*, Lanham, Maryland: Scarecrow Press.

Smith, K. E. I., 2007, "A Review of the Study of the Political Status of Indigenous Peoples in the Global Context", *Sociology Compass*, 1(2): 756-74.

Solbakk, J. T. ed., 2006, *The Sámi People: A Handbook*, Kautokeino; Karasjok: Davvi Girji OS.

苑原俊明, 2000,「先住民族の権利について」『大東文化大学法学研究所報』20: 37-42.

Statistics Finland, 2016, "Population according to language and the number of foreigners and land area km^2 by area 1980 - 2015", (Retrieved December 12, 2016, http://pxnet2.stat.fi/PXWeb/pxweb/en/StatFin/StatFin__vrm__vaerak/060_vaerak_tau_107.px#_ga=1.135338225.1159677970.1484711795).

Statistics Norway, 2010, "Sami Statistics 2010", (Retrieved December 12, 2012, https://www.regjeringen.no/globalassets/upload/bld/rapporter/2010/cedaw_rapporten/annex_5.pdf).

———, 2013, "Sameting election. Persons entitled to vote, votes cast, and percentage voter turnout, by election district", (Retrieved Februrary 13, 2017, https: //www.ssb.no/144935/sameting-election.persons-entitled-to-vote-votes-cast-and-election-turnout-by-election-district).

———, 2014, "Samisk statistikk 2014", (Retrieved February 12, 2017, https://www.ssb.no/en/

参考文献　337

befolkning/artikler-og-publikasjoner/_attachment/161540?_ts=1441bb68798).

──────, 2015, "Statistics Norway", (Retrieved December 12, 2016, http://www.ssb.no/).

Statistics Sweden, 2012, "Statistical database", (Retrieved December 12, 2012, http://www.scb.se/).

Stenersen, Ø. and I. Libæk, 2003, *The History of Norway: From the Ice Age to Today*, Oslo: Dinamo Forlag.（＝ 2005, 小森宏美・岡沢憲芙訳『ノルウェーの歴史──氷河期から今日まで』早稲田大学出版部）.

Stevenson, C.B., 2001, *Modern Indigenous Curriculum: Teaching Indigenous Knowledge of Handicraft at Sami College in Finland and Norway*, National Library of Canada.

スチュアート・ヘンリ, 2009,「先住民の歴史と現状」窪田幸子・野林厚志編『「先住民」とはだれか』世界思想社, 16-37.

Sturm, C., 2014, "Race, Sovereignty, and Civil Rights: Understanding the Cherokee Freedman Controversy", *Cultural Anthropology*, 29(3): 575-98.

Svonni, M., 2001, "The Sámi Language in Education in Sweden", Mercator-Education, (Retrieved December 12, 2016, http://www.mercator-research.eu/fileadmin/mercator/dossiers_pdf/saami_in_sweden.pdf).

Sweden Sami Parliament, 2016, "The Sami Parliament", (Retrieved December 12, 2016, https://www.sametinget.se/101727).

Szilvási, Z., 2016, "The Learning of and in Sami in the Norwegian School Education", *Lingwistyka Stosowana*, 17: 81-91.

田川泉, 2005,『公的記憶をめぐる博物館の政治性──アメリカ・ハートランドの民族史』明石書店.

高倉浩樹, 2009,「先住民問題と人類学」窪田幸子・野林厚志編『「先住民」とはだれか』世界思想社, 38-60.

武田龍夫, 1995,『北欧──その素顔との対話』中央公論社.

The Independent Barents Observer, 2017, "Historic Sámi agreement starts long way towards ratification", (Retrieved February 12, 2017, https://thebarentsobserver.com).

Thuen, T., 2002, "In Search of Space: Challenges in Saami Ethnopolitics in Norway 1979-2000" in K. Karppi and J. Eriksson eds., *Conflict and Cooperation in the North*, Umeå: Norrlands Universitetsförlag i Umeå, 281-98.

Todal, J., 2003, "The Sámi School System in Norway and International Cooperation", *Comparative Education*, 39(2): 185-92.

Tomei, M. and L. Swepston, 1996, *Indigenous and Tribal Peoples: A Guide to ILO Convention No.169*, International Labour Organization.（＝ 2002, 苑原俊明・青西靖夫・狐崎知己訳『先住民族の権利──ILO 第 169 号条約の手引き』論創社）.

友永雄吾, 2013,『オーストラリア先住民の土地権と環境管理』明石書店.

Tourist information Saariselkä, 2017, "Inari Saariselkä", (Retrieved January 23, 2017, http://www.inarisaariselka.fi/).

津田正夫, 2016,『ドキュメント「みなさまの NHK」──公共放送の原点から』現代書館.

月尾嘉男, 2008a,「先住民族の叡智　第 3 回　ラップランドサーミ民族（前編）」『PHP Business Review』51: 46-53.

──────, 2008b,「先住民族の叡智　第 4 回　ラップランドサーミ民族（後編）」『PHP Business Review』52: 44-50.

内堀基光, 2009,「『先住民』の誕生」窪田幸子・野林厚志編『「先住民」とはだれか』世界思想社, 61-88.

UDIR(Utdanningsdirektoratet), 2016, "Statistikkportalen (statistics potal)", (Retrieved February 3, 2017, https://statistikkportalen.udir.no/Pages/default.aspx).

上山浩次郎，2016a，「フィンランドの教育制度」小内透編著『調査と社会理論・研究報告書 34　フィンランドにおけるサーミの現状』北海道大学大学院教育学研究院教育社会学研究室，63-5.

―――，2016b，「サーミ教育専門学校（Sami Education Institute）の現状と役割」小内透編著『調査と社会理論・研究報告書 34　フィンランドにおけるサーミの現状』北海道大学大学院教育学研究院教育社会学研究室，103-29.

―――，2017，「ノルウェーにおけるサーミ教育の現状と課題――初等・中等教育の場合」『北海道大学大学院教育学研究院紀要』128: 131-53.

上山浩次郎・佐々木千夏・小野寺理佳，2015，「サーミ高校における教育の現状」小内透編著『調査と社会理論・研究報告書 32　ノルウェー・フィンマルク地方におけるサーミの現状』北海道大学大学院教育学研究院教育社会学研究室，61-122.

上山浩次郎・野崎剛毅，2016，「基礎学校におけるサーミの教育の現状と課題」小内透編著『調査と社会理論・研究報告書 34　フィンランドにおけるサーミの現状』北海道大学大学院教育学研究院教育社会学研究室，63-101.

Werry, M., 2005, "Cultural Revival" in M. C. Horowitz ed., *New Dictionary of the History of Idea*, Farmington Hills, MI: Gale, Cengage Learning.（＝ 2016，小内透訳「文化的再生」スクリブナー思想史大事典翻訳編集委員会編訳『スクリブナー思想史大事典』丸善出版，3116-9）.

山川亜古，2005，「多文化社会の言語的人権を保障する学校教育 ―― 先住民族サーミの人々と母語教育・文化継承」庄井良信・中嶋博編『フィンランドに学ぶ教育と学力』明石書店，202-33.

―――，2009，「先住民サーミの人々」村井誠人編著『スウェーデンを知るための 60 章』明石書店，61-7.

八幡耕一，2005，「エスニック・メディア論における新しい視座――『先住民族メディア論』確立の意義とその社会的機能の考察」『情報文化学研究』3: 39-46.

Yle Uutiset, 2015, "Ex- Sámi Parliament head quits voter's register, calls Finland "a racist country"", (Retrieved December 12, 2016, http://yle.fi/uutiset/osasto/news/ex-_sami_parliament_head_quits_voters_register_calls_finland_a_racist_country/8344761).

吉田欣吾，2001，「フィンランドにおける言語的少数派と言語権保障」『東海大学紀要・文学部』75: 67-86.

―――，2002，「北サーミ語の言語計画」『行動科学研究』東海大学文明研究所社会科学部門，54: 1-14.

―――，2005，「サーミ語法改正とフィンランドの言語政策」『東海大学紀要・文学部』83: 15-25.

―――，2006，「フィンランドにおけるサーミ人に対する文化権保障」『東海大学紀要・文学部』84: 87-107.

吉村博明，1993，「サーミ関連立法 ―― フィンランドを中心に」『外国の立法』32(2・3): 39-70.

Vitebsky, P., 1993, *The Saami of Lapland*, Hove, East, Sussex, England: Wayland.（＝ 1995，柏木里美訳『ラップランドのサーミ人』リブリオ出版）.

財務省，2016，「北欧諸国及びオランダにおける個人所得課税（国＋地方）等の概要」，財務省ホームページ，（2016.11.30 取得， http://www.mof.go.jp/tax_policy/summary/itn_comparison/247.htm）.

事項索引

あ

ILO 第 169 号条約　7, 9, 12, 14, 15, 29, 30, 33, 36, 40, 50, 51, 53, 60, 62, 63, 66, 69, 70, 72, 75, 91, 183, 310, 319, 321, 323

アイデンティティ　118, 140

アイヌ　i-iv, 5, 6, 19, 26, 46, 64, 118, 157, 176, 177, 320, 325

アイヌ文化振興法　7

アボリジニ　5, 19

アボリジニ土地権利法　71

アルタダム建設反対運動　32, 35, 154, 158, 309

イナリ・サーミ（語）　26, 27, 44, 46, 64, 94, 96, 109-115, 120-122, 124, 127, 129, 136, 146, 191, 194, 197, 198, 202, 205, 208, 213-215, 218, 219, 221, 222, 224, 225, 234, 265, 268, 269, 283, 291, 312, 316, 317, 321

イナリ・サーミ語協会　129, 136, 191, 193, 194, 197, 199, 214

イヌイット　5-7, 10, 11, 32, 156

インディアン　5, 10, 12, 13, 19, 22, 23

インディオ　5

ヴァーチャルスクール　113

ウインター・コース　89

失われた世代　215

エスニック・アイデンティティ　62, 143, 159, 163, 178, 180, 181, 187, 313, 316, 318, 319

エスニック・メディア　21, 116, 117

オルタナティブ・メディア　116, 138, 141

か

外部的メディアの自由　138, 142

カウトケイノ・アッパー・セカンダリースクール　241, 244, 258, 259

カウトケイノの叛逆　74

学習指導要領　95

活字メディア　118-121, 129, 138-140, 142, 291, 292, 294, 300, 303, 304, 312, 318

カラショーク・アッパー・セカンダリースクール　241, 244, 246, 249, 250, 251, 255, 256, 258, 259, 260

機構的システム　19-22, 24, 143, 285, 309, 314

基礎学校　iii, 21, 91-94, 98, 99, 104, 105, 107, 109- 111, 198, 201, 202, 215, 216, 218- 220, 222, 224-227, 229, 230, 234, 236, 287, 288, 301, 317

北サーミ（語）　26, 27, 31, 44, 46, 64, 94, 96, 108, 110, 111, 113-115, 120, 122, 123, 125, 127, 129-131, 135, 140, 141, 144, 146, 150, 164, 165, 167, 168, 177, 180-182, 187, 202, 207, 208, 218, 219, 221, 222, 224, 225, 234, 235, 237, 239, 240, 249, 265, 267-269, 283, 288, 289, 291-294, 306, 310, 312, 313, 315, 316, 321

教員養成カレッジ　91

教員養成セミナー　88

言語の巣　iii, 45, 109, 189-191, 193-195, 197, 199-201, 203-209, 211, 212, 214, 215, 236, 312, 316, 317, 321

原住民　5, 22

後期中等教育　89, 91, 92, 97

公共放送　122

国際郵送調査　22, 285, 289, 292, 293, 295, 298, 299, 301

国連宣言　12, 24

コタ（kåta）　89

子どもの保育に関する法律　94

コミュニティ・メディア　116

コラ半島　25, 118, 127, 128, 140

さ

サップミ 25, 44
サーミ・アッパー・セカンダリースクール 90, 97, 105
サーミ・エトナン 31, 45, 107, 134, 135
サーミエリア 50, 56, 94-96, 99, 102, 103, 105, 109, 112-114, 250, 251, 256, 257, 259, 260
サーミカリキュラム 95, 104
サーミカレッジ 102
サーミ学校 iii, 21, 35, 43, 104-107, 169, 197, 216, 220, 221, 225-227, 231, 234, 236, 261, 279, 283, 284, 288, 311, 317, 319, 322
サーミ教育企画課 93, 95
サーミ教育局 104, 106
サーミ教育財団 107
サーミ教育センター iii, 92, 106, 107, 108, 115, 215, 261-270, 272, 273, 275, 276, 278-283, 288, 289, 291, 292, 311, 317, 322
サーミ教育専門学校 iii, 40, 93, 110-113, 201, 207, 219, 223, 224, 233, 261-270, 273-276, 277, 279, 281-283, 291, 312, 317
サーミ教育評議会 91
サーミ共同体 118
サーミ議会 iii, 7, 15, 17, 21-24, 29, 31-33, 35, 39-44, 46, 49-60, 62-69, 73-79, 83-86, 91, 93, 95, 100, 102, 106, 108, 111, 113, 115, 125, 136, 154, 155, 158, 164, 183, 191, 193-195, 197, 213, 233, 280, 285, 309-311, 315, 318-322, 324
サーミ議会連盟 57
サーミ居住地域 62, 64, 65
サーミ経験度 297
サーミ劇場 iii, 143, 154, 155, 158, 313
サーミ高校 iii, 21, 41, 91, 98, 100, 101, 102, 107, 222, 224, 232, 238, 246, 247, 251, 287, 311, 317
サーミ語教材開発 95
サーミ語能力 297
サーミ語法 109
サーミ語方言 111, 120, 288

サーミ産業プログラム 105
サーミ支援地域 74
サーミ市民プログラム 105
サーミ集住地域 30, 41, 276, 145, 147, 165, 166, 288, 286, 292, 293, 302
サーミ出版社協会 133
サーミ大学 91, 98, 100, 212
サーミ地域 32, 36, 39, 64, 164, 165, 168-170, 173, 175, 176, 180-182, 187, 188, 231, 272, 277, 279, 282, 288, 294-298, 300, 301, 304, 311, 312, 314, 315, 317, 318, 321, 322
サーミテレビ iii, 119, 120, 122, 123, 126, 142, 297, 298, 299, 300, 304, 306, 312, 314, 318, 319
サーミ統合小学校 104, 105
サーミの教員養成 88
サーミの権利調査委員会 74, 75
サーミ博物館 iii, 21, 143, 144, 146, 147, 150-152, 159, 313, 314
サーミ評議会 31, 57
サーミ・フォーク・ハイスクール 107
サーミ文化協会 31, 39, 45, 141, 147
サーミ文化団体 130
サーミ民衆学校 89
サーミ民衆高校 90, 92
サーミ・メディア iii, 21, 22, 116-119, 125, 137, 138, 139, 140, 141, 286, 288-290, 292, 294, 296, 297, 299, 301-306, 312, 313, 318, 319
サーミ・ユニバーシティ・カレッジ iii, 41, 74, 91, 97, 102, 103, 169, 219, 222, 232, 233, 247, 248, 261, 266, 276, 278, 283, 311, 317
サーミラジオ iii, 119-122, 142, 286, 287, 288, 290, 291, 294-298, 300, 304, 312, 314, 318
システム共生 19, 21, 24, 325
主流メディア 116
消滅の危機に瀕した（endangered）言語 189
情報発信 140
職業学校 90
職業教育 105

索　引　341

職業教育訓練機関 112
職業教育法 95
職業訓練センター 93
進歩党 83
スウェーデンサーミ全国協議会 65, 134
スウェーデン・ミッション・ソサエティ 87,
　　89
スウェーデン聖約キリスト教団学校 89
スコルト・サーミ（語）26, 27, 37-39, 44, 46,
　　64, 68, 93, 94, 96, 110, 112, 114, 115,
　　120-122, 124, 127, 129, 137, 139, 142,
　　145, 146, 191, 195, 202, 208, 213,
　　214, 218, 222, 234, 269, 291, 312,
　　316, 317, 321
スコルト・サーミ文化財団 iii, 129, 136
生活共生 19, 21, 24, 324, 325
聖書学校 89
世界先住民の国際年 60
絶滅寸前の（moribund）言語 189
先住権原 72
先住権原法 7, 71
先住民族テレビ放送ネットワーク（WITBN）
　　128
先住民族の権利に関する国際連合宣言 i, 7,
　　15, 17, 60, 117
先住民族メディア 116-118, 128, 138, 141,
　　313
想像の共同体 118, 122

た

大学入学資格試験 94
第四世界 6, 8
多文化主義 16, 24
チェロキー 13, 23
伝統工芸 103, 108
同化政策 90, 130
都市サーミ協会 194
トナカイ飼育 25, 27, 29-31, 42, 44, 45, 55,
　　56, 62, 68, 82, 90, 95, 106, 112,
　　115, 150, 163, 171, 172, 174, 175,
　　184-186, 188, 207, 220, 223, 224,
　　232, 233, 244, 245, 248, 261, 264,
　　265, 281, 283, 297
トロンデネスセミナー 89

な

内部的メディアの自由 138, 142
ナショナルカリキュラム 91, 96-98, 104
ナレッジ・プロモーション 91
ヌナブト準州 7, 72, 83
ヌナブト土地請求協定 72
ノマド学校 34, 89, 92, 107, 169, 170, 215, 311
ノルディックサーミ研究所 102, 103

は

バイリンガル 88, 98, 99, 105, 110, 114
バックラッシュ 17, 23, 24, 40, 63, 69, 311,
　　322, 323
非営利団体 135
フィンマルク委員会 78
フィンマルク土地管理公社 iii, 21, 33, 41, 46,
　　70, 73-81, 83, 84, 310, 321, 323,
　　324
フィンマルク法 8, 29, 70, 74, 75, 80-82, 84,
　　310, 321, 323
フィンランド文化基金 191
ブレイヴァン・アッパー・セカンダリースクー
　　ル 241, 244
文化評議会 134
編集の自由 132, 138, 142, 313
放送・通信メディア 118, 120, 121, 137-
　　141, 288, 291, 292, 312, 318
報道の自由 138, 142, 313
北欧サーミ会議 31, 35, 92
北欧サーミ条約 15, 23, 29, 68, 311, 314,
　　325
北欧サーミ評議会 31, 32, 35, 92, 148
母語検定 110
北海道アイヌ協会 ii, iv, 23
北海道旧土人保護法 7
北海道アイヌ協会 13

ま

マオリ 5, 13, 19, 128, 190, 197, 213, 316
マオリ語 190
マボ判決 7, 71, 83
南サーミ（語）26, 27, 108, 115, 120, 122,
　　129, 133, 135, 150, 190, 218, 221,

222, 224, 225, 234, 240, 265, 268, 269, 278, 289, 293, 316, 321
民衆学校 89
民族的少数者保護枠組条約 35, 36, 109, 319
メティス 10

や

遊牧 89, 90

ら

ルーテル教会 133

ルレ・サーミ（語）26, 27, 106, 108, 115, 120-123, 129, 133, 135, 148, 150, 190, 218, 219, 221, 224, 225, 234, 240, 265, 268, 269, 283, 289, 293, 294, 306, 316, 321
労働―生活世界 19-22, 24, 143, 166, 285, 314, 324

人名索引

あ

アナヤ，J. 16, 323
アンダーソン，B. 118

か

キムリッカ，W. 16, 21, 323
コーボ，J. M. 9, 11

さ

イサク・サバ 30
ジェントフト，S. 32
スチュアート・ヘンリ 10, 11
スミス，K.E.I. 8, 18, 21, 24
センブ，A. J. 23
苑原俊明 23
ソルバック，J. T. 45

な

ニーゼン，R. 6
ニルセン，R. 32

は

ハエッタ，N. J. 127
パサネン，A. 198, 215
ピエティカイネン，S. 0 125
藤田尚則 22

ま

マッガ，O. H. 33
松本和良 216
ミンデ，H. 32

や

ヨーナ，T. 25, 45

ら

アンデルス・ラルセン 30
エルサ・ラウラ 30, 34
レトラ，V.-P. 31

344

執筆者紹介（執筆順・担当）

小内　透（おない とおる）　（はしがき、序章、第1章、終章、編集）
　奥付編著者紹介参照

野崎　剛毅（のざき よしき）　（第1章、第8章、第9章、第11章）
　札幌国際大学短期大学部准教授
　　主要著作：「スウェーデンの先住民教育の現状と課題」『國學院大學北海道短期
　　大学部紀要』29、2012年、「教育」櫻井義秀・飯田俊郎・西浦功編著『アンビ
　　シャス社会学』北海道大学出版会、2014年、『スウェーデン・サーミの生活
　　と意識―国際郵送調査からみるサーミの教育、差別、民族・政治意識、メディ
　　アー』札幌国際大学短期大学部幼児教育保育学科、2015年（編著）.

小野寺理佳（おのでら りか）　（第2章、第10章）
　名寄市立大学保健福祉学部教授
　　主要著作：「別居祖母の育児支援満足度をめぐる一考察」『家族社会学研究』14
　　(2)、2002年、「子ども絵本における祖親性表現」『教育社会学研究』75、2004
　　年、「祖父母が営む世代間関係をどうとらえるか：「個人的選好」としての側
　　面への着目」『国立女性教育会館研究紀要』9、2005年、「祖父母から見た世
　　代間の育児支援――親密な「別家族」としての交流」小野寺編著『スウェーデ
　　ンにおける世代間の育児支援』（世代間関係・研究報告書3）、2014年.

濱田　国佑（はまだ くにすけ）　（第3章）
　駒澤大学文学部講師
　　主要著作：「外国人集住地域における日本人住民の排他性／寛容性とその規定
　　要因――地域間比較を通して」『日本都市社会学会年報』28、2010年、「在日
　　ブラジル人の「社会問題」化と排外意識」小林真生編『移民・ディアスポラ研
　　究3　レイシズムと外国人嫌悪』明石書店、2013年、「グローバルかナショ
　　ナルか？――グローバル化に対する脅威認知の規定要因」田辺俊介編『民主
　　主義の「危機」――国際比較調査からみる市民意識』勁草書房、2014年.

執筆者紹介　345

品川ひろみ（しながわ ひろみ）　（第 4 章）

札幌国際大学短期大学部教授

主要著作：「多文化保育における通訳の意義と課題──日系ブラジル人児童を
中心として」日本保育学会『保育学研究』第 49 巻第 2 号、2011 年、品川ひろ
み「多文化共生の保育」咲間まり子編『保育内容総論』建帛社、2016 年、「乳
幼児に関わる課題－保育所を中心として」荒巻重人ほか編『外国人の子ども
白書』明石書店、2017 年.

小内　純子（おない じゅんこ）　（第 5 章、第 12 章）

札幌学院大学法学部教授

主要著作：光武幸・小内純子・湯川郁子『釧路内陸部の地域形成と観光マーケ
ティング』、創風社、2007 年、中道仁美・小内純子・大野晃『スウェーデン
北部の住民組織と地域再生』、東信堂、2012 年、日本村落研究学会企画・小
内純子編『年報 村落社会研究 53　協働型集落活動の現状と展望』、農山漁村
文化協会、2017 年.

新藤こずえ（しんどう こずえ）　（第 6 章）

立正大学社会福祉学部准教授

主要著作：『知的障害者と自立──青年期・成人期におけるライフコースのた
めに』生活書院、2013 年、「障害のある若者と貧困──ライフコースの視点
から」原伸子・岩田美香・宮島喬編『現代社会と福祉・労働・子どもの貧困』
大月書店、2015 年、新藤こずえ「スクールソーシャルワークからみた不登校
と貧困に関する一考察」『立正社会福祉研究』14（2）、2013 年.

佐々木千夏（ささきちなつ）　（第 6 章、第 10 章）

旭川大学短期大学部助教

主要著作：「アンビヴァレンス体験としての不登校問題──北海道内の親の会
を対象として」『家庭教育研究所紀要』32 号、2010 年、「不登校の親の会はセ
ルフヘルプ・グループか？──北海道の 23 団体を対象として」『北海道大学
大学院教育学研究院紀要』110 号、2010 年、「構成員からみる不登校の親の
会の変化と現在──北海道内の 23 団体を対象として」『現代社会学研究』24
巻、2011 年.

新藤　　慶（しんどう けい）　（第 7 章）

　群馬大学教育学部准教授

　　主要著作：「『平成の大合併』と学校統廃合の関連——小学校統廃合の事例分析
　　を通して」『群馬大学教育学部紀要　人文・社会科学編』63、2014 年、「アイ
　　ヌ民族多住都市におけるアイヌ政策の展開——北海道札幌市の事例を通し
　　て」『群馬大学教育学部紀要　人文・社会科学編』66、2017 年、「布施鉄治の
　　地域研究における調査と方法——村研での発表論文・夕張調査を中心とし
　　て」『村落研究ジャーナル』23（2）、2017 年.

上山浩次郎（うえやま こうじろう）　（第 10 章）

　北海道大学大学院教育学研究院助教

　　主要著作：「『大学立地政策』の『終焉』の影響に関する政策評価的研究——『高
　　等教育計画』での特定地域における新増設の制限に注目して——」『教育社
　　会学研究』91、2012 年、上山浩次郎・井上敏憲「インターネット出願に対す
　　る高校教員の行動と意識」『大学入試研究ジャーナル』（26）、2016 年、「ノル
　　ウェーにおけるサーミ教育の現状と課題：初等・中等教育の場合」『北海道
　　大学大学院教育学研究院紀要』（128）、2017 年.

編著者紹介

小内　透（おない　とおる）

1955年　群馬県生まれ
1984年　北海道大学大学院教育学研究科博士後期課程単位取得退学
現　在　北海道大学大学院教育学研究院教授（博士・教育学）
　　　　北海道大学アイヌ・先住民研究センター兼務教員

主な著書

『地域産業変動と階級・階層』御茶の水書房、1982年（共著）
『倉敷・水島／日本資本主義の展開と都市社会』東信堂、1992年（共著）
『変動期の社会学』中央法規出版、1992年（共編著）
『再生産論を読む』東信堂、1995年
『戦後日本の地域社会変動と地域社会類型』東信堂、1996年
『日系ブラジル人の定住化と地域社会』御茶の水書房、2001年（共編著）
『階級・ジェンダー・エスニシティ』中央法規出版、2001年（共編著）
『在日ブラジル人の教育と保育』明石書店、2003年（編著）
『教育と不平等の社会理論』東信堂、2005年
『リーディングス・日本の教育と社会13　教育の不平等』日本図書センター、
　2009年（編著）
『講座　トランスナショナルな移動と定住』（全3巻）御茶の水書房、2009年（編著）
『再検討　教育機会の平等』岩波書店、2011年（共著）
Crisis in Education: Modern Trends and Issues, Studies & Publishing, 2014（共著）

【先住民族の社会学　第1巻】
北欧サーミの復権と現状──ノルウェー・スウェーデン・フィンランドを対象にして

2018年3月31日　　初　版第1刷発行　　　　　　　　　　　　〔検印省略〕
　　　　　　　　　　　　　　　　　　　　　　定価はカバーに表示してあります。

編著者ⓒ小内透／発行者　下田勝司　　　　　　　　　印刷・製本／中央精版印刷

東京都文京区向丘 1-20-6　　郵便振替 00110-6-37828　　　　　　　発 行 所
〒 113-0023　TEL (03) 3818-5521　FAX (03) 3818-5514　　株式会社 東 信 堂
　　　　　　　Published by TOSHINDO PUBLISHING CO., LTD.
　　　　　　　1-20-6, Mukougaoka, Bunkyo-ku, Tokyo, 113-0023, Japan
　　　　　　　E-mail : tk203444@fsinet.or.jp　http://www.toshindo-pub.com

---

ISBN978-4-7989-1456-5　C3336　　ⓒ Toru Onai

東信堂

北欧サーミの復権と現状【先住民族の社会学1】—ノルウェー・スウェーデン・フィンランドを対象にして	小内 透編著	三九〇〇円
現代アイヌの生活と地域住民【先住民族の社会学2】—札幌市・むかわ町・新ひだか町・伊達市・白糠町を対象にして	小内 透編著	三九〇〇円
白老における「アイヌ民族」の変容—イオマンテにみる神官機能の系譜	西谷内博美	二八〇〇円
開発援助の介入論—インドの河川浄化政策に見る国境と文化を越える困難	西谷内博美	四六〇〇円
資源問題の正義—コンゴの紛争資源問題と消費者の責任	華井和代	三九〇〇円
海外日本人社会とメディア・ネットワーク—バリ日本人社会を事例として	松本行真編著	四六〇〇円
移動の時代を生きる—人・権力・コミュニティ	吉原直樹監修	三二〇〇円
国際社会学の射程 国際社会学ブックレット1—日韓の事例と多文化主義再考	西原和久・吉原直樹監修 芝真里編訳	一二〇〇円
国際移動と移民政策 国際社会学ブックレット2—社会学をめぐるグローバル・ダイアログ	西原和久・有田伸・山本かほり編著	一〇〇〇円
トランスナショナリズムと社会のイノベーション 国際社会学ブックレット3—越境する国際社会学とコスモポリタン的志向	西原和久	一三〇〇円
現代日本の地域分化—センサス等の市町村別集計に見る地域変動のダイナミックス	蓮見音彦	三八〇〇円
現代日本の地域格差—二〇一〇年・全国の市町村の経済的・社会的ちらばり	蓮見音彦	二三〇〇円
「むつ小川原開発・核燃料サイクル施設問題」研究資料集	金山行孝・舩橋晴俊・茅野恒秀編著	一八〇〇〇円
新版 新潟水俣病問題—加害と被害の社会学	舩橋晴俊・関礼子編	三八〇〇円
新潟水俣病問題をめぐる制度・表象・地域	関礼子編	五六〇〇円
新潟水俣病問題の受容と克服	堀田恭子	四八〇〇円
公害・環境問題の放置構造と解決過程	藤川賢・渡辺伸一・堀畑まなみ著	三八〇〇円
公害被害放置の社会学—イタイイタイ病・カドミウム問題の歴史と現在	飯島伸子	三六〇〇円
自立支援の実践知—阪神・淡路大震災と共同・市民社会	似田貝香門編	三八〇〇円
[改訂版]ボランティア活動の論理—ボランタリズムとサブシステンス	西山志保	三六〇〇円
自立と支援の社会学—阪神大震災とボランティア	佐藤 恵	三二〇〇円

〒113-0023　東京都文京区向丘 1-20-6　　TEL 03-3818-5521　FAX03-3818-5514　振替 00110-6-37828
Email tk203444@fsinet.or.jp　URL:http://www.toshindo-pub.com/

※定価：表示価格（本体）＋税